国家哲学社会科学成果文库

NATIONAL ACHIEVEMENTS LIBRARY
OF PHILOSOPHY AND SOCIAL SCIENCES

《资本论》的哲学

仰海峰 著

北京师范大学出版集团
BEIJING NORMAL UNIVERSITY PUBLISHING GROUP
北京师范大学出版社

仰海峰 1969 年 12 月生，安徽潜山人。1992 年毕业于中国人民解放军南京政治学院哲学系，获法学学士学位；2002 年毕业于南京大学哲学系，获哲学博士学位。现任北京大学哲学系教授、博士生导师。入选全军首届优秀博士、北京市中青年社科人才"百人工程"、教育部"新世纪人才计划"、北京大学人文杰出青年学者。从事马克思主义哲学基础理论、国外马克思主义哲学、马克思与西方思想等研究。先后出版专著《走向后马克思：从生产之镜到符号之镜——早期鲍德里亚思想的文本学解读》《形而上学批判——马克思哲学的理论前提及当代效应》《实践哲学与霸权——当代语境中的葛兰西哲学》《西方马克思主义的逻辑》等，译著《生产之镜》，合著多部；在《中国社会科学》《哲学研究》《北京大学学报》等发表学术论文 180 余篇，多项成果获教育部、北京市、江苏省及全军优秀科研成果奖。

《国家哲学社会科学成果文库》

出 版 说 明

为充分发挥哲学社会科学研究优秀成果和优秀人才的示范带动作用，促进我国哲学社会科学繁荣发展，全国哲学社会科学规划领导小组决定自 2010 年始，设立《国家哲学社会科学成果文库》，每年评审一次。入选成果经过了同行专家严格评审，代表当前相关领域学术研究的前沿水平，体现我国哲学社会科学界的学术创造力，按照"统一标识、统一封面、统一版式、统一标准"的总体要求组织出版。

全国哲学社会科学规划办公室
2011 年 3 月

纪念《资本论》(第一卷)出版 150 周年

目　　录

下 篇 《资本论》的哲学问题

CONTENTS

导　言

（一）

把《资本论》看作马克思最重要的代表作，研究者对此不会产生任何分歧，但如何理解《资本论》，不同的学者则有着不同的回答。

在以传统教科书为代表的研究思路中，《资本论》被看作以历史唯物主义运用于资本主义社会分析的结果，是对人类社会发展一般规律的证明。在这一语境中，《资本论》中的哲学被简单地看成生产力与生产关系的矛盾运动，其关于商品、货币、资本的讨论则被置于经济学的话语中。这种解读，看似体现了马克思哲学思想的伟大，实际上却使之肤浅化了，马克思在《资本论》中真正想要表达的哲学理念，却付之阙如。

产生这一现象的原因，在于对马克思的哲学思想，尤其是体现在《资本论》中的哲学思想的经济决定论式解读。虽然恩格斯晚年曾对这一解读模式进行了深入的批评，但并没有改变当时已经流行的对马克思思想的解释。从哲学理念上来说，这种解释关注的是以费尔巴哈（尤其是狄慈根）为代表的自然唯物主义对马克思思想的影响，并将物质决定论的模式运用于历史唯物主义，使之成为社会历史的解释框架。早在第二国际时代，这种解读模式就引起了理论上的混乱。伯恩施坦就认为，这种经济决定论与辩证法的斗争精神相结合，就会形成相对立的暴力论，这正是历史唯物主义的不足之处，为了避免这一点，也为了应对组织化资本主义带来的新问题，他强调要以康德的道德哲学弥补这种决定论的不足。① 在这种视野中，《资本论》只是经济决定论的注脚。

对于《资本论》的经济决定论式解读，列宁在《哲学笔记》中曾加以反思。在研究了黑格尔哲学之后，列宁指出："虽然马克思没有遗留下'逻辑'（大写的字母），但他遗留下《资本论》的逻辑，应当充分地利用这种逻辑来解决这一问题。在《资本论》中，唯物主义（从黑格尔那里吸取了全部有价值的东西并发展了这些有价值的东西）的逻辑、辩证法和认识论[不必要三个词：它们是同一个东西]都应用于同一门科学。"②正是有了这样的认识，他才发出这样的感叹："不钻研和不理解黑格尔的全部逻辑学，就不能完全理解马克思的《资本论》，特别是它的第1章。因此，半个世纪以来，没有一个马克思主义者是理解马克思的！！"③在《黑格尔辩证法（逻辑学）的纲要》中，列宁直接提出《资本论》就是马克思的"逻辑学"。对于列宁的这一思考，不少学者认为，这是列宁重新回到了黑格尔传统，重新理解了辩证法的真实意蕴。④

上述思想虽然是《哲学笔记》的重要内容，但更为重要的方面在于，列宁的这个论断提出了《资本论》中到底蕴含着什么样的哲学这一问题。对于这一问题的回答，如果拘泥于列宁关于《资本论》第一章的提示，那么对《资本论》的研究就会真的完全回到黑格尔的逻辑中。⑤ 比如内田弘在《〈政治经济学批判大纲〉（1857—1858）与黑格尔的〈逻辑学〉》一文中认为："《政治经济学批判

---

① 经济决定论式的解读强调马克思哲学的费尔巴哈传统，忽视黑格尔思想的影响。比如伯恩施坦就认为："黑格尔辩证法的最大的欺人之处在于，它从来不是完全错误的。它偷看真理，正像鬼火偷看亮光一样。……马克思和恩格斯的伟大贡献，不是借助黑格尔的辩证法而作出的，而是由于不管它才作出的。"（[德]伯恩施坦：《社会主义的前提和社会民主党的任务》，殷叙彝译，生活·读书·新知三联书店1965年版，第86—87页）

② 列宁：《哲学笔记》，中央党校出版社1991年版，第372、375页。

③ 同上书，第200页。

④ 有的学者从这里引申出两个列宁的看法，如莱文的《辩证法内部的对话》（张翼星译，云南人民出版社1997年版）中，就认为，《哲学笔记》中的列宁与《唯物主义与经验批判主义》中的列宁是对立的。

⑤ 列宁指出："开始是最简单的、普通的、常见的、直接的'存在'：个别的商品（政治经济学中的'存在'）。把它作为社会关系来加以分析。"（参见列宁：《哲学笔记》，中央党校出版社1991年版，第375页）。

大纲》和黑格尔《逻辑学》的关联从 1840 年开始就成为贯穿马克思的主题，那不是马克思写作《大纲》时偶然有机会重新阅读《逻辑学》才产生的主题，而是马克思 19 世纪 40 年代就开始思索的主题。"①为了强调这两者之间的关联，内田弘认为两者之间表现出如下的对应关系："即《政治经济学批判大纲》的'导言'相当于《逻辑学》的'概念论'、'货币章'对应于'存在（有）论'，'资本章'对应于'本质论'。"②内田弘的研究就是按照这样的思路展开的。在《新辩证法与马克思的〈资本论〉》中，阿瑟同样强调《资本论》第一章与《逻辑学》的内在关联。在他看来，从商品交换到价值的运动可以类比于黑格尔的"存在论"，货币和商品的双重化可以类比于"本质论"，作为在劳动和工业中得以现实化的"绝对形式"的资本具有黑格尔的"概念"的全部特征。阿瑟甚至列出了黑格尔的《逻辑学》与马克思的"形式价值辩证法"的对应关系，来展现《资本论》的新辩证法思想。③ 这些讨论无疑有助于展现《资本论》的哲学空间，但过分拘泥于第一章，以及过分拘泥于与黑格尔《逻辑学》的关系，将会遮蔽《资本论》更为丰富的内容。

　　相比于《资本论》与《逻辑学》在形式上的关联，列宁更为关注的是实践基础上的辩证法，这一思想构成了《哲学笔记》的内核。非常遗憾的是，列宁没能在这个维度上重新解读《资本论》的哲学思想，而是沿着《资本论》的经济学逻辑写出了《帝国主义是资本主义的最高阶段》。在列宁写作《哲学笔记》之后的几年，卢卡奇一反第二国际时代对黑格尔辩证法的无视与责难，重新回到了黑格尔传统，并力图对马克思的哲学进行新的解释。在卢卡奇看来，所谓正统的马克思主义并不是由经济决定论所体现出来的，而是由主体—客体的历史辩证法所体现出来的，这是一种具体的总体性理念。对于这一历史辩证法的解释，卢卡奇是从政治经济学批判中去阐发的。在《历史与阶级意识》中，卢卡奇指出，"物化"的历史基础就是马克思所说的商品生产与交换的普遍化。随着商品生产与交换的主导地位的确立，社会存在本身被碎片化了，与之相

---

　　① ［日］内田弘：《新版〈政治经济学批判大纲〉的研究》，王青等译，北京师范大学出版社 2011 年版，第 333 页。

　　② 同上书，第 334 页。

　　③ Christopher John Arthur, *The New Dialectic and Marx's Capital*，Brill，2003，Chapter. 5.

应，人的意识与理性也被碎片化了，对总体性的无力触及与理性的碎片化，是德国古典哲学以来的二律背反产生的重要原因。从康德到黑格尔，再到新康德主义，哲学的变化体现了哲学家总是力图把握社会的总体，但最终在新康德主义的二元论中，默认了解决二律背反问题的无力。在卢卡奇看来，只有无产阶级才有可能重新把握社会存在的总体性状态，因为只有无产阶级才在资本主义生产过程中处于不断边缘和异化的状态，这种间距才能为无产阶级提供重新审视资本主义社会的思想空间。另外，无产阶级也只有在变革资本主义社会中，才能真正地将自己解放出来，才能使自己成为历史的主体。从这一视角出发，卢卡奇将历史唯物主义看作建立在政治经济学批判基础上的批判理论。

在《关于社会存在的本体论》中，卢卡奇将理论的主题集中在对《资本论》的讨论上。在《历史与阶级意识》中，由于将"物化"看作与人的主体活动相对立的现象，卢卡奇也就无法在理论逻辑上去论证劳动的合理性，他所谓的工人在历史过程中实现解放的学说也就无法在社会存在论上得到证明。① 这一问题后来在《关于社会存在的本体论》中得到了一定程度的解决。在这一著作中，卢卡奇认为：第一，劳动构成了社会存在的本体，是人的主体性与自由的基础。在具体劳动过程中，劳动的本体性设定使之具有合目的性，但这种合目的性并不是与外部世界无关的合目的性，而是沉入外部世界中并对外部世界保持批判精神的合目的性。"从整个一部人类史中，我们都可以看到设定目的的意识对人的其他方面（首先是肉体）的支配，以及由此产生人的意识对人的自身的保持距离和进行批判的态度"②，这意味着，劳动不仅会改变外部世界的存在，也改变着人的本性，从而实现了自由与必然的统一。第二，与《历史与阶级意识》中完全从否定方面来理解物化不同，卢卡奇此时认为，异

---

① 在 1967 年的《历史与阶级意识》一书的"新版序言"中，卢卡奇在谈到自己的解决方案时认为，这一方案带有革命的救世主义与乌托邦主义的倾向，造成这一倾向的重要原因就是对经济做了狭隘的理解，以致"作为社会与自然之间物质变换的中介的'劳动'被遗忘了"，从而丢掉了马克思主义世界观的最重要的现实支柱，这使得自己所讨论的革命实践缺乏社会存在论基础（［匈］卢卡奇：《历史与阶级意识》，杜章智译，商务印书馆 1992 年版，第 11 页）。

② ［匈］卢卡奇：《关于社会存在的本体论》下卷，白锡堃等译，重庆出版社 1993 年版，第 111 页。

化是劳动二重性的一种结果。劳动一方面体现为主体的自由与创造性过程，另一方面劳动的外化也产生了异化，"在一定的意义上可以说，具有一定高度的(大约从奴隶制时代就已开始的)劳动分工的全部人类史也是人类异化史"。① 因此，异化是人类历史发展必经的阶段。但劳动的合类性使人能够意识到异化，并展开对异化的斗争，使社会朝人的合类性方向发展。在新的视野中，劳动本体论是卢卡奇解读《资本论》的纽带。

在卢卡奇关于《资本论》以及马克思思想的解释中，建立在劳动本体论上的人的主体性思想，构成了其理论建构的基础。对人的主体性的重视，对人的存在境遇的关注，随着1932年《1844年经济学哲学手稿》的公开出版，成为马克思哲学研究中的一大热点问题。《1844年经济学哲学手稿》的出版，使人们看到了与经济决定论完全不一样的马克思，这是一个关心人的本质与存在境遇的"真正的马克思"，这样的思路也成为解释《资本论》的根本思路。弗洛姆就指出：过去对马克思的解释是完全错误的，"马克思的学说并不认为人的主要动机就是获得物质财富；不仅如此，马克思的目标恰恰是使人从经济需要的压迫下解脱出来，以便他能够成为具有充分人性的人；马克思主要关心的事情是使人作为个人得到解放，克服异化，恢复人使他自己与别人以及与自然界密切联系的能力……马克思的目标就是社会主义，它是建立在他关于人的学说之上的"②。在马克思关于人的异化及其批判的思考中，劳动起着重要的作用，因为劳动不仅是人与自然之间关系的中介，而且"是人类生命的表现，通过劳动改变了人同自然的关系，因此通过劳动人也改变着自己"。③ 在他看来，马克思关于人的本性、异化、能动性的思想，从《1844年经济学哲学手稿》到《资本论》一以贯之，其思想没有发生根本的转变。④ 费彻尔同样认为，虽然《资本论》的论证风格和理论重点发生了一定的变化，但与《1844年经济学哲学手稿》一样，其"批判的出发点，即以更人性、更自由和更令人满

---

① 　[匈]卢卡奇：《关于社会存在的本体论》下卷，白锡堃等译，重庆出版社1993年版，第623页。

② 　[美]弗洛姆：《马克思关于人的概念》，见《西方学者论〈1844年经济学—哲学手稿〉》，复旦大学出版社1983年版，第23页。

③ 　同上书，第33页。

④ 　同上书，第78页。

意的社会为方向来超越资本主义社会这一探求，始终未曾改变"。① 这种观点在今天仍有较大的影响，在《重读〈资本论〉》中，詹姆逊就是在劳动的创造性这个维度上展开对《资本论》的解读的。②

与这种关于《资本论》的主体论解释相对立的，正是阿尔都塞在《保卫马克思》与《读〈资本论〉》中所要表达出来的立场，即《资本论》从根本上来说是马克思的历史科学，在这里，主体作为一种意识形态的产物被抛弃了，呈现给我们的是一种多元决定意义上的历史理论。阿尔都塞认为，主体从根本上来说是近代以来资本主义意识形态建构的产物，把人建构为主体合乎近代以来的资本主义社会的要求，古典经济学正是在这种人本主义基础上建立起来的。在人本主义理论中，一方面存在着普遍的人的本质，另一方面存在孤立的个体，人本主义的逻辑正是主体的经验主义与本质的唯心主义的整合。"政治经济学所特有的理论结构直接建立在既定现象和意识形态人类学的同质空间上，这种人类学以人即有需要的主体（经济人的既定存在）的经济现象和空间为基础。"③马克思在其思想发展过程中，早期深受这种人本主义的影响，这一点在《1844 年经济学哲学手稿》中得到了明显的体现。但经过 1845—1846 年的"认识论断裂"，马克思实现了总问题的变革，从意识形态走向了历史科学，这一思想在《关于费尔巴哈的提纲》和《德意志意识形态》中得到了初步的体现，并在《资本论》中得以完成。阿尔都塞对《资本论》的这一定位，与对《资本论》的人本主义解释形成了对立。

从上面的描述中可以看出，对于《资本论》的解释形成了四种不同的构架：一是历史唯物主义推广论，形成了经济决定论的解释模型。《资本论》被看成是历史唯物主义一般原理在资本主义社会的应用与证明。二是将《资本论》与

---

① ［德］费彻尔：《马克思与马克思主义：从经济学批判到世界观》，赵玉兰译，北京师范大学出版社 2009 年版，第 51 页。

② ［美］詹姆逊：《重读〈资本论〉》，胡志国、陈清贵译，中国人民大学出版社 2013 年版。在第四章"《资本论》中的时间"中，詹姆逊就指出："生产的创造性在于它的否定性，而非任何正面或肯定的内容。"（参见第 73 页）在第五章"《资本论》中的空间"中，詹姆逊说："对马克思来说，未来的工厂，资本主义之外的乌托邦生产空间，应该被看作也是生产、建构主体的空间"（参见第 94 页）。

③ Althsser, *Reading Capital*, Trans. by Ben Brewster, London and New York, 1967, p. 162.

《逻辑学》进行比较研究，从而陷入黑格尔的哲学逻辑中。三是以劳动本体论为基础的主体性解释构架，关注的是对人的异化的批判以及人的潜能的自由实现。四是与这种模式相对立的阿尔都塞的"断裂说"，强调《资本论》与早期人本主义著作之间的对立。这些解读模式展现了不同历史时期的马克思主义者对《资本论》的不同理解，揭示了《资本论》中的丰富内涵，对于推进马克思主义哲学研究起到了重要的作用。这些不同的解释模式也意味着，对《资本论》的理解并没有穷尽，重新阅读《资本论》，总能开启出马克思哲学解释的新空间。

2008 年金融危机之后，《资本论》再次成为学界的热点。但是这新一轮的解读，或者拘泥于纯粹经济学意义上的讨论，或者是从文献编纂角度讨论马克思文稿的修改情况以及恩格斯的编辑作用。从思想阐发的总体水平来看，并没有根本上的突破，可以说，对《资本论》的热度主要停留在一种情感上，停留在对资本主义社会的批判反思的内在要求上，如何从《资本论》的文本出发，揭示马克思对资本主义社会存在的哲学批判，并没有清晰地展示出来。《资本论》仍然是一个有待进一步挖掘的思想库。

（二）

国内学界关于《资本论》的讨论，基本上沿着三种思路展开：一是沿袭传统研究思路，将《资本论》看作历史唯物主义在资本主义社会推广的产物。随着实践唯物主义讨论的兴起，形成了第二种解释思路，即强调实践主体性的思路。《资本论》中关于人的自由与解放的思路，在主体创造性层面得到了新的解释。这样一种主体性哲学顺应了中国社会发展的内在要求。但随着市场经济的全面展开，主体在市场中的沉沦与价值堕落问题也随之出现，人的生存状态也随之引起了哲学家们的关注。正是在这样的语境中，产生了《资本论》研究的第三种模式，即存在论意义的哲学讨论。这种研究虽然在理论主题上与实践主体性思路不同，但从中国马克思主义哲学研究的学术理路来看，如果没有实践唯物主义大讨论的影响，存在论的思路也难以真正地展现出来。在这个意义上，对《资本论》的深度研究，需要我们重新面对实践唯物主义。中国马克思主义哲学研究的真实进展，都绕不开对实践唯物主义的反思与发展。

就中国的马克思主义哲学研究来说，20 世纪 80 年代的实践唯物主义为马克思主义哲学的研究奠定了重要的基础。

第一，实践唯物主义打破了传统研究中的教条主义倾向。在传统思路中，马克思主义哲学包括两大部分，即辩证唯物主义和历史唯物主义，以物质本体论为基础的唯物论、辩证法与认识论构成了辩证唯物主义的根本内容，历史唯物主义则是辩证唯物主义在历史领域的运用。这两大部分虽然共同构成了马克思主义哲学原理的基本内容，但将这两大部分并列则是不合逻辑的，因为不能将一种公理与公理的运用置于同一个层次。在实践唯物主义之前，马克思主义哲学研究基本上都受制于传统的思路，几乎所有的学者都说着同样的语言、表达着同样的逻辑、建构着同样的学术体系，如果说有不同，最多也只是体现在一些细节性的研究上。凡是不合乎这一理论体系和言说话语的，都不具有存在的合理性，甚至被当作敌对的东西加以排斥，从而造成了传统研究中的故步自封、理论思辨力低下。发端于实践标准大讨论的实践唯物主义的根本意义在于对传统研究思路的冲击，并试图寻求一种新的解释构架，或者说，它打破了教条主义的独断论，实现了研究者的思想解放。这是非常重要的。只有在走出传统的解释思路和视野后，才能重新审视马克思主义哲学与社会实践的关系，打开理论视野，批判吸收当代学术成果。

第二，实践唯物主义为马克思主义哲学研究奠定了新的框架，打开了新的理论空间。在实践唯物主义讨论中，赞成以实践唯物主义来解释马克思主义的学者，或者将实践看作是马克思主义哲学的本体，或者视实践为超越传统唯物主义与唯心主义的新基础，认为在这一新的基础上，马克思主义哲学体系发生了根本性的改变。比如在人与自然的关系上，传统研究主要是从时间优先性上来强调自然的客观性、先在性。实际上，这种优先性也是康德等人承认的，但提出过星云假说的康德又为什么强调真理的标准在于对象是否合乎主体的理性呢？对于那个时代的哲学来说，重要的是在人产生之后，如何看待人与自然的关系，在这一关系中强调主体的地位和作用，这是为了回答文艺复兴之后西方社会发展提出的问题。在历史的这一新阶段，人与自然的关系变成了以人的主体实践为中介的关系，这既是为了确认上帝被罢黜之后人的地位，又体现了现代社会发展的内在要求和自信心。马克思继续了这一思想传统，他的哲学批判是在继承这一传统之后的批判，所以马克思在批判费尔巴哈的感性自然观时就指出："他没有看到，他周围的感性世界决不是某种开天辟地以来就直接存在的、始终如一的东西，而是工业和社会状况的产物，是历史的产物，是世世代代活动的结果。"①虽然这种情况下，"外部自然界的优先地位仍然会保持着，而整个这一点当然不适用于原始的、通过自然发生的途径产生的人们。但是，这种区别只有在人被看作某种与自然界不同的东西时才有意义。此外，先于人类历史而存在的那个自然界，不是费尔巴哈生活于其中的自然界；这是除去在澳洲新出现的一些珊瑚岛以外今天在任何地方都不再存在的、因而对于费尔巴哈来说也是不存在的自然界"②。可以说，在人与自然的关系上，这是与传统研究完全不同的另一种思路。这是以人的实践为基础的研究思路。

更为根本的是，传统研究基本上是依赖自然优先性来展开解释构架的，而实践唯物主义则从历史活动中主体与客体的关系出发来建构解释思路。从简单类比的意义上来说，这有点类似于从 18 世纪的自然唯物主义到德国古典哲学的转变，人的实践成为哲学建构的新基点，从而使马克思主义哲学研究重新返回到现实生活的人及其历史实践。这种解释框架的转变，不仅使在传统研究中遭到忽视的主体、人、价值等问题成为马克思主义哲学研究中的重要话题，而且也使得被传统研究简单排斥的西方哲学及相关学科，也成为马克思主义哲学研究的重要学术资源，而不是简单的否定对象。正是在这种框架转变和理论空间的拓展中，才可能出现今天马克思主义哲学研究中有个性的解释框架。这些个性的研究成果，不仅丰富了马克思主义哲学研究的话语体系，而且从不同层面推动了马克思主义哲学的发展，为带有"学派"特征的研究模式创造了一定的条件。

第三，实践唯物主义为本土学术话语的建构提供了一定的基础。从思想史的角度来说，实践唯物主义的讨论并不是由中国发端的，苏联、东欧等国家和地区在 20 世纪 60 年代、日本在 70 年代重新研究马克思时，很多学者都以实践唯物主义作为理论的基础。中国学者的实践唯物主义讨论应该说受到了这些研究的影响，但这一讨论本身却有着本土的历史与理论语境。

从理论语境来说，经过实践标准问题的讨论，国内学界开始了对传统马

---

① 《马克思恩格斯文集》第 1 卷，人民出版社 2009 年版，第 528 页。

② 同上书，第 529—530 页。

克思主义解释的反思，并以人道主义与异化问题的争论形式展开了新的探索，这些讨论使人与主体性问题、价值问题等传统思路没有容纳的主题呈现出来，并需要从理论根基上得到解释。实践唯物主义的提出，正是上述理论发展的内在逻辑要求。从历史语境来看，这一理论要求与中国社会的发展相一致。到 20 世纪 80 年代，中国社会的改革开放已经展开；到 90 年代时，市场经济已经成为中国社会发展的主旋律。市场经济的发展与改革开放的深入，迫切呼唤合乎时代要求的主体与主体性，实践唯物主义以及建立在实践唯物主义基础上的主体性问题的讨论，既顺应了这个时代的要求，也体现了马克思主义哲学的实践本性。

从国内马克思主义哲学研究的历史来看，实践唯物主义体现了马克思主义哲学研究的新阶段，即从传统的教科书体系转向了实践唯物主义的理论体系。20 世纪 90 年代以后，国内一些有创造力的马克思主义哲学研究成果，都是在实践唯物主义的基础上呈现出来的，从而形成了不同于传统思路的另一种解释传统。因此，实践唯物主义并不是简单的理论移植，而是中国学者面对当时的社会历史情境创造性地解读马克思思想的理论成果。

可以说，实践唯物主义构成了近三十年来马克思主义哲学解释的重要基础，并支撑了近三十年来马克思主义哲学研究的主体框架。没有这一讨论，就不可能产生当前中国马克思主义哲学研究中具有学派特点的解释框架，更不可能取得马克思主义哲学研究的当前成果。中国马克思主义哲学的当下发展不得不面对这些成果，在继承中反思、在发展中超越。

（三）

回到理论建构层面，实践唯物主义有两个重要的理论内容：在社会本体论的层面上，实践唯物主义以生产劳动为基础，并形成了实践本体论；在社会结构与运行层面，虽然实践唯物主义也强调科学的结构分析，但更为强调人的主体性。应该说，这两个方面构成了实践唯物主义的重要特征。在实践唯物主义讨论之后，马克思主义哲学研究的诸多成果，都是以这两个方面为基础的。对实践唯物主义的反思，最根本的是对这两大内容在马克思思想中的地位和作用的反思。

要理解生产劳动与主体性在马克思思想中的地位和作用，离不开对马克思思想的再辨识。

实践唯物主义虽然与传统视野中的马克思主义哲学有着根本性的差异，但在一些重要问题上，并没有彻底打破传统的理论框架。实践唯物主义是对马克思社会历史观的提炼，许多学者直接将之等同于被重新解释的历史唯物主义，即作为哲学的历史唯物主义，而不是辩证唯物主义运用于历史领域的历史唯物主义。在这个意义上，实践唯物主义的社会历史本体论，是生产劳动，我称之为生产逻辑。

这一逻辑是在《德意志意识形态》这个文本中确立的。第一，针对青年黑格尔派从思想观念出发的做法，马克思指出：这些看似独立的思想观念有其现实的前提，"这是一些现实的个人，是他们的活动和他们物质生活条件，包括他们已有的和由他们自己的活动创造出来的物质生活条件"。① 因此，人类历史的第一个活动就是物质生活资料的生产活动。第二，在人们的物质生产活动的基础上，产生了人与自然的关系，人与人的关系，形成了人类社会。在一定的方式下进行活动的一定的个人，相互发生着一定的社会关系和政治关系，人们的思想、观念也都同一定的物质生产方式相关联。从生产劳动出发，是分析社会结构及其运行方式的基础。第三，人的生产劳动体现了人的生命与本质，也正是生产劳动将人与动物区别开来。"个人怎样表现自己的生命，他们自己就怎样。因此，他们是什么样的，这同他们的生产是一致的——既和他们生产什么一致，又和他们怎样生产一致。"② 可以说，生产劳动创造了人本身，也只有在生产劳动中，人才能对象化自己的主体性及其本质力量。第四，生产劳动在现实生活中的异化造成了人的存在状态的异化，未来社会就是要扬弃这种异化，实现劳动的自由和人的自由。马克思讨论了现实生存条件下人的异化状态，指出应该以人的自主活动取代人的异化劳动，以利于自由人格的形成与人的全面发展。

在实践唯物主义的讨论中，这些构成了马克思哲学的基本内容。这些内容在马克思思想中占据着何种地位呢？按照我的理解，马克思的思想中存在着双重逻辑，即人类学意义上的生产逻辑与面对资本主义社会的资本逻辑。在《德意志意识形态》中，马克思确立了生产逻辑，并形成了面对人类社会历

① 《马克思恩格斯文集》第 1 卷，人民出版社 2009 年版，第 519 页。
② 同上书，第 520 页。

史的解释框架。传统研究一般都认为，马克思此时已经完成了哲学变革，《资本论》只是这种历史唯物主义运用于资本主义社会的结果。从马克思思想发展的总体过程来看，这一说法是站不住脚的。正如我在后面章节中将要论证的，在资本主义社会，实际上是资本逻辑在统摄生产逻辑，一般意义上的劳动生产过程，只有在资本逻辑中才能得到理解。可以说，生产逻辑虽然构成了马克思哲学变革的重要内容，但并不能就认为它体现了马克思哲学最深层的思想。相对于生产逻辑而言，资本逻辑才是马克思《资本论》中想要表达的内容，而这个内容是不能简单地从生产逻辑的基础上推演出来的。①

下面我们来看看实践唯物主义讨论中的主体及主体性问题。对这一问题的讨论可以区分为两个不同的阶段：第一阶段表现为 20 世纪 80 年代末到 90 年代中期的主体与主体性问题的讨论，确认马克思哲学思想中的主体性原则，并将这一原则与市场经济的发展联系起来，以便从哲学上实现对市场经济发展的理性自觉与理性审视，并形成了以主体性为内核的人学理论。第二个阶段是 20 世纪 90 年代末到 21 世纪初，在这个时期，市场的发展已经展示了自身的困境，造成了人的生存处境的危机和人的存在感的消失，正是在这个意义上，马克思主义哲学中的主体性维度让位于人的存在论反思。在我看来，存在论研究是对人的主体性问题的反思，正是主体在市场经济发展中的迷失与沉沦，才会使人重新追问人的存在的意义。这种追问也反衬出社会存在本身的变更。如果说在弘扬主体性的时代，资本更多体现为突破僵化的格局以寻求发展的话，那么在存在论反思的时代，资本越来越体现为一种刚性的、自我组织与自我扩张的结构，它越来越体现出自身的稳定性和层级性，主体也日益成为资本结构化中的要素与资本扩张的工具。在西方发达国家，从主体性向存在论的逻辑转换，经过了非常长的时期，并与社会存在的转变相一致，即从自由竞争的资本主义向组织化资本主义的转变相一致，在中国，则只经过了二十年的时间。可以说，国内学界关于主体性与存在论问题的讨论，不是像一些短见的批评者所做的那样，简单地将马克思主义哲学与西方哲学嫁接起来，而是中国学者在面对社会变化时的理性审视，并力求根据变化了

———————————

① 关于双重逻辑的讨论，参见本书第三章。

的社会来发展马克思主义哲学的尝试。①

但这种主体性的维度，在资本逻辑中消隐了。根据马克思的讨论，资本逻辑的主旨是不断地追求剩余价值的最大化，在这个过程中，资本逻辑不断地将生产资料与工人纳入再生产过程，使自身展现为不断扩大的螺旋形圆圈。可以说，资本逻辑表现出一种不断地结构化的特征。在这个结构化的进程中，实践唯物主义所依赖和确立的主体消失了。

在资本逻辑中，物变成了资本增殖的工具，人变成了资本逻辑的承担者。"资本不是物，而是一定的、社会的、属于一定历史社会形态的生产关系，后者体现在一个物上，并赋予这个物以独特的社会性质。"物只是资本的现实载体，"资本不是物质的和生产出来的生产资料的总和。资本是已经转化为资本的生产资料，这种生产资料本身不是资本，就像金或银本身不是货币一样"②。与物成为资本增殖的工具一样，资本家只是资本的人格化，"资本——而资本家只是人格化的资本，他在生产过程中只是作为资本的承担者执行职能——会在与它相适应的社会生产过程中，从直接生产者即工人身上榨取一定量的剩余劳动，这种剩余劳动是资本未付等价物而得到的，并且按它的本质来说，总是强制劳动，尽管它看起来非常像是自由协商议定的结果"③。同样在"土地所有者身上，土地也人格化了"④，因此，不管是资本家、土地所有者还是工人，都只是资本逻辑的工具和载体。当资本吸纳了生产资料与劳动力时，资本的再生产过程就体现为不断扩大的再生产过程。"对资本家来说，资本是一台汲取剩余劳动的永久的抽水机；对土地所有者来说，土地是一块永久的磁石，它会把资本所汲取的剩余价值的一部分吸引过来；最后，劳动则是一个不断更新的条件和不断更新的手段。"⑤近代以来的哲学所颂扬的主体不见了，或者说，近代以来所确立的主体，刚好成为资本逻辑得

---

①　对于近三十年来国内学术界关于马克思哲学的理解，我认为要给予充分的估价，这些研究有其自身的逻辑，并不像有些学者的简单概括那样，以西方马克思主义来解释马克思，或者以海德格尔来解释马克思。

②　《马克思恩格斯文集》第 7 卷，人民出版社 2009 年版，第 922 页。

③　《马克思恩格斯全集》第 46 卷，人民出版社 2003 年版，第 927 页。

④　《马克思恩格斯文集》第 7 卷，人民出版社 2009 年版，第 934 页。

⑤　同上书，第 931 页。

以运转的重要条件。

在马克思的思想中，人的主体性与劳动本体论，在很长一段时间内成为他批判资本主义社会的重要根据。在《1844 年经济学哲学手稿》中，马克思通过"异化劳动"来批判私有制，强调劳动的对象化所展示的人的类本质层面。他认为，黑格尔虽然认识到劳动的社会历史意义，但没有意识到劳动的对象化与异化的区分，忽视了劳动的负面影响，因此，需要将劳动的对象化与异化区分开来，将对象化的劳动看作人的自由自觉的类本质的展现过程，也是人的类本质的确证过程。"正是在改造对象世界的过程中，人才真正地证明自己是类存在物。这种生产是人的能动的类生活。"①"通过实践创造对象世界，改造无机界，人证明自己是有意识的类存在物，就是说是这样一种存在物，它把类看做自己的本质，或者说把自身看做类存在物。"②

在《政治经济学批判大纲》中，劳动本体论的意义更为明显。虽然此时的马克思已经意识到，简单地区分对象化和异化是不可能的，在资本主义社会这两个过程完全交织在一起，但劳动本体论以及建立在劳动本体论基础上的主体性维度，构成了马克思从哲学上批判资本主义社会的前提和重要根据。在资本主义社会，由于生产逻辑与资本逻辑合而为一并受资本逻辑的统摄，就决定了现实的劳动过程既体现为社会存在的基础，又体现为资本增殖过程。"由于劳动并入资本，资本便成为生产过程；但它首先是物质生产过程；是一般生产过程，因此，资本的生产过程同一般物质生产过程没有区别。"因此，劳动是社会存在的根据，没有劳动，就无法解决人类社会生存与发展所需要的物质生活条件。如果将劳动从资本中剥离出来，单就劳动本身而言，这种被设定为不受资本制约的劳动是"劳动本身的非对象化的存在，因而是劳动本身的非对象的，也就是主体的存在。劳动不是作为对象，而是作为活动存在；不是作为价值本身，而是作为价值的活的源泉存在"③。因此，"劳动作为主体，作为活动是财富的一般可能性"④。虽然对劳动概念的理解发生了很大的

---

① 《马克思恩格斯文集》第 1 卷，人民出版社 2009 年版，第 163 页。
② 同上书，第 162 页。
③ 《马克思恩格斯全集》第 30 卷，人民出版社 1995 年版，第 253 页。
④ 同上书，第 254 页。

变化，但与《1844 年经济学哲学手稿》一样，劳动是人的主体性的确证，是人的能力的展现，这种本体论的确证与主体性的维度被马克思进一步发挥了。

正如我们在上面论证过的，从人类存在的一般层面来看，劳动与主体性的确构成了社会存在的本体及其主要维度，但这种本体论及相关的主体性在资本主义社会发生了改变，即在资本逻辑的统摄下，劳动已经不再能够充当讨论资本主义社会存在的本体了，或者说，资本主义社会存在的本体是不断结构化的资本逻辑，在这一逻辑中，主体只是资本增殖的工具。这样一种区分，马克思实际上是在《资本论》第一卷第二篇"货币转化为资本"中讨论关于"劳动"与"劳动力"的区分时才清晰起来。马克思意识到，不能笼统地讨论资本对劳动的统治与压榨问题，必须将劳动与劳动力区分开来，资本主义生产过程说到底是对劳动力的吸纳和剥削过程，如果从主体意蕴的劳动本体论出发，根本无法进入资本逻辑的运行过程中。可以说，这个区分是非常重要的，它意味着马克思意识到资本逻辑与以劳动本体论为基础的生产逻辑的重大差异，生产逻辑根本不能说清楚资本主义的社会存在及其特征。当劳动力进入资本逻辑的运行过程中时，资本逻辑的结构化过程就体现得非常明显。对于马克思来说，他并不是要对人类的历史做出抽象的说明，他要揭示的是资本主义社会的运动过程及其特点，劳动与劳动力的区分才将这一问题真正凸显出来。我们甚至可以说，从劳动本体论及劳动主体性维度出发，这是资本主义所要确证的东西，或者用阿尔都塞的话说，劳动本体论及劳动主体性的维度，体现了资产阶级的意识形态。

如果说以劳动本体论为基础的生产逻辑以及劳动本体论基础上的主体性构成了实践唯物主义构架的基础和内核，那么，这一理论主是建立在人类学意义的生产逻辑的基础上，它不足以说明资本主义的社会存在，无法深入资本逻辑中。在马克思的思想发展过程中，当他明确区分"劳动"与"劳动力"时，他实际上也就扬弃了劳动本体论，从生产逻辑明确进入资本逻辑。① 在这个区分的基础上，我们可以说，需要超越实践唯物主义的理论构架，需要重新确立马克思哲学的新的解释构架。这是我们重新进入《资本论》时需要明确的理论语境，也是我们从本土理论逻辑出发，在更新的理论层面来阅读《资本

---

① 参见本书第十章"劳动力成为商品意味着什么"。

论》的尝试。

（四）

　　从国内外的研究来看，如何超越劳动本体论，在新的基础上研究《资本论》，从而重新探索马克思哲学的理论构架，这不仅是当前发展马克思哲学的根本议题，也是从本土学术话语出发，重新讨论马克思哲学的理论主题。

　　根据上面的讨论，自 1845 年之后，马克思思想的重要发展在于从生产逻辑向资本逻辑的转变，这个转变在《政治经济学批判大纲》中开始较为明显地呈现出来，并在《资本论》中完成。如果说在 1845 年马克思实现了哲学革命，即创立了以生产逻辑为基础的历史唯物主义，那么从生产逻辑向资本逻辑的转变，更是一次重要的逻辑转换，对于这一逻辑转换的意义及其对马克思哲学思想的影响，过去的研究还没有将之作为主题加以探讨，更没有在新的逻辑基础上对马克思哲学进行新的阐述。以资本逻辑为基础，重新探讨《资本论》的哲学思想，也就成为本书力图展现的问题。

　　如果我们将马克思的哲学聚焦于对资本逻辑的批判分析，那么这种哲学首先是非本体论的，或者说，它不会去寻求一个永恒不变的本体，作为自身的根基。按照我的理解，本体论在一定意义上反映了流动的现代性社会的心理期待。从社会变迁的视角来说，摆脱宗教依赖的现代人，面对飘忽不定的现代空间和不断流失的现代时间，急需为自身寻求一个确定的点，以摆脱无家可归的状态，正是在这样的历史情境中，形而上学的奠基与本体论的追求，构成了现代人寻求确定性的幻觉。马克思在很长时间内并没有摆脱现代理性的这一主题，到了《资本论》之后，马克思放弃了这种本体论的幻觉，把资本看作一个不断结构化的过程，这是不断结构化、解结构化并重新结构化的向外扩张过程，在这个扩张中，资本逻辑又承受着内在的压力，从而有可能导致自身的瓦解。在资本逻辑结构化过程中，一切都是在这个结构与解构过程中形成、呈现与消失的。如果说资本是一辆高速奔驰的列车，那么本体论的追问类似于为这辆列车寻求一个永恒的固定点。而对于《资本论》之后的马克思而言，问题不再是确定一个永恒的点，而是跳进列车中来寻求列车解体的可能性。也正是在这个意义上，形而上学批判与资本逻辑批判，构成了一枚钱币的两面①。

　　资本逻辑体现为一个抽象化、形式化与结构化的过程，从而将资本主义社会结构化为一个不断更新的总体。对于马克思来说，他一方面需要揭示这一逻辑的展开环节，另一方面需要对这一逻辑的总体进程及其在各个环节上的表现进行批判。对于马克思哲学的新的探索，需要同时在这两个方面展开，并在资本逻辑与生产逻辑的统一中进行历史性的分析。这要求我们，必须将《资本论》中的经济学范畴重新上升到哲学的高度，成为重新探讨马克思哲学的基本范畴，并通过这些范畴建构新的解释框架。这对于马克思哲学思想研究来说，是一个全新的课题。

　　第一，资本逻辑与资本主义社会存在的形式化。根据马克思的讨论，资本主义社会是一个与传统相"断裂"的社会，发生这一断裂的根本原因在于：商品获得了普遍化的统治地位。在传统社会中，也存在着商品及其交换，但这种简单的商品交换只具有局部的意义，而在资本主义社会，"资本主义生产方式占统治地位的社会的财富，表现为'庞大的商品堆积'"②。商品交换成为社会存在物质交换的基本形式，直接影响着社会生产与社会生活过程。这是与传统社会完全不同的社会，用卢卡奇的话说："一个商品形式占支配地位、对所有生活形式都有决定性影响的社会和一个商品形式只是短暂出现的社会之间的区别是一种质的区别。"③在对商品及其交换过程的分析中，马克思揭示出社会存在的抽象化过程，即在普遍化的商品生产过程中，由量化的劳动时间所决定的价值构成了社会的"本体"，这决定了一切具有"质"的规定性的劳动必须简化为只有"量"的差别的劳动，产品的"质"被还原为"量"，一切有质性规定的东西都被数量化了，简化为一种抽象"形式"。"这种简化表现为一种抽象，然而这是社会生产过程中每天都在进行的抽象。把一切商品化为劳动时间同把一切有机体化为气体相比，并不是更大的抽象，同时也不是更不现实的抽象。"④虽然在《资本论》中，马克思以商品的普遍化作为分析的基础，

　　①　关于马克思与形而上学批判问题，参见仰海峰：《形而上学批判——马克思哲学的理论前提及当代效应》，江苏人民出版社 2006 年版。

　　②　《马克思恩格斯全集》第 44 卷，人民出版社 2001 年版，第 47 页。

　　③　［匈］卢卡奇：《历史与阶级意识》，杜章智译，商务印书馆 1992 年版，第 144 页。

　　④　《马克思恩格斯全集》第 31 卷，人民出版社 1998 年版，第 423 页。

但在现实的生活过程中，商品的普遍化实际是以资本的普遍化为前提的。这也意味着，这种抽象化、形式化，构成了资本主义社会存在的特性。历史唯物主义需要对资本主义社会存在的形式化展开批判。

第二，资本逻辑视野中的商品、交换、货币、拜物教等的哲学分析与批判。商品、货币与交换既是现实的存在，又是表现这些存在的概念，这就需要对这些存在进行哲学分析，揭示商品交换过程、货币存在方式的哲学意蕴，从而揭示商品普遍化时代的心理与意识结构，理解马克思所说的拜物教的意义。

在上面的讨论中，我们已经提出了社会存在形式化、抽象化的问题，马克思通过对于商品二重性、劳动二重性、商品交换、货币的产生等问题的分析，具体地揭示了这个形式化的过程。资本主义社会的这种"抽象"才是黑格尔哲学中抽象概念统治一切的历史基础，也是阿多诺后来批判同一性哲学的社会基础。商品交换与社会的货币化进程，对社会生活与人的心理产生了极大的影响，商品拜物教体现了商品普遍化社会的精神结构。

交换的普遍化只是资本逻辑的表层现象。表面看来，交换是为了获得剩余价值，但交换本身并不产生剩余价值，剩余价值来自于生产过程，所以资本逻辑批判需要揭示剩余价值的生产过程，这是马克思与当时的庸俗经济学家的根本区别。在这个逻辑转换中，劳动力成为商品是至关重要的一环。马克思关于劳动与劳动力的区分，才真正地走出了古典经济学以及近代以来的哲学的思想前提，从而形成了关于资本逻辑的独特分析。这是从资本的现象界进入资本的本质界的重要一步。

第三，资本逻辑与时空规划。剩余价值的生产是资本主义社会时空规划的核心。剩余价值生产有两种形式，即绝对剩余价值的生产与相对剩余价值的生产。绝对剩余价值的生产主要是通过延长劳动时间实现的，相对剩余价值的生产主要通过提高生产率、缩短必要劳动时间实现。相比较而言，前者直接体现为对时间的控制，后者更侧重于对空间的规划。资本主义社会的时间与空间规划就是以剩余价值生产为核心而展开的。这种规划不仅促进了剩余价值的生产，而且通过提高劳动生产率推动了资本主义社会的发展。剩余价值的生产因此成为资本主义社会时空规划的核心，体现着资本主义剥削的秘密。马克思结合剩余价值生产过程对时间的分析，实际上揭示了海德格尔后来在《存在与时间》一书中提出的时间理论的社会存在基础。海德格尔所说的敉平化的时间，只有在资本主义社会，即只有在商品交换普遍化的时代才是可能的。

随着现代资本主义社会的发展，特别是随着电子媒介技术的发展，空间规划日益取代时间规划，成为全球化时代资本逻辑的主导性策略，为历史唯物主义的当代发展提出了许多新的问题，列斐伏尔、哈维、苏贾等人的现代空间理论，正是以《资本论》为基础，结合现代资本主义社会变迁而提出来的。

第四，资本逻辑与技术问题。在追求剩余价值的过程中，相对剩余价值的生产就涉及机器技术在资本生产中的地位和作用问题。可以说，资本的本性要求发展技术，但资本的本性又必须压抑技术，并借助技术论证自身的合法性。因此，在资本逻辑的视野中，需要对技术问题进行重新讨论。

在这一问题域中，特别是在卢卡奇之后，将会产生技术支配与控制的问题，这是自卢卡奇到法兰克福学派再到当代都无法绕过的问题。与马克思时代相比，今天关于技术讨论的语境发生了重要的变化，这些变化既体现了理论思维方式的变化，又体现了社会历史的变迁，这更需要我们深入讨论马克思从资本逻辑出发对技术的哲学分析，从而审视当代思潮。

第五，资本逻辑与人的解放。对于马克思来说，对资本逻辑的批判是为了人的自由而全面的发展，这种发展不仅体现为个人的自由发展，而且体现为全人类的自由发展。从黑格尔的辩证法出发，马克思一方面揭示资本逻辑的历史合理性，即它为人类解放提供了所需的物质基础，另一方面揭示资本逻辑的物化特征，这决定了人的解放必须要冲破这一牢笼，在这个过程中，无产阶级成为人类解放的现实力量。对资本逻辑内在矛盾的分析固然为人的解放提供了依据，但只从资本逻辑的内在矛盾出发，并不能自发地培养出无产阶级自我解放的自觉意识，如何对这一问题展开思考，正是马克思提到但还需要进一步展开的课题。《资本论》第三卷以"阶级"作为结尾，但如何理解"阶级"的自我意识，马克思并没有展开。在这个维度上，历史唯物主义的深度建构，必须要重新讨论资本逻辑与主体问题。这个讨论与 20 世纪 80 年代国内学界的主体性讨论相关，但又有着根本不同的维度。那时的讨论，关注的是生产逻辑意义上的主体性，而在资本主义社会，最为根本的问题恰恰是资本逻辑语境中的主体性问题，只有在这一讨论中，我们才能真实地讨论无产阶级的解放与人的解放问题。

（五）

对《资本论》的这一重新解释，以及由此带来的对马克思哲学的重新理解，需要我们在方法论上实现一种变革，即真正地将原来学科结构中的哲学、政治经济学与科学社会主义作为一个整体，在这些学科的整合中去理解马克思的思想。

马克思的思想来源和理论内容非常丰富，列宁曾从主要层面将之概括为三大来源与三大组成部分。根据这一描述，后来者将它们划分为三个学科的研究对象。这种学科划分虽然有助于人们从某一方面了解马克思的思想，但也带来了严重的缺陷，即人们无法从这些思想来源的内在关系中理解马克思。我们知道，在马克思思想发展过程中，他的哲学思想的发展与变革，离不开他的经济学研究，而这两方面的内容又都与他的社会主义思想联系在一起，这三个方面的内容始终处于一种内在互动之中。我们可以说，马克思的思想变革实际上是哲学、政治经济学与社会主义思想的同时变革，这是一种思想的总体转型与重建。如果我们不能从总体上把握这种内在的关系，我们就无法真正地理解马克思思想的根本含义。

如传统的研究认为，在《关于费尔巴哈的提纲》与《德意志意识形态》中，马克思实现了哲学变革，在其后来的思想发展中，只是将已经变革了的哲学思想运用于政治经济学批判，从而得出剩余价值学说。而对其哲学思想的变革又只是从哲学这条线索来理解。但如果从马克思思想发展的内在逻辑及其所遭遇的问题来看，传统的这种单线索式的阅读就是有问题的。按照我的理解，在《德意志意识形态》中，马克思只是完成了以人类学意义上的生产逻辑为基础的历史唯物主义，这种一般物质生产逻辑还不足以将他与李嘉图社会主义者区别开来。在《伦敦笔记》以及《政治经济学批判大纲》中，马克思通过批判李嘉图社会主义者才真正地意识到上述问题，从而形成了以剩余价值论为核心的资本逻辑，这时他才能从哲学上透视古典政治经济学与社会主义者的基础，并提出独特的剩余价值理论。因此，历史唯物主义存在着双重逻辑，即人类学意义上的生产逻辑与面对特定社会的资本逻辑，在资本主义社会，资本逻辑对生产逻辑具有统摄地位。马克思思想的这一发展过程，是无法从单一线索来把握的。

这意味着，今天的马克思思想研究，首先就需要将马克思思想的这些来源当作一个无法分割的整体，我们在阅读中需要将这些要素整合起来，探索它们之间的理论基础与内在关系。如果做马克思哲学思想研究的人不去理解其经济学思想，就只能陷入一些哲学概念的玄思中。只研究其经济学思想而不能从哲学上反思经济学的前提，就无法真正理解马克思是如何超越古典政治经济学的。如果不能将马克思的哲学—经济学思想与其科学社会主义的主题结合为一个整体，就无法理解哲学—经济学批判的理论意义。这种总体性原则给研究者提出了更高和更难的要求。

任何一位思想家的思想都不单纯是一种思想史的逻辑延伸，真正的思想从来都是历史的；即使思想家运用的是一些看似超历史的、形而上的语言，他所要直面的问题也都有其历史的定位。真正的学术从来都是面对社会历史生活的。比如黑格尔，他的著作在直接层面表现为一种思想的逻辑，其晦涩的论述要解决的是思想史上的难题。但如果透过这些形而上的沉思，我们就能看到黑格尔直面的恰是德国当时的历史难题。面对已经发展的英、法等资本主义强国，尚处于封建城邦林立时期的德国该如何选择自己的发展道路？黑格尔对英国经验论与大陆唯理论的批判、在《法哲学原理》中对"市民社会"以及政治经济学的批判与对国家理性的探讨，按照我的理解，无不是以形而上的语言探讨社会历史生活中的根本问题。他对"绝对观念"以及这种"绝对观念"的现实表现形式即国家理性的强调，虽然是唯心主义的，但却体现了他对德国现实发展道路的思考。如果不能将他的思想与他所处的历史情境联系起来，把他的思想与他所处的历史情境当作一个整体，我们就只能看到一个思想史逻辑中的黑格尔，看到作为形而上学哲学家的黑格尔，但却不能真正地激活他的思想，体会其思想的历史意义。

马克思思想的研究同样需要遵循这种总体性原则。正如马克思后来所反思的，他的青年时期的理性批判体现了资本主义经济不发达的德国知识分子的要求。当他意识到这种批判的软弱性时，他开始想做的是实现德国哲学与法国政治激情的融合，并因此来到了巴黎。在巴黎他看到了资本主义的现实存在状态并开始研究政治经济学。一方面他认识到政治问题的基础是经济的现实发展水平，另一方面他抛弃了原先想象中的"法国"与"英国"，开始认识真实存在的法国、英国，并反思古典政治经济学与工人运动，并从中透视现有理论的缺陷和问题。只有在这样的历史情境以及在理论与历史情境的整合中，马克思才能突破自己原有的理论框架，反思当时的历史生活。因此，马克思思想研究不仅要关注他自身的个人传记，而且要研究当时的资本主义发展过程，并将之与马克思的思想融为一体，才可能真正地理解马克思。在我看来，只有在这种总体性原则的指导下，我们才能历史性地理解思想史。

实际上，思想史研究的历史性方法，也是马克思面对思想史时的一个基本理念。他在讨论劳动价值论的形成时指出：从重农学派将农业劳动作为价值的源泉向斯密的劳动价值论的转变，不仅体现了理论逻辑的提升，而且体现了这种理论逻辑对资本主义社会发展的理解与抽象。从理论逻辑上来说，这体现了从特殊劳动向一般劳动的提升；从资本主义社会发展过程来说，这表明工业劳动已经普遍化，或者表现出一种普遍化的趋势。只有当工业劳动普遍化时，这种劳动才能取得统治地位，才能将之作为劳动价值论的原型。在马克思的这种分析中，我们不仅看到了思想史的逻辑进程，而且看到了历史的进程，也看到了这种思想史的逻辑进程与历史进程的内在关系。

因此，将思想与历史当作一个总体，不仅是理解马克思思想的重要原则，也是我们从马克思思想出发面对当代思想与历史的重要原则。在我看来，当我们从这种总体关联出发去理解思想时，我们才能建构透视历史的理论构架，这种理论构架才不是简单地将理论联系实际，而是能够从总体上透视历史问题，并从更高层面为历史发展提供思想的支撑力。在我看来，这也是当下中国社会发展中最为缺乏的东西。

现代解释学已经揭示出，任何研究都无法完全摆脱源自于当下社会历史与思想的视域，研究的过程实际上是将当下的视域与研究对象的视域相融合的过程。这表明，对前人思想的任何研究都离不开对当下社会历史与思想的深入考察，它们之间构成了一种总体性的相互关联。也只有通过当代历史与思想的深入，我们才能更好地理解马克思。

按照我的理解，马克思思想变革的方法论启示在于：他既从逻辑上来理解思想进程，又将这种逻辑置于社会历史生活过程中，揭示两者的内在关系。在这一视域中，马克思才能既摆脱简单的经验主义，又摆脱思想中心论，使思想变成一个开放的过程。按照这一理念，今天我们研究马克思思想，就不能不研究当代历史的变化过程以及产生于这一历史中的思想的变化过程，从中揭示马克思思想走向当代的途径。比如卢卡奇关于物化与阶级意识的讨论，就体现了他对资本主义社会新阶段的思考，而这种新的历史情境是马克思没有遇到的。在马克思时代，虽然已经开始了工业化生产，但这种以技术为基础的生产工业化程度并不高，以致在《资本论》中，马克思有时以"工场手工业"向"机器大工业"过渡来加以描述。相比于工场手工业而言，技术的应用体现出巨大的解放作用。但随着19世纪末20世纪初科学技术的长足发展及其在生产领域中的应用，技术对人的支配与控制越来越明显，这种控制不仅体现在身体的物理层面，而且深入人的心灵中，这才有卢卡奇针对泰勒提出的"物化"批判理论，以之作为马克思批判理论在当代的应用与发展。这种"物化"理论不仅承袭了马克思《资本论》及其手稿中的相关思想，同时也受到了韦伯、席美尔等思想家的影响。如果我们看不到这种历史与思想的变化，简单地以马克思的思想来批判卢卡奇，说他背离了马克思，在学理上可以说是正确的，但在面对历史情境时，可能却难以把握历史的变化与思想的变化，难以把握新的历史阶段所出现的问题。如果将马克思的思想研究与对当代历史与思想的研究结合起来，那么我们就更能理解马克思思想的意义，同时也能看到其进一步发展的方向，从而真正地找到从马克思走向当代历史与文化的内在逻辑。

我接受一种现代资本主义社会发展分期理论，即将之划分为自由竞争的资本主义、组织化资本主义（列宁称之为帝国主义）与后组织化资本主义（或称之为全球资本主义）。马克思面对的主要是第一个阶段；列宁、卢森堡、卢卡奇、葛兰西以及法兰克福学派等早期代表人物，面对的是第二个阶段；后马克思主义对应的是第三个阶段。今天的马克思思想研究需要清晰地理解这一历史与思想发展过程，澄清其中存在的问题。与此同时，还需要将马克思思想的发展与每一阶段其他思想家的思想进行一种总体性的研究，真正地理解当时社会的历史变化，理解这一历史进程中的思想文化变迁。只有这样，我们才能实现马克思思想的当代发展这一理论目标，并从马克思思想出发来面对当代历史与文化问题，为马克思主义中国化注入思想的力量。

《资本论》的哲学

上 篇

《资本论》的哲学前提

第 一 章

马克思哲学的理论主题

　　面对马克思的鸿篇巨制，我们总是会追问：在何种意义上我们能够重估马克思的哲学财富？对于当下情境中的我们而言，为什么还要不断地怀念马克思？马克思的哲学理念和方法对于我们有何意义？在每一轮研究中，我们都会进行一次价值重估。正是在这个意义上，重思马克思的哲学理念、重思马克思的方法，就不能只是简单地复述马克思的思想，而应体现为新一轮的哲学思考。从马克思思想的整体发展历程及其哲学理念来看，我认为马克思的哲学有着三大主题：理性形而上学批判与哲学的历史实现、以资本逻辑为核心的批判分析方法和走向自由历史的理论指向。这三大主题既植根于传统之中，也体现了马克思对历史的深层透视，是对哲学、政治经济学与社会主义思想的理论整合。从这三大主题出发，我们不仅能进入马克思思想的深处，更能从马克思哲学走向对当下历史与思想的反思。

第一节　形而上学批判与哲学的历史实现

　　对于《关于费尔巴哈的提纲》最后一条，不同的学者有着不同的解释，抛开各种各样的理由不论，大家恐怕都不会否定这一点：马克思的理想是将哲学在历史中实现出来。也正是在这样的一个维度上，马克思实现了与传统思想的对话，并在哲学的历史实现中，颠覆了传统的理性形而上学。

　　按照阿伦特的看法，哲学的历史实现这一问题，在思想史上体现为一次事件，即苏格拉底之死。作为一个哲学家，苏格拉底由于不断地提问，在追求真理的同时打破了建构城邦生活所需要的惯性思维，因而受到审判。虽然在苏格拉底自己的申辩中，他对自己成为被告的两个论据都进行了批驳，并且根据当时城邦法律的规定，只要苏格拉底能当庭承认错误，或者交纳一定的罚金，或者越狱逃跑，都可以逃脱惩罚。但是作为公民的苏格拉底选择了死亡。对于这个事件，阿伦特通过讨论苏格拉底的申辩，认为这是哲学与政治的冲突，体现为一种双重的相互离弃，即"城邦不需要哲学家，而朋友们则不需要政治争论"。① 城邦的政治生活就是公共生活，在这个意义上，阿伦特认为，公共生活不需要哲学，哲学也无法在公共性的政治生活中实现，这正是政治与哲学的分离过程。

大约正是看到了这样的结局，作为苏格拉底的弟子，柏拉图的理想就体现为哲学的政治实现这一主题，而这个主题在柏拉图那里，又是一个悖论，即哲学的政治实现最终表现为哲学与政治的分离，这是阿伦特关于柏拉图洞穴隐喻的分析所关注的问题。住在洞中的人，也就是生活在城邦中的人，手脚被牢牢捆住，只能看到洞壁上的影像。而哲学家摆脱了枷锁，实现了第一个转向，看到了洞穴后面那堆燃烧的火光，相对于影像而言，这更为真实。而当他走出洞穴，看到了外面的阳光时，才发现这是最为真实的，伴随着这个看见的过程的，是"转向"带来的艰难。这里的阳光也就是柏拉图所谓的理念，这是一切存在的理性之光。"它的确是一切事物中一切正确者和美者的原因，就是可见世界中创造光和光源者，在可理知世界中它本身就是真理和理性的决定性源泉；任何人凡能在私人生活或公共生活中行事合乎理性的，必定是看见了善的理念的。"② 如果善是一切行事的标准，那么政治就应该以合乎善的理念为准绳。也正是在这里，柏拉图对苏格拉底事件进行了嘲弄："如果有人从神圣的观察再回到人事；他在还看不见东西还没有变得足够地习惯于黑暗环境时，就被迫在法庭上或其他什么地方同人家争讼关于正义的影子或产生影子的偶像，辩论从未见过正义本身的人头脑中关于正义的观念。如

---

① ［德］阿伦特："哲学与政治"，见《西方现代性的曲折与展开》，贺照田主编，吉林人民出版社 2002 年版，第 340 页。

② ［古希腊］柏拉图：《理想国》，郭斌和、张竹明译，商务印书馆 1986 年版，第 276 页。

果他在这样做时显得样子很难看举止极可笑，你认为值得奇怪吗?"①这里哲学家再次遇到了问题，看到了阳光的人极力想对洞穴中的人揭示影像是一种假象，但一方面哲学家受到了众人的嘲弄，另一方面哲学家对洞穴曾经有的熟知感，也随着两次"转向"而陌生化了。哲学的实现仍然还是一个悬而未决的问题。按照阿伦特的解释，在这种情况下，苏格拉底式的辩证法已经失效，作为朋友间谈话的辩证法，并不能起到法庭上的说服作用。"说服与辩证法之间的主要区别就在于：前者总是在向一群人说话，但只有两人之间的对话才有可能成为辩证法。苏格拉底的错误就在于是用辩证法向审判官们说话，这使得他无法说服他们。另一方面，由于他要顾及劝说这种方式所固有的种种局限，他的真理也就变成了诸多意见中的一种，也就和审判官们对真理的视而不见同样一钱不值。"②哲学要实现自己，就必须使哲学家成为王者，这是哲学的实现途径。也正是在这里，以哲学的理念作为最高的现实原则，是柏拉图哲学的理想。"这样的开始，是由柏拉图在政治与哲学之间划开的一条很深的鸿沟。"③对于柏拉图的这一意图，阿伦特做了这样的评价："柏拉图、亚里士多德之后发展出了新的类型的哲学家。这种新的哲学家只是由于非政治的因素，对人类事项世界不关心；也正是由于轻视人类事项世界，所以，面对着共同的世界能保护自己。"④

　　在这个意义上，马克思打破了柏拉图以来的哲学传统，这是马克思哲学中历史关怀的维度。相对于过去那种游离于历史之外的永恒理念而言，黑格尔的伟大功绩在于，通过精神现象学的游历，揭示出理性的历史性规定，应该说这是从一种抽象的哲学走向具体历史的一次尝试，正是在这个基础上，马克思的哲学变革体现为对抽象理性的超越，将黑格尔的历史性原则彻底化为理性的历史性定位，并从社会生活中去理解理性的现实抽象过程，这才是

---

①　［古希腊］柏拉图：《理想国》，郭斌和、张竹明译，商务印书馆 1986 年版，第276—277 页。

②　［德］阿伦特："哲学与政治"，见《西方现代性的曲折与展开》，贺照田主编，吉林人民出版社 2002 年版，第 344 页。

③　［德］阿伦特：《马克思与西方政治思想传统》，孙传利译，凤凰出版传媒集团、江苏人民出版社 2007 年版，第 205 页。

④　同上书，第 201 页。

马克思在"社会存在决定社会意识"这个原理中呈现出来的真实意蕴。在这个问题上，不是马克思主义者的阿伦特倒是看到了问题的关键："马克思的从理论到行动、从沉思到劳动的跨跃，源于黑格尔，后者完成了将形而上学转变为历史哲学、将哲学家转变为历史学家的工作，在一个时代终结的时候，历史学家临别时的回眸一瞥，他所看到的不是存在与真理的意义，而是生成与运动的意义，后者才揭示了时代的本质。"①所以对于马克思来说，哲学的现实实现，首先要摆脱的是永恒理念的幻觉，以及在这种幻觉中所体现出的"革命"呓语，这是他批判青年黑格尔派的理论立足点。

在马克思的哲学变革中，哲学的历史实现首先是打破了哲学的理性自律的神话，这是一个双重的批判过程：一是对哲学自身的批判，这是在传统哲学内部对哲学进行解构，将哲学置于历史情境之中进行分析；二是对历史过程进行批判分析，这是处于传统形而上学之外的论题，而只有进入对具体历史进程的分析，才有可能获得现实的政治经验。这一双重过程实际上是对传统形而上学的颠覆，用马克思的话说，这是将哲学从天上拉回到地面，并对地面王国进行批判。没有这个过程，哲学家就会像柏拉图洞穴中的那个看见光明者，在脱离了洞穴之后，他携带着的理性之光使他无法再熟悉那个曾经生活的世界。要真实地熟悉这个地上王国，对于 19 世纪的马克思来说，就必须进入对市民社会的经济分析，在这个意义上，哲学的政治化只有通过政治经济学批判这个中介才有可能。这时，对哲学的透视来自于哲学之外，这是一种传统哲学界外的思考，我们可以称之为"非哲学"的哲学。正是由于马克思哲学的这一特征，所以在阅读马克思的文献时，如果我们拘泥于传统哲学的理性规定和形而上的思辨，马克思就真的没有了哲学。

可见，在马克思那里，哲学不再只是停留于空中的思辨，而是现实的实现，这两者具有相同的意义，哲学的历史实现体现为一个双重的过程：一是对哲学本身进行历史性的反思，使之摆脱形而上学的永恒规定；二是对历史本身进行理论与实践的批判。在这种规定上，马克思哲学作为一种批判的社会理论呈现出来，这是马克思哲学辩证法的根本规定。正是在这个意义上，

---

① ［德］阿伦特："传统与现代"，见《西方现代性的曲折与展开》，贺照田主编，吉林人民出版社 2002 年版，第 409 页。

我们才能理解恩格斯所说的，德国无产阶级是德国古典哲学的继承人。可以说，这是马克思哲学历史关怀的真实指向。

第二节　资本逻辑与社会批判

在哲学的历史实现中，必须揭示历史与哲学的内在关系，这种关系在近代以来的哲学中，或者被忽视，或者将历史作为理性的现实展开过程。马克思的哲学变革，在我看来，破除的是这样的一种理念：哲学思辨具有自律性的特征。在马克思看来，任何哲学的思辨都有其历史性的规定，都有其社会历史生活的基础。正是在对这个基础的揭示中，马克思建立了以资本逻辑为核心的批判分析方法，这种方法在今天仍然具有理论的影响力。

将哲学建立在历史上，在马克思之前，黑格尔就对此进行了较为成功的探索，虽然在其哲学的表现方式中，历史成为观念的注脚。在《精神现象学》的前三章，黑格尔考察了个人面对外部对象时的对象意识，即没有自我的意识，在他看来，只有具备了自我意识，精神才得以展开，这是哲学得以真正形成的转折点。

> 意识在自我意识里，亦即在精神的概念里，才第一次找到它的转折点，到了这个阶段，它才从感性的此岸世界之五色缤纷的假象里并且从超感官的彼岸世界之空洞的黑夜里走出来，进入到现在世界的精神的光天化日之下。①

怎样才能形成自我意识呢？在黑格尔那里，自我意识的真实内容有赖于两个具有意识的人之间的相互承认，但这种相互承认在一开始只是单向度的，形成的是主人—奴隶关系，奴隶承认了主人的自我意识，但主人从不把奴隶也看作一个具有自我意识的"人"，而且奴隶本身也否定了自己的自我意识。随着主人—奴隶关系的形成，事情发生了转机，而这个转机就在于：由于随

---

① ［德］黑格尔：《精神现象学》上卷，贺麟、王玖兴译，商务印书馆 1979 年版，第122 页。

时受到从主人方面而来的恐惧，奴隶通过劳动过程不仅改造了自然界，而且通过劳动真正意识到自己才是世界的主人，"通过劳动奴隶的意识却回到了他自身"，"因此，那劳动着的意识便达到了以独立存在为自己本身的直观"。①当奴隶不再劳动时，主人也就失去了存在的基础，因此正是在劳动过程中，奴隶通过重新发现自己，才意识到他自己才是世界的真正主人，这才导致了自我意识的发展，斯多葛主义、怀疑主义及苦恼意识，都是以此为基础才发展出来的。只有在这些意识的基础上，才可能产生出基督教，才可能产生后来的哲学。

如果说在《精神现象学》中，所有的论证还都是抽象的，那么在《法哲学原理》中，黑格尔对劳动的分析，就体现了与经济学、法哲学及历史哲学的统一。劳动体系构成了现代市民社会的重要基础，而只有经过了现代市民社会的发展，才可能在历史中实现绝对精神，这样的思想在《法哲学原理》的"市民社会"中得到了进一步的说明。在"市民社会"这一章节中，通过研究斯密、李嘉图、萨伊的经济学，黑格尔对劳动分工的内在矛盾进行了较为深入的分析：一方面，劳动分工有助于人与人之间形成普遍性的联系，摆脱农业社会中直接的依赖关系，这对理性的发展和绝对观念的实现是非常必要的；另一方面，劳动分工体系的发展会使个人屈从于机器，成为机器的附庸。正是通过对劳动体系的分析，黑格尔认为现代社会优越于古希腊社会，尽管古希腊社会曾是他憧憬的理想，同时他也看到了现代市民社会的局限，即从劳动体系中生长出来的理性，还是一种抽象的理性，无法上升到绝对观念的层面，黑格尔这才提出国家理性对市民社会进行规划与控制的必要性，并且认为只有在国家中，才能达到绝对观念的现实实现。应该说，黑格尔的哲学是建立在现代历史基础上的。在《黑格尔法哲学批判》中，马克思没有真正地达到黑格尔的高度。在这篇文本中，马克思是从国家理念开始批判黑格尔的，讲得较多的是运用费尔巴哈的唯物主义方法来颠倒黑格尔哲学中的主词与宾词，也就是实现市民社会与国家关系的颠倒，是市民社会决定国家，而不是国家决定市民社会。这在方法上当然没有错，在理论的直接意义上也是对的。但问题在

---

① ［德］黑格尔：《精神现象学》上卷，贺麟、王玖兴译，商务印书馆 1979 年版，第130 页。

于，黑格尔的市民社会理论是建立在对政治经济学的把握上的，而马克思此时对政治经济学基本上没有发言权，这决定了马克思无法从政治经济学出发来反思黑格尔的问题，只是在进入政治经济学的批判之后，马克思才意识到了黑格尔哲学的历史基础，这种自觉的意识，第一次是在《1844年经济学哲学手稿》中表达出来的。在《1844年经济学哲学手稿》中，马克思对黑格尔哲学的历史性内涵做了非常著名的评论：

> 黑格尔的《现象学》及其最后成果——辩证法，作为推动原则和创造原则的否定性——的伟大之处首先在于，黑格尔把人的自我产生看作一个过程，把对象化看作非对象化，看作外化和这种外化的扬弃；可见，他抓住了劳动的本质，把对象性的人、现实的因而是真正的人理解为他自己的劳动的结果。①

但劳动并不是抽象的，现代社会中的劳动总是处于与资本的关系之中，劳动总是受到资本的支配，这构成了无产阶级劳动的强制力。这决定了要透视近代以来的哲学，实际上就必须进入对资本的分析之中。

只有进入这样的思想语境中，资本的逻辑在马克思的哲学中才能够呈现出来，《资本论》的哲学意义才能得到揭示。在我看来，马克思对资本逻辑的分析，既是对社会历史的描述，同时也给我们提供了一种分析问题的视角和方法。作为一种社会历史过程的描述框架，马克思分析了资本的生产、交换、分配与流通，揭示了资本的再生产过程，以及在这一运动过程中存在的矛盾，正是这种无法解决的矛盾，使我们有可能打破资本的牢笼。因此，正是在对资本的描述中，马克思的方法本身又体现出一种批判性，也就是揭示从当下的资本之"是"中，何以存在着未来的"应该"。作为一种分析社会历史的方法，马克思的哲学，在我看来主要面对的是资本主义社会，对这个社会的分析必须从这个社会的基础，即资本的运行及其本质规定出发，来理解这个社会的生活过程及其思想文化，把这个社会看作是一个相互联系的整体，而不是将之肢解为碎片。资本的整体化运动，使这个社会的一切都难以逃脱资本的场

---

① 马克思：《1844年经济学哲学手稿》，人民出版社2000年第3版，第101页。

域。这样一种方法，是批判的。马克思在自己的理论中，也在充分运用这样一种方法，比如他对劳动价值论的分析就是如此。劳动价值论有一个产生过程，这个过程是从重农学派开始的，但在重农学派中，劳动还主要是一种特殊的劳动，即农业劳动，但这一劳动又被作为社会普遍性的范畴提出来，这说明那时的资本主义生产还主要停留于农产品加工的时代。当斯密、李嘉图将劳动作为社会的普遍性规定提出来，并以工业劳动作为社会最根本、最普遍的劳动形式时，这就实现了从工场手工业到机器大工业的转变，只有在机器大工业时代，劳动才作为一般的规定性构成社会的基础，这是来自于资本主义社会本身的抽象，劳动价值论并不是某一个经济学家的天才构想，而是对社会历史抽象的理论描述。在对拜物教的分析中，马克思坚持了同样的分析方法。拜物教意识并不是凭空产生的，它来自于社会历史生活。当商品交换普遍化时，人与人的直接关系被外化为人与物的关系，人与人、人与物之间的直接联系被异化为以物为主导的外在的联系，这是历史过程中发生的颠倒。只有在这种颠倒中，商品、货币、资本才能取代传统的伦理与神学，成为人们顶礼膜拜的对象；只有在这里，才能产生现代意义上的拜物教意识。因此，拜物教意识的颠倒特征，并不是人的思维的胡思乱想，而是对历史颠倒过程的直观意识，对这种直观意识的颠倒只能是另一种直观意识，这是马克思批判拜物教的历史与思想基础，也是批判费尔巴哈直观唯物主义的基础。

马克思对资本逻辑的揭示，正如上面所讨论的，既是对社会历史的描述，同时也是对社会的批判分析。以资本逻辑为核心的批判方法的这两层含义，对于我们今天讨论马克思的哲学思想来说，是非常重要的。作为一种社会生活的描述理论，其理论的结论可能会随着历史的变迁而发生改变，但作为一种历史性的方法，只要资本在统治着这个时代，我们的理性就仍然具有这个时代的特性，从资本的逻辑出发来分析这个时代及其思想文化，就仍然具有现实的意义。但要运用这种方法，就必须按照这个方法本身的要求，分析资本的历史形态转变，从中揭示出这个历史时代的特征及其思想观念的变化，分析社会生活与思想文化同资本逻辑的内在联系。在我看来，这种方法在当代许多大师那里，得到了理论的旁证，可以说当代许多大师的方法与马克思的方法，存在着家族的相似性。

如在福柯的系谱学中，他在分析话语的物质构成条件时，与马克思的方法就非常相似。在《性经验史》中，针对弗洛伊德的压抑学说，福柯认为，在现代历史过程中，性科学并不是以压抑的方式产生的，反过来性的释放与鼓励构成了近代资本主义权力结构的重要组成部分。"性经验的展布似乎不是作为对别人快感限制的原则被传统所称的'统治阶级'建立起来的，而是统治阶级首先在自己身上使用了它。"与禁欲主义相反，"不是对快感的摒弃和肉欲的贬低，恰恰相反，是对肉体的强化，是对健康和它的运作条件的质疑，是最大限度地延长生命的技术问题"。① 对肉体的关注与资产阶级的权力是一致的，"性不是资产阶级为了使得受它统治的那些人工作而不得不贬低或废除的那部分肉体，正是这一要素让资产阶级最感到头痛和关切，引起了它的注意，使它以一种恐惧、好奇、快乐和激动交织的复杂情感来教化性。资产阶级使得这一要素与它的肉体融为一体，或至少通过赋予前者一种神秘而不定的权力使后者来服从自己"。② 在福柯的讨论中，虽然没有将这一权力建构与劳动生产联系起来，但将社会经验与理性话语同资本主义社会的建构联系起来讨论，这种方法与马克思的方法是相似的，只是在马克思那儿，资本的生产构成了中心地位，而在福柯这里，资产阶级权力的微观建构成为主题。

　　正是看到了这一相似性，甚至是理论逻辑上的一致性，激烈批判马克思政治经济学批判理论的鲍德里亚，将马克思与福柯放在现代性的同一地平线上进行讨伐。在《生产之镜》中，鲍德里亚集中批判了马克思以生产劳动为核心的历史唯物主义，认为这是对资本主义社会的镜像想象。③ 在《忘却福柯》中，鲍德里亚认为，虽然福柯的主题是分析权力的构成，但福柯的分析并没有改变权力的结构，也没有改变资本的结构，性的解放同生产力的解放一样，都合乎资本逻辑的要求。"正是资本在同样的运动中产生了劳动力的能量和我们今天将欲望与无意识作为核心的身体。"因此，"性作为标语和模型，是资本形式在身体层面的显现"④。虽然在批判马克思，但鲍德里亚在分析当下社会的历史与文化时，所用的方法又与马克思有着深层的关联，并将马克思的方

---

　　① ［法］福柯：《性经验史》，佘碧平译，上海人民出版社 2000 年版，第 88 页。

　　② 同上书，第 90 页。

　　③ 参见仰海峰：《走向后马克思：从生产之镜到符号之镜——早期马克思思想的文本学解读》，中央编译出版社 2004 年版第三章。

　　④ Jean Baudrillard，*Forget Foucault*，New York，1987，p. 25.

法引入自己的讨论中。鲍德里亚的讨论是以现代资本主义社会为前提的，因此只有在福特制资本主义社会之后，性的问题才作为劳动问题提出来，如何节约性能量以提高福特生产线上的劳动效率，这是组织化资本主义社会的问题。在这个意义上，弗洛伊德的问题，只有在组织化资本主义社会才能真正地提出来。在《象征交换与死亡》中，鲍德里亚以象征交换为原则的社会来反对现代资本主义社会，并以此分析现代形而上学的建构。在他看来，现代形而上学的建构，核心在于对死亡的控制，而这种控制在资本主义社会达到了最高峰，资本主义社会是通过死亡的控制来控制这个社会，这合乎资本的原则。资本主义社会的根本原则是在资本面前的等价原则，"通过把等价关系的逻辑扩展到所有人——规范面前人人平等，人人自由——自身最终被社会化，它排斥所有抗体"①。在这一等价原则的作用下，死亡成为一个人人平等的自然事件，"社会性甚至把死亡也兼并了。人人都被剥夺了死亡，人人都不再可能按照自己的想法去死……为了让生命符合民主和等价法则，必须把生命化为数量（这样也就把死亡化为乌有了）"②。因此，资本的逻辑在深层上不是利润原则，而是对生命和死亡的控制。"一切压制和控制的体制都建立在生命及其终结之间的这种悬置中，即建立在完全虚构的、人为的时间性的生产中，建立在这种被分割的空间中。后来所有的异化、分离、抽象，即马克思在政治经济学中揭露的一切，都扎根在这种死亡分离中。"③正是从这样的视角，鲍德里亚提出了资本、理性形而上学与死亡控制之间的同构关系，从而将马克思的政治经济批判推进到了死亡的政治经济学批判。其实，鲍德里亚在反对马克思时，正是运用马克思的方法来反对马克思的结论。

在我看来，只要这个社会是资本统治的时代，马克思从资本逻辑出发的批判分析方法就仍然具有时代性的意义。但正如葛兰西在《狱中札记》中所讨论的，这种方法本身也是历史性的，要真正地运用这一方法，就必须深入地研究现代历史变化及其思想逻辑，否则这种方法就会被僵化为一种结论，这时黑格尔哲学中体系与方法的悖论，就会在马克思的哲学中重演。

---

①　[法]鲍德里亚：《象征交换与死亡》，车槿山译，译林出版社 2006 年版，第 263 页。

②　同上书，第 253 页。

③　同上书，第 201—202 页。

第三节　自由历史与人的解放

对传统形而上学的批判，对资本逻辑的揭示，并不是马克思哲学之思的目的，对于马克思而言，如何超越资本主义、走向自由历史，从而实现人的解放，这才是他的理论的根本指向，对理性形而上学与资本逻辑的批判，是与走向自由历史的理想联系在一起的。走向自由历史，这是马克思哲学的理论旨归。

自由是马克思面向未来历史时的一个根本理念，这也是马克思对黑格尔哲学自由观的继承与发展。在黑格尔的哲学中，他将自由从抽象的道德领域延伸到社会历史生活领域，自由不只是一种个人道德意义上的、与现实历史无关的自由，而是在历史过程中实现了特殊与普遍的辩证统一的自由，回到黑格尔生活的时代，也就是通过市民社会的劳动体系，并在超越劳动体系的国家理念中所达到的自由。理念在历史中的实现也就是自由的实现。但在黑格尔的讨论中，自由的历史实现又体现为一个双重化的过程，即自由在历史中的实现以及对这种实现的自觉把握，后面这一过程是由黑格尔完成的。这里就预示了这样一种思想：当黑格尔这个密涅瓦的猫头鹰在黄昏起飞时，自由在历史中实现了，这一实现过程也被哲学家洞察到了，这时历史就真的终结了。这正是科耶夫在《黑格尔导读》中着重说明的一个重要主题，并在福山的《历史的终结及最后之人》中得到了充分的发挥。历史的终结并不意味着历史不再存在，而是说历史不再有任何质性的变化，存在的只是自由资本主义社会的惯性运转。在这种惯性运转中，科耶夫所强调的人与人之间希望获得认可的欲望得以实现，而当这种欲望得以满足时，推动历史前进的战斗也就不再存在，历史也就失去了前进的动力。科耶夫认为，现代自由资本主义社会就是这样的社会。福山认为，虽然在现代社会仍然存在着对自由社会的挑战力量，但这些力量都不足以动摇当今世界随处可见的自由民主制度。很显然，这是黑格尔思想的当代解读，在这一解读中，我们永远处于自由市场之中。

马克思的自由历史思想虽然受到了黑格尔的影响，但马克思对黑格尔的自由历史理念进行了批判性的改造。这种改造，在我看来，首先体现为一种立场的差别。在黑格尔哲学中，当他强调以国家理念来超越市民社会的抽象伦理时，黑格尔以当下的市民社会为无法改变的事实，他关于国家理念的讨论，在我看来，其主题是如何修正市民社会中的抽象自由和抽象伦理，使之达到具体的普遍的实现。在这个意义上，虽然黑格尔哲学在其内在的运演过程中总是强调历史性，但其理论的结论却是非历史性的，这才会有后来关于历史的终结的讨论。而对于马克思而言，资本主义社会的历史性规定，决定了真正的自由历史只能在超越资本主义社会之后才能实现。可以说，在马克思那里，历史并未终结，真正的历史尚未展开。按照马克思在《〈政治经济学批判〉序言》中的说法，只有到了共产主义社会，属人的历史才是可能的。"资产阶级的生产关系是社会生产过程的最后一个对抗形式，这里所说的对抗，不是指个人的对抗，而是指从个人的社会生活条件中生长出来的对抗；但是，在资产阶级社会的胎胞里发展的生产力，同时又创造着解决这种对抗的物质条件。因此，人类社会的史前时期就以这种社会形态而告终。"①当史前历史终结时，属人的历史才能展开。在这个意义上，一个有希望的历史还处于"尚未"的状态，正是这种"尚未"为我们展现了与当下历史不同的自由历史，在那里，个体的自由发展与所有人的自由发展得以实现，自然必然性不再成为人的自由发展的强制性条件。

如果属人的历史还是一种"尚未"状态，那么对未来的任何一种整全的认识都必须被打破，更不要希望在未来的历史中，一切都同时到场。将之想象为另一种历史的终结，这可能是马克思讨论未来的自由历史时最易遭受的误解。阅读马克思的文献时我们可以看到，马克思对未来没有一个明确的描述，他认为这是不可能的，也是不必要的，因为真正的历史还没有开始，对历史的预先描述越是完整，也就越是一种想象的乌托邦。在马克思的哲学变革中，他实际上只是在改变一种传统，即西方哲学与文化的传统，并将这种传统的改变置于历史的改变这一基础上，而不只是一种思想文化的颠覆，在文化意义的颠覆上，我认为尼采比马克思更为彻底。当颠覆了传统、指向了历史变革这一方向之后，对于未来，马克思并没有详细地说明。在我看来，在这一思想维度上，马克思只是给出了一种希望，这种希望并不像正统解释中所描

述的那样直接降临，而是一种不断地面向未来、针对当下的反思和实践，这是一种对未来历史境界的开启，而要真正地进入这个历史，靠的是我们人类。也正是因为有了这一维度，形而上学批判与资本逻辑批判，才获得了面向未来的历史意义与价值维度，这也是我们面对当下历史与文化时的思想基础。

在马克思的这三大主题中，如果说形而上学批判构成了他早期理论的重要主题，并推动着历史唯物主义的创立的话，那么，资本逻辑批判构成了其理论的根本内容，这是将形而上学批判推向历史维度的重要环节，也是论证人类解放的重要环节。在资本逻辑批判维度，我们需要深入思考政治经济学批判与历史唯物主义的内在关系，揭示马克思在政治经济学批判中的哲学理念，展现这一批判的社会主义意义，以便深入到《资本论》的哲学思想中。

第　二　章

政治经济学批判中的历史唯物主义

　　要进入《资本论》的哲学语境，我们无法回避马克思思想发展中的一个根本性的问题：马克思思想中的哲学、政治经济学与社会主义思潮这三者之间的内在关系问题。在过去的研究中，这三部分内容被归结为三个不同的学科，学科与学科之间没有任何内在的联系，这不仅造成了马克思思想整体性特征的消失，而且也使我们无法真正理解马克思的文本所展示的思想深度。① 如果考虑到马克思后来所面对的社会主义思潮主要是从劳动价值论出发的，那么马克思思想中哲学、政治经济学与社会主义这三者的关系问题，主要就体现为政治经济学批判中的历史唯物主义问题。这一问题的重要性在于：对于马克思的思想发展来说，如果不能真正地实现政治经济学批判与历史唯物主义方法的内在整合，马克思就无法真正地反思政治经济学，无法揭示资本逻辑的运行过程及其意识形态效应，也就无法将自己的理论同当时的一些社会主义思潮真正区别开来。

　　本章主要讨论以下问题：第一，经济学研究与马克思哲学的内在关系，这种关系是理解马克思思想的入口。第二，历史唯物主义中的"历史性"思想，

---

　　① 　在这个意义上，我倒是认为马克思主义原理的思路更合乎马克思思想发展的内在规定性。但非常遗憾的是，在当前马克思主义原理的理论框架中，哲学、政治经济学与科学社会主义又被分为没有内在联系的三个部分，没有真正地将这三条线索有机地整合起来，这决定了当前马克思主义原理的理论框架无法达到马克思思想的深处。

以及这一思想的丧失如何影响到古典经济学和当时的一些社会主义思潮。第三，在前面讨论的基础上，重新思考历史唯物主义的本质规定。在我看来，只要先行澄清了这些问题，我们才能真正地进入马克思的资本逻辑之中，揭示《资本论》的思想内核和理论指向。为了更好地进入哲学与经济学的内在关系，我们先从马克思对黑格尔哲学的批判谈起。

第一节　政治经济学、哲学与政治思想：马克思与黑格尔

对黑格尔哲学的批判分析构成了青年马克思思想发展的重要节点。在过去的研究中，我们关注较多的是哲学层面，但值得我们注意的是：在黑格尔的思想中，对古典政治经济学的理解，使他深入到了资本主义社会的内在结构中，他的哲学思考也具有了社会历史的规定性。只有意识到这一点，黑格尔哲学与古典政治经济学及其政治思想的内在关系才能呈现出来。在我看来，从社会历史角度对黑格尔哲学的这种理解，是我们理解马克思批判黑格尔的理论入口。为了深入地分析这一问题，我们以《法哲学原理》中的"市民社会"一章为例。

在《法哲学原理》中，黑格尔以"自由"作为伦理精神的内在规定。这种伦理精神的直接形式存在于家庭中，市民社会则是伦理精神的形式普遍性阶段，国家制度则体现了普遍性与现实具体性的统一，是伦理精神的实现。市民社会是伦理精神的第二阶段，它包括三个环节：第一，"通过个人的劳动以及通过其他一切人的劳动与需要的满足，使需要得到中介，个人得到满足——即需要的体系"[①]；第二，司法对所有权的保护，这是自由的现实性；第三，通过警察与同业公会，将上面两个系列的特殊利益提升为共同利益。对自由和市民社会的这一理解，既体现了黑格尔从政治经济学出发的哲学理念提升，也体现了他在面对资本主义社会时的政治态度。

黑格尔谈论需要与劳动是以政治经济学为前提的。黑格尔讨论的是市场条件下的需要。随着分工的发展，人的需要的满足方式也越来越特殊化，需要本身也会随着市场的发展而被创造出来。这种意义上的需要，当然不再是

---

① ［德］黑格尔：《法哲学原理》，范扬、张企泰译，商务印书馆 1961 年版，第 203 页。

自然经济条件下的需要，其基础是资本逻辑意义上的劳动分工与市场交换。"替特异化了的需要准备和获得适宜的，同样是特异化了的手段，其中介就是劳动。"①这种劳动是资本时代中的劳动，而不是自然经济意义上的劳动。在资本主义市场体系中，劳动者不是直接生产自己的需要物，而是生产出他人的需要物，而自身的需要又依赖于他人的生产，需要的获得就变成了依赖于市场交换的过程。这正是政治经济学的基本内容。斯密指出："自分工完全确立以来，各人所需要的物品，仅有极小部分仰给于自己劳动，最大部分却须仰给于他人劳动。所以，他是贫是富，要看他能够支配多少劳动，换言之，要看他能够购买多少劳动。"②对黑格尔来说，这种需要以及劳动，体现了人的解放，而不像一些过去的思想家所说的那样，仿佛只有在自然状态中，人的生活才是自由的。

黑格尔所说的劳动，体现了人的解放和自由。理解了劳动的这一本质规定性，也就理解了黑格尔在《精神现象学》"自我意识"一章中，为什么将劳动作为人的自我意识的确证。在黑格尔看来，真正的自我意识是具有欲望的双方的相互承认，但在主人与奴隶的关系中，奴隶虽然将主人的意识内化到自身之中，但奴隶一开始并没有认识到自己的力量，而主人则从来没有平等地承认过奴隶的独立地位。正是通过劳动，改变了这一切。

> 在主人面前，奴隶感觉到自为存在只是外在的东西或者与自己不相干的东西；在恐惧中他感觉到自为存在只是潜在的；在陶冶事物的劳动中则自为存在成为他自己固有的了，他并且开始意识到他本身是自在自为地存在着的。奴隶据以陶冶事物的形式由于是客观地被建立起来的，因而对他并不是一个外在的东西而即是他自身；因为这形式正是他的纯粹的自为存在，不过这个自为存在在陶冶事物的过程中才得到了实现。③

①　[德]黑格尔：《法哲学原理》，范扬、张企泰译，商务印书馆1961年版，第209页。

②　[英]斯密：《国民财富的性质和原因的研究》上卷，郭大力、王亚南译，商务印书馆1972年版，第26页。

③　[德]黑格尔：《精神现象学》上卷，贺麟、王玖兴译，商务印书馆1979年版，第131页。

通过劳动过程，奴隶获得了真正的自我意识。这正是马克思后来在《1844年经济学哲学手稿》中所说的："黑格尔站在国民经济学家的立场上。"

> 黑格尔的《现象学》及其最后成果——辩证法，作为推动原则和创造原则的否定性——的伟大之处首先在于，黑格尔把人的自我产生看作一个过程，把对象化看作非对象化，看作外化和这种外化的扬弃；可见，他抓住了劳动的本质，把对象性的人、现实的因而是真正的人理解为他自己的劳动的结果。①

黑格尔自己也确实是在这个意义上认同政治经济学的："政治经济学就是从上述需要和劳动的观点出发，然后按照群众关系和群众运动的质和量的规定性以及它们的复杂性来阐明这些关系和运动的一门科学。"②对政治经济学的这一理解，是他论述市民社会与国家关系的基础。

在政治经济学基础上，对劳动与需要的哲学理解，体现出黑格尔对资本主义社会的态度。早年的黑格尔非常憧憬古希腊的城邦制，认为它体现了个人与共同体的自由发展。站在这个立场上，他将基督教以来的历史看作文化的衰落，资本主义社会尤其如此。但在法兰克福时期，英国的经济发展以及政治经济学开始进入黑格尔的视野，他不再只是站在文化评判的立场上外在地面对资本主义社会，而是意识到资本主义社会是一个无法改变的过程，个人与社会的冲突如何能够在一个新的基础上"和解"成为他的哲学主题。这种思考的成果，最初体现在《耶拿时期的实证手稿》中，并在《精神现象学》和后来的《法哲学原理》中得以呈现。但在面对以英国为典型的资本主义时，黑格尔虽然认为它体现了一种历史的必然性，但又认为这种资本主义在体现自由和解放人类的同时，还不能真正地达到伦理意义上的自由。在《法哲学原理》"市民社会"一章中，黑格尔认为以自由竞争的市场为特征的资本主义社会，存在着以下问题：第一，虽然劳动分工促进了生产的发展，使人与人之间更加相互依赖，但生产的抽象化也越来越使劳动机械化，最后机器可以替代人，

---

① 《马克思恩格斯全集》第 3 卷，人民出版社 2002 年版，第 319—320 页。
② ［德］黑格尔：《法哲学原理》，范扬、张企泰译，商务印书馆 1961 年版，第 204 页。

这时，需要的满足与人的存在都受到一种外在的必然性的制约；第二，市民社会中的利己心不能实现伦理精神，它们最多只能形成特殊利益集团。正是基于对市民社会的这种看法，黑格尔把理性和解的希望寄托在国家理性身上，认为这才是伦理精神的现实体现。君主制在他那里就体现为伦理精神在普遍性与特殊性上的统一。从这里可以看出，黑格尔对政治经济学的理解与他的哲学思考以及他的政治结论实际是内在一致的。

从黑格尔关于市民社会的分析中可以看出，他与古典经济学家处在同一个理论视线上。第一，他与斯密一样，强调劳动的人类学意义，并从分工出发来揭示劳动在现代社会的存在样式。第二，他所理解的市民社会的原子式私人利益特征，是以资本主义社会的竞争为基础的，正是这种竞争，不仅在交换的层面，而且也在生产层面体现出商品生产者之间、交换者之间的欺诈。如果从这样的理解出发，就会将资本主义社会中的问题归结为人的理性的问题，国家理性正是对这种竞争的控制。这当然是对竞争的表层理解，而没有意识到竞争是由资本的逻辑所决定的，因此不是资本家的欺诈导致竞争，而是资本逻辑的运行使竞争表现为资本家之间的欺诈，而实际上资本家只不过是在执行资本的职能。

> 竞争造成的对支配着资本家的那种关系的看法（因为，事实上在竞争中正是资本本身的规律在资本家面前表现为外部强制，既是他的资本对其他资本的强制，也是其他资本对他的资本的强制），使资本家完全不能理解他在其中活动的那些关系的内部实质，而资本家本人只不过是这些关系的有关代表或职能执行者而已。①

因此，黑格尔的国家理性是站在国民经济学立场上的对国民经济学的反思。这也表明，对黑格尔国家理论的批判不能仅从理性本身出发，否则就无法真正地透视黑格尔的国家观念。

写到这里我们可以看出，马克思在《黑格尔法哲学批判》中虽然正确地指出了黑格尔思想中的唯心主义特征，但由于马克思此时还没有深入到政治经

---

① 《马克思恩格斯全集》第 32 卷，人民出版社 1998 年版，第 416 页。

济学研究中，所以他实际上无法真正地透视黑格尔，特别是黑格尔对市民社会的经济学—哲学分析，更是处于马克思的理论视野之外。在这个意义上，马克思后来在《〈政治经济学批判〉序言》中的话，倒是真实地体现了他此时的思想情境。"法的关系正像国家的形式一样，既不能从它们本身来理解，也不能从所谓人类精神的一般发展来理解，相反，它们根源于物质的生活关系，这种物质的生活关系的总和，黑格尔按照 18 世纪的英国人和法国人的先例，概括为'市民社会'，而对市民社会的解剖应该到政治经济学中去寻求。"①正是意识到这一点，才有了在法国完成的《1844 年经济学哲学手稿》。

按照我的看法，《1844 年经济学哲学手稿》的意义在于：马克思通过经济学的初步研究，开始将哲学、政治经济学与社会主义联系起来，透视它们的内在联系，这也是他在批判黑格尔哲学之后的重要理论进展。这种透视在于：在德国体现为哲学思考的东西，在法国以政治的语言表达出来，而深入政治经济学之后，这种政治的语言又体现了政治经济学的原则。

> 平等不过是德国人所说的自我＝自我译成法国的形式即政治的形式。平等，作为共产主义的基础，是共产主义的政治的论据。这同德国人借助于把人理解为普遍的自我意识来论证共产主义，是一回事。不言而喻，异化的扬弃总是从作为统治力量的异化形式出发：在德国是自我意识；在法国是平等，因为这是政治；在英国是现实的、物质的、仅仅以自身来衡量自身的实际需要。②

马克思"异化劳动"理论的意义也在于："异化劳动"构成了他将哲学、政治经济学与社会主义思潮融为一体的理论基础。

在一些后来者看来，"异化劳动"是马克思思想走向成熟的标志，有些西方马克思主义学者据此建构了人本主义的马克思主义。仅从哲学的角度来看，"异化劳动"概念比马克思后来的任何一个概念都更具批判意味，但如果从哲学、经济学的内在关系来看，这个概念恰恰不能成为马克思批判理论的基石。

---

① 《马克思恩格斯全集》第 31 卷，人民出版社 1998 年版，第 412 页。
② 《马克思恩格斯全集》第 3 卷，人民出版社 2002 年版，第 347 页。

在"异化劳动"理论中，马克思的一个重要思想在于对象化与异化的区分，以对象化作为人的类本质的体现来反对异化，并以此作为扬弃异化的共产主义的论证构架。按照我的看法，把劳动的对象化看作人的本质的体现这一理解，更多具有人类学的意义，也是对古典经济学以及黑格尔思想的直接继承，马克思后来在《德意志意识形态》中关于生产的论述也主要停留在人类学的水平上。但此时的"异化劳动"框架，无法说明资本主义社会中资本的内在逻辑，如果马克思的批判理论不能深入资本逻辑之中，他的批判就只能是外在的哲学批判，这种外在的哲学批判根本无法超越价值评判的水平。而一旦进入资本逻辑的运行之中，马克思恰恰发现，在资本主义社会中，正如黑格尔所说的，对象化就是异化，因为在资本主义社会的现实关系层面，对象化了的劳动恰恰就是资本，而劳动的对象化在这种资本与劳动的雇佣关系中，恰恰构成了剩余价值生产的关键。"资本按概念规定只应是对象化的劳动，在其中当然积累着一定量的劳动。"①"在资产阶级经济以及与之相适应的生产时代中，人的内在本质的这种充分发挥，表现为完全的空虚化；这种普遍的对象化过程，表现为全面的异化，而一切既定的片面目的的废弃，则表现为为了某种纯粹外在的目的而牺牲自己的目的本身。"②在资本主义的社会关系中，活劳动只不过是一种手段，它使对象化的死的劳动增殖，赋予死劳动以活的灵魂，而"劳动的产品表现为他人的财产，表现为独立地同活劳动相对立的存在方式，也表现为自为存在的价值；劳动的产品，对象化劳动，由于活劳动本身的赋予而具有自己的灵魂，并且使自己成为与活劳动相对立的他人的权力"。③ 需要揭示的是资本为什么增殖，劳动为何异化为他人的权力，马克思早年的"异化劳动"理论并不能真正地面对这一问题，在"异化劳动"的基础上最多只能建构人类学意义上的生产理论，这种人类学意义上的生产理论虽然在马克思后来的论述中也占有重要的地位，但它只有放在资本逻辑分析的基础上才具有重要意义，否则，马克思就无法将自己同古典政治经济学区别开来，当然也无法真正地超越黑格尔。

---

① 《马克思恩格斯全集》第 30 卷，人民出版社 1995 年版，第 214 页。
② 同上书，第 480 页。
③ 同上书，第 445 页。

第二节　历史性思想与政治经济学批判

将马克思的思想同古典政治经济学区别开来的一个重要规定性在于：在马克思看来，政治经济学所研究的对象具有历史性的规定，资本关系是特定历史阶段的社会关系，而不能将之永恒化、超历史化，并推广到所有社会。这是马克思历史性思想的重要规定。马克思的这一思想，第一次非常清晰而自觉的表达是在 1846 年 12 月 28 日致安年科夫的信和 1847 年的《哲学的贫困》中，这一思想也构成了他写作《资本论》的方法论前提。正是在这一思想自觉中，马克思才能穿透政治经济学的问题，才能超越与古典政治经济学相关联的一些社会主义思潮，当然，也才能真正地超越黑格尔。

撇开对蒲鲁东理论中具体问题的论述，在方法论的意义上，马克思正是以历史性作为自己的前提来批判蒲鲁东的。从历史性的视角出发，蒲鲁东的错误在于：第一，蒲鲁东不懂得，"在人们的生产力发展的一定状况下，就会有一定的交换[commerce]和消费形式。在生产、交换和消费发展的一定阶段上，就会有相应的社会制度、相应的家庭、等级或阶级组织，一句话，就会有相应的市民社会。有一定的市民社会，就会有不过是市民社会的正式表现的相应的政治国家"。① 也就说，资本主义社会是一定历史阶段中的社会，"人们借以进行生产、消费和交换的经济形式是暂时的和历史性的形式"。② 这是非常重要的，资本主义社会的历史性规定就表明，绝不可将之永恒化，变成一种超历史的社会，从而将资本主义社会的模式适用于一切社会。可以说，这体现了马克思与古典经济学家、政治学家、社会主义者面对资本主义社会的根本区别。第二，当蒲鲁东以当下的社会为永恒的社会时，他也就无法理解特定社会中的各种观念、范畴与社会生活过程之间的内在关系，就会将一定社会中的观念、理性独立出来，当作独立的存在，并以之作为社会的本质规定，这就使得真实的历史变成了观念的历史。"他就陷入了资产阶级经济学家的错误之中，这些经济学家把这些经济范畴看做永恒的规律，而不是

---

① 《马克思恩格斯全集》第 47 卷，人民出版社 2002 年版，第 440 页。

② 同上书，第 441 页。

看做历史性的规律——只是适于一定的历史发展阶段、一定的生产力发展阶段的规律。"①所以马克思说,当蒲鲁东无法真正地理解真实的历史进程时,"他的历史是在想像的云雾中发生并高高超越于时间和空间的——一句话,这是黑格尔式的废物,这不是历史,不是世俗的历史——人类的历史,而是神圣的历史——观念的历史。"②这正是历史性观念缺乏的理论结果。第三,当蒲鲁东从观念出发来想象历史时,虽然他从社会主义思想出发来批判资本主义社会,但结果恰恰相反,"蒲鲁东先生不是直接肯定资产阶级生活对他说来是永恒的真理。他间接地说出了这一点,因为他神化了以观念形式表现资产阶级关系的范畴"。③ 在这个意义上,蒲鲁东根本没有超越古典经济学家的视野,这也决定了他的批判并没有超越资产阶级意识形态的水平。

在马克思的思想中,历史性思想是超越一般唯物主义意义上的生产理论的重要维度,也是他能够批判古典政治经济学的重要维度。从一般唯物主义或人类学的意义上来看,物质生产是人类社会存在的前提,也是一切社会存在的前提。但从理论深层上来看,这种人类学意义上的唯物主义也是政治经济学所追求的。自斯密开始,古典经济学家就将自然科学中的经验论唯物主义方法引入经济事实的研究中,从而"探究社会上实际存在的事物本质与发展过程"④。当斯密以一般劳动作为价值的本质规定时,虽然他讨论的直接对象是工场手工业中的劳动,但他在理论建构中将这种劳动的意义一般化了,这个一般化,一方面虽然反映了斯密对资本主义社会发展的深刻理解,但另一方面也将资本主义社会的劳动抽象为人类学意义上的劳动,这也是黑格尔在《精神现象学》中以劳动作为自我意识形成的关键作用的原因。但从劳动的这种人类学意义出发,政治经济学的问题就无法呈现出来。

从人类学意义上的劳动出发,资本主义社会生产劳动的历史性规定消失了。物质生产过程体现为人与物的结合过程,当资本失去了历史性社会关系的规定性时,在其直接表现形态,或者体现为劳动资料与劳动对象,或者体

① 《马克思恩格斯全集》第 47 卷,人民出版社 2002 年版,第 444—445 页。
② 同上书,第 441 页。
③ 同上书,第 447 页。
④ [法]萨伊:《政治经济学概论》,陈福生、陈振骅译,商务印书馆 1963 年版,第 33 页。

现为货币。当资本与劳动的关系被简化人与物的结合关系时，古典经济学家的下述理念就是正确的：

第一，在人类学的意义上，一切劳动都是物与物、物与人的结合，资本直接表现为没有资本形式所规定的物，这里的人当然也是没有历史性社会关系规定性的人。如果只从物的角度来理解资本，那么人们的劳动资料与劳动对象都可以算是资本。当这种理念超越了资本主义的历史限制而扩展到对一切社会的看法时，原始社会打猎用的弓和箭都可被看作资本，因为仅从物的规定性角度来看，弓箭与现代生产机器都是生产工具（从这里延伸出来，就可以理解马克思为什么不是技术决定论者）。这种理解正是马克思所批判的，因为它将资本主义生产关系永恒化了。这种从物的角度来理解资本的思维方式，体现在政治经济学的方方面面。比如在讨论利润时，古典经济学家认为利润来自于资本构成的各个组成部分，按照这种思路，不是可变资本创造剩余劳动，而是一切资本都创造利润。在这种思路中，剩余价值被利润所取代，当然也就无法发现剩余价值理论。在马克思看来，从这种立场出发，就只能得出粗俗的唯物主义观念。比如在讨论固定资本与流动资本时，李嘉图认为："资本消耗有快有慢，因而它必须在一定时间内再生产出来的次数有多有少，根据这种情况，就被称为流动资本或固定资本。"①李嘉图是从物的属性角度来看待两者的区别的，这当然是一种拜物教式的思维，马克思随之嘲讽地说："按照这个规定，咖啡壶是固定资本，而咖啡则是流动资本。经济学家们把人们的社会生产关系和受这些关系支配的物所获得的规定性看作物的自然属性，这种粗俗的唯物主义，是一种同样粗俗的唯心主义，甚至是一种拜物教，它把社会关系作为物的内在规定归之于物，从而使物神秘化。"②这正是将特定历史阶段的社会关系超历史化的思维结果。当特定的社会关系消失时，剩下的就只是"物"与"人"了。

第二，当资本的关系简化为物与物、物与人之间的关系时，交换就成为一切社会的规定，而这种交换的产生就在于人类学意义上的人的利己心，人

---

① ［英］李嘉图：《政治经济学和赋税原理》，转引自《马克思恩格斯全集》第31卷，人民出版社1998年版，第85页。

② 同上书，第85页。

的需要也只有在交换中才能得到满足。这不只是古典经济学家，也是政治学家的理论信念。斯密就认为，人类天生就有"互通有无，物物交换，互相交易"的倾向①，他把这种倾向看成是人与动物的根本区别。在分工与交换的作用下，人的需要的满足依赖于他人的劳动，依赖于交换的结果。从政治哲学的角度来看，前面讨论的黑格尔的"市民社会"思想，就是以此为基础的。因此，与资本的物化相一致的，就是人的抽象化，"经济人"就是这种抽象化的结果。而这种抽象的物与抽象的人，正是人类学意义上的物质生产所需要的。当交换变成一种超历史的社会特性时，才能产生现代意义上的契约论，这也是马克思在《政治经济学批判大纲》"导言"一开始就讨论的问题。

第三，从物的关系出发，根本无法理解资本的特性，特别是无法深入到资本生产过程中的内在剥削关系。

> 政治经济学家一到着手分析劳动过程的时候，他们便不得不把"资本"这个用语完全抛开，而去谈论劳动材料、劳动资料和生活资料。但是在产品作为材料、工具和工人的生活资料这种特性中所反映的只是它们作为物的条件同劳动的关系；劳动本身在这里表现为支配它们的活动。在这方面绝对没有劳动和资本的关系，而只有人类合乎目的的活动在再生产过程中同它自己的产品的关系。②

这时资本对劳动的关系消失了，资本天生就具有了产生利润的能力。这种认识直接影响到以李嘉图理论为依据的社会主义者的思路。从这种思路中，会产生劳动的直接交换思想，这正是霍吉斯金论证社会主义的理论核心。当资本关系的历史性规定消失时，一方面，资本对劳动的关系也就成为劳动对它的物质条件的关系；另一方面，霍吉斯金认为资本不过是劳动的别名，但被说成是支配劳动和决定劳动的力量，是与劳动无关的财富。这是一种直接的对立。而产生这种对立的原因就在于有资本家，是资本家的欺诈在发生作

---

① 参见[英]斯密：《国民财富的性质和原因的研究》上卷，郭大力、王亚南译，商务印书馆1972年版，第13页。

② 马克思：《剩余价值理论》第三册，人民出版社1975年版，第291页。

用。如果没有资本家这个中介，那么工人的劳动就可以直接占有过去劳动的产品，也就不存在资本对劳动的剥削了。因此，对于这些社会主义来说，需要的是资本而不是资本家。强调从政治经济学出发来反对政治经济学自身的社会主义者勃雷就说：

> 从资本与劳动二者之间的关系来说，在一个国家里边，资本或已经积累的产品愈多，则生产愈便利，而且对于产生一定效果的劳动亦愈减少。……这样看来，这是很明显的，凡是有利于资本的，也必有利于劳动——凡是资本的增加，势必减轻劳动的辛苦——因此凡是资本的损失，亦必成为劳动的损失。①

交换体现的也是最平等的关系。在现实生活中，资本与劳动之所以是对立的，是因为资本家依靠自己所制造与占有的货币形成了不平等的交换，这是劳动遭受迫害的根本原因。从劳动价值论出发的这种社会主义，比起马克思在《1844年经济学哲学手稿》中所讲的社会主义，已经深刻得多了，但这种社会主义仍然没有跳出资本逻辑的束缚。从根本的视野上来说，"政治经济学家们没有把资本看作是一种关系。他们不可能这样看待资本，因为他们没有同时把资本看作是历史上暂时的、相对的而不是绝对的生产形式"。② 这时，他们也就无法理解，资本家不过是资本的人格化。历史性视野的丧失，使他们无法真正地理解资本主义社会关系的形式规定性，而是直接将这种社会关系永恒化，这时呈现于表象层面的"物"就成了"本质"。当将资本的问题归结于交换层面时，建立一种公平的交换制度、废除货币就成了这些社会主义者的改革方案。

第四，从交换的平等特性出发，一些社会主义者提出消灭货币的主张，希望从流通领域来解决资本逻辑的内在矛盾。在勃雷看来，资本与劳动的交换在当前社会中是不公正的，所以要使一切交换对双方都有利，使他们利益

---

① ［英］勃雷：《对劳动的迫害及其救治方案或强权时代与公理时代》，袁贤能译，商务印书馆1959年版，第63页。

② 马克思：《剩余价值理论》第三册，人民出版社，1975年版，第301页。

平等。"倘使我们都依照一种公正的交换制度来做，那么一切商品的价值，将由全部生产成本来决定，而且应该常常是等值与等值交换。"①也就说，如果一个制帽的工人一天制一顶帽，做鞋的工人一天做一双鞋，假设两人所用的材料相同，那么两人的交换就是平等的、公正的。这也是劳动对劳动的交换。怎样做到这一点呢？勃雷认为：第一，要普及劳动，而不是像在当前社会那样，资本家占有工人的劳动；第二，资本家之所以成为工人阶级生产出来的财富的代表，是因为他们拥有货币，更重要的是他们能够发行货币，这造成工人阶级不仅要为自己生产，还要为他人生产。这个问题怎么解决呢？蒲鲁东主义者认为，最好的办法就是以银行发行的直接代表劳动量的小时券取代交换中流通的货币，达里蒙的国家银行计划就是这样设想出来的。当以小时券代替货币时，就可以消除市场上总是出现的价值与价格的差异，可以实现直接劳动与直接劳动的交换。马克思指出，这是在不取消资本关系的情况下，实现直接的物物交换，说到底就是将资本主义生产关系从物物交换开始从头再来一遍。这就既没有理解货币，也没有理解资本。

> 这里恰好也暴露了社会主义者的愚蠢（特别是法国社会主义者的愚蠢，他们想要证明，社会主义就是实现由法国革命所宣告的资产阶级社会的理想），他们论证说，交换、交换价值等等最初（在时间上）或者按其概念（在其最适当的形式上）是普遍自由和平等的制度，但是被货币、资本等等歪曲了。或者他们论证说，历史迄今为止企图以适合自由和平等的真实性质的方式来实现自由和平等的一切尝试都失败了……②

在马克思看来，这种想使商品生产永恒化但又想废除商品与货币的对立的企图，就如同想废除教皇而保存天主教一样的荒唐，认为交换价值不会发展为资本，这只是一种虔诚的愿望。

其实，从深层上来看，如果将资本只是理解为货币，那么对资本增殖的

---

① ［英］勃雷：《对劳动的迫害及其救治方案或强权时代与公理时代》，袁贤能译，商务印书馆 1959 年版，第 51 页。

② 《马克思恩格斯全集》第 30 卷，人民出版社 1995 年版，第 203—204 页。

理解就只能这样表达出来：在交换过程中资本家将本该属于工人的部分拿进了自己的腰包。这也是罗德戴尔在《论公共财富的性质和起源》中所表达出来的。罗德戴尔说："如果对资本利润的这种理解真正正确的话，那就会得出结论说：利润不是收入的原始源泉，而只是派生源泉，并且决不能把资本看作财富的源泉之一，因为资本带来的利润不过是收入从工人的口袋转到资本家的口袋而已。"①这也是勃雷问题的错误根源。这种理解的深层根据又是对利润的错误理解。在斯密看来，利润来自于工人超过工资部分的劳动，但他又从资本家投资的角度认为，如果资本家的投资不能产生利润，那就不可能有资本生产。对于斯密的这种看法，马克思指出，他将剩余价值与利润混淆起来了。从资本投资的角度来说明利润，对利润的说明就会求助于资本家的发财欲望，而这种说明本身，又是以资本主义生产关系永恒为前提的。从发财欲望的角度来理解利润的来源，不平等的交换就成为关键的原因。从生产领域转向交换领域来理解利润，这是理论逻辑的退却，而这种退却又是古典经济学的理论逻辑所固有的。

如果将资本主义社会关系当作一种超历史的存在，那么在这个关系性的背景上，剩下的就只是没有社会关系规定性的物与人，这构成了古典经济学家的一般理论视野，也是从政治经济学出发的社会主义者的视野。当资本主义社会关系永恒化时，才能产生社会契约论式的自由个人的想象，才能产生黑格尔式的绝对理念。当马克思的思想进入这个理论层面时，他才能真正地透视黑格尔，透视现代民主制和国家理念，才能透视当时的各种社会主义思潮。因此，人类学意义上的唯物主义只是马克思进入古典政治经济学的一般视野，而古典政治经济学的内在逻辑，历史性构成了马克思历史唯物主义的深层视野。

第三节　资本逻辑与历史唯物主义的深度解释

通过上面的论述，我们可以看出，马克思的历史唯物主义具有双重视野：一是以人类学意义上的物质生产为基础的一般历史唯物主义视野，物质生活

---

①　转引自马克思《剩余价值理论》第一册，人民出版社 1975 年版，第 73 页。

资料的生产与再生产构成了这种历史唯物主义的前提。这也是马克思在《德意志意识形态》以及《〈政治经济学批判〉序言》中集中表达的主题。但这种意义上的历史唯物主义只达到了古典经济学的视界，或者说这种唯物主义还没有从根本上超越古典经济学的理论视界。二是以历史性为特征的历史唯物主义深层视野，这种唯物主义以资本逻辑的批判分析为核心主题，这是对资本交换与生产的批判分析，以揭示资本主义社会的拜物教思维，从而将马克思的思想与当时的各种社会主义思潮区分开，建构科学的社会主义理论。

在《德意志意识形态》第一章手稿中，马克思曾探讨了全部人类历史存在的四个前提，其中最重要的就是物质生活资料的生产与再生产，这构成了一般意义上的"社会存在"的根本规定。这个讨论对于批判唯心史观来说是非常重要的，它将哲学从天上拉回到了地面，构成认识历史的一般方法论基础。但如果将这种以物质资料的生产与再生产的思想当作马克思历史唯物主义的全部内容，并以此来说明一切，就存在着"非历史性"的问题。由于物质资料的生产与再生产构成了人类历史存在的基础，资本主义社会也不例外，当用这种一般意义上的物质生产来说明资本主义社会时，物质生产的资本主义规定性也就随之消失，资本也就随之被理解为一般意义上的生产资料与劳动对象，这正是古典经济学家以及李嘉图社会主义者的思路。按照这一理解，资本主义生产的目的似乎就是具有质性规定的消费品。而实际上恰恰相反，资本主义生产的目的并不是满足消费的使用价值，而是交换价值，对于交换价值来说，质的规定性并不是资本家所追求的，他所关心的是价值增殖这一量的问题。

> 资本主义生产过程的结果，既不是单纯的产品（使用价值），也不是商品，即具有一定交换价值的使用价值。它的结果，它的产品，是为资本创造剩余价值，因而，是货币或商品实际转化为资本……因为资本本身（因而资本家本身）的任务，既不是生产直接供自己消费的使用价值，也不是生产用来转化为货币再转化为使用价值的商品。资本生产的目的是发财致富，是价值的增殖，是价值的增大，因而是保存原有价值并创

造剩余价值。①

可以说，资本生产所关心的是"量"而不是"质"。"因此，就使用价值说，有意义的只是商品中包含的劳动的质，就价值量说，有意义的只是商品中包含的劳动的量，不过这种劳动已经化为没有进一步的质的人类劳动。在前一种情况下，是怎样劳动，什么劳动的问题；在后一种情况下，是劳动多少，劳动时间多长的问题。"②在这些表述中，与《德意志意识形态》中从人类学意义上来理解的生产理念已有了重要的区别。虽然生产使用价值意义上的劳动构成了商品生产的前提，但在资本主义社会中，"劳动对资本的使用价值，是由这种劳动作为创造交换价值的因素的性质决定的，是由这种劳动固有的抽象劳动的性质决定的；但是，问题不在于劳动一般地代表着这种一般劳动的一定量，而在于劳动代表着一个比劳动价格即劳动能力的价值所包含的抽象劳动量大的抽象劳动量"③。也就是说，要理解资本主义社会的生产，就必须超越人类学意义上的物质生产理论。

从另一方面来说，从人类学意义上所理解的物质生产，正是自重农学派以来的哲学前提。在《剩余价值理论》第一册讨论重农学派时，马克思一开始就指出：

> 重农学派的重大功绩在于，他们在资产阶级视野以内对资本进行了分析。正是这个功绩，使他们成为现代政治经济学的真正鼻祖。首先，他们分析了资本在劳动过程中借以存在并分解成的各种物质组成部分。决不能责备重农学派，说他们和他们所有的后继者一样，把资本存在的这些物质形式——工具、原料等等，当作跟它们在资本主义生产中出现时的社会条件脱离的资本来理解，简言之，不管劳动过程的社会形式如何，只从它们是一般劳动过程的要素这个形式来理解；从而，把生产的资本主义形式变成生产的一种永恒的自然形式。对于他们来说，生产的

---

① 马克思：《剩余价值理论》第一册，人民出版社 1975 年版，第 430 页。
② 《马克思恩格斯全集》第 44 卷，人民出版社 2001 年版，第 59 页。
③ 马克思：《剩余价值理论》第一册，人民出版社 1975 年版，第 431 页。

资产阶级形式必然以生产的自然形式出现。重农学派的巨大功绩是，他们把这些形式看成社会的生理形式，即从生产本身的自然必然性产生的，不以意志、政策等等为转移的形式。这是物质规律；错误只在于，他们把社会的一个特定历史阶段的物质规律看成同样支配着一切社会形式的抽象规律。①

马克思很明确地提出，把普遍意义上的物质生产作为政治经济学的起点，这恰恰是将资本主义社会当成了一种永恒的社会制度，从这样的立场出发时，生产的资本主义形式规定就简单化为生活资料意义上的物的生产。在第一卷的附录中，马克思在讨论生产与非生产劳动的理解时又指出：

> 只有把生产的资本主义形式当作生产的绝对形式、因而当作生产的永恒的自然形式的资产阶级狭隘眼界，才会把从资本的观点来看什么是生产劳动的问题，同一般说来哪一种劳动是生产的或什么是生产劳动的问题混为一谈，并且因此自作聪明地回答说，凡是生产某种东西、取得某种结果表明的劳动，都是生产劳动。②

如果从消费的角度来看，如何劳动是不重要的，因为我是买一条裤子，还是请裁缝回家做一条裤子，对于消费来说没有区别。正因为这样，将物的使用价值放在第一位，又是合乎日常生活的现象的。但在资本主义社会生产中，两者却存在着根本性的区别。

将资本主义意义上的生产劳动理解为只是物质意义上的生产劳动，这就抽离了资本主义生产关系的形式规定，而这种抽离又合乎资本主义生产的表象。在资本主义生产的表象层面，一切体现为物与物之间、生产要素与人之间的结合。但"这种关系在它的简单形式中就已经是一种颠倒，是物的人格化和人的物化；因为这个形式和以前一切形式不同的地方就在于，资本家不是作为这种或那种个人属性的体现者来统治工人，他只在他是'资本'的范围内

---

① 马克思：《剩余价值理论》第一册，人民出版社 1975 年版，第 15 页。
② 同上书，第 422 页。

统治工人；他的统治只不过是物化劳动对活劳动的统治，工人制造的产品对工人本身的统治".① 这个表述似乎在重复早年的"异化劳动"理论，但马克思并不是在人的类本质的意义上来论述这种颠倒，正如马克思在《资本论》第一卷中论述资本的原始积累时所说的，这是历史过程中发生的颠倒，而当这种颠倒成为历史事实时，表象也就似乎成了"本质"，拜物教意识正是在这个历史过程中产生的。这时，虽然劳动的生产力是资本的生产力，但"它表现为作为物的资本所固有的属性，表现为资本的使用价值。它不直接表现为交换价值".② 这才是问题的关键。

这也表明，在资本主义社会，生产劳动并不是一般意义上的物质财富的生产，也不是消费品生产意义上的产品生产，生产劳动是能够带来剩余价值的劳动，这是区别生产劳动与非生产劳动的关键。

> 只有这种对劳动的一定关系才使货币或商品转化为资本，只有由于自己对生产条件的上述关系（在实际生产过程中有一定的关系同这个关系相适应）使货币或商品转化为资本的劳动，才是生产劳动；换句话说，只有使那种同劳动能力相对立的、独立化了的物化劳动的价值保存并增殖的劳动，才是生产劳动。生产劳动不过是对劳动能力出现在资本主义生产过程中所具有的整个关系和方式的简称。但是，把生产劳动同其他种类的劳动区分开来是十分重要的，因为这种区分恰恰表现了那种作为整个资本主义生产方式以及资本本身的基础的劳动的形式规定性。③

因此，在资本主义生产体系中，生产劳动是给使用劳动的人生产剩余价值的劳动，或者说，是把客观劳动条件转化为资本、把客观劳动条件的所有者转化为资本家的劳动，所以，这是把自己的产品作为资本生产出来的劳动。这种劳动虽然也包含着人类学意义上的劳动过程，但如果只从人类学意义上的劳动出发，绝对无法理解资本主义社会的生产劳动。对历史唯物主义的深

---

① 马克思：《剩余价值理论》第一册，人民出版社 1975 年版，第 419 页。
② 同上书，第 423 页。
③ 同上书，第 425—426 页。

层理解，需要跳出劳动的一般人类学视野，指向一定的社会关系规定下的劳动，即资本主义的生产劳动。虽然在表现上，资本是作为生产资料同工人相对立的，但实际上，生产资料和生活资料在它们同工人的关系中，从一开始就具有一种社会规定性，这种社会规定性使它们变成资本，给它们以支配劳动的权力。因此，它们在作为资本同劳动相对立的情况下，是劳动的前提。

将资本主义生产劳动与人类学意义上的劳动区别开来的根本环节在于："第一，劳动同资本的最初交换是一个形式上的过程，其中资本作为货币出现，劳动能力作为商品出现。"①在这个过程中，资本交换的是劳动能力，而不是生活资料的等价物。一方是物化劳动的货币，是一般社会形式，另一方是作为劳动能力存在的劳动，这是物化劳动与活劳动的交换，双方体现为买者与卖者的关系，这是一种形式上的等价关系，也正是这种形式上的等价关系，才使勃雷等人认为交换是最公正的。第二个环节与第一个环节无关，或者说根本不同，这里根本没有发生交换关系，整个过程的结果表现为：

> 物化在自己产品中的劳动，大于物化在劳动能力中的劳动，因而大于作为工资支付给工人的物化劳动；换句话说：过程的实际结果在于，资本家不仅收回了他花在工资上的那部分资本，而且得到了一个完全是无偿占有的剩余价值。劳动同资本的直接交换在这里的意思是：（1）劳动直接转化为资本，变成资本的物质组成部分，这个转化是在生产过程中完成的；（2）一定量的物化劳动与等量活劳动加一个不经过交换而占有的活劳动的追加量相交换。②

因此，生产劳动是同资本相交换的劳动，而不是绝不带有特殊形式规定性的同生产条件发生关系的劳动。

> 在资本主义生产中，生产资料（它们表现一定的生产关系）所具有的社会规定性同生产资料本身的物质存在是这样地结合在一起，而在资产

---

① 马克思：《剩余价值理论》第一册，人民出版社 1975 年版，第 427 页。
② 同上书，第 429 页。

阶级社会的观念中，这种社会规定性同这种物质存在是这样地不可分离，以致这种社会规定性（即范畴的规定性）甚至也被用到同它直接矛盾的那些关系上去了。①

这正是过去唯物主义没有解读出来的问题。在这个意义上，从历史唯物主义的一般视野出发，也就无法超越古典政治经济学与当时的各种社会主义思潮。

在《1861—1863 年经济学手稿》中，马克思很明确地表达了这样一个思想：从人类学意义上来理解的历史唯物主义，不仅没有超越资产阶级古典经济学的眼界，而且可以用来为资产阶级辩护。在第三章讨论"劳动过程"时，马克思分析了一般意义上的劳动要素，即劳动对象、劳动资料、劳动者，这种劳动的结果是产品，其目的是为了消费。这种意义上的劳动，是一种物质意义上的劳动，

> 既然现实劳动创造使用价值，是为了人类的需要（不管这种需要是生产的需要还是个人消费的需要）而占有自然物，那么，现实劳动是自然和人之间的物质变换的一般条件，并且作为这种人类生活的自然条件，它同人类生活的一切特定的社会形式无关，它是所有社会形式所共有的。这也适用于一般形式的劳动过程，这种劳动过程一般只是活的劳动，并分解为劳动过程的特殊的需要，而这些要素的统一就是劳动过程本身，就是劳动通过劳动资料作用于劳动材料。因此，劳动过程本身从它的一般形式来看，还不具有特殊的经济规定性。从中显示出的不是人类在其社会生活的生产中发生的一定的历史的（社会的）生产关系，而是劳动为了作为劳动起作用在一切社会生产方式中都必须分解成的一般形式和一般要素。②

这样考察劳动过程的形式，看起来似乎是现实的、具体的，实际上恰恰

---

① 马克思：《剩余价值理论》第一册，人民出版社 1975 年版，第 440 页。
② 《马克思恩格斯全集》第 32 卷，人民出版社 1998 年版，第 69—70 页。

是抽象的，脱离了一切特定的历史属性，因为不管人类在劳动过程中相互之间可能发生的社会关系如何，这种抽象的物质生产劳动形式对各种劳动过程都同样适用。古典经济学就是从这个意义上来理解劳动的。这时，劳动的资本关系消失了，呈现在人们面前的是劳动材料与劳动资料，没有这些劳动材料与劳动对象，就无法进行劳动，所以资本是非常必要的，因为没有资本工人也就无法生产产品，勃雷关于资本必要性的论述就与此一致。马克思明确地说："这一点就被利用来为资本辩护，把资本与一般简单劳动过程的一种要素混淆或等同起来，从而说什么用于生产另外一种产品的产品就是资本，原材料就是资本，或者劳动工具，生产工具是资本，因此，资本是同一切分配关系和社会生产形式无关的、一般劳动过程的因素、生产的因素。"①停留在这种历史观的水平上，也就无法透视资本主义社会生产的特定规定，也就无法真正地揭示剩余价值理论。资本主义生产过程不只是一般意义上的劳动过程，更是价值增殖过程，一般意义上的劳动过程只是价值增殖过程的载体，因为在资本主义生产过程中，生产什么并不重要，重要的是如何增殖，而这是一种形式上的规定，是量的规定。如果完全抽象地讨论劳动过程，那么在原初的劳动过程中，就存在两个要素，即人与自然，就会把劳动看成人与自然关系之间的物质变换关系，

> 资本的辩护士为了把资本说成是生产的永恒因素，说成是与一切社会形式无关、为任何劳动过程因而也就是为一般劳动过程所固有的关系，便把资本同资本借以存在的使用价值混为一谈，把这种使用价值本身称为资本；同样，经济学家先生们为了回避资本主义生产方式所特有的某些现象，宁愿忘记资本的本质的东西，即资本是把自身设定为价值的价值，因而资本不仅是自我保持的价值，而且同时是自我增加的价值。②

这两种观点是相互论证的，只要把资本看成是劳动材料和劳动资料，把工人的工资看成是资本的预付，那么利润也就来自于资本自身。

---

① 《马克思恩格斯全集》第 32 卷，人民出版社 1998 年版，第 71 页。
② 同上书，第 110—111 页。

通过上面的论述也可以看出，在历史唯物主义中存在着两种紧密相关但又存在着重大差异的理论逻辑，即生产逻辑与资本逻辑。传统的研究关注的是生产逻辑，并认为将这种逻辑运用于资本主义社会，就可以得出资本逻辑。我们的论证表明，这一理解是需要重新反思的，我们需要结合政治经济学批判，深入到历史唯物主义的双重逻辑中，去具体地讨论生产逻辑、资本逻辑及其内在关系。历史唯物主义的深层理解需要借助于对资本逻辑的批判分析来建构，并揭示资本逻辑的运行中所体现出来的各种颠倒与拜物教意识。按照我的看法，只有这样来理解马克思的思想时，我们才能真正地进入历史与现实中，并从理论深层透视资本逻辑的运行过程及其意识形态效应。

第　三　章

历史唯物主义的双重逻辑

　　在相当长的一段时间里，人们认为历史唯物主义是马克思的社会学，是作为哲学的辩证唯物主义在社会历史领域的推广与运用，是关于物质生产的理论。随着对马克思思想的深入研究，学界已经形成了一种共识：历史唯物主义是马克思的哲学理念。当然，只停留于强调历史唯物主义是马克思的哲学理念还是远远不够的，我们需要深入到马克思的思想之中，在新的基础上揭示历史唯物主义的总体逻辑，从而批判地重构历史唯物主义。经过前面的讨论可以看出，在这种批判的重构中，以下问题就显得非常重要：马克思的历史唯物主义并不只是在哲学的思辨中完成，而是在政治经济学批判与社会主义思潮的批判中，反思其哲学的基础上形成的，这决定了历史唯物主义的重构必须在这些维度上同时展开。如果从这种复杂语境出发，我们可以发现，历史唯物主义并不只是从一般物质生产出发的哲学理念，对于马克思来说，历史唯物主义更是面对资产阶级社会物质生产的哲学批判，并在这一批判中建构面向未来的科学理念。也就是说，历史唯物主义具有双重逻辑，即"人类学"意义上的一般物质生产逻辑与资产主义社会这一特定时期的资本逻辑。历史唯物主义的双重逻辑有其各自的理论视域与理论意义。如果说在前资本主义社会，我们可以用物质生产逻辑来加以说明的话，那么，在资本主义社会，虽然物质生产逻辑仍然重要，但这一逻辑并不能说明资本主义的生产方式，生产逻辑只有在资本逻辑的基础上才能得到说明。正是在这个意义上，历史唯物主义与政治经济学批判合为一体了，或者说资本逻辑分析本身就是马克思的历史唯物主义内核。历史唯物主义的这种新构架，在马克思后来的《资本论》及其手稿中得到了充分的体现。对这一问题加以探讨，不仅有助于理解马克思，也有助于推进历史唯物主义的研究。

第一节　生产逻辑的引入及其哲学意义

如果将历史唯物主义看作是马克思的哲学理念，而生产逻辑构成了历史唯物主义的基础，那么首先就需要说明生产逻辑的引入在哲学史上的意义，并从中说明马克思哲学的本性。

自近代以来，哲学的探索都是以理性为基础的，这种理性不仅构成了人的存在的依据，而且构成了社会存在的本体。如果我们将社会历史生活划分为物质生活世界与精神生活世界的话，很显然，哲学关注的是与精神生活相关的问题，即使是面对物质生活世界，也是从与精神生活相关的理性来反思物质生活，物质生活世界的存在是第二位的。在这样一种逻辑构建中，物质生活世界是理性的附属品，以致在很长的时间里，许多哲学家都认为物质生活世界及其历史是不值得研究的，因为这是一个杂乱无章的世界，得不出什么让人满意的东西。到了维柯之后，这一局面才得到初步的改变。在维柯看来，自然界是上帝创造的，因此只有上帝才能认识它。人只能认识自己创造的东西，即历史。由此，人的历史生活本身成为哲学探讨的对象。

这就给哲学研究提出了一个问题：如何透视物质生活世界？在这一问题上，英国的古典政治经济学给出了新的思路。虽然在哲学前提上，古典政治经济学以经验论为基础，但其关注的是当下的物质生活世界是如何建构与发展起来的，在这一分析中，自然需要与劳动构成了其理论建构的两个立足点。

从人的自然需要出发，就涉及人的物质生活需要的满足问题，这就将对人的理解与人的发展问题与物质生产世界联系起来，在古典政治经济学的意义上就与劳动联系起来。这两点正是斯密的理论基础。在《国民财富的性质和原因的研究》一书中，斯密开篇讨论的是"分工"，以分工作为促进劳动的重要动力。"劳动生产力上最大的增进，以及运用劳动时所表现的更大的熟练、技巧和判断力，似乎都是分工的结果。"①正是分工提高了劳动生产力，提高了产品的质量和数量。在说明分工时，斯密借助的正是人的自然需要。他认为分工的原因就在于人们不可能生产出满足自己需要的全部产品，因此人们有互通有无的自然倾向。这是人与动物的重要区别。在斯密的论述中，自然需要与劳动分工是相互关联的，自然需要构成了促进分工的原因，而劳动分工则是满足需要的手段，他的整个经济学论述由此展开，并力图通过分析当下的经济生活过程揭示物质生活世界的规律。② 这一思路构成了英国古典政治经济学的主线，并直接影响到黑格尔的哲学理念。

在黑格尔那里，需要与劳动也是其哲学建构的两个重要构件。根据他的思想，只有到自我意识阶段，理性才真正地走上了自我发展、自我升华的道路。在他关于"自我意识"的讨论中，需要与劳动就是其理论思考的起点。这是其《精神现象学》第四章的核心主题。为了满足自然需要，人与人相聚在一起，在这个过程中才展开了斗争，产生了主人与奴隶的关系。他关于主人与奴隶的关系辩证法，强调劳动是自我意识建构的重要条件，正是在劳动过程中，奴隶不仅内化了主人意识，而且通过吸收自然意识到自身力量，实现了对主人意识与自我意识的双重承认，这才是真正的自我意识的生成。有了自我意识，才能谈及理性后来的发展及其最终形态——绝对精神。理性的这一过程是《精神现象学》的主题。这也就意味着，对理性的考察，离不开对物质生活世界及其历史的分析。这一世界和历史是理性的外化存在，理性就是通过不断地扬弃其外化存在而回到自身，最终达到了理性的自由状态。这样一种对物质生活世界的理性反思，在《法哲学原理》中得到了具体的呈现，需要与劳动也构成了黑格尔分析"市民社会"的基础。在黑格尔看来，市民社会既体现了理性的自由发展，同时也体现了理性在现实生活中的局限，他关于劳动分工体系的论述、关于警察与同业公会的分析等，都意在揭示市民社会的内在悖论。但他认为，这一悖论可以通过国家理性得到解决。

---

① ［英］斯密：《国民财富的性质和原因的研究》上卷，郭大力、王亚南译，商务印书馆1972年版，第5页。

② 按照我的理解，斯密关于分工的论述是一种循环论证。他认为个人不能生产出满足自己需要的全部产品，只能通过分工与交换才能做到这一点。但当他说人不能生产出满足自己需要的全部产品时，正是以已经存在的分工为前提的。

在黑格尔的思考中，市民社会与国家具有理性的同质性，虽然在现实中它们存在着巨大的差异，这使他认为可以从理性的高级阶段来解决理性的低级阶段存在的问题，也就是在国家理性阶段真正实现市民社会中还不能达到的自在自为存在的理性。在这样的视野中，他对市民社会本身的体系关注得并不够，而且他关于同业公会的讨论还有着将行会阶段的组织当代化的想法。因此从总体逻辑上来说，物质生活世界仍然是理性的表现场地，是伦理精神自我实现的一个阶段。这仍然是传统哲学的理念。马克思的思想发展过程正是对这种理性哲学的变革过程。在这一过程中，马克思首先将哲学视野聚焦于市民社会领域，然后对市民社会进行经济学哲学的分析，也正是在这一视野转换中，一种不同的哲学思路才得以呈现出来。

正如马克思自己所说，对市民社会的分析需要到政治经济学中才能实现。进入政治经济学之后，劳动生产的逻辑就必然会呈现出来。即使我们承认存在着人的原初需要，但只有通过物质生产，这种需要才能得到满足。虽然这只是一个简单的事实，但对此的论述却改变了物质生活的生产与思想的关系，即物质生活及其生产过程是思想的历史基础，而不是相反。这不是简单的物质与精神的关系，而是物质生产与精神的关系，物质生产构成了人类社会存在的前提，也是精神生活得以发生与发展的历史前提。只有在这样的视域中，生产逻辑才能确立起来，也才能解决精神与物质的二元论。青年马克思的思想进程，正是从思辨哲学中解放出来，发现生产逻辑的人类学意义的过程。

结合马克思的相关论述我们可以看出，生产逻辑不仅是一种经济学的话语，而且是一种哲学的话语，在这一基础上，传统哲学的理念发生了重要的变化。按照我的理解，传统哲学是一种强调意识内在性的哲学，而在马克思哲学的新视域中，哲学的基础发生了变革，即哲学的基础不再是意识的内在性或与之相对立的外在物质，哲学发生于一定的社会物质生活的生产与再生产过程中，意识与物质的关系都只有在这一历史过程中才能得到理解。这才是马克思对传统哲学理念进行变革的意义所在。

马克思的新哲学体现为两个层面：一是传统意义上的哲学思考。在这一思考中，理念及其逻辑运演是哲学的核心。在《神圣家族》与《德意志意识形态》中，马克思都曾从思辨层面来批判青年黑格尔派的哲学理念。二是物质生活世界的建构过程。这正是物质生产逻辑得以展开的过程，而这一过程正是传统哲学中被忽视的内容。这两个层面并不是相互独立的。理性并不独立于物质生活之外，理性有其特定的历史基础，需要揭示的正是这两者之间的内在建构关系。正是在这样的新哲学视域中，马克思才能辨识出青年黑格尔派的问题。青年黑格尔派想要批判黑格尔哲学及当时的德国现实，但他们只是停留于思辨的层面来解构黑格尔哲学，而不能揭示这一哲学与当时生活之间的联系，这决定了他们并不能真正超越黑格尔，更不能真正地批判德国现实。马克思嘲笑他们在进行"跪着的造反"。对于马克思来说，当他进入市民社会的具体分析并揭示了思想与物质生产过程的内在关联之后，他才真正地超越了青年黑格尔派的问题域，同时也超越了古典政治经济学的问题域以及与此相关的社会主义思潮的问题域，才能将对传统哲学的批判推进到对社会历史生活本身的批判，这才是马克思哲学革命的真正意义所在。① 当生产逻辑进入哲学话语之中时，马克思的政治经济学研究与哲学研究才真正地合为一体。

第二节　生产逻辑的哲学分析

《政治经济学批判大纲》"导言"的第一句话就是"摆在面前的对象，首先是物质生产"。② 这句话与《德意志意识形态》中关于人类历史前提的描述是一致的。只要人类社会存在，物质生活资料的生产与再生产就是前提，这正是生产逻辑所具有的人类学意义。物质生产体现了人与自然之间的关系，是对自然与对人的双重改变。在《资本论》中，马克思称之为人与自然之间的物质变换。"劳动过程……是人和自然之间的物质变换的一般条件，是人类生活的自然必然性，因此与它的任何社会形式无关，倒不如说是一切社会形式所共有的。"③要理解一般的物质生产，就需要理解其基本的构成要素以及促进物质生产发展的条件。

既然人类社会存在的前提是物质生产，那么生产的一般规定就适用于所

---

① 关于这一问题，参见仰海峰：《形而上学批判：马克思哲学的理论前提及当代效应》，江苏人民出版社 2006 年版，导论与第二章第四节。

② 《马克思恩格斯全集》第 30 卷，人民出版社 1995 年版，第 22 页。

③ 马克思：《资本论》（法文版中译本），中国社会科学出版社 1983 年版，第 172 页。

有的社会阶段，这就是马克思所说的："生产的一切时代有某些共同标志，共同规定。"如果将生产的共同规定抽象出来，就可以得出"生产一般"的概念。"生产一般是一个抽象，但是只要它真正把某些共同点提出来，定下来，免得我们重复，它就是一个合理的抽象。"①这种生产一般有其必要的要素，在《资本论》法文版第三篇"绝对剩余价值的生产"第七章"使用价值的生产和剩余价值的生产"中②，马克思先撇开了社会经济发展的具体阶段以及某一具体阶段给经济运动打上的各种特殊的印记，以使用价值的生产为例进一步分析了一般物质生产的要素与构成。作为一般物质生产过程的劳动具有以下要素：人本身的活动或劳动本身、劳动对象、劳动资料。劳动对象就是广义的土地，这是未经人的影响就已经存在在那里的劳动的一般对象。"所有那些通过劳动只是同土地脱离直接联系的东西，都是自然赋予的劳动对象。"③劳动资料则是指人置于自身与其劳动对象之间作为自己的活动的传导者的物或物的综合体，正是通过劳动资料，人才能将自己的目的实施到对象身上。在劳动过程中，人的活动借助于劳动资料使劳动对象按照自己的意图发生变化，生产出供自己需要的产品，这时劳动与劳动对象统一起来。马克思进一步概述说："如果整个运动从其结果即产品的角度来考察，那么劳动资料和劳动对象二者都表现为生产资料，劳动本身则表现为生产劳动。"④

促进一般物质生产的条件是什么呢？马克思认为是劳动资料，劳动的任何一点发展，都离不开没有经过加工的资料。在马克思的时代，这被看作人与动物的重要区别。马克思甚至认为，劳动资料的发展不仅促进了物质生产，而且成为区别社会经济时代的标志。

　　各种经济时代的区别，不在于生产什么，而在于怎样生产，用什么劳动资料生产。劳动资料不仅是劳动者发展的测量器，而且是劳动借以

---

①　《马克思恩格斯全集》第30卷，人民出版社1995年版，第26页。

②　法文版与德文版在这一标题上有差别。德文版第三篇"绝对剩余价值的生产"第五章标题为"劳动过程和价值增殖过程"。法文版的标题不仅直接反映了剩余价值的生产，而且更能直接反映生产使用价值的一般物质生产。

③　马克思：《资本论》（法文版中译本），中国社会科学出版社1983年版，第166—167页。

④　同上书，第169页。

进行的社会关系的指示器。①

从这一维度出发，生产资料的革新本身就是推进社会生产发展的条件。也正是在这样的维度上，如果撇开资本主义的形式规定，协作、分工、机器生产自有其人类学的意义。比如协作，马克思认为随着社会的发展，劳动过程越来越需要协作，如修筑道路、铺设铁路等。通过这些协作，一方面"可以扩大劳动的空间范围；……另一方面，协作在发展生产规模的同时也可以缩小劳动过程进行的空间。这种双重作用，节约非生产费用方面的非常有效的杠杆，仅仅是由于劳动者的集结、不同的但互相联系的操作的靠拢和生产资料的积聚造成的"②。从促进生产力的发展视角来说，协作的意义在于：通过共同劳动，不仅提高了个人生产力，而且创造了一种作为集体力的新生产力。这是生产逻辑意义上的协作问题，虽然这个过程在资本主义产生初期有其特定的意义。

分工也是如此。斯密就是从分工出发来揭示其物质生产的意义的。斯密认为分工是增进劳动生产力的原因，分工不仅推动了劳动生产力的发展，而且体现了文明的程度。

> 未开化社会中一人独任的工作，在进步的社会中，一般都成为几个人分任的工作。在进步的社会中，农民一般只是农民，制造者只是制造者。而且，生产一种完全制造品所必要的劳动，也往往分由许多劳动者担任。③

分工之所以能促进劳动生产力的提高，原因有三：第一，分工可以使劳动者的技巧日益专业化；第二，由一种工作转到另一种工作，通常会损失不少时间，分工可以免除这种时间的损失；第三，分工推动着劳动的简化和缩

---

① 马克思：《资本论》（法文版中译本），中国社会科学出版社 1983 年版，第 168 页。
② 同上书，第 329—330 页。
③ ［英］斯密：《国民财富的性质和原因的研究》上卷，郭大力、王亚南译，商务印书馆 1972 年版，第 7 页。

减劳动的机械的发明，使一个人可以做许多人的工作。马克思同样论述了分工的历史作用，把分工看作产生工场手工业的一种根源，分工使工人熟练于某种固定的劳动，提高了劳动者的特定技艺，这不仅缩短了工人在劳动中从一种操作转换到另一种操作的空间距离，而且促进了人与人在劳动过程中的合作，这些都有助于生产力的发展。机器的产生，则实现了协作与分工的重新结合，并以自然力取代人力，以科学代替了成规。"机器工业把科学和巨大的自然力并入自身，因而会大大提高劳动生产率，这一点是一目了然的。"①马克思的这些论述，虽然是结合资本主义生产过程展开的，但主要讨论的是其在人类学的物质生产逻辑上的意义。也正是从生产逻辑出发，马克思认为资本主义社会所创造的财富超过了过去的一切社会，并为走向未来社会创造了物质条件。

就人类自身的发展而言，物质生产过程具有双重意义：第一，正是在物质生产过程中，人与自然之间建立了一种动态的交互性关系，人们在生产劳动过程中既改变了自然，也改变了人本身。第二，物质生产的发展为人的自由发展提供了物质条件。

我们先讨论第一个问题。随着生产劳动的展开，人通过目的性的劳动改变了自然存在，这就是黑格尔所谓的"劳动陶冶自然"的过程。在《德意志意识形态》中，马克思通过批判费尔巴哈深入地论述了这一点。费尔巴哈通过批判黑格尔和近代以来的哲学，认识到近代以来的哲学发展过程就是思辨理性逐渐摆脱感性存在并将感性本身加以抽象的过程，"未来哲学应有的任务，就是将哲学从'僵死的精神'境界重新引导到有血有肉的，活生生的精神境界，使它从美满的神圣的虚幻的精神乐园下降到多灾多难的现实人间"②。这种新哲学就是他所谓的人本学。如果现有的感性都被思辨理性所浸渍，这种新人学何以可能？正是在这里，费尔巴哈提出了自己的新"感性"的思想。我认为，费尔巴哈所谓的感性指的是一种没有经过现代理性污染的感性，这种感性是从原始的自然情感中引申出来的，如男女的自然性爱等。与这种感性相对应

---

① 马克思：《资本论》（法文版中译本），中国社会科学出版社 1985 年版，第 389 页。

② 《费尔巴哈哲学著作选读》上卷，生活·读书·新知三联书店 1959 年版，第 120 页。

的，就是一个没有被理性所污染的自然，这当然不再是黑格尔所谓的劳动陶冶过的自然。马克思批判的正是这种"想象"的自然乌托邦。马克思认为：费尔巴哈"没有看到，他周围的感性世界并不是某种开天辟地以来就直接存在的、始终如一的东西，而是工业和社会状况的产物，是历史的产物，是世世代代活动的结果……甚至连最简单的'感性确定性'的对象也只是由于社会发展、由于工业和商业交往才提供给他的"①。也就是说，在资本主义生产的影响下，人们所面对的首先是经过劳动改造了的自然，而不是费尔巴哈所想象的那个没有经过人类影响的初始自然。如果说在前资本主义社会，人们在改变自然的同时，更多依赖于自然界并把自然界看作与自己同样的伙伴，甚至是高于自己的存在的话，那么在资本主义社会，自然则完全是以社会为中介而存在的，如果从一般物质生产逻辑来看，黑格尔说劳动陶冶自然恰恰揭示了现代社会中自然的存在方式。费尔巴哈的自然概念虽然有其哲学批判的意义，但在历史的意义上，这种批判只具有道德评价的意义，并没有达到黑格尔的思想高度。

更为重要的是，人们在通过劳动改变自然的同时，也改变了人本身。黑格尔曾以主人—奴隶关系说明过这一点。在黑格尔看来，虽然奴隶听命于主人并成为主人享乐的劳动工具，但奴隶在陶冶自然的过程中，认识了自然并认识到自己的力量，并最终获得了真正的自我意识。黑格尔的论述虽然有强烈的思辨特征，但劳动对人的发展的意义这一思想，却被马克思继承下来。在《1844年经济学哲学手稿》中，马克思曾以"对象化"来描述工业劳动中人的本质力量的实现问题。"工业的历史和工业的已经生成的对象性的存在，是一本打开了的关于人的本质力量的书，是感性地摆在我们面前的心理学。"②这正是劳动的对象化的意义所在。"活劳动通过把自己实现在材料中而改变材料本身，这种改变是由劳动的目的和劳动的有目的的活动决定的……因此，材料在一定形式中保存下来，物质的形式变换服从于劳动的目的。"③可见，劳动的对象化并不是被动的反应，而是人的目的与本质力量的实现。在《资本

---

① 《马克思恩格斯选集》第1卷，人民出版社1995年版，第76页。
② 《马克思恩格斯全集》第3卷，人民出版社2002年版，第306页。
③ 《马克思恩格斯全集》第30卷，人民出版社1995年版，第60页。

论》中，马克思对生产劳动的这一双重意义进行了简要的概括：

> 劳动首先是发生在人和自然之间的行为。在这个行为中，人自身作为一种自然力与自然相对立。为了占有物质，赋予物质以对自身生活有用的形式，人就使他身上的力——臂和腿、头和手运动起来。当他通过这种运动作用于他身外的自然并改变自然时，也就同时改变他自身的自然，使自身的自然中沉睡着的能力发挥出来。①

人们在劳动中对对象改变到何种程度，人本身的意识和能力也就发展到何种程度，并会以这种发展了的意识来审视自然界。马克思《资本论》第一卷中的一个脚注，对我们理解上述问题很有帮助。在讨论"机器与大工业"时，马克思指出："按照笛卡儿下的定义，动物是单纯的机器，他是与中世纪不同的工场手工业时的眼光来看问题的。在中世纪，动物被看作人的助手和伙伴……毫无疑问，笛卡儿和培根一样，认为思维方法的改变导致生产方式的改变和人对自然的实际统治。"②可以说，物质生产过程不仅满足了人的需要，而且促进了人的能力的发展。

就第二个问题而言，正是生产劳动的发展，才为人的自由而全面的发展和个性的实现提供了现实的条件。在《德意志意识形态》中，马克思指出：生产力的发展是人的世界历史性存在的客观条件，也是共产主义实现的物质条件。

> 生产力的这种发展（随着这种发展，人们的世界历史性的而不是地域性的存在同时已经是经验的存在了）之所以是绝对必需的实际前提，还因为如果没有这种发展，那就只会有贫穷、极端穷困的普遍化；而在极端贫困的情况下，必须重新开始争取必需品的斗争，全部陈腐污浊的东西又要死灰复燃。其次，生产力的这种发展之所以是绝对必需的实际前提，

---

① 马克思：《资本论》(法文版中译本)，中国社会科学出版社 1983 年版，第 165 页。
② 同上书，第 392 页注(26)。

还因为：只有随着生产力的这种普遍发展，人们的普遍交往才能建立起来。①

即使在资本主义社会生产劳动发生异化的情况下，其物质生产过程仍然具有人类学的意义。

> 因此，如果说以资本为基础的生产，一方面创造出普遍的产业劳动，即剩余劳动，创造价值的劳动，那么，另一方面也创造出一个普遍利用自然属性和人的属性的体系，创造出一个普遍有用性的体系，甚至科学也同一切物质的和精神的属性一样，表现为这个普遍有用性体系的体现者，而在这个社会生产和交换的范围之外，再也没有什么东西表现为自在的更高的东西，表现为自为的合理的东西。因此，只有资本才创造出资产阶级社会，并创造出社会成员对自然界和社会联系本身的普遍占有。由此产生了资本的伟大的文明作用；它创造了这样一个社会阶段，与这个社会阶段相比，一切以前的社会阶段都只表现为人类的地方性发展和对自然的崇拜。只有在资本主义制度下自然界才真正是人的对象，真正是有用物；它不再被认为是自为的力量；而对自然界的独立规律的理论认识本身不过表现为狡猾，其目的是使自然界（不管是作为消费品，还是作为生产资料）服从于人的需要。资本按照自己的这种趋势，既要克服把自然神化的现象，克服流传下来的、在一定界限内闭关自守地满足于现有需要和重复旧生产方式的状况，又要克服民族界限和民族偏见。资本破坏这一切并使之不断革命化，摧毁一切阻碍发展生产力、扩大需要、使生产多样化、利用和交换自然力量和精神力量的限制。②

这正是一般物质生产逻辑视野中的资本主义生产方式的意义。正是在这个意义上，资本主义社会为人的未来发展提供了重要的条件。

物质生产的发展，不仅为人的自由发展提供了直接的物质前提，而且创

---

① 《马克思恩格斯选集》第 1 卷，人民出版社 1995 年版，第 86 页。
② 《马克思恩格斯全集》第 30 卷，人民出版社 1995 年版，第 389—390 页。

造出人的自由发展的时间与空间。在马克思看来，正是生产劳动的创造性把时间引入到世界中。"劳动是活的、造形的火；是物的易逝性，物的暂时性，这种易逝性和暂时性表现为这些物通过活的时间而被赋予形式。"①特别是在现代物质生产力高度发展的情况下，人们用于获得生活必需品的劳动时间越来越短，用于发展自身其他能力的时间随之会越来越多，对这一时间的占有就是人的自由发展的重要条件。马克思指出：随着资本主义的发展，

> 生产力的增长再也不能被占有他人的剩余劳动所束缚了，工人群众自己应当占有自己的剩余劳动。当他们已经这样做的时候，——这样一来，可以自由支配的时间就不再是对立的存在物了，——那时，一方面，社会的个人的需要将成为必要劳动时间的尺度，另一方面，社会生产力的发展将如此迅速，以致尽管生产将以所有的人富裕为目的，所有的人的可以自由支配的时间还会增加。因为真正的财富就是所有个人的发达的生产力。那时，财富的尺度决不再是劳动时间，而是可以自由支配的时间。②

不仅在时间上是这样，在空间上也是这样。正是现代生产力的发展，推动历史向世界历史转变，人们才能摆脱空间的限制，从地域性的存在中脱离出来，成为世界历史性的个人。

上述这些，只是对历史唯物主义物质生产逻辑的简要概括，许多具体内容还需要进一步展开论述。这里的问题在于：生产逻辑只是历史唯物主义的基础性逻辑，一旦进入到资本主义社会，一般意义上的物质生产逻辑就不够了，这就正如马克思在"导言"第一节结尾时所说的："总之：一切生产阶段所共有的、被思维当作一般规定而确定下来的规定，是存在的，但是所谓一切生产的一般条件，不过是这些抽象要素，用这些要素不可能理解任何一个现实的历史的生产阶段。"③对于理论建构来说，需要揭示这些要素在特定历史

---

① 《马克思恩格斯全集》第30卷，人民出版社1995年版，第329页。
② 《马克思恩格斯全集》第31卷，人民出版社1998年版，第104页。
③ 《马克思恩格斯全集》第30卷，人民出版社1995年版，第29页。

阶段的存在方式及其作用方式。这意味着必须要以新的逻辑来揭示资本主义的物质生产过程，这一新逻辑就是资本逻辑。

第三节　生产逻辑的局限与资本逻辑的凸显

在"导言"中，马克思写下了第一句话后，紧接着对物质生产做了一个限定性的说明："在社会中进行生产的个人，——因而，**这些个人的一定社会性质的生产**，当然是出发点。"①这句话使我们想起马克思在《德意志意识形态》中所强调的，整个研究的出发点是从事实际活动的个人。"这是一些现实的个人，是他们的活动和他们的物质生活条件，包括他们已有的和由他们自己的活动创造出来的物质生活条件。"②"以一定的方式进行生产活动的个人，发生一定的社会关系和政治关系。"③因此，生产总是在"一定的"社会关系和政治关系中的生产，这也就意味着需要对这个"一定的"社会进行分析，而不是停留于一般的物质生产逻辑。对于马克思来说，这个一定的社会就是资本主义社会，"现代资产阶级生产——这种生产事实上是我们研究的本题"④。在《资本论》第一版"序言"中，马克思明确地说："我要在本书研究的，是资本主义生产方式以及和它相适应的生产关系和交换关系。"⑤在资本主义生产方式中，一般物质生产逻辑已经不够了，正如马克思从一般物质生产逻辑视角讨论使用价值的生产时所指出的："只要谈到资本主义生产，生产劳动的这个定义就完全不够了。"⑥这也意味着，传统教科书所说的政治经济学批判只是历史唯物主义的运用与推广这个论断是需要再反思的。在这一问题上，学界的研究还没有进行深层的探索。当然，如果我们把马克思的政治经济学研究与马克思的哲学思想割裂开来，把它们看作两个不同的领域，那么也无法在这一问题上迈开探索的步伐。

---

① 《马克思恩格斯全集》第 30 卷，人民出版社 1995 年版，第 22 页。黑体为笔者所加。
② 《马克思恩格斯选集》第 1 卷，人民出版社 1995 年版，第 67 页。
③ 同上书，第 71 页。
④ 《马克思恩格斯全集》第 30 卷，人民出版社 1995 年版，第 26 页。
⑤ 《马克思恩格斯全集》第 44 卷，人民出版社 2001 年版，第 8 页。
⑥ 同上书，第 169 页注释 8。

虽然物质生产构成了人类社会历史的前提，但将物质生产抽象出来作为解释人类历史的基础，这却是古典政治经济学之后的事情。这种抽象能够产生，得益于资本主义生产方式的普遍化，马克思关于劳动范畴的分析就解释了这一点。"劳动似乎是一个十分简单的范畴。它在这种一般性上——作为劳动一般——的表象也是古老的。但是，在经济学上从这种简单性上来把握的'劳动'，和产生这个简单抽象的那些关系一样，是现代的范畴。"①斯密提出的劳动价值论，在历史的意义上意味着现代工业劳动普遍性地位的确立，这时工业劳动才能被抽象为一般劳动，有了一般劳动的抽象才能提出劳动价值论。这种抽象的劳动一般，也就是被规定为财富的对象的一般性。正是在"劳动一般"的基础上，才能提出"生产一般"的概念。虽然物质资料的生产在历史上早已存在，但以生产逻辑来反思历史，却是当代历史与思想的结果。

由于在反思历史时是以当下的历史情境为平台的，这使得在理论的说明中容易忘却理论所产生的特定情境而将之普遍化，这正是政治经济学生产理论中出现的问题，也是我们停留于一般生产逻辑时容易出现的问题。这一问题体现在以下几个方面：

第一，生产总是现实的人的生产，但在现实的资本主义经济活动中，个人在表象层面都是自由活动者，他们也是作为自由人进入到生产劳动过程中的，个人之间的关系也就体现为两个独立的主体之间的关系，当这种表象上的自由主体被抽象出来时，生产中的人也就成为孤立的个体，这正是政治经济学家、政治学家、哲学家的理念，而且这种理念也被投射到原始社会中。在《政治经济学批判大纲》"导言"中，马克思在对这种生产的个人进行了特定社会形式的界定之后，立刻批判了斯密、李嘉图在经济学中的想象，即将孤立的个体看作社会生产的主体，这种孤立的现代主体在笛福的《鲁滨孙漂流记》中得到了充分体现。接着马克思又批判了卢梭社会契约论中关于个体的想象。马克思指出：（1）早期经济学家、哲学家、政治学家对孤立的个体的想象，是对16世纪以来兴起的市民社会的预感。这种市民社会，按照黑格尔的理解，就是原子式的个体的社会，他们组成一种外在的关系。这种市民社会到18世纪之后，得到了长足发展。（2）在早期社会中，生产的个人并不是孤

---

① 《马克思恩格斯全集》第30卷，人民出版社1995年版，第44—45页。

立的，而是隶属于扩大为氏族的家庭以及后来的公社中，他们从属于一个整体，只是到 18 世纪之后，这种孤立的个人才真正出现在历史舞台上。关于这一问题，马克思在《政治经济学批判大纲》第二篇的"资本主义生产以前的各种形式"中进行了具体的讨论。(3)这种关于孤立的个人的想象，是现代发达生产关系的结果。这也就意味着，关于一般生产逻辑中劳动主体的分析必须置于特定的社会历史情境中。如果仅从孤立的个体出发，我们根本无法认识资本主义生产过程中人与人的真实关系。根据一般生产逻辑，资本家与工人之间的关系就是两个孤立的个体之间的关系，他们之间是平等的，而且他们之间进行的交换也是自由而平等的，但实际上这只是一种假象，而在真实的物质生产过程中，他们之间恰恰是一种非平等、不自由的关系。要理解生产过程中主体间的关系，就必须进入特定的社会形式规定中，这种特定的社会形式，就是资本逻辑所要揭示的问题。

　　第二，一般物质生产逻辑抽离了社会关系的规定性，它体现的是劳动生产过程的一般要素及其技术结合。在前面关于生产要素的讨论中，我们已经看到了一般生产逻辑的物质规定性，这种一般生产逻辑也是政治经济学家面对资本主义生产方式的理论视野，这时资本主义生产方式中的特殊规定性不见了，人们把资本主义的生产方式等同于一般生产方式，资本与劳动都被简化为物质生产过程的要素，并获得了永恒存在的形式。"资本，别的不说，也是生产工具，也是过去的、客体化了的劳动。可见资本是一种一般的、永存的自然关系；这样说是因为恰好抛开了正是使'生产工具'、'积累的劳动'成为资本的那个特殊。"①这时，人们只能看到资本的内容，即作为存在物的资本，这种物质意义上的资本构成了生产的工具。"这无非是说，资本就是生产工具，因为从最广泛的意义来说，任何东西，甚至纯粹由自然提供的对象，例如石头，也必须先通过某种活动被占有，然后才能用作工具，用作生产资料。按照这种说法，资本存在于一切社会形式中，成了某种完全非历史的东西。"②这正是斯密将原始社会的劳作工具也看作资本的重要原因。当把资本还原为物质内容，并进而理解为生产工具时，资本也就成为现实物质生产过

---

　　①　《马克思恩格斯全集》第 30 卷，人民出版社 1995 年版，第 26—27 页。
　　②　同上书，第 213 页。

程中无法消除的对象，从而获得永恒性。资本主义生产方式也就随之成为最合乎自然法则的生产方式。

> 如果这样抽掉资本的一定形式，只强调内容，而资本作为这种内容是一切劳动的一种必要要素，那么，要证明资本是一切人类生产的必要条件，自然就是再容易不过的事情了。抽掉了使资本成为人类生产某一特殊发展的历史阶段的要素的那些特殊规定，恰好就得出这一证明。要害在于：如果说一切资本都是作为手段被用于新生产的对象化劳动，那么，并非所有作为手段被用于新生产的对象化劳动都是资本。资本被理解为物，而没有被理解为关系。①

这种要素式的思维构成了政治经济学家看待利润形成的观念基础。从要素思维出发，生产过程中的每一部分，除了劳动力而外，都能创造利润，而劳动力反而没能做到这一点，因为作为自由而平等的交换者，其劳动已经由工资得到了补偿。不仅如此，从资本作为生产要素出发，那么资本就是人类生活中无法根除的存在，因为没有了资本，我们也就无法进行生产。比如李嘉图社会主义者勃雷认为，个人与国家的繁荣必须具备三个条件："1. 必须劳动。2. 必须要有过去劳动的积累，或资本。3. 必须要有交换。"②为什么要有资本呢？勃雷说："我们都知道积累就是过去劳动的产物而尚未消费掉的——无论房屋，机器，船舶，以及其他任何有用的东西，凡是能够帮助我们产生更多财富的都是。一切这些东西都是资本。"③只不过勃雷认为，在现代社会，资本都归资本家了，社会变革就是要让所有人都拥有资本。这正是将资本作为生产要素来加以思考。这种面对资本的方式，是当时许多社会主义者所共有的。在这种要素式的思维过程中，经过了双重的倒置：先是将资本主义物质生产还原为一般物质生产，然后又从这种还原了的生产逻辑出发

---

① 《马克思恩格斯全集》第 30 卷，人民出版社 1995 年版，第 214 页。
② ［英］勃雷：《对劳动的迫害及其救治方案或强权时代与公理时代》，袁贤能译，商务印书馆 1983 年版，第 45 页。
③ 同上书，第 49 页。

来面对资本主义生产方式，这时一般生产逻辑也就成为评价的尺度。

第三，如果从一般生产逻辑出发，就无法真正地理解资本主义社会生产、分配、流通、消费的内在关系。如果资本主义生产等同于一般人类意义上的物质生产，那么，当下社会的问题不在生产领域，而在分配领域。这就正如马克思在论述上述四者关系时所说的："肤浅的表象是：在生产中，社会成员占有（开发、改造）自然产品供人类需要；分配决定个人分取这些产品的比例；交换给个人带来他想用分配给他的一份去换取的那些特殊产品；最后，在消费中，产品变成享受的对象，个人占有的对象。"这时，上述四者关系之间的联系就变成一种三段论："生产是一般，分配和交换是特殊，消费是个别，全体由此结合在一起。这当然是一种联系，然而是一种肤浅的联系。"①在这种理解中，对政治经济学的责备就是认为政治经济学家太过于重视生产，而忽视了分配的重要性。一些社会主义者正是从这里来寻找解决问题的出路的。汤普逊认为：

> 没有比财富的分配这个问题再使人感觉兴趣的了，如果研究得正确，也没有比这个问题再有用的了；因为不仅每一个社会的物质享受被发现直接依存于财富的公平而明智的分配，而且在很大程度上，道德和同情、谨慎、宽仁之乐以及它力能取得的知识享受的多寡也算不间接地与财富分配有依存关系。②

同样，还可以认为交换是非常重要的，并从交换手段出发来解决现实问题。这在《政治经济学批判大纲》关于达里蒙的理论的评论中就可以看出来。正是通过对此的反思，马克思认为，在当下的经济过程中，交换、分配等只是表象，只有从生产出发才能揭示资本主义社会的内在特性，而要揭示这种生产方式，又必须走出一般人类学意义上的生产逻辑，进入资本逻辑。

实际上，在马克思的思想发展过程中，通过政治经济学批判，他最先确

---

① 《马克思恩格斯全集》第 30 卷，人民出版社 1995 年版，第 30 页。
② ［英］汤普逊：《最能促进人类幸福的财富分配原理的研究》，何慕李译，商务印书馆 1986 年版，第 25 页。

立的是人类学意义上的物质生产逻辑，这一逻辑在《德意志意识形态》中第一次得到了集中的表达。但在《哲学的贫困》中，马克思意识到，仅从一般抽象的视角来阐释生产逻辑，是远远不够的，需要揭示的恰恰是特定社会形式中的生产逻辑，这正是蒲鲁东的问题所在。"既然我们忽略了生产关系（范畴只是它在理论上的表现）的历史发展，既然我们只希望在这些范畴中看到观念、不依赖实际关系而自生的思想，那末，我们就只得到纯理性的运动中去找寻这些思想的来历了。"①正是在这一时期，马克思形成了"历史性"的观念，并由此进入对资本主义生产方式的批判分析中。也正是在这一批判中，资本逻辑成为马克思的思想主题。

第四节　资本逻辑对生产逻辑的统摄

如果说生产逻辑与资本逻辑构成了历史唯物主义的双重逻辑，那么在不同的历史时期，这双重逻辑的对位是不一样的。在前资本主义社会，按照马克思的论述，只有生产逻辑在发生作用，而在资本主义社会，虽然资本生产具有人类学的意义，但却是资本逻辑在统摄生产逻辑。这意味着：第一，我们不可能把人类学意义上的生产逻辑简单地应用到资本主义社会，这一问题我们在本章第三部分已经进行了讨论，不再赘述。第二，只有从资本逻辑出发，我们才能真正地理解人类学意义上的生产逻辑。第三，需要揭示资本逻辑对生产逻辑的统摄方式。

我们的讨论从第二点开始。马克思认为："在一切社会形式中都有一种一定的生产决定其他一切生产的地位和影响，因而它的关系也决定其他一切关系的地位和影响。这是一种普照的光，它掩盖了一切其他色彩，改变着它们的特点。这是一种特殊的以太，它决定着它里面显露出来的一切存在的比重。"②也就是说，进入资本主义社会，资本是资产阶级社会中支配一切的经济权力。这也就意味着，进入资本主义社会之后，资本逻辑占据着支配地位，它决定着资本主义社会生产的形式与结构。不仅如此，马克思还认为，资本

---

①　《马克思恩格斯全集》第4卷，人民出版社1958年版，第140页。
②　《马克思恩格斯全集》第30卷，人民出版社1995年版，第48页。

逻辑构成了我们透视历史上各种社会形式结构的基础，并以"人体解剖对于猴体解剖是一把钥匙"为例进行了说明。马克思指出：虽然在低等动物身上具有征兆的东西，在高等动物身上也能发现，但只有在高等动物被认识之后，这些低等动物身上的征兆才能得到理解。例如，体现为资本具体形式的东西，如货币等，在中世纪就存在，但这种"资本"形式隶属于封建式的土地所有制，只具有征兆的形式。同样，商品交换在原始社会的后期就有了，它体现为氏族外部之间的交换，但这种交换只具有地方性的形式：

> 直接的物物交换这个交换过程的原始形式，与其说表示商品开始转化为货币，不如说表示使用价值开始转化为商品。交换价值还没有取得自由的形态，它还直接和使用价值结合在一起。这表现在两方面。生产本身，就它的整个结构来说，是为了使用价值，而不是为了交换价值，因此，在这里，只有当使用价值超过消费的需要量时，它才不再是使用价值而变成交换手段，变成商品。另一方面，使用价值尽管两极化了，但只是在直接使用价值的界限之内变成商品，因此，商品所有者交换的商品必须对双方是使用价值，而每一商品必须对它的非所有者是使用价值。实际上，商品交换过程最初不是在原始公社内部出现的，而是在它的尽头，在它的边界上，在它和其他公社接触的少数地点出现的。这里开始了物物交换，并由此侵入公社内部，对公社起着瓦解作用。①

商品交换瓦解了传统社会，但只有当商品交换普遍化时，才产生了资本主义社会。在这里，同样不能按照原初的交换形式来理解资本主义社会，这正是李嘉图社会主义者想要做的。一旦资本主义生产方式占据支配地位之后，所有过去的生产方式都被纳入了资本主义生产过程之中，而且只有在资本主义生产方式中才能找到自己的位置。马克思在分析资本的原始积累时指出：虽然存在着属于资本的洪水期前的条件，但这些产生的条件恰好意味着资本还不存在，而只处于生成之中。而一当现实的资本存在时，这些条件和前提就消失了，资本变成了自身生产的前提。"这些前提，最初表现为资本生成的

---

① 《马克思恩格斯全集》第31卷，人民出版社1998年版，第443页。

条件，因而还不能从资本作为资本的活动中产生；现在，它们是资本自身实现的结果，是由资本造成的现实的结果，它们不是资本产生的条件，而是资本存在的结果。"①因此，一般意义上的物质生产过程变成了资本生产的内部过程。"在原始的历史形式中，资本起初零散地或在个别地方出现，与旧的生产方式并存，但逐渐地到处破坏旧的生产方式。"②而在资本主义生产方式中，"资本是社会劳动的存在，是劳动既作为主体又作为客体的结合"。③ 这正是资本的支配地位的确立，生产逻辑被整合为资本逻辑的一种表现形态。

在资本的支配下，体现人的主体本质的对象化活动被异化所支配，生产逻辑意义上促进生产力发展的分工变成了这种异化的现实根源，协作与机器的意义也同样被资本逻辑所改变，生产力发展所节约的时间，本该成为人的自由发展的时间，却成为资本获得剩余价值的条件。在人类学意义上物质生产逻辑能够展现人的本质力量的地方，在资本主义社会都被异化为人的空虚化。"在资产阶级经济以及与之相适应的生产时代中，人的内在本质的这种充分发挥，表现为完全的空虚化；这种普遍的对象化进程，表现为全面的异化，而一切既定的目的的废弃，则表现为为了某种纯粹外在的目的而牺牲自己的目的本身。"④这并不是说生产逻辑意义上的分工、协作、机器大工业没有意义，而是说在资本主义社会中，它们在促进生产力的发展与人的解放的同时，又设立了这种发展与解放的栅栏。可以说，马克思在《资本论》中对分工、机器等的说明，实际上是按照双重结构展开的：一是生产逻辑意义上的说明，二是资本逻辑意义上的说明。后者是对前者的重新审视，同时前者又构成了批判后者的重要参照系。资本逻辑批判在分析资本的运行中，最后要解决的正是特定阶段生产逻辑所面临的被支配问题，从而使生产真正成为人的解放的条件与过程。

随着资本逻辑对生产逻辑支配地位的确立，我们对资本主义社会的认识也必须做出改变。按照我的理解，这种认识的改变主要体现为以下两点：第

---

① 《马克思恩格斯全集》第 30 卷，人民出版社 1995 年版，第 452 页。
② 同上书，第 506 页。
③ 同上书，第 464 页。
④ 同上书，第 480 页。

一，马克思认为，当资本主义以自身为自我再生产的起点时，就必须按照资本逻辑的自我生产过程来建构我们的认识。这也就意味着，当我们运用经济范畴来理解当下历史时，就不能按照这些范畴的历史过程来进行排序，"它们的次序倒是由它们在现代资产阶级社会中的相互关系决定的，这种关系同表现出来的它们的自然次序或者符合历史发展的次序恰好相反。问题不在于各种经济关系在不同社会形式的相继更替的序列中在历史上占有什么地位。更不在于它们在'观念上'（蒲鲁东）（在关于历史运动的一个模糊的表象中）的顺序。而在于它们在现代资产阶级社会内部的结构"①。这也是马克思在《哲学的贫困》中批判蒲鲁东的主要论点。因此，

> 在研究经济范畴的发展时，正如在研究任何历史科学、社会科学时一样，应当时刻把握住：无论在现实中或在头脑中，主体——这里是现代资产阶级社会——都是既定的；因而范畴表现这个一定社会即这个主体的存在形式、存在规定、常常只是个别是侧面；因此，这个一定社会在科学上也决不是在把它当作这样一个社会来谈论的时候才开始存在的。②

第二，不可将资本主义的生产过程还原为一般物质生产过程，从认识的过程来说，对生产逻辑的认识是一种回溯性的认识。马克思在人体解剖与猴体解剖的论述中充分地表现了这一主题。只有认清了资本逻辑，我们才能真正地理解一般生产逻辑，这有点像黑格尔所说的，密涅瓦的猫头鹰只有在黄昏的时候才起飞。

> 资产阶级社会是最发达的和最多样性的历史的生产组织。因此，那些表现它的各种关系的范畴以及对于它的结构的理解，同时也能使我们透视一切已经覆灭的社会形式的结构和生产关系。资产阶级社会借这些社会形式的残片和因素建立起来，其中一部分是还未克服的遗物，继续

---

① 《马克思恩格斯全集》第 30 卷，人民出版社 1995 年版，第 49 页。
② 同上书，第 47—48 页。

在这里存留着，一部分原来只是征兆的东西，发展到具有充分意义，等等。①

同样，对资本逻辑的认识，也只有在资本主义开始自我反思的时候才是可行的。"资产阶级经济学只有在资产阶级社会的自我批判已经开始时，才能理解封建的、古代的和东方的经济。在资产阶级经济学没有用编造神话的办法把自己同过去的经济完全等同起来时，它对于以前的经济，特别是它曾经还不得不与之直接斗争的封建经济的批判，是与基督教对异教的批判或者新教对旧教的批判相似的。"②

因此，马克思的历史唯物主义的重点聚焦于资本主义生产过程，历史唯物主义与资本逻辑的批判分析是一致的，这正是马克思历史唯物主义的生命力所在。在对资本逻辑的分析中，资本逻辑与生产逻辑交织在一起，但资本逻辑处于主导与支配地位，瓦解资本的逻辑也就构成了马克思《资本论》及其手稿的核心理念。当然这里将资本逻辑与生产逻辑加以区分，并不是说在现实的资本主义生产过程中真的存在着两个可以区分的生产过程，而只是为了便于说明马克思的思想。至于资本逻辑的具体内容，需要结合《资本论》及其手稿加以分析。

第五节　简要的结语：超越资本逻辑

虽然在资本主义社会，资本逻辑成为支配一切的逻辑，但这一逻辑并不是不可超越的。对于马克思来说，超越资本逻辑构成了其理论指向。这种超越的可能性既存在于资本逻辑的内在矛盾中，也存在于资本逻辑所具有的生产逻辑的意义中。

就资本逻辑的内在矛盾来说，马克思不仅从商品交换层面进行了分析，而且从商品的生产结构层面进行了分析。商品二重性表明商品是一个矛盾性的存在，商品的使用价值与交换价值之间的矛盾才导致了货币的产生与发展，

---

① 《马克思恩格斯全集》第 30 卷，人民出版社 1995 年版，第 46—47 页。

② 同上书，第 47 页。

但货币并没有解决这一悖论，而只是将这一矛盾普遍化了。这构成了《政治经济学批判大纲》"货币章"的一个重要主题。就生产结构层面来说，马克思认为根本矛盾在于生产力的社会化与私有财产之间的矛盾，这一矛盾又通过资本家与工人的矛盾表现出来，从而既打开了通向未来的可能性空间，又形成了解放自身并从而解放历史的主体。可以说正是资本逻辑本身为我们超越资本逻辑创造了条件与可能性。

马克思关于资本逻辑的论述虽然在当代受到了不少的质疑，但就其论述的逻辑与历史情境来说，我个人认为依然具有当代的借鉴意义。在马克思之后，资本逻辑的社会形态发生了很大的变化，如果说，马克思分析的是自由竞争的资本主义，那么 19 世纪后期，资本主义社会走向了组织化资本主义，而在 20 世纪 70 年代之后，则走向了后组织化资本主义。这意味着，我们需要分析资本逻辑在后两个时代的具体形态。但这些变化并不影响我们对马克思资本逻辑思想的探讨，也不影响我们对马克思超越资本逻辑思想的分析。

更为重要的是，资本逻辑的超越使生产逻辑的意义再次呈现出来，并在新的历史阶段获得了新的意义。在前面的论述中，我们已经讨论到物质生产对人的发展与解放的意义，但需要看到的是，由于生产力的低下，物质生产在很大程度上是为了解决人们生活资料的匮乏问题。经过资本逻辑的中介，生产逻辑已不再是解决匮乏问题的辛勤劳作，生产本身更多体现为人的本质力量的展现，这时生产逻辑就与人的全面发展和自由解放一致起来，这正是生产逻辑的历史"本体论"意义。当生产逻辑的这一维度充分实现时，人的自由与全面的发展也就在实践中得以实现出来。这正是马克思面对未来社会的根本观点。

第　四　章

从主体、结构到资本逻辑的结构化

　　在对马克思《资本论》哲学的探讨方面，20 世纪 30 年代以来，从最为根本的研究逻辑转换来说经历了两次重大的变化：一是 20 世纪 20 年代以卢卡奇为标志的从传统的经济决定论构架转向了以主体—客体为核心的历史辩证法构架，这一研究直接影响到早期法兰克福学派和 20 世纪 60 年代的人本学思潮，并在国内 20 世纪 80 年代以来的马克思思想研究中得到回应。二是在 20 世纪五六十年代关于人与结构的逻辑论争中，以主体—客体为核心的历史辩证法模式受到质疑，阿尔都塞的结构主义成为马克思思想解释的重要构架，并在我国学术界得到反响。从马克思思想的根本逻辑出发来反思这两种主导模式，这是我们前行中需要解决的问题。前面已经论证过，马克思思想中存在着双重逻辑，即人类学意义上的生产逻辑与批判资本主义社会的资本逻辑。如果说生产逻辑中蕴含着主体—客体的历史辩证法，那么在面对资本主义社会时，马克思揭示的则是结构化的资本逻辑，主体与结构只在结构化的视野中，才能得到准确的定位。从这一视野出发，我们更能看清卢卡奇与阿尔都塞的理论意义及其局限，并通过探索资本逻辑，揭示马克思思想的深层结构。这也是我们从本土出发，在建构马克思思想研究谱系时需要着力的问题。

第一节　主体—客体历史辩证法的内在逻辑及其深层问题

　　在第二国际之后，对马克思思想的创造性理解是通过主体—客体的历史辩证法而展开的。卢卡奇在《历史与阶级意识》中所阐述的历史辩证法，不仅使马克思思想研究回到了哲学史的总体图景中，而且通过历史辩证法的重新诠释，揭示出马克思思想的深层哲学逻辑，对后来的研究产生了重要的影响。

主体—客体是近代哲学思想的核心。在经验论看来，主体的感性经验来自于对外部客体的反映，从这种经验中可以抽象出事物存在的普遍规律。在这里，外部客体似乎具有直接的优先性。但如果对经验论思维加以反思，我们就可以看出，在这种外部客体优先性的论断中，实际上却隐藏着一个前提：主体可以通过自然科学的研究方法将客体置于主体的客观观察与研究中。这意味着，在感性认识中，表面看来外部世界的确具有优先性，但实际上这种认识的获得却有赖于人的理性。黑格尔在《精神现象学》第一章"感性确定性"中所揭示的正是经验论中理性优先的特征。在黑格尔看来，人在面对外部世界时获得的感性经验，是以共相为基础建构出来的。没有概念与共相，我们无法建构我们的感性经验，只能陷入到沉默的状态。在《哲学史讲演录》中，黑格尔同样指出："经验并不是单纯的看、听、摸等等，并非只是对于个别事物的知觉，主要是由此出发，找出类、共相、规律来。经验找出了这些东西，就碰到了概念的领域……"①也就是说，经验论者认为根据观察、试验和经验就可以完全掌握事物的真相，实际上他们的观察和经验在任何时候都离不开概念，现代意义上的经验认识实际上是理性的自我意识在面对自然时的自我确证。"经验、试验和观察并不知道自己真正在做什么，并不知道自己考察事物的唯一目的恰恰在于理性的内在的、不自觉的确认，确认它在现实中发现了它自己。"②可见，经验论与唯理论，并不是截然对立的，理性同样构成了经验论的深层依据，认识的过程就是主体将客体拉到面前进行观察、认知，并以概念为基础的重建过程。

但康德将认识的形式与内容完全对立起来了，在这一方面复制了外部世界与理性之间的对立观念，无法在主体与客体之间建立起真正的主体—客体关系，因为物自体处于这种关系之外，那是主体无法认识和把握的世界。黑

---

① ［德］黑格尔：《哲学史讲演录》第四卷，贺麟、王太庆译，商务印书馆1978年版，第21页。

② 同上书，第25页。

格尔通过将主体与客体置于辩证的发展过程中，认为主体对客体的认识过程同时也是客体自身的自我认识过程，从而将两者统一起来。这也意味着，主体—客体之间的关系是一种发展中的关系，它不仅体现了一种认识的过程，而且也体现了理念自身在世界历史中的展现过程，这时认识论意义上的主体—客体关系转变为历史辩证法意义上的主体—客体关系，主体与客体的对立最终在绝对观念中得到了实现，而这一实现的过程是一个历史的过程。

卢卡奇揭示了古典哲学的这一发展过程。他没有仅从纯粹思辨的视角来揭示这一思想发展的内在逻辑，而是将这一思辨的逻辑进程与社会历史进程结合起来，从中透视德国古典哲学的深层问题。按照我的理解，这就是以马克思的方式将哲学逻辑与历史基础之间的关系作为讨论的重点。"重要的倒是要揭示这种哲学的基本问题和存在基础之间的关系，哲学的问题就源自这一基础，并力求通过理解的途径回到这一基础上来。"①在他看来，康德的"物自体"犹如经济学中"看不见的手"，表明这些思想家只能认识资本主义社会的现象，而无法认识资本主义社会的总体结构，所以资本主义社会的总体处于当时人们的认识能力之外，是人的经验无法触及的"物自体"，具有非理性的特征。虽然康德的认识论否定了既定物的优先地位，将一切都建立在理性的基础上，但如果"物自体"处于理性认识之外，那么认识仍然是以一个自己都无法达到的既定前提为基础的，这既是物化认识形成的原因，又是物化意识的重要特征。

用哲学的话语来说，康德关于"物自体"与认识形式的讨论表明：内容与形式是分离的。这使得德国古典哲学面临着两个问题：一是必须能够将理性与物自体建构为一个整体；二是要让非理性的内容、既定性、物质进入到形式结构中。这两方面都需要一种体系来完成，这形成了德国古典哲学发展的动力。从康德、费希特到黑格尔的哲学发展过程，就是德国哲学体系建构的过程，同时也是把握总体性、将既定性的内容融入到理性之中的过程。如果将"物自体"看作对社会历史总体的另一种描述，那也就意味着，德国古典哲学的发展必须将意识与社会历史过程当作一个统一体，并将两者看作一个不断发展过程中的不同表现层面，并最终实现两者的统一。这正是黑格尔哲学

————————

① ［匈］卢卡奇：《历史与阶级意识》，杜章智译，商务印书馆1992年版，第179页。

的最大成就。这时认识论的问题转变为了历史辩证法的问题。只有在历史过程中，意识才能超越自身，把握"物自体"，以达到对社会历史的总体性理解。"只有历史的生成才真正消除事物和事物概念——真实的——独立性及因此而造成的僵硬性。"①因此，认识论困境的解决场所是"历史"。

在卢卡奇看来，黑格尔哲学已经意识到了这一问题，但在进一步的讨论中，黑格尔哲学又倒退了。如果历史是解决德国古典哲学的场所，那么我们需要追问的是在历史中这一问题是如何解决的。卢卡奇结合自己对马克思思想的理解，认为历史不是黑格尔所谓的思辨理性的外在表现，而是我们创造行为的结果，因此在历史中，需要揭示的是行为主体问题，

> 要由"行动"来证明和指出主体和客体的统一，思维和存在的统一，事实上，在思想规定的起源和现实生成的历史的统一中得到了实现，并找到了自己的基础。但是要理解这种统一，就必须指出历史是从方法论上解决所有这一切问题的场所，而且具体地指出这个是历史主体的"我们"，即那个其行为实际上就是历史的"我们"。②

这种行为主体在黑格尔那里只是绝对精神的工具，这样一来，行为对行为者本人来说就变成了先验的，与此相对立，卢卡奇认为真正的历史辩证法则是以历史中的行为主体为根基的。这一行为主体，就是无产阶级。无产阶级要成为真正的历史行为的主体，就需要培养自己的阶级意识。这构成了卢卡奇《历史与阶级意识》一书的主题。

卢卡奇的这种强调历史行为主体的历史辩证法思想，在后来的马克思思想研究中不断地得到重现。在早期法兰克福学派的研究中，这种主体成为批判理论建构的基础。在国内 20 世纪 80 年代的讨论中，主体性以及以主体性为基础的历史辩证法也成为马克思思想研究的主要模式。这一讨论不仅是对马克思思想的重新理解，而且适应并引领了当时中国社会发展的内在要求。中国要想发展市场经济，就需要将个体从传统的束缚中解放出来，成为独立

---

① ［匈］卢卡奇：《历史与阶级意识》，杜章智译，商务印书馆 1992 年版，第 222 页。
② 同上书，第 223—224 页。

而自由的主体。这种主体正是市场经济能够发展的一个重要条件。

卢卡奇开创的这条主体性思路，深化了马克思的哲学思想，且具有现实的历史意义。但如果从马克思思想的内在结构及主体性思想的历史性意义而言，这种主体性思路恰恰是成问题的。

根据前面的讨论，马克思思想中存在着两重逻辑：从人类学意义上的物质生产出发的生产逻辑与以剩余价值理论为核心的资本逻辑。马克思指出，物质生产不仅是人类社会存在的一般前提，而且体现了人的本质力量，这是将人从自然中解放出来的重要境域。从思想史的意义上来看，这种劳动主体性的思想在黑格尔《精神现象学》第四章关于"自我意识"的讨论中就已经成形。黑格尔指出：只有在劳动中，人（奴隶）才能真正地意识到自身的力量，并形成真正的自我意识，这是一种既承认他人（主人）意识又承认自己意识的意识，即自我意识。只有到这个阶段，我们才谈得上理性。从这一思路出发，引出马克思哲学研究中的主体性问题，并以主体—客体辩证法作为历史辩证法的核心，也就可以理解了。实际上，《历史与阶级意识》中的卢卡奇一直受制于这一辩证法结构。在晚年的《社会存在本体论》中，他虽然对《历史与阶级意识》中所否定的自然辩证法重新做了定位，但从这本书的总体构架来看，主体—客体的历史辩证法仍然是讨论一切问题的基础。在他看来，在资本主义社会，这种体现了人的主体性的辩证法被主体的异化淹没了，他对劳动辩证法的重新强调，意在强调主体意识在劳动中的重新获得。① 如果从马克思思想的总体结构而言，这种以主体性为核心的研究模式，一方面固然反映了生产逻辑的历史意义，另一方面却无法深入资本逻辑中，因为在资本逻辑中，根本没有作为主体的人，即使是资本家，也只是资本逻辑的人格化体现。马克思在论述资本主义社会时指出：

> 这里所涉及的人，只是经济范畴的人格化，是一定的阶级关系和利益的承担者。我的观点是把经济的社会形态的发展理解为一种自然史的过程。不管个人在主观上怎样超脱各种关系，他在社会意义上总是这些

---

① 参见仰海峰：《西方马克思主义的逻辑》，北京大学出版社 2010 年版，第一章第三节。

关系的产物。同其他任何观点比起来，我的观点是更不能要个人对这些有关系负责的。①

卢卡奇所强调的行动主体，即无产阶级，更是成为资本自我增殖的工具。这样一种状态，虽然可以用"异化"概念来描述，但并不能通过一种主体—客体的辩证法来得到解决。这意味着，以主体性为中心的历史辩证法，无法从根本上体现马克思思想的要旨，因为这一辩证法模式，主要反映了人类学意义上的生产逻辑，无法真正地理解资本逻辑以及这一逻辑在马克思思想中的哲学意蕴。

至于主体性思想的历史意义，我们可以从两个方面来看：一方面，从卢卡奇批判第二国际的解读方式来说，这种主体性思路对于激发无产阶级主体意识无疑是重要的。另一方面，我们需要看到的是，这种意义只是策略性的。在历史的深层结构上，如果不能将这种主体与近代以来的哲学中所讨论的主体区分开来，那么阿尔都塞的批评就是无法绕过的问题，即主体只是资产阶级意识形态的要求，是资产阶级意识形态的产物。主体何以成为意识形态的要求？阿尔都塞的解读在何种意义上是正确的，在何种意义上是成问题的？这正是我们需要进一步回答的问题。

第二节　人与结构：阿尔都塞的解释以及对阿尔都塞的批评

阿尔都塞的直接批评对象是 20 世纪 50 年代兴起的马克思主义人本学思潮。与卢卡奇等人强调阶级主体性不同，新的人本学强调个体的主体性，并以此作为马克思思想的核心。比如在萨特看来，传统马克思主义是人学的空场，需要以存在主义补充马克思主义，以具体的人作为研究的中心议题。"这种人是同时由他的需要、由他的生存的物质条件以及由他的劳动的性质——也就是说，由他对物和其他的人的斗争的性质而规定自己的。"②如何激发个

---

① 《马克思恩格斯全集》第 44 卷，"第一版序言"，人民出版社 2001 年版。
② ［法］萨特：《辩证理性批判》第一分册，徐懋庸译，商务印书馆 1963 年版，第 12—13 页。

体的创造性、形成以个体实践为中心的辩证理性，成为萨特的理论目标。实际上，这也是当时所有人本学马克思主义代表人物的主导哲学理念。虽然这种人本学强调的是个体主体，但阿尔都塞的批评不仅针对这种主体，而且也指向了马克思思想解读中的主体性模式。

阿尔都塞对于这种人本学解读模式的批评体现在两个方面：第一，将个体建构为一个主体，这是近代以来资本主义意识形态的基本策略；第二，马克思思想发展中经历了一个结构性的断裂，即从早期的主体意识形态转向了历史科学，这是一种问题构架的总体转换。

将个体建构为主体，这是自文艺复兴以来西方思想发展的内在逻辑，也是社会历史发展的内在要求。文艺复兴运动打破了神学统治，将人从神学的束缚中解放出来，这是主体建构的重要前提。但文艺复兴运动本身也给主体的建构提出了深层的问题。根据哥白尼的"太阳中心说"，地球不再是宇宙的中心，而是茫茫宇宙中飘浮不定的点，在这个无限的宇宙中，人实际上是微不足道的。这给刚刚从封建神学中解放出来的人以很大的心理打击，帕斯卡尔的怀疑主义感叹就是由此产生的。在他看来，在浩瀚的宇宙中，人是微不足道的，就像一根能思想的苇草，"凡是这样在思考着自己的人，都会对自己感到恐惧，并且当他思考到自己是维系在大自然所赋给他在无限与虚无这两个无底洞之间的一块质量之内时，他将会对这奇迹的景象感到战栗的"。[①] 蒙田的怀疑在帕斯卡尔这里，得到了进一步的展现。

主体的建构就需要解决上述的难题。布鲁诺一改上述对无限的悲观无望心理，认为这种无限是由人发现的，这恰好表明人的智力与理解力是无限的。伽利略进一步指出，只要遵循下面两个原则，我们就可以认识无限的宇宙：第一，进行观察，从而提出有关自然的命题与假设；第二，根据数学的原则来加以表述，就可以认识这个无限的宇宙。伽利略的这一理念，在牛顿的力学中得到了确证，这也表明：人是有能力去认识无限宏观宇宙的。到笛卡尔的"我思"时，以数学、几何学为根据的理性成为人的认识能力的本质规定，理性主体的存在与意义得到了充分的证明。与此一致，资本主义的现实发展过程，似乎确证了理性的主体在现实历史中的地位和作用，这意味着将个

---

① ［法］帕斯卡尔：《思想录》，何兆武译，商务印书馆1985年版，第30页。

人建构为主体合乎资本主义社会发展的要求。正是在这个意义上，阿尔都塞指出："没有不借助于主体并为了这些主体而存在的意识形态。这意味着，没有不为了这些具体的主体而存在的意识形态，而意识形态的这个目标又只有借助于主体——即借助于主体的范畴和它所发挥的功能——才能达到。"①如果主体是资产阶级意识形态的一种表述，那么以主体性作为马克思思想重新建构的内在逻辑，岂不是陷入了资本主义社会的意识形态之中？

在法语与英语的语境中，"主体"还具有"臣服"的含义，这是阿尔都塞在讨论将个体建构为主体时着力的内容。在这种臣服中，大写的主体将另一个人呼唤为主体，是为了让这个个体臣服于自己，而这个个体在应答中，一方面将自己看作主体，另一方面将大写的主体看作自己应该臣服的对象。阿尔都塞在讨论上帝对摩西讲话时揭示了这一主题。"上帝是主体，而摩西和无数是上帝百姓的主体则是主体的传唤对象，是他的镜子、他的反映。……上帝需要人，这个伟大的主体需要主体……"②这是一种镜像关系，在这种镜像结构中，存在着双重反射，即每个主体都围绕着绝对主体而使自身臣服于这个绝对主体，绝对主体又通过个体主体认出自己。这种镜像结构中存在着四重组合："1. 把'个人'传唤为主体；2. 他们对主体的臣服；3. 主体与主体的相互承认，主体间的相互承认，以及主体最终的自我承认；4. 绝对保证一切都确实是这样，只要主体承认自己的身份并做出相应的行为，一切都会顺利：阿门——'就这样吧'。"③主体就这样成为意识形态实现自己目的的工具。按照这一逻辑思路，以主体为核心的历史辩证法彻底成为意识形态的逻辑。

从主体与意识形态的内在关系出发，阿尔都塞认为：青年马克思的人本学是从意识形态的主体出发的，这表明马克思还处于资本主义意识形态之中。在 1845 年左右，马克思的思想发生了一次认识论的断裂，即从意识形态转向了科学，并在《资本论》中完成了历史科学的建构。阿尔都塞认为，这是马克思思想问题构架的全面转变。在这一全新的视域中，历史体现为一种总体的

① ［法］阿尔都塞：《哲学与政治：阿尔都塞读本》，陈越编，吉林人民出版社 2003 年版，第 361 页。
② 同上书，第 369 页。
③ 同上书，第 371 页。

结构，这是一种无主体的多元决定结构。在这一全新的结构中：第一，经济构成了最终决定因素；第二，在经济决定作用的基础上，政治、经济、文化等各自构成一个相对独立的整体，它们处于有机的联系之中，但又保持着一定的差异；第三，正是这种差异决定了历史发展的不平衡特征。虽然在20世纪70年代之后，阿尔都塞在一定意义上放弃了这种解释，但从他对马克思思想研究的影响来说，从意识形态与历史科学的区分出发，并对马克思的历史理论进行新的描述，是他理论的制高点。

按照阿尔都塞的解释，如果主体只是一种意识形态的幻象，那么以主体为核心的主体—客体的历史辩证法也就随之可归于主体意识形态的副产品。如果历史是一个多元决定的过程，那么历史就是超越于主体与客体之外的结构。阿尔都塞关于主体的这一批评，在霍克海默与阿多诺的后期观点中得到了回应。在一定意义上，早年法兰克福学派的批判理论，虽然没有明确提出主体在马克思思想研究中的主导作用问题，但理性主体是批判理论的隐性前提。但在法兰克福学派转到美国之后，发生了研究主题的重大转变，即在《启蒙辩证法》之后，霍克海默尤其是阿多诺对主体模式提出了深刻的批评，这种批评与阿尔都塞的观点具有一定的相似性。特别是在《否定的辩证法》中，阿多诺将主体模式看作内在性哲学的一种表现形式，而这种以同一性为特征的内在性哲学，从总体上来说体现了商品交换的内在理念。在《主体与客体》一文中，阿多诺在讨论近代哲学以来的主体理念时指出，虽然主体可区分为先验主体与经验意义上的心理主体，在日常生活层面，似乎经验主体才是真实的，但实际上，先验主体的学说更为真实，这两种主体观念都体现了资本主义自由市场经济的意识形态要求。

> 在一定意义上（虽然唯心主义最终会接受这一点），从心理主体中抽象出来的先验主体比心理主体更为真实，因为它对人的行为以及这种行动所造成的社会来说更具决定作用。……活着的个体不得不扮演社会内在决定的角色而成为经济人的化身，相比于他不得不充当活着的个体来

说更接近于先验主体。①

从商品经济与思想建构的内在关系出发，阿多诺在批判主体同一性的哲学时，强调客体并不完全能够被主体所吞没，从而要求重新确立主体与客体的关系。当然这并不意味着阿多诺要重新回到近代的经验主义，在他看来，这种经验主义同样受制于商品交换的内在逻辑，因为在这种经验主义的思维中，客体变成了抽离主体后的剩余物，这犹如抽取资本的成本后所剩余的是利润一样。正是针对这种主体统一性的思路，阿多诺重新强调客体优先、主体与客体相互中介的新思路。按照我的理解，后期的阿多诺提出了一个他自己还没有清晰意识到的问题：这里的客体实际上是不能以传统的"客体"概念来描述的、带有"他者"特性的一种新的东西，这是超越于传统主体—客体关系之外的新"客体"。对于这种新的客体，实际上并不能简单地用主体中介客体、客体中介主体这一主体—客体关系模式来描述。如果用后现代式的思维来说，阿多诺描述的"客体"是一种大写的客体，思想史上的主体—客体关系只是大写客体模式的一种解释模型。由于没有找到更好的语言来描述这一新客体，阿多诺还只能在现有的哲学思维与语言构架下来描述。在阿多诺的这一思考中，与阿尔都塞有相似的地方，也有非常不同的地方。相似的地方在于：他们都超越了主体哲学的解释模式。不同的地方在于：阿尔都塞的解释还局限于当时的社会历史结构，而阿多诺的哲学指向的是当时社会结构之外的地方。这个地方在一定的意义上也是马克思的科学社会主义所描绘的地方。

回到本论题，我认为：以主体为核心的主体—客体解释模式，重新阐述了马克思的"哲学"理念，特别是其中所蕴含的哲学批判精神，这也是马克思思想中始终存在的东西。但这一模式的问题在于：如果从《资本论》出发，我们可以看出，当马克思说资本家只是资本的人格化时，这里并不存在主体—客体的辩证法。同样在讨论资本的运行逻辑时，我们也看不到主体—客体的辩证法，我们能看到的只有资本的结构性运转。在这个意义上，阿尔都塞强调结构的优先性（虽然阿尔都塞否认自己是结构主义者），强调马克思历史科

---

① Adorno，"Subject and Objcet"，in *The Essential Frankfurt School Reader*，ed. By Andrew Aroto and Eike Gcbhardt，Oxford：Basil Blackwell. 1978，pp. 500—501.

学的结构总体性特征，我倒认为是非常深刻的。在思维的形式意义上，阿尔都塞倒是理解了马克思。为什么说是在思维的形式意义上呢？因为在阿尔都塞那里，并没有真正地进入马克思《资本论》的思想语境中，这决定了他没有进入资本逻辑的语境中。按照我的理解，如果说马克思的历史科学具有结构性的特征，那么这种结构性的特征并不是由生产力、生产关系、基础与上层建筑等概念体系体现出来的，而是由资本逻辑体现出来的。阿尔都塞在读《资本论》时，虽然看到了马克思在思维形式上的结构性特点，并从中提出了否定意识形态意义上的主体与人的思路，但他没有看出：只有在讨论资本逻辑的过程中，这种思维形式才具有实质性的内容，而这一恰恰是阿尔都塞的《读〈资本论〉》没能揭示出来的问题。在这个意义上，《读〈资本论〉》的意义在其方法论上，而不在于其对马克思思想的具体解释上。

如果进入资本逻辑中，我们又可以看出，阿尔都塞否定自己是一个结构主义者是有道理的。在马克思的思想中，虽然资本逻辑在直接层面体现为一种统摄人与物的结构，但这并不是一个已经完成了的结构，这是一个不断处于结构化中的结构。对于结构化中的结构来说，任何先验的结构主义都不能理解它。

第三节　资本逻辑与结构化的总体

通过对上述两种主导研究模式的反思，结合马克思思想发展的双重逻辑，可以看出：主体—客体模式主要反映了生产逻辑的内在主题，但这一模式并不能真正地面对资本逻辑。而对马克思来说，其思想的根本主题是对资本的内在结构与运行过程的分析与批判，揭示资本逻辑的统摄性作用。正是在资本逻辑的统摄下，资本主义社会才越来越成为一个总体，将一切都吸纳于资本的逻辑中，推动着资本主义社会的历史向世界历史转变。这决定了资本主义社会是一个不断结构化的总体，而不是一个已经完成了的总体。在这个结构化的总体中，人与物都成为其内在的组成部分。发现这一结构化总体的内在矛盾并不断地超越这个结构化总体，成为马克思当时的思想目标。在过去的研究中，我们关于生产逻辑讨论得较多，而对于马克思思想的核心即资本逻辑，尚缺乏深入的研究。鉴于这方面的研究还有待于展开，在这里，我想通过对资本逻辑的结构化的简要讨论，反思卢卡奇与阿尔都塞的研究，从而为重新理解《资本论》提供不同的方案。

在我看来，马克思思想变革的根本意义在于：他打破了思想与主体自律的哲学神话，将思想与形而上学的主体置于社会存在的境域中加以讨论。这就需要对社会存在进行探讨，这正是传统哲学没能深入的问题。在《德意志意识形态》中，马克思指出：社会存在的根基是物质生产。这里的物质生产并不简单地指获得生活资料的行为，而是社会存在结构化的根本力量。这种结构化不仅指经济生活层面的总体化，而且指这一社会化的行为对意识、思想与社会心理的建构作用。虽然在具体历史阶段的社会存在结构中，传统的东西还具有现实的影响，但在特定社会发展阶段中，总是存在着一种主导性的物质生产模式，这种主导性的物质生产模式对社会生活发生着全面的影响。在这一问题上，阿尔都塞的解释是有道理的。

但如果以为这就是马克思思想的核心，那就有问题了。前面已经讨论过，从人类学意义上的生产逻辑出发并不能解释现代资本主义社会的存在特征，更无法揭示现代资本主义社会存在的问题。而要理解后者，就需要进入资本逻辑中。要看清资本主义社会，我们不能从人类学意义上的物质生产出发来理解资本，而是要从资本逻辑出发来理解物质生产行为，这正是马克思所说的"人体解剖是猴体解剖的一把钥匙"的意义。对于资本逻辑，我们不仅要从经济层面来理解，把它看作一种经济学意义上的资本运行过程，而且要从哲学上将之理解为现代社会结构化的一种方式以及人类自我认同的社会存在模式。在马克思的思想中，对资本逻辑的前一层面内容分析得较多，对后一层面的内容虽然曾有过规划，但并没有真正的展开。如果看不到资本逻辑的社会结构化层面，只是停留于经济层面的资本逻辑，就容易陷入经济决定论的框架。阿尔都塞的多元决定论一方面建立在一般物质生产的基础上，另一方面在论述经济的决定作用时，又将资本主义的资本逻辑看作一般的经济生产过程，而且还没有进入到资本逻辑的内在结构之中。这才是阿尔都塞的根本问题所在。从另外一个层面来说，主体—客体的历史辩证法的解读思路同样停留于一般物质生产的层面，并以此作为讨论资本主义社会的根本逻辑，这同样是一种理论上的混同。"生产"就其根本的含义来说，就是"呈现"，在赫斯那里，"生产"体现了人的本质存在，这正是主体性的历史根据。这种主体性思路是无法进入资本逻辑中的，因为资本逻辑体现为一种结构化的存在。

按照我的理解，马克思对资本逻辑的分析是从两个层面展开的：一是资本的现象学，二是资本的逻辑学。从研究的过程来说，马克思是从资本现象学进入资本的逻辑学的，但在表述时则相反，即从资本的逻辑学到现象学，《资本论》三卷本就是按照这样的顺序展开的。这也合乎马克思在论述自己的研究方法时所说的原则："在形式上，叙述方法必须与研究方法不同。研究必须充分地占有材料，分析它的种发展形式，探寻这些形式的内在联系。只有这项工作完成以后，现实的运动才能适当地叙述出来。这点一旦做到，材料的生命一旦在观念上反映出来，呈现在我们面前的就好像是一个先验的结构了。"①当然这样的区分是为了更好地揭示马克思思想的内在运行方式，在实际的文本中，这两个方面是整合在一起的。但这两个层面的区分更能反映出资本逻辑的总体化构成，而且在这一总体化构成中本质与现象层面可能是以倒置的方式呈现出来的，这正是马克思在资本现象学层面批判古典政治经济学的传统思路及其概念体系时展示出来的内容。

资本逻辑的结构化正是资本的逻辑学所要揭示的内容。马克思从三个方面来描述资本逻辑，即资本的生产过程、资本的流通过程、资本作为整体在运动过程中产生的各种形式或者说资本主义生产的总过程。这三个部分构成了《资本论》三卷的主体内容。在讨论资本生产的过程中，马克思揭示了资本主义劳动生产的总体化特征。虽然商品很早以前就存在，但是只有到了资本主义社会，商品的普遍化才能成为现实，这时的劳动生产越来越抽象化、同质化，只有在这样的基础上，才能产生现代意义上的劳动价值论。这种同质化的劳动生产过程，使资本主义越来越成为一个同一的整体，一切不能以资本主义劳动生产来衡量的事物都失去了其存在的意义，整个社会也越来越被卷入到资本的生产过程之中。因此，资本的劳动生产过程体现了资本主义社会的本质规定性。

在资本的逻辑学基础上，马克思以资本现象学的方式批判了一些古典经济学家和社会主义者从交换出发的错误。交换只是资本存在方式的表象，生产才是其本质规定。但由于在日常生活中，人们接触到的是交换过程，并且

---

① 《马克思恩格斯全集》第44卷"第二版跋"，人民出版社2001年版，第21—22页。

这一过程支配了人们日常生活的一切活动，这使得一部分古典经济学家与社会主义者认为，只要能在交换过程中解决资本家的利己主义心理，就能解决一切问题。这一方面反映了这些人只看到表象而无法深入事物本质的错误，另一方面也表明，随着资本交换的普遍化，不仅人们的日常生活体现为交换的过程，而且人们的思想观念也被交换所统治了。"在资本主义生产占统治地位的社会状态内，非资本主义的生产者也受资本主义观念的支配。"①

在资本主义社会的总生产过程中，资本越来越像一架永动机，形成了一个不断扩大的旋涡，将一切都吸纳到自身中。如果我们将资本的生产过程与流通过程作为一个整体来考察，我们更能看到资本主义社会是一种运动着的存在，它将一切要素都纳入运动的过程中，这正是黑格尔辩证法得以产生的社会历史基础，也是黑格尔总体性思想得以产生的基础。资本主义生产的总体过程就是一个螺旋上升的过程，正如黑格尔的逻辑学是一个螺旋形展开的过程一样。在黑格尔那里，资本的总体性是一种理性的存在，这也意味着资本是一种可控性的存在，这决定了黑格尔的逻辑学最后是以一种理性的总体性作为理论的结局的。但黑格尔没有想到的是，如果资本主义社会最终成为一个理性的总体，那就意味着资本主义社会已经终结，自由主义将统摄一切。这正是福山从黑格尔出发得到的逻辑结论。与之相比，在马克思看来，资本的这种结构化的总体，是一种矛盾着的总体，这种矛盾着的总体在不断地结构化自身的同时，也在经历着总体自身的解构，这种解构来自于资本主义社会结构的内在本质规定，即生产的社会总体化与个人私有的内在矛盾。对资本主义社会总体的不同判断，是马克思与黑格尔思想差异的重要根源。

如果说马克思的资本逻辑学揭示了资本是一个不断结构化但又可能被解构的总体，那么资本的现象学则要批判两种具有代表性的错误观念。一种观念认为资本主义生产过程中的人是独立而自由的主体。另一种认为资本体现为一种物，这种物在任何社会都是存在的。如果抛开资本的结构化存在方式，那么进入资本主义生产总过程中的个人与物的确是以上述的方式来体现自己的。但正如马克思所说的：

---

① 《马克思恩格斯全集》第 46 卷，人民出版社 2003 年版，第 47 页。

资本主义生产过程是社会生产过程一般的一个历史地规定的形式。而社会生产过程既是人类生活的物质生存条件的生产过程，又是一个在特殊的、历史的和经济的生产关系中进行的过程，是生产和再生产着这些生产关系本身，因而生产和再生产着这个过程的承担者、他们的物质生存条件和他们的互相关系即他们的一定的经济的社会形式的过程。①

对于这种关系的总体，马克思以"社会经济结构"来描述。在这种总体化的结构中，资本家只是资本的人格化，工人只是生产剩余价值的工具。虽然表面看来，资本家能够控制自己的生产过程，但从资本主义社会这个不断结构化的总体来看，资本家同样只是剩余价值的实现者。从资本作为结构化的总体来看，即使是后来者哈贝马斯的主体际理论，同样只是理性主体的另一种变形，因为离开资本的总体结构来讨论主体与主体之间的语言或伦理关系，或者其他的什么关系，并不具有对当下历史的批判超越性。资本虽然以物的方式来表象自己，但资本不是物，不是物质的和生产出来的生产资料的总和，"而是一定的、社会的、属于一定历史社会形态的生产关系，后者体现在一个物上，并赋予这个物以独特的社会性质"。② 将资本看作物是一种拜物教意识的体现。马克思的这些分析意味着，近代以来的理性主义与经验主义，都只是拜物教意识的不同表现形式，它们分享着资本逻辑这一共同的"思想母体"，是同一个"认知型"的不同表现。实际上，这也是马克思批判分析剩余价值学说史的基础。

从上面的讨论中可以看出，资本逻辑的结构化构成了马克思批判理论的核心。在资本逻辑的结构化、总体化过程中，并不存在一个先验的理性主体，也不存在一个永恒不变的结构，资本的运行过程是一个有着内在裂变关系的总体化过程，即是一个有危机、有涨落的过程。卢森堡后来的一个概括较为准确地揭示了这一特征："如果引用西斯蒙第的名言，可以用一连串的螺旋圈来代表。每一个螺旋圈从小环开始，重复上次形象，直至达到阻断点为止。这种周期性的从再生产最大规模到它的缩减至于部分停顿之间的波动，这种

① 《马克思恩格斯全集》第46卷，人民出版社2003年版，第926—927页。
② 同上书，第922页。

所谓萧条、高涨和危机的循环，是资本主义再生产的最显著的特点。"①这是一个不愿凝固化的总体，因为一旦成为既定的总体，资本主义社会也就灭亡了，这正是本书以"结构化的总体"来描述资本逻辑存在方式的原因。在这个结构化总体中，主体、物以及结构，都成为资本逻辑不断建构与创造新秩序的内在构成部分，在这个意义上，揭示这个结构化总体的哲学意蕴是今天马克思思想研究的根本问题。研究这一问题，就需要进入对《资本论》的具体研究中，通过对其具体章节的讨论，来揭示资本逻辑的结构化特征，从而揭示资本主义社会的存在方式。为了达到这一目的，就需要对《资本论》进行一种经济学—哲学的研究，以展现马克思建立在对商品、资本分析基础上的哲学理念。这是一种不同于传统理解的新的哲学思考，也正是在这一思考中，马克思才能深入资本主义社会存在之中，展现其哲学的批判性特点。

---

① ［德］卢森堡：《资本积累论》，彭尘舜、吴纪先译，生活·读书·新知三联书店1959年版，第1页。

第　五　章

历史唯物主义双重逻辑的当代境遇

在过去的研究中，对历史唯物主义的探讨，关注的主要是其生产逻辑。对于这一逻辑，或者像传统教科书研究一样，从客体的视角进行解释，或者从主体的视角进行重新理解。由于没能看到马克思哲学思想中生产逻辑与资本逻辑的统一性，特别是资本逻辑对生产逻辑的统摄性，当代一些学者，不管是支持还是反对马克思，都从生产逻辑出发进行讨论。这些新的探讨虽然丰富了马克思主义哲学的研究，但需要我们加以辨析，以便探明马克思哲学的当代建构之路。

第一节　生产逻辑与马克思哲学的再建构

在现代哲学视野中，也有许多学者坚持以马克思生产逻辑为理论基础，并通过整合当代理论成果，分析现代资本主义社会制度及其思想发展过程。在这些学者看来，虽然现代资本主义社会形态发生了重要的变化，但并没有超越马克思的总体理论构架，马克思的生产理论仍然是我们澄清现代资本主义的理论前提。在这一理论链条中，詹姆逊对晚期资本主义文化逻辑的分析、凯尔纳与贝斯特对后现代思潮的评论、德里克从"弹性生产方式"出发对后殖民主义的批判、哈维对后现代空间理论的揭示，以及哈特与奈格里在《帝国》一书中对分析全球资本主义理论范式的重构，形成了从生产理论出发，对现代资本主义批判分析的重要成果。

　　詹姆逊的直接论战对象是后现代思潮。后现代思潮从文化理念上对资本主义进行批判，它以现代性指称资本主义的启蒙理性，在现代性与后现代性之间进行一种断裂式的区分，并以后现代作为从资本主义中逃脱出来的策略。对"元叙事"、人类中心主义、同一性、确定性等的批判，似乎展示了人类文明的另一种形象。詹姆逊的问题是：后现代真的是完全不同于资本主义文化的另一种文化吗？他对这个问题的分析并不停留在纯粹形而上学的层面，而是从马克思的资本逻辑中找到了分析问题的基点，并通过曼德尔的"晚期资本主义"理论，对后现代思潮进行了"历史性"的分析。

　　在《晚期资本主义》一书中，曼德尔从生产力的技术变革入手，把资本主义的发展史划分为三个大的阶段：1848年以来蒸汽引擎的机器生产导致了自由竞争的市场资本主义；19世纪90年代以来电力发动机及内燃机的机器生产导致了帝国主义；20世纪40年代以来电子及核子能量机器的生产带来了晚期资本主义。资本主义的这三个阶段虽然各有自己的特点，资本的运转方式也不尽相同，但它们都没有脱离马克思所分析的资本逻辑。特别是第三阶段，并不像有的学者所说的，是资本主义生产关系的一次断裂，实际上它仍旧是资本主义基本矛盾的体现："晚期资本主义这一概念是帝国主义或垄断资本主义时代的一个新的阶段，其特征是资本主义生产方式的一种结构上的危机。"但这种危机并不是过去所谓的生产力的衰退，而是"晚期资本主义生来就不可能把第三次技术革命或者说自动化的广泛可能性加以推广普及，这构成了晚期资本主义在这一趋势中的一种有力的表现"。① 曼德尔认为这也是考察当代资本主义文化的理论基础。曼德尔从生产方式出发考察当代资本主义的思想，构成了詹姆逊讨论后现代思潮的理论基础。

　　但这并不意味着詹姆逊简单地回到经济决定论，实际上詹姆逊通过对当代各种理论思潮的整合，找到后现代思潮与社会历史生活过程的内在建构空间，在这个空间中实现对后现代思潮的历史定位，同时实现对社会历史过程的哲学抽象，这也是詹姆逊所理解的辩证法。"在我看来，方法论问题之间的张力与冲突总会打开通往更大的哲学问题的大门。最终会导向基础和上层建

---

① ［比利时］厄尔奈斯特·曼德尔：《晚期资本主义》，马清文译，黑龙江人民出版社1981年版，第241页。

筑的关系，也就是说如何把文化、意识同语境或形势联系起来。"①在这一理论空间中，每种理论作为一种意识形态，都有其存在的合法性，但这并不是说每种理论都处于同一个水平面上。作为一种理论范式，每种理论都有其主导性解释符码，如结构主义的"语言形式"、弗洛伊德主义的"欲望"、经典存在主义的"焦虑与自由"等，但通过范式之间的对话与比较，詹姆逊认为马克思的生产逻辑最能有效地解释晚期资本主义社会。

> 马克思主义的主导符码是一个十分不同的范畴，即"生产模式"本身。生产模式的概念，制定出一个完整的共时结构，上述的各种方法论的具体现象隶属于这个结构。也就是说，当今明智的马克思主义不会希望排斥或抛弃任何别的主题，这些主题以不同的方式标明了破碎的当代生活中客观存在的区域。因此，马克思主义对上述阐释模式的"超越"，并不是废除或解除这些模式的研究对象，而是要使这些自称完整和自给自足的阐释系统的各种框架变得非神秘化。宣称马克思主义批评作为最终和不可超越的语义地平线——即社会地平线——的重要性，表明所有其他阐释系统都有隐藏的封闭线。阐释系统是社会整体的一部分，以社会作为自己的研究对象，但是隐藏的封闭线把阐释系统同社会整体分离开来，使阐释成为表面封闭的现象。马克思主义的语义批评可以打破封锁线。②

在确立了生产方式的主导解释符码的地位之后，结合曼德尔的资本主义阶段理论，詹姆逊从文化风格的角度，通过比较现实主义、现代主义与后现代主义之间的关系，指出现实主义体现的是市场资本主义的形势，现代主义体现的是扩张的世界资本主义或者说帝国主义的形势，而后现代主义体现的正是晚期资本主义或者说跨国资本主义的形势。在这个意义上，后现代主义正是晚期资本主义的文化逻辑。深受鲍德里亚影响的詹姆逊，在面对马克思的生产理论时，得出了与鲍德里亚面对马克思的生产理论时完全不同的结论。

---

①　［英］詹明信（詹姆逊）：《晚期资本主义的文化逻辑》，张旭东编，生活·读书·新知三联书店 1997 年版，第 11 页。

②　同上书，第 147—148 页。

　　詹姆逊的这一总体思路，得到了凯尔纳与贝斯特的呼应。他们两人考察了后现代的思潮来源及其发生过程，在充分意识到后现代理论的重要成果之后，对后现代理论的总体局限提出了批评。"没有哪位后现代理论家提出这样一种社会理论，将社会看作是一个系统组织，看作是一种拥有特定社会关系、制度和组织的生产模式"①，这使得大多数后现代理论忽视了政治经济学，因而未能恰当地阐明社会的经济、政治以及文化层次之间的相互关系。他们认为，虽然还不能证明后现代体现了社会发展的另一条分水岭，但的确体现了与现代不同的许多东西，今天的理论方向在于，以生产理论为基础，整合现代社会理论与后现代理论的优势，建构一种多向度、多视角的批判理论，寻求改造现存社会的可能途径。

　　以生产理论为基础的分析方法，同样构成了德里克考察后殖民理论的基础。德里克的思路受到了曼纽尔·卡斯特关于网络社会分析的影响。在三卷本的《网络社会的崛起》中，卡斯特认为，以电子计算机为基础的信息技术，使资本主义社会经历着一个再结构的过程。这是在资本主义总体框架之内的带有总体性的结构转变，不仅导致了弹性生产，而且导致了世界经济的全球化、民族—国家主权的衰落、自我认同方式的变更，从而在根本上改变了全球地缘政治。虽然卡斯特以生产、经验和权力作为分析的基本构架，但"技术与生产的技术的关系，虽然是在源自社会之支配性领域的范式里组织起来（例如，生产过程、军事—工业复合体），但它们会扩散到整个社会关系和社会结构之中，以致穿透与修改了权力和经验。如此以来，发展方式塑造了社会行为的整个领域，当然包括了象征沟通"②。正是以卡斯勒关于弹性生产的分析为基础，结合世界体系理论和哈维关于空间分析的有益成果，德里克对后殖民主义进行了批评。作为后现代思潮的传承者，后殖民主义像后现代思潮一样，批判元叙述、主体、同一性等范畴，反对殖民主义与革命，企图在全球化背景中重构自己的身份。但它是从边缘、碎片化入手的反抗话语，不愿意

---

　　① [美]道格拉斯·凯尔纳、[美]斯蒂文·贝斯特：《后现代理论》，张志斌译，中央编译出版社1999年版，第335页。

　　② [美]曼纽尔·卡斯特：《网络社会的崛起》，夏铸九等译，社会科学文献出版社2001年版，第21页。

分析后殖民现象与资本结构之间的关系，这时它就既不能说明殖民主义与革命的社会历史，也不能说明自身的历史，它对中心的批判、对多元主体的建构，如果不能同分析资本的逻辑结合起来，实际上就是建构一种想象的主体，而这种想象的多元主体，正合乎跨国资本的文化多元性的要求，这正是跨国资本在新殖民时期所需要的文化精神。在多国公司的操作与管理中，应聘高级主管的首要条件就是熟悉当地的文化，因此在跨国公司内部形成的就是多元化的价值体系，对这些具有不同价值背景的主管的测量条件就是最后的经济效益。"如果孤立地将欧洲中心主义仅仅看作一个文化或意识形态的问题，那就会淡化了权力关系，而权力关系才是推动它并赋予它霸权劝诱力的因素……将批判的任务从对资本主义的批判偏转到对欧洲中心主义思想的批判上，从而掩饰了其自身的思想局限，而且具有讽刺意味的是，还借此为资本主义关系下穿着现代外衣的不平等、剥削和压迫提供了托辞。"①也正是在这个意义上，德里克认为，后殖民批评有意无意地成为全球资本主义意识形态的同谋。

詹姆逊、凯尔纳、德里克从生产理论出发，对当代资本主义及其文化现象进行批判分析，这条思路在哈特与奈格里合作的《帝国——全球化的政治秩序》一书中，得到了更为深入的展现，形成了全面考察当代资本主义的理论构架。詹姆逊、德里克等人，虽然也把全球资本主义作为理论的社会平台，并且坚持从生产出发对全球资本主义及其意识形态进行批判，但他们并没有深入地分析全球资本主义的转变过程，在这一点上，哈特与奈格里的《帝国》与卡斯特的《网络社会的崛起》一样，从多学科交叉分析的视角，对全球资本主义的变更做了较为细致的分析，并力图生长出一条批判的思路。在哈特与奈格里看来，伴随着全球市场的发展与生产的全球流动，产生了全球化的秩序，一种新的规则的逻辑，他们将之称为一种新的主权正在形成，使全球资本主义构成了一个帝国主义之后的"帝国"世界。帝国主义是欧洲民族—国家的主权超越自身的界限向世界扩张，但随着全球化时代的到来，民族—国家的主权受到了挑战，使原有的政治权力走向衰落。

---

①　[美]阿里夫·德里克：《后革命氛围》，王宁译，社会科学出版社 1999 年版，第199 页。

民族—国家主权的衰落并不意味着字面意义上的"主权"已经衰落。在整个当代的变革期间，政治的控制、国家的功能，以及管理的机制已经在继续统治着经济和社会的生产和交换。我们基本的假设是主权已经拥有新的形式，它由一系列国家的和超国家的机体构成，这些机体在统治的单一逻辑下整合。新的全球的主权开幕词我们所称的帝国。①

帝国并不像民族—国家那样，是一个存在的实体，它是一个便于对全球资本主义进行分析批判的概念，而在这个分析框架中，马克思的生产逻辑构成了基本的前提。"当马克思要求我们离开喧嚣的交换领域，自上而下地进入生产的潜在住所时，我们打算使这一立足点的转变发挥类似在《资本论》当中的这种转移的功能。"②只有通过生产的全球分析，才能揭示出后现代与后殖民张扬的地方性、差异性、反基础论等，这正是公司资本和世界市场意识的绝佳反响，这是资本赢家的话语，而原教旨主义只是体现了帝国转变中输家的诉求。正是在这帝国的控制中，才形成了与传统革命主体不同的新主体，"在树立起市场的意识形态后，民众通过劳动促进了人类的群体与阶层的生态政治上的单一化，跨越了全球交替的每一个节点"③。正是通过生产劳动，才能形成具有解放意义的民众的俗世之城。可以说，这是当代左派激进话语的理论基础。

第二节　生产与理性：解释范式的二重化

有些学者认为，虽然不能完全用生产逻辑来解释现代资本主义社会，但也不主张完全抛弃马克思的生产逻辑，而是将生产逻辑与理性规范以及两者之间的内在关系作为分析现代资本主义社会的理论构架。在这一理论框架中，

①　[美]麦克尔·哈特、[意]安东尼奥·奈格里：《帝国——全球化的政治秩序》，杨建国、范一亭译，江苏人民出版社2003年版，第1—2页。
②　同上书，第6页。
③　同上书，第374页。

哈贝马斯与吉登斯构成了重要的理论代表。

哈贝马斯面对马克思生产逻辑的社会基础是晚期资本主义的危机。① 晚期资本主义，也可称为"有组织的资本主义"或"由国家调节的资本主义"，它标志着自由资本主义的终结与现代资本主义的转型。综述哈贝马斯对这个转型的论述，可以归结出三个特征：第一，"［科学］研究和技术之间的相互依赖关系日益密切"②；第二，经济的集中过程和商品市场、资本市场以及劳动市场的组织化；第三，指随着市场功能缺口的不断增大，国家开始对市场进行干预③。技术的发展，不仅渗透到经济活动中，而且渗透到制度层面，使得科学与技术变成了论证资本主义社会合法性的意识形态，但这一发展过程导致的结果是，"由国家调节的资本主义社会，在发展过程中也'充满了矛盾'或危机"。④

为了更好地说明当代资本主义的危机，哈贝马斯先讨论了危机的一般理论分析，沿着帕森斯的思路，这是通过社会整合与系统整合两个概念的讨论为基础的。虽然系统整合只是社会整合的一个亚系统，但为了更好地讨论问题，他在社会整合与系统整合之间进行了区分：社会整合指的是具有言语和行为能力的主体社会化过程中所处的制度系统，表现为一个具有符号结构的生活世界，它是社会的规范结构，哈贝马斯以生活世界这个范式加以概括。而系统整合指的是一个自我调节的系统所具有的特殊的控制能力，如果用韦伯的话说，这类似于工具理性系统。在社会系统内部，正是通过系统整合实现对外部自然的社会化，通过社会整合实现对人的内部自然的规范化，前者体现为遵循技术原则的工具行为，后者体现为遵循有效规范的交往行为。在社会整合与系统整合之间，存在着一种张力，危机就是这种张力失效的过程，即当以生产为基础的系统整合达到系统自律时，与规范产生矛盾，使得社会

---

① 哈贝马斯的晚期资本主义概念，与曼德尔的概念在意义上并不相同，主要指称的是曼德尔资本主义社会的第二阶段。

② ［德］哈贝马斯：《作为"意识形态"的技术与科学》，李黎、郭官义译，学林出版社1999年版，第58页。

③ ［德］哈贝马斯：《合法化危机》，刘北成、曹卫东译，上海人民出版社2000年版，第47页。

④ 同上书，第3页。

认同发生危机。因此，对于危机这个概念，哈贝马斯的解释更侧重于制度与意识的规范性层面，这种规范性层面虽然具有客观性力量，但与主体是直接相关的。危机是一种客观力量，这种力量剥夺了一个主体的某些正常控制能力，即"危机就是系统整合的持续失调"，但"系统不能说是主体；根据前科学概念的定义，只有主体才会被卷入危机。在社会成员感觉到结构变化影响到继续生存，感觉到他们的社会认同受到威胁时，我们才会说出现了危机。系统整合的失调只有在社会整合岌岌可危时，即在规范结构的共识基础遭到严重破坏，社会变得失范时，才会危及继续生存。危机状态表现为社会制度的瓦解"。①

在自由竞争的资本主义社会，由于市场构成了一个较为自律的系统，经济危机就直接表现为系统危机，由于社会整合无法对这种危机进行控制，就易导致社会危机。马克思对这个过程做了较为具体的分析。哈贝马斯认为，在晚期资本主义社会，随着国家的干预，经济危机已经从经济领域转向政治领域，国家面临的是双重任务：一是要确保行政管理中的合理性，二是要对行政管理本身提供合法性基础，这两个方面实际上是一个内在循环论证的过程。但合法性的基础并不能通过权力的规范制约而确立，它依赖于人们的动机，这种动机又依赖于规范的内在化，这种规范的内在化又取决于规范着话语的主体间性，这是社会交往的灵魂。"只有当规范确定的合法满足需求的机会分配建立在参与者实际达成的共训基础上，追求制度化的价值的行为取向才是没有争议的。"②而要达到这一点，就需要从社会进化的视角，建构一种新的学习机制，从而重新构造规范结构的发展模式。在哈贝马斯看来，在这个意义上，晚期资本主义的危机主要是与规范结构相关的社会制度发生了危机，历史唯物主义的当代重建就是要面对这种危机，提供新的社会分析框架。

从这样的前提出发，哈贝马斯以一种"修正"的态度对待马克思。他在《重建历史唯物主义》中说："马克思主义没有必要复兴。我们所说的重建是把一种理论拆开，用新的形式重新加以组织，以便更好地达到这种理论所确立的

---

① ［德］哈贝马斯：《合法化危机》，刘北成、曹卫东译，上海人民出版社2000年版，第5页。

② 同上书，第150—151页。

目标。这是对待一种在某些方面需要修正，但其鼓舞人心的潜在力量仍旧（始终）没有枯竭的理论的一种正常态度，我认为，即使对马克思主义者来说，也是正常的态度。"①在他看来，马克思非常深刻地认识到生产力与生产关系的内在机制，对自由资本主义的危机进行了分析，为分析局部系统的危机提供了重要的方法论基础，而且马克思还将自己的历史唯物主义"理解成社会进化的全面理论"，这在一定的意义上，构成了分析当代资本主义社会的重要理论基础。但马克思将建构交往理性的学习机制只是限制在客观性层面，或者说限制在生产力领域中，而忽视了在道德等规范以及运用共识等调解冲突的领域中，也存在着学习过程，而且对社会起决定作用的是在制度系统中得到体现的合理性结构，特别是在晚期资本主义社会，由于经济危机从经济领域转向政治领域，如何从交往理性基础上描述文化传统和制度变化的固有发展逻辑就更加重要。重建历史唯物主义就是要重建为规范和价值进行辩护的普遍交往的前提和方法，在这个意义上，历史唯物主义的重建是按照双重向度展开的。"为了避免把决定着社会进化的两个理性化过程相混淆，我们必须把总体概念，例如，生产活动和实践，分解成交往的行动和目的合理的行动的基本概念；行为的理性化不仅影响生产力，而且以独立的方式影响着规范的结构。"②目的合理的行动涉及生产力的提高，遵循的是工具理性的原则，而交往的行动遵循的是主体间性公认的规范，这是解释社会的两个重要维度。哈贝马斯认为当马克思把阶级斗争仅仅理解为生产力发展的机制时，恰恰是在两个理论维度之间发生了混淆，并赋予前者独一无二的地位，而实际上对于当代社会来说，只是后者才起着关键性的作用，生产力也只有在交往理性基础上实现了社会一体化时，才能真正地得到发展。因此，历史唯物主义的重建也就意味着"为一个既定社会的规范结构重新设计一个发展模式并且来证实这个发展模式"。③ 哈贝马斯以交往理性作为修正历史唯物主义的主要武器，实际上是想在晚期资本主义危机时代，提供一种新的社会一体化模式。

---

① ［德］哈贝马斯：《重建历史唯物主义》，郭官义译，社会科学文献出版社 2000 年版，第 3 页。

② 同上书，第 29 页。

③ 同上书，第 33 页。

与哈贝马斯具有相似的理论范式的是吉登斯。在吉登斯的思想建构中，马克思一直处于理论的中心地位。在 20 世纪 70 年代西方社会学界普遍忽视马克思的社会思想时，他在《资本主义与现代社会理论》中将马克思、韦伯、涂尔干作为现代社会学的三大奠基人，但在 1981 年出版的《历史唯物主义当代批判》中，他对马克思的历史唯物主义又进行了解构。到了 20 世纪后期，当人们纷纷放弃马克思的理论时，吉登斯又认为这恰恰是错误的，"马克思有关现代资本主义发展问题的许多论述仍然是正确的"。① "马克思对资本主义生产方式的分析，对于任何试图分析自 18 世纪以来已经席卷了整个世界的大规模社会转型的人来说，其核心内容仍然必须保留。"②正是这一总体姿态下，吉登斯对马克思的理论进行了批判，但这也是一种修正式的批判。

在《历史唯物主义当代批判》一书中，吉登斯认为马克思从生产方式出发对资本主义社会的分析，虽然对于我们理解早期资本主义社会非常有帮助，但对于这种依靠生产力进步的社会进化论，也需要进行批判反思。他认为马克思只从生产方式出发，对社会的说明是一种生产方式线性化的理论，这种理论既不能完整地说明资本主义社会的兴起和资本主义社会的当代形态，更不能说明资本主义社会之外的其他社会与文明，产生历史唯物主义理论局限性的根本原因在于，"权力在马克思那里没有得到令人满意的理论说明，这种缺陷是他的历史分析方法的主要局限性的来源"。③ 权力是从生产结构的支配中产生出来的，但权力本身构成了组成社会体系的一个重要因素，正是这个重要的因素，被马克思忽视了。结合对当时社会学中占据主导地位的结构主义（功能主义）和解释学的批判，他提出了结构化理论，认为进入支配结构的除了马克思所分析的生产中的物质支配权力外，还存在支配社会的权力，他分别称之为配置性资源与权威性资源。他认为不管是在非资本主义社会，还是在资本主义社会，以信息监控为基础的国家权力，都是社会建构的重要条件。结构化理论这是将这两种资源置于社会时空构成域中，揭示它们的内在

---

① ［英］吉登斯：《现代性——吉登斯访谈录》，尹宏毅译，新华出版社 2001 年版，第 37 页。

② Anthony Giddens, *A Contemporary Critique of Historical Materialism*, London, 1981, p. 1.

③ Ibid. , p. 3.

关系以及与这种关系相一致的社会的构成过程。在这个意义上，马克思从生产出发对资本主义社会的分析，对吉登斯来说，其丰富的内容只构成了结构化理论的一个层面。

　　但在吉登斯的理论思考中，马克思的这一理论层面并不是主要的，他更为关注的是权威性资源在不同社会形态中的变化及其当下作用，在这一点上他综合了韦伯关于政治制度的分析、涂尔干关于道德意识的分析以及福柯的权力理论。正是在这一思路中，我们可以看到吉登斯关注监控理论，关注资本主义制度与国家理论，关注传统在现代社会的变迁以及后传统社会中生存方式的变化，这也是他评论现代性的基础。在这个意义上，他与哈贝马斯一样，虽然两人都意识到马克思的生产理论是理解资本主义社会的一个重要方面，但又将生产理论置于另一条线索的制约之下，这构成了他们思想的本质规定。但这种思路上的外在相似性，并不能掩盖哈贝马斯与吉登斯之间存在的根本差异。在吉登斯看来，哈贝马斯关于交往理性普遍性的强调，是传统批判理论的最后喘息。① 而从哈贝马斯的立场上来看，吉登斯讨论的问题都还局限在哈贝马斯所讨论的工具理性层面，并没有进入到交往理性，而交往理性才是哈贝马斯的理论焦点。面对当代资本主义社会，一种改良式的资本主义发展道路是他们的共同结论。

第三节　历史唯物主义双重逻辑的现代批评

　　马克思的历史唯物主义并不只是一种物质生产理论，同时还是资本逻辑批判理论。在对资本逻辑的批判中，马克思认为随着自由竞争的资本主义的发展，资本主义社会的矛盾必将日益激化，阶级分化与对立也日益激烈，这将通过经济危机而爆发无产阶级革命，实现对资本主义的超越。在这一分析中，劳动价值论构成了其理论基础，危机与阶级斗争构成了其理论的历史与逻辑结论。历史的发展似乎表明，资本主义的阶级结构并不是简单地趋向两极化，经济危机也并不意味着就会爆发无产阶级革命。对此的反思，使西方

---

　　① ［英］吉登斯："没有革命的理性：哈贝马斯的沟通行动理论"，见《为社会学辩护》，周红云等译，社会科学文献出版社 2003 年版。

许多学者对马克思资本逻辑批判理论产生了怀疑，并认为建立在劳动价值论基础上的资本批判理论是错误的。与劳动价值论相对应，当代一些学者重新强调生产要素在生产过程中的地位，并以价格理论替代劳动价值理论，从而将劳动价值论当作无法量化的"抽象"理论而抛弃。

针对这一批评，我认为需要从以下方面加以思考：第一，从要素出发来批判劳动价值论，这在古典经济学那里就有征兆，并在马克思同时代的经济学家那里得到了充分的展现。从历史唯物主义的视角来看，这是从资本逻辑还原到生产逻辑的必然。正如在上文提到了，在资本主义社会，如果将资本逻辑还原为生产逻辑，这就既不能理解资本，也不能理解资本主义社会形式规定下的物质生产。当资本逻辑被还原为一般意义上的物质生产逻辑时，资本就变成了物，变成了生产劳动过程中的要素，这时李嘉图式的社会主义者的观点就是正确的：我们无法离开资本去进行物质生产劳动。这正是他们强调要保留资本但可以不要资本家的理论原因。这也正是马克思所要批判的观点。将资本还原为生产要素，这就停留在资本逻辑的表象层面，而没有看到资本逻辑的真实运行过程及其现实规定。第二，将资本看作生产要素，也就无法理解资本的社会形式规定，即资本体现的是特定社会中人与人之间的关系，资本逻辑的运行过程不仅是经济活动的过程，更是人与人之间关系的建构过程。人与人之间的这种关系并不是自然个体之间的关系，而是特定社会形式规定下的人与人的关系。这时就不能只从自然个体之间的交换出发，并相应地以需要的满足作为资本生产的动力，以价格作为交换的尺度。在这个意义上，马克思的资本逻辑正是对仅从经济视角出发来考察问题的思路的超越。第三，这两种思路之间的差异，说到底是立场上的差异，也是一种理论前提上的区别。这种理论前提上的区别，在马克思关于政治经济学的批判中就已经展示出来了。按照古典经济学的理论立场，现实的经济体制与社会生活是天然合理的，这就意味着资本主义的市场经济是一种永恒的存在，正是从这样的理论前提及相应的社会立场出发，资本主义生产的特殊性及其形式规定不见了，这一特殊形式的生产过程被看作人类社会中自古至今都存在的生产过程。而对于马克思来说，资本主义社会是一个"历史性"社会，它有其存在的合理性，也有其消失的内在逻辑。这意味着当下的资本主义社会是可以被改变的，是进入到更高层次理想社会之前的历史阶段。这是马克思资本逻辑批判的价值指向。

相比于对资本逻辑的批评而言，对生产逻辑的批评更加令人关注，也更具有哲学形而上的底蕴。在这一维度中，历史唯物主义的合法性遭到了根本的质疑。在这一批评中，海德格尔与鲍德里亚是重要的代表。

在海德格尔看来，长期以来西方思想都处于对存在的遗忘中，西方哲学关注的是存在者，而不是存在，这在近代以来的哲学传统中得到了更为充分的体现，马克思的哲学就处于这一哲学系列中，并成为这种形而上学的极端形式之一。对存在者的执着与对存在的遗忘，是产生现代人无家可归状态的原因。虽然在《关于人道主义的书信》中，海德格尔对马克思给予了极高的评价①，但同样在这篇文献以及他晚年的讨论中，海德格尔对马克思的思想却进行了颠覆性的批评。结合本书的讨论主题，可将海德格尔的批评归结为两个方面：第一，从意识内在性与人的主体性出发，其极端的形而上学形式体现在马克思的下述命题中，即"所谓彻底就是抓住事情的根本。而人的根本就是人本身"。② 海德格尔认为，马克思关于人的这一界定，充分继承和发挥了费尔巴哈的人本学思想，这种人本学可以看作是近代以来主体性哲学的表现形式。海德格尔在引用马克思的这一表述时，也是从意识内在性哲学这一思考维度中切入的。这种意识内在性哲学正是执着于存在者的形而上学，是遗忘存在的形而上学。海德格尔认为："全部马克思主义都以这个命题为依据。"③对于海德格尔把早年马克思的人本学思想看作马克思的核心理念的看法，我们可以进行理论上的再探讨，但相对于他的总体思路以及本章的主题而言，这并不是最重要的。下面的讨论将会展现这一点。

在将马克思的思想进行了主题归纳之后，海德格尔紧接着提出了第二个批评，即马克思主义是从生产出发来理解与规定人的，并"把生产设想为：社会之社会性生产——社会生产其自身——与人作为社会存在体的自身生产。

---

① 参见［德］海德格尔：《海德格尔选集》上卷，孙周兴编，上海三联书店1996年版，第383页。

② ［法］费迪耶等：《晚期海德格尔的三天讨论班纪要》，丁耘译，载《哲学译丛》2001年第3期，第57页。译文中认为这句话引自《黑格尔法哲学批判》，实际上，这句话出自《黑格尔法哲学批判〉导言》（参见《马克思恩格斯全集》第3卷，人民出版社2002年版，第207页）。

③ ［法］费迪耶等：《晚期海德格尔的三天讨论班纪要》。

既然马克思主义这么想，它就正是当今之思想，在当今进行统治的就是人的
自身生产与社会的自身再生产"。① 海德格尔认为，马克思是从生产出发来理
解人以及与人相关的社会的。应该说，海德格尔的这一思考抓住了马克思哲
学的核心，即生产逻辑。"对马克思来说，存在就是生产过程。这个想法是马
克思从形而上学那里，从黑格尔的把生命解释为过程那里接受来的。生产之
实践性概念只能立足在一种源于形而上学的存在概念上。"②在海德格尔看来，
马克思的这一思考体现了近代以来的技术主义传统，这种技术主义正是近代
以来哲学的内在本质。他在《现代科学、形而上学和数学》、《世界图像的时
代》、《技术的追问》等文章中，对近代哲学的这种技术本质进行了深入的探
讨。在技术观念的引导下，人们关注的是通过进步强制对整个大地的现实以
及对当下进行统治。"这一进步强制引起了一种生产强制，后者又与一种对不
断更新的需求的强制联系在一起。"这一切都是由人产生的，人本身又被置于
这种技术的强制即支架之中，这种支架是形而上学的最后形态。在支架的作
用下，人已经从对象性的时代进入了可订造性的时代，近代哲学中所面对的
"对象"已经转化为"消费品"，消费者本身也被置于生产与消费的运转之中了。
"按照马克思，人，每一个人(他自身就是他自己的根本)，正是这种生产以及
隶属于生产的消费的人。这就是我们现时代的人。"③看到这里，我们一方面
理解了海德格尔在《关于人道主义的书信》中，为什么将马克思看作比萨特、
胡塞尔还要深刻的哲学家。因为在关于人的生产性理解中，马克思置身于现
代历史的深处并洞察到现代人的异化存在，这正是萨特与胡塞尔所没有的达
到的历史深度。实际上，当海德格尔强调存在与存在者的截然区分时，他在
多大程度上将历史引进到了本体论的维度呢？对他而言，历史的维度不也同
样被放弃了吗？他所谓的此在不正是被敉平了历史性规定的个人吗？另一方
面我们也能看到，在海德格尔的视域中，马克思的生产理论只是现代形而上
学的极致，对于这种形而上学，海德格尔是要彻底批判的。就总体的理论框

---

① ［法］费迪耶等：《晚期海德格尔的三天讨论班纪要》，丁耘译，载《哲学译丛》2001
年第 3 期，第 57 页。

② 同上书，第 53 页。

③ 同上书，第 57 页。

架而言，对存在的思考就是对存在者的思考的批判，马克思的哲学正是被置于关注存在者的哲学传统之中的；就具体命题如对人的思考而言，"在存在之空明中被理解为此－在、理解为出离渴求的人与马克思的命题陈述正相对立"。① 在这里，生产逻辑是现代形而上学的实现形式，从生产逻辑出发根本不能走出现代文明的困境。

海德格尔是从思想史的视角来批评马克思的生产逻辑的，与之相比，鲍德里亚则直接将马克思的生产逻辑看作资本主义社会的意识形态幻象。在《生产之镜》的"序言"中，鲍德里亚一开始就这样写道："一个幽灵，一个生产的幽灵在革命的想象中徘徊。"②但在当下的历史生活中，"以生产和生产的革命性公式的名义，对表现秩序进行激进批判已毫无意义"。③ 这决定了我们今天必须离开生产逻辑，重新寻求批判资本主义社会的理论基础。在这个意义上，马克思的生产逻辑被鲍德里亚彻底抛弃了。具体说来，鲍德里亚的批评主要体现为以下几点。

第一，生产逻辑是政治经济学的内在逻辑，马克思批判了生产逻辑的资本主义形式，而没有反思生产逻辑本身，这使得他的理论成为政治经济学的顶峰。这决定了马克思并没有超越生产逻辑的意识形态内涵，他的理论成为资产阶级意识形态的新形式。鲍德里亚认为，从政治经济学产生的生产逻辑体现的是一种思维模式和行动框架，在生产逻辑的作用下，自然变成了主体可操控的对象，人类可以通过技术活动完成对自然的支配。同样在面对原始社会与封建社会时，近代以来的思想也将它们看作受生产逻辑支配的社会，在这种理论的推广中，生产逻辑获得了永恒的合法性。马克思主义虽然对资本主义的生产形式进行了批判，但马克思并没有批判生产逻辑所具有的思想功能，反而以生产逻辑作为自己理论规划的基础。这种生产逻辑构成了历史辩证法的基础。

---

① ［法］费迪耶等：《晚期海德格尔的三天讨论班纪要》，丁耘译，载《哲学译丛》2001年第3期，第57页。

② ［法］鲍德里亚：《生产之镜》，仰海峰译，中央编译出版社2005年版，第1页。

③ 同上书，第5页。

　　理论原因和普遍实践、生产力与生产关系的辩证法、矛盾的连续逻辑、积极性和消极性的同质空间——所有这些(以及历史概念本身)都是根据资本主义生产方式的理想组织起来的，这个普遍的过程获得了自身的真理，达到了自己的目的。①

　　正如费尔巴哈对宗教内容进行了激烈的批判，但仍然处于彻底的宗教形式中一样，"马克思对政治经济学进行了激进的批判，但仍然处于政治经济学的形式之中"②。正是在生产之镜中，马克思在批判资本主义的同时，又在镜像中复制了资本主义的生产逻辑。这正是《生产之镜》一书的标题所要揭示的东西。

　　第二，就历史发展而言，当下的资本主义社会经历了"断裂式"的变化，这一新的阶段受不同的逻辑所支配，生产逻辑已经不适合于这一新的阶段了，这意味着需要从生产逻辑转向的新的理论构架。在《哲学的贫困》中，马克思描绘了交换价值发展的三个阶段：在第一阶段，交换的只是剩余产品；在第二阶段，也就是工业生产阶段，所有的工业产品都处于交换之中；到第三阶段，甚至人们认为不能出卖的东西，如德行、爱情、良心等，都成为被出卖的对象。鲍德里亚分析道：对于马克思来说，从第一阶段到第二阶段的转变是一次质的飞跃，从第二阶段到第三阶段，则体现了一种量的变化。针对马克思的这一理解，鲍德里亚认为："在第二阶段和第三阶段之间存在着决定性的转变。第三阶段是对第二阶段的革命，就像第二阶段是对第一阶段的革命一样。"③《资本论》适合于第二阶段，但已经不适合于第三阶段。这一新的阶段不再是生产逻辑占据统治地位，而是符码逻辑占统治地位，即一切都是通过符码操控而实现的，这是资本主义体系的新革命。在《象征交换与死亡》中，鲍德里亚认为这是生产的终结与符码统治的时代。对符码逻辑的批判，是鲍德里亚符号政治经济学批判的主题。从符码逻辑的批判视角来看，鲍德里亚当然会认为马克思的生产逻辑已经过时了。

---

①　[法]鲍德里亚：《生产之镜》，仰海峰译，中央编译出版社2005年版，第95页。

②　同上书，第33页。

③　同上书，第105页。

第三，当历史发生变革时，建立在生产逻辑基础上的资本主义替代理论必须让位于新的替代理论，这就是鲍德里亚所谓的以象征交换替代无产阶级革命，他认为象征交换才是从根本上走出现代社会困境的文明模式。象征交换是与政治经济学生产逻辑完全不同的另一种行为模式与文明模式。相对于生产逻辑对自然的支配而言，在象征交换中从来没有自然必然性的观念，这种自然必然性的观念只是现代文明所具有的理念，是对资本的合法性证明。相对于现代生产逻辑所强调的匮乏与剩余而言，象征交换排除了所有的剩余，强调对一切东西的分享。与整个现代交换体系相比，象征交换强调相互性，这是一种新型的交换关系。"在这种关系中，个人的各自位置不能被自主化：没有生产者和产品；没有生产者和使用者；没有生产者及其'具体的'本质，他的劳动力；没有使用者及其'具体的'本质，他的需要；没有产品及其'具体的'目的，他的有用性。"①可以看出，这是与生产逻辑完全不同的另一种东西。在鲍德里亚看来，资本主义的根本问题就在于无法生产出自己的象征交换。从人类学的视野来说，这种象征交换构成了早期人类社会行为方式的内在本质。这意味着对资本主义的革命并不能依靠建立在生产逻辑基础上的无产阶级斗争理论，而必须是针对符码统治的象征交换理论。虽然当下的资本主义已经发展到符码统治时代，但是象征交换构成了资本主义的界限。虽然相对于过去的革命理论而言，象征交换具有乌托邦的特性，但以象征性要求为主题的乌托邦，才能真正地批判当下的资本主义。在这一维度中，与生产逻辑相关的阶级、革命等主题，都被鲍德里亚否定了。

鲍德里亚的批评与海德格尔具有相似之处，相对于海德格尔的哲学视域而言，鲍德里亚的批评更具哲学—经济学—人类学的视野，同时更将自己对马克思的批评与对资本主义的批评联系起来。通过对生产逻辑的批判与否定，历史唯物主义的基石被动摇了，这种批评可以说是致命的。

第四节　问题与重构：历史唯物主义的当代参照系

通过描述历史唯物主义的双重逻辑、双重逻辑在当代所遇到的批评以及

---

① ［法］鲍德里亚：《生产之镜》，仰海峰译，中央编译出版社 2005 年版，第 87 页。

对这些批评的反思，我们可以看到，今天研究历史唯物主义，不仅要在阅读经典文献中理解马克思的思想，同时还要从逻辑上揭示历史唯物主义当代化的理论途径。前者很难，后者更难。在这一理论化的过程中，既要坚持历史唯物主义的核心理念，又要能在此基础上吸收当代学术的有意义成果，并真正地整合到历史唯物主义的内在逻辑中，从而真正地推动对马克思思想的研究。

虽然历史唯物主义的双重逻辑都受到了批评，在前面的讨论中我们也对这些批评进行了再批评，但如果透过这些批评看到其所具有的积极意义，那么历史唯物主义的再建构就不能无视它们提出的问题。就生产逻辑而言，虽然当代的一些人类学研究成果表明，在一些原始土著那里，生产并不具有现代社会所具有的意义，这些社会也并不总处于匮乏之中，但这并不能驳斥物质生活资料的生产与再生产对人类历史的基础性意义。其实，对生产逻辑的批评关注的是当代语境中的生产逻辑，这是资本逻辑支配下的生产逻辑，在这一逻辑支配下，生产的过程涉及人对自然的掠夺以及人与人之间关系的建构，对生产逻辑的批评就意味着想寻求一种不同于资本主义文明模式的另一种文明样态。鲍德里亚对象征交换的讨论、莫斯关于礼物的揭示、萨林斯关于原始丰裕社会的讨论，等等，其意图都在于引进另一种文明样式以实现对现代文明的批评。如果从人类生存的可能性而言，这些批评并不能否定生产逻辑的地位。就资本逻辑而言，当代的批评提出了另一个层面的问题：随着资本主义社会的发展，我们能否简单地运用马克思的资本逻辑来面对当下的社会？

从历史发展的视角来看，可以将迄今为止的资本主义社会的发展过程划分为三个阶段：马克思所面对的自由资本主义时期、19世纪后期开始的组织化资本主义时期、20世纪70年代开始的后组织化资本主义时期。虽然如何概括这三个历史时期，在学界存在争议，但在这些不同的历史阶段，资本逻辑的现实运行方式发生了重要的变化，这是许多学者都能接受的观点。这就要求我们在重读马克思的过程中，必须关注历史形态的变迁，从而揭示资本逻辑的形态变化。在资本主义的第二个历史阶段，列宁、卢森堡、希法亭、葛兰西、伯恩施坦等都曾在这方面做出过有益的探索，很多批评马克思的学者也力图在这方面做出新的研究。如果我们的研究不能充分吸收这些成果，还是简单地以过去的历史唯物主义框架来说明当下的现实，也许永远都无法真正地面对当下的批评与挑战。因此，我们既要将马克思作为一个思想史上的重要人物来研究，又要从当代发展的视角来阅读。这是我们重新回到马克思时无法绕过的。

从双重逻辑出发，历史唯物主义的重构主要面临的问题是资本逻辑的建构，这是传统研究中没有深入的问题。这一问题的研究依赖于以下三个环节的突破：第一，研究方法的突破。将资本逻辑作为历史唯物主义的核心构件，有赖于对马克思思想的整体性研究，需要将马克思思想的核心内容即哲学、政治经济学与科学社会主义进行整合，只有在这种整合中，我们才能理解资本逻辑为什么构成了历史唯物主义的核心。第二，研究主题的重新构建。资本逻辑到底应该怎么去勾勒，特别是如何在哲学—政治经济学—社会主义的整合中去揭示它，这是我们在重读马克思文本时有待思考的问题。第三，研究视野的开拓。这种突破不仅体现在对马克思思想的研究上，更体现在对马克思之后的历史与思想史的研究上，特别是要揭示历史与思想的内在关系。如果不能将马克思之后的历史与思想史作为参照系，就根本不可能真正地揭示马克思思想的意义。

另外，吉登斯的批评倒是提出了一个重要问题：现代意义上的民族国家是否与资本主义市民社会的发展具有同构性？虽然马克思在《资本论》的最初规划中，想对国家问题进行专门研究，但这一研究在后来并没有真正展开。在马克思的其他著作中，虽然也散布着关于现代国家问题的思考，但这些思考更多是从性质上来界定现代国家，而对于其与资本主义市民社会发展的内在关系，缺乏更为深入的讨论。这也是葛兰西后来为什么能取得重大影响的原因。在我看来，这是历史唯物主义当代建构中无法绕过的问题。在本书中，由于关注的是资本逻辑，并不打算对民族国家问题进行深入讨论。

总之，历史唯物主义的双重逻辑是马克思面对资本主义社会时的理论基础，虽然双重逻辑在现代遇到了种种批评，并且某些批评本身就是对双重逻辑在马克思思想中的地位与作用的混淆，但有些批评中所呈现的问题有助于历史唯物主义的当代发展。历史唯物主义的当代建构，就是在重新理解马克思思想的基础上，通过整合与吸收当代的成果，真正地实现从马克思的思想走向当下的历史。在这一工作中，就需要重新回到资本逻辑，并以此为基础对马克思的哲学展开进一步的讨论。

第 六 章

马克思哲学的批判性之维

在结束一般理论前提的讨论前，需要对马克思哲学的根本特性做个简单的界定。这一特性，在我看来就是"批判性"。

在马克思的著作中，我们很容易发现一个词："批判"。无论是早年的《黑格尔法哲学批判》、《神圣家族，或对批判的批判所做的批判》，还是后来的《政治经济学批判》、《资本论——政治经济学批判》，马克思都把理论的锋芒指向他所生活的资本主义社会及其思想观念。在《资本论》第二版跋中，马克思将这种批判与辩证法联系起来，指出："辩证法不崇拜任何东西，按其本质来说，它是批判的和革命的。"可以说，批判理论构成了马克思哲学思想的内核，并在《资本论》中，达到了其思想的制高点。

但"批判"并不是马克思哲学的特权。哲学的本意是爱智慧，这意味着哲学本身就是一种反思性、批判性的活动，真正的哲学家都是具有批判性思维的人。当我们强调马克思哲学思想中的批判性之维时，我们必须追问：什么是马克思的批判理论所针对的对象？他是如何将自己的批判与当时所流行的各种哲学批判区别开来的？马克思的批判理论有何特征？对这些问题的探讨，是重新展现马克思哲学活力的重要内容，也是我们面对当代发达国家及其思想观念的理论基础。

第一节　从理性批判到对理性的批判

自启蒙以来，理性成为衡量一切的标准与原则。在当时的历史情境中，理性原则具有双重意义：一是对前资本主义社会展开批判，主要是对封建专制主义展开批判，将人从外在的束缚中解放出来；二是按照理性的原则确立新的生活方式与思想方式。马克思开始接触哲学时，接受的同样是以黑格尔哲学为底色的理性哲学，并以理性原则批判当时的德国社会。这种理性批判的精神在林木盗窃案和地产析分案中受到冲击，因为马克思所憧憬的、体现理性精神的现实国家，并没有按照理性原则来处理利益问题，反而成为维护私人利益的工具。可以说，理性批判失效了，思想在遇到物质利益时，出了丑。

通过对政治经济学的批判研究，在 1845 年的哲学变革中，马克思意识到：第一，人类社会存在的第一个前提是物质生活资料的生产；第二，思想、观念、意识都是在人们的生产活动过程中产生和发展起来的，社会存在决定社会意识；第三，任何意识都是对现实关系的反映和表现，启蒙以来的理性哲学和理性精神，体现了当时资本主义社会的内在精神；第四，即使一些学者，如青年黑格尔派从理性原则出发来批判现实的社会，也只是完成了对所生活的世界的另一种解释；第五，只有在物质生产高度发达的基础上，才能实现人的自由和解放。

从这一新的哲学视野出发，黑格尔的绝对理性以及体现这一理性的国家理性，说到底体现了资本主义发展的内在要求，即使这种理性精神得到彻底的实现，也不过是将人变成市民社会中的人，变成资本逻辑统治之下的人。这种人不管是表现为资本家，还是表现为工人，都不过是资本逻辑自我增殖的工具和载体；与之相应的社会，不过是一个资本逻辑统治的社会，而不是无产阶级得到解放、个人能够全面而自由发展的社会。在这个意义上，青年马克思的理性批判并没有超越理性主义的理论视野，马克思的哲学变革首先就是对理性的批判和反思，以超越启蒙以来的理性精神。既然这种理性产生于资本主义的社会存在，那么对理性的批判不仅需要针对理性自身的内在逻辑，而且要指向产生这一理性的社会存在，以揭示理性与当下的社会存在之间的内在关系。正是在这样的场地转换中，马克思从理性批判转向了对理性的社会批判，形成了自己的批判理论。

第二节　批判理论的逻辑界划

在《资本论》第一版序言中，马克思指出："我要在本书研究的，是资本主义生产方式以及和它相适应的生产关系和交换关系。"在研究资本主义生产方式时，马克思的辩证法强调的是批判性与革命性，即对资本逻辑以及与这种逻辑相关的意识形态进行批判。从马克思所生活的时代来看，有很多思想家都在批判资本主义社会，那么，马克思的批判理论与当时其他思想家的批判理论有何不同？这是在逻辑上需要界划的问题。

在马克思所生活的时代，除了前面论述的理性批判之外，对资本主义社会的批判主要有如下几种模式：一是道德批判模式，即对资本主义社会的剥削与不平等进行道德批判。这种批判思维在直接的意义上与费尔巴哈有关。费尔巴哈在批判黑格尔哲学时，将哲学的基础界定为男女之间的自然之爱，并以此为基础来批判当时的社会与文化。这一理论被一些社会主义者发挥之后，形成了"真正的社会主义"，即"诗歌与散文"中的社会主义。这种社会主义空谈人类之爱，认为只要大家都献出爱心，特别是资本家能够献出爱心，就可以改变现实生活中的剥削、压迫和不平等的状态。正如黑格尔在批判康德的道德哲学时所指出的，这种"温情主义"说到底只能达到众人在口头上的一致，并不能实现对事物的理性把握。道德批判针对的是人们的良心，但如果资本家只是资本的人格化，而资本的本性就在于追求剩余价值，这时针对人们良心的道德批判能够改变资本追求剩余价值的本性吗？马克思和恩格斯在《反克利盖的通告》中指出：把共产主义变成"爱的呓语"式的批判，只是反映了这些共产主义者的怯懦，无法改变资本主义社会现实。

二是经济学批判模式。古典经济学的劳动价值论指出，劳动是价值的来源。如果将这一逻辑贯彻到底，那就意味着工人应该占有自己的劳动成果。当时一些社会主义者如蒲鲁东、汤普逊、勃雷等人，正是从这个视角出发来批判资本主义社会的不合理性的。这些具有政治经济学传统的社会主义者，把资本看作现实的存在物，认为没有资本就无法生产，从而将对资本主义社会的批判集中于商品交换与分配领域，认为只要消除了货币与商品交换，按照劳动时间重新分配产品，就可以解决资本主义社会中的不公正问题。如果说，马克思在哲学变革时期主要面对的是"爱的呓语"的社会主义，那么在其后期的政治经济学批判中，主要面对的正是这种从政治经济学出发的社会主义思潮。从思维方式来说，这种社会主义以经验论为基础，将资本看作生产过程中的具体物，如机器、原料、厂房等，这样一来，就必然会得出没有资本就无法生产的结论。在哲学层面，这种经验论与人本主义相互补充，这就易从道德哲学层面对经济生活中的剥削与不公正现象展开批判。由于资本在生产层面无法根除，那就只能在分配中重做文章，这正是蒲鲁东、汤普逊、勃雷等人的解决思路。而对于马克思来说，分配问题，在整个资本逻辑的运转中只是表象，根本的问题在于资本主义生产领域。在这个层面，资本并不是具体的存在物，这些具体的存在物，不管是物质实体还是人，都只是资本的载体，资本是社会关系，正是这种社会关系决定了资本主义社会的生产过程以及分配过程，形成了资本主义社会的权力结构。这决定了仅从分配入手，最多只能改善工人的状态，但不可能从根本上解决问题。

三是黑格尔的批判模式。青年时期的黑格尔与马克思一样，认真研究过古典政治经济学和英国的工业革命，意识到资本主义是无法阻挡的。但这并不意味着黑格尔完全认同以英国为代表的现行资本主义及其内在精神。黑格尔通过考察市民社会，意识到以劳动分工为基础的资本主义，根本无法达到个体与社会共同发展的理想境界。在强调现代劳动是形成自我意识的重要环节的同时，黑格尔认识到需要超越以利己主义为原则的市民社会，以一种普遍的绝对精神引领市民社会向更高境界发展。这正是他强调国家理性的原因。可以说，黑格尔的辩证法洞察到了资本主义社会的本质，特别是资本逻辑的运行过程，他的辩证法强调理性的自我超越，意味着在发展资本主义的同时实现资本主义的自我超越，以达到社会的理想境界。可以说，这是站在资本主义社会的基础上，对资本主义社会的最为深刻的批判。

四是马克思的批判模式。在马克思的批判视野中，资本逻辑是一个不断的结构、解构、再结构的总体化进程，任何个体只有在这个结构化的进程中才有其社会存在意义上的位置。这意味着，任何外部的主观批判如果不能揭示资本逻辑的运行过程及其内在矛盾，都不能真正地触及资本主义社会。在资本逻辑的展现过程中，被蒲鲁东、汤普逊、勃雷等人关注的分配问题，只是资本逻辑的表象，真正的问题存在于资本主义的生产过程中，只有揭示出资本主义生产过程中内在的、无法解决的矛盾，才能真正地实现事物自身的自我批判，真正地超越资本主义社会。正是在这个意义上，马克思批判地继承了黑格尔辩证法的传统，在政治经济学批判中，超越了当时的社会批判理论模式。

第三节　马克思批判理论的思维特征

从思维方式层面来看，马克思之前的批判理论有一个共同的特征：都把资本主义社会看作永恒的社会存在，即认为资本主义社会是超历史的。当思想陷入"爱的呓语"时，这种爱的宗教不过是对现实的幻觉，在这种幻觉的作用下，现实反而成为无法改变的永恒存在。马克思在批判蒲鲁东时，在方法论上就指出：蒲鲁东把一定社会历史阶段存在的资本主义当成了永恒的社会，当他从分配方式上批判当下社会时，只不过是在不改变资本主义生产方式的前提下，让所有的人都成为资产者。黑格尔哲学具有强烈的历史感，但黑格尔哲学同样把资本主义社会看作是永恒的，他想做的只是对这个社会加以改良，使之变得更好。当自由在改良了的资本主义社会中得到实现时，理性回到了自身，历史随之终结。福山所谓的"历史的终结"正是从黑格尔这里引申出来的。在马克思看来，资本主义社会是一个历史性的存在，因此资本主义有其发生、发展与灭亡的过程，无须对之顶礼膜拜。这种历史性的视野就是一种批判的视野，它构成了马克思批判理论的一个重要特征。

把资本主义社会看作总体化的过程，这构成了马克思批判理论的第二个特征。资本主义社会的产生是一次结构化的转型，其经济、政治、文化构成了一个有机的总体，这个总体受资本逻辑结构化的过程所支配，这决定了理性的批判只有同资本逻辑的批判结合起来，才有其理论意义。《资本论》在直接层面是对资本主义经济过程的批判，但实际上也是对资本主义政治与文化的批判。马克思对劳动力这一商品的分析，揭示出资本主义的"平等"的幻觉以及阶级社会的形成；而他对商品拜物教的批判，则揭示出资本主义文化的幻觉性的一面。这种总体批判，构成了马克思批判理论的重要特色。这也意味着，当我们面对任何既定的社会存在时，都必须将之看作一个整体，而不是从个别要素出发，将社会抽象化、碎片化。

在这种总体化的视野中，马克思从黑格尔辩证法中吸收了事物的内在批判的观念。在马克思看来："观念的东西不外是移入人的头脑并在人的头脑中改造过的物质的东西而已。"任何哲学的批判，首先都需要回到事物本身，在资本主义社会，就是要回到资本逻辑本身，从对资本逻辑的科学分析中揭示其内在的自我批判力。马克思对资本主义内在矛盾的分析，正是在这个意义上展现出来的。马克思哲学的这一特点，在《资本论》中得到了充分的展现。

《资本论》的哲学

下　篇

《资本论》的哲学问题

第　七　章

作为哲学概念的商品

　　在《资本论》的开篇，马克思就写道："资本主义生产方式占统治地位的社会的财富，表现为'庞大的商品堆积'，单个的商品表现为这种财富的元素形式。因此，我们的研究就从分析商品开始。"①在这个开篇中，马克思一开始就将现实社会存在的"物"抽象为"商品"，并以此作为整个思考的起点。这意味着什么？在我看来，这是一个重要的事件。用海德格尔在《关于人道主义的书信》中的表述来说，在这样的沉思中，马克思将自己的哲学深入到了历史的维度中。② 因为正是在这种理论视域中，才能将人们的日常生活及社会运动过程与形而上学的建构过程作为一个整体来看待，思想才能摆脱传统哲学所具有的纯粹逻辑的特性。也正是从这里开始，作为经济学著作的《资本论》的哲学意义，一开始就呈现出来。

　　1858 年 1 月 14 日，马克思在给恩格斯的信中写道："我又把黑格尔的《逻辑学》浏览了一遍，这在材料加工的方法上帮了我很大的忙。如果以后再有功夫做这类工作的话，我很愿意用两三个印张把黑格尔所发现、但同时又加以神秘化的方法中所存在的合理的东西阐述一番，使一般人都能够理解。"③列宁后来在阅读了黑格尔的著作之后，精通《资本论》的他发出感叹："不钻研和

---

　　① 　《马克思恩格斯全集》第 44 卷，人民出版社 2001 年版，第 47 页。
　　② 　参见《海德格尔选集》(上)，孙周兴编，上海三联书店 1996 年版，第 383 页。
　　③ 　马克思、恩格斯：《〈资本论〉书信集》，人民出版社 1976 年版，第 121 页。

不理解黑格尔的全部逻辑学，就不能完全理解马克思的《资本论》，特别是它的第 1 章。因此，半个世纪以来，没有一个马克思主义者是理解马克思的!!"①那么在《资本论》的第一章即商品章中，马克思又是怎样与黑格尔相关联的？在这种关联中，马克思的经济学分析又如何表现出不同于传统哲学的哲学思考？这种思考何以能穿透资本主义的社会存在？这些尚未得到深入思考的问题构成了本章的主题。在这个分析中，我力图展示经济学与哲学是如何成为一体的，这种一体化何以动摇了传统哲学的根基。也正是在这一维度中，我们才能真正地意识到哲学自身的存在之谜，揭示哲学与历史生活之间的内在联系，为今天的马克思主义哲学发展提供理论所需要的思辨力。

第一节　为什么不是物而是商品成为马克思哲学的起点

"商品首先是一个外界的对象，一个靠自己的属性来满足人的某种需要的物。"②如果商品首先是一个物，那么，为什么不从"物"出发，而从"商品"出发？从"物"到"商品"并以"商品"作为哲学分析的起点，这到底意味着什么？

在近代以来的哲学中，不管是经验论还是唯理论，虽然在思想的理路上存在着一定的差异，但都承认在世界中存在的"物"，所不同的只是如何安置这个"物"，即将之作为经验认识的根源，还是作为认识所指向的对象。这种差异并不是根本对立的，因为即使是将"物"作为经验认识的根源，这种认识得以成立的可能性也有赖于一个理性健全的认识主体的存在，否则这种认识就不可能形成。同样，理性的认识一旦要进入人们的日常生活世界，就不得不面对"物"，揭示其存在的方式和特点。

如果对上述的人与物进行抽象，就可以得出人与"物"、认识的意义上的主体与客体之间的关系是一种外在对峙的关系，海德格尔将这种二元对立看作近代哲学对物性进行筹划的根基。相比于中世纪的认知方式而言，近代哲学这一模型的建构是一次重要的变化。这种变化不在于经验事实与概念原则之间的对立，正如海德格尔所揭示的："无论是古代科学还是现代科学，两者

---

① 列宁：《哲学笔记》，中共中央党校出版社 1990 年版，第 200 页。
② 《马克思恩格斯全集》第 44 卷，人民出版社 2001 年版，第 47 页。

都既涉及事实又与概念相联系；而决定性的事情倒是它们掌握事实的方式以及它们设立概念的方式。"①这种方式就是以数学为基础的与物的交道方式和对物之物性的形而上学筹划，即将物变成了主体操控与筹划的对象。在这个意义上，经验论与唯理论，都只是这种筹划的表现形式，它们以外在对立的方式完成了相互间的补充。

根据上面的讨论，我们可以得出：物是外在于人的存在。我们可以先不管海德格尔所说的物性的筹划能得出什么样的结果，只要物与人相对峙，在哲学上就会出现一个难题，即从认识论而来的对峙何以消解。特别是当康德将之转换为现象与物自体的对峙时，这个问题似乎达到了其逻辑的极限。

就这一问题本身的逻辑层面来说，黑格尔的辩证法为之提供了一条解决的道路，那就是将人与物都置于一种流动性的辩证过程中，使他们成为相互的中介规定，推动理性向更高层面发展，从而达到问题的解决。在这个过程中，现象与物自体的对峙被消解了，人类理性最后能够实现人与外部世界的和解。这个流动的过程固然是理性的展现过程，但它本身也是历史的展开过程。虽然黑格尔拘泥于绝对观念对历史的统摄力，但历史成为解决哲学问题的场所已经蕴含在他的哲学思考中。而一旦进入历史的场域，就会遭遇到源自于经济生活的"市民社会"，哲学问题首先就成为对市民社会的经济活动的考察与批判的问题，哲学所讨论的"物"首先就是社会历史生活中的"物"。

在这里，"物"的显现方式不只与认识的过程相关，胡塞尔说的"回到事实本身"变成了"物"在历史生活中的显现，也就是说"物"存在于现代经济生活构成的市民社会中，对市民社会的总体性考察是考察既定"物"的前提。作为满足需要的物，体现了商品的使用价值。但在商品的使用价值中，我们看不出其社会的规定性，"我们从小麦的滋味中尝不出种植小麦的人是谁，是俄国的农奴，法国的小农，还是英国的资本家"。虽然使用价值构成了财富的物质内容，但如果从"物"出发，我们只能抽象地理解物与人的需要满足之间的关系，而看不到这种满足方式的社会历史形式。"成为使用价值，对商品来说，看来是必要的前提，而成为商品，对使用价值来说，看来却是无关紧要的规定。同经济的形式规定像这样无关的使用价值，就是说，作为使用价值的使用价

---

① 《海德格尔选集》(下)，孙周兴编，上海三联书店 1996 年版，第 847—848 页。

值，不属于政治经济学的研究范围。"①这种纯粹物质意义上的有用性，与一定的社会历史无关。

在马克思的讨论中，实际上提出了一个问题，即没有历史规定性的"物"能否成为其哲学的起点。当哲学将历史规定性的"物"抽象为一般的"物"时意味着什么？如果将"物"的历史规定性抽象掉，那么这种"物"在任何社会都具有同样的规定性，商品的使用价值在任何时候都是满足人的需要的材料。当将这种"物"作为哲学的对象时，哲学在体现最为抽象的世界的同时，也将这个世界永恒化为超历史的世界。更为重要的是，在这个世界中，体现出来的更多是人与物之间的自然关系。而对于马克思来说，这种自然关系并不是他要关注的问题，更不是其经济学—哲学批判中的问题。"只有当使用价值本身是形式规定的时候，它才属于后者(指政治经济学——笔者注)的研究范畴。"这种形式规定，就是"交换价值"②。这时，体现有用性的"物"让位于"商品"，后者成为整个政治经济学批判的起点。

在《逻辑学》中，针对近代以来的哲学传统，黑格尔曾指出：哲学建构的成功与否，一个重要的事情就是确定以什么作为哲学的开端。康德对独断论的批判意味着，哲学的开端必须是能够得到证明的。这决定了哲学的开端既不能从既定的内容出发，也不能从主体的兴趣、信仰出发，"开端是逻辑的，因为它应当是在自由地、自为地有的思维原素中，在纯粹的知中造成的。于是开端又是间接的，因为纯知是意识的最后的、绝对的真理。"③黑格尔这里所说的"纯知"，就是《精神现象学》中意识所达到的最后的结果，即科学的概念。在《精神现象学》的研究中，直接的意识也就是科学中最初的和直接的东西，即前提；但在逻辑中，则是以那种考察所得的结果，也就是作为纯知的理念为前提。也就是说，作为哲学的开端，它体现了最为根本的抽象，但这种抽象却是逻辑证明的结果。黑格尔是从逻辑层面来讨论哲学的开端的。回到社会历史生活中，作为哲学的开端实际上是现实生活自身的"抽象"结果，这种结果却又体现了社会生活中的内容。在马克思这里，这就是"商品"。

---

① 《马克思恩格斯全集》第 31 卷，人民出版社 1998 年版，第 420 页。
② 同上书，第 420 页。
③ ［德］黑格尔：《逻辑学》上卷，杨一之译，商务印书馆 1966 年版，第 53 页。

以"商品"作为哲学的起点，本身就是一个"历史事件"。根据黑格尔的讨论，开端体现了最为根本的抽象，商品就体现了社会生活中最根本的抽象。这种抽象能够成立，一个重要的前提就是商品成为一种普遍化的存在，商品交换成为统摄社会生活领域的一切力量。只有这时，这种抽象才是可能的。这意味着，当马克思将商品作为资本主义社会的细胞时，一个重要的历史分期出现了：商品经济的普遍化将现代社会与传统社会区别开来。马克思在《政治经济学批判》中对此进行了说明：在前资本主义社会就存在着现代意义上的商品生产与交换，但它只具有局部的意义。这时商品生产的主要目的是为了使用，或者说商品生产与交换的目的是作为"物"的物性，物本身的"质"的规定，正是这种"质"的规定使之与人的生活联系在一起。

> 交换价值还没有取得自由的形态，它还直接和使用价值结合在一起。这表现在两方面。生产本身，就它的整个结构来说，是为了使用价值，而不是为了交换价值，因此，在这里，只有当使用价值超过消费的需要量时，它才不再是使用价值而变成交换手段，变成商品。另一方面，使用价值尽管两极分化了，但只是在直接使用价值的界限之内变成商品，因此，商品所有者交换的商品必须对双方是使用价值，而每一商品必须对它的非所有者是使用价值。①

这时，尽管已经出现了商品，但人们关注的是"物"，而不是商品的价值。但当商品交换普遍化之后，原初的物物交换被瓦解了，当交换价值成为交换的目的时，这时"物"的物性不再重要了，重要的是物在交换中的价值，这正是"物"向"商品"的转变。因此，如果说在前资本主义时代，我们遭遇的对象是"物"的话，那么在资本主义社会，我们遭遇的是"商品"，或者说是作为商品的物（商品—物）。在《资本论》第三卷讨论"商人资本"时，马克思结合商业资本在不同历史阶段的作用指出："产品进入商业、通过商人之手的规模，取决于生产方式，而在资本主义生产充分发展时，即在产品只是作为商品，而不是作为直接的生存资料时，这个规模达到自己的最大限度。……商业使生产

---

① 《马克思恩格斯全集》第31卷，人民出版社1998年版，第443页。

越来越具有面向交换价值的性质。"①也只有在商品交换普遍化的时代，从商品开始进行哲学思考，才有意义。本章在讨论商品时，都是在这个语境上展开的。

在这里，我们需要澄清传统研究中的一个误解，那就是似乎只要讨论商品，就是讨论经济学的问题。在我看来，这正是传统哲学造成的影响。如果我们上面的论述在逻辑上是正确的，那么对商品的分析才是哲学中最为根本的问题。实际上，即使在商品经济还没有取得全面统治的古希腊时代，这种商品交换中的奥秘也往往成为哲学家论述问题的参照。赫拉克利特不再从发生学上来讨论世界的起源问题，而是直指世界存在的本质，即"它过去、现在、未来永远是一团永恒的活火，在一定的分寸上燃烧，在一定的分寸上熄火"。"一切转为火，火又转为一切，有如黄金换成货物，货物又换成黄金。"②在这里，我们能够看到货物交换对"物"性探讨的无形影响。但这个时代，货币还是一个具象，是一个"物"的存在，当我们拘泥于这种物的存在时，我们就可以将之上升为"物"的抽象本性，因为任何具体的物都是以这种"物"为参照的。但如果我们不拘泥于交换的结果而关注交换本身，那么柏拉图的命题就可以出现，即具体存在物是对理念的分享，因为在交换过程中，具体的物都以理念化的"货币"为中介，或者说都统摄于货币的理念之中（在《理想国》中，苏格拉底讨论城邦的正义时，这里的城邦已经建立在以分工为前提的商品交换基础上）。在近代，特别是当重商主义流行的时候，上述的观点就会再次变形地表现出来，这正是传统唯物主义对物性思考时的历史语境。这种思考还并没有切入近代以来"物"的社会存在的方式中，因为这种"物"是脱离了商品交换过程的结果，变成了孤立的个体。这也表明虽然在近代以来，商品交换是注定要全面化的，一切都会被卷入这个过程中，但在当时甚至在马克思的时代，这个过程还主要局限于大中型城市。可以说，这时对"物"的思考还是现象意义上的。当我们将"物"的商品规定性清除掉而讨论纯粹的"物"时，哲学也就清除了本该属于"物"的历史规定性，这时的"物"就成为超越于

---

① 《马克思恩格斯全集》第 46 卷，人民出版社 2003 年版，第 363 页。

② 参见"赫拉克利特著作残篇"，见《西方哲学原著选读》（上卷），北京大学哲学系外国哲学史教研室编译，商务印书馆 1983 年版，第 21 页。

历史时空的摆在面前的对象，与之相应的人就成为超越于历史时空的抽象的"人"。当讨论"人"与"人"之间的关系时，思想家们关注的也就是从人的自然本性而来的契约关系。

从这一视角来看，近代以来的经验论与唯理论，都是将"物"或"理性"的社会历史内容清除之后进行的哲学沉思，这种沉思不管带有多么思辨的性质，在根本上来说都是直观的、直觉的，而且也只有在直观或直觉中，这种思考才是最合乎上述规定的。哲学也只有在这种无历史深度的思考中，才能成为超历史的。对于马克思来说，当商品生产与交换普遍化时，没有超历史的、纯粹抽象的物，也没有超历史的、纯粹理性的主体，存在的只是商品生产与交换中的人与物，这时的人既不是古典政治经济学意义上的人口，也不是哲学意义上的抽象的人；这时的物就是商品。更为重要的是，处于生产中的人特别是工人，本身也变成了商品。资本家呢？按照黑格尔的自我意识理论，与工人相联系并处于对立面的资本家同样也没有摆脱商品的规定性。这意味着，人与物、主体与客体，在资本主义社会中，都只是商品的现象，都受到商品特性的规制。因此，是商品而不是物，应该成为哲学的审视对象。哲学的批判不再拘泥于主体、物的探讨，而是对商品的批判，这一批判要进行下去，哲学就会成为一种面对社会历史的批判理论。

第二节　商品：从质到量的转变

商品在直接层面表现为一个外在的对象，一个靠自己的属性来满足人的某种需要的物。如果商品仍然是物，那么对商品的考察能否按照对物的考察的方式展开呢？在上面的讨论中，我们从哲学总体思路的转变这个层面进行了一个较为宏观的讨论，现在我们希望对这一问题做进一步的微观分析。如果把商品只是看成满足人的需要的物，那么古典政治经济学的问题就产生了，即从人的欲望与需要的视角来建构经济学，也只有在这种设定中，才能产生"经济人"的设定，或者产生从伦理道德出发对经济生活进行规范的设定。

斯密的《国富论》虽然是从劳动分工入手的，但分工的人类学基础或者说哲学基础是人的需要的满足。分工能够促进生产的发展，但分工本身并不是人类智慧的结果，虽然人类的智慧能够预见分工产生的普遍富裕并想利用它实现普遍富裕。"它是不以这广大效用为目标的一种人类倾向所缓慢而逐渐造成的结果，这种倾向就是互通有无，物物交换，相互交易。"①因为在这种互通有无、物物交换的过程中，人们才能最大限度地满足自己的需要，实现利益的最大化。我们需要注意的是，在斯密的论述中，并没有做出前资本主义社会的物物交换与资本主义社会的商品交换之间的区分，他从前资本主义社会的物物交换直接进入资本主义社会的商品交换，并以此作为论述资本主义社会分工的基础。因此，这种物物交换立刻与现代社会以契约为基础的交换形式联系在一起。比如在谈到乞丐要想获得自己所需要的东西时，斯密说："他的大部分临时需要和其他人一样，也是通过契约、交换和买卖而得到供给的。"②按照本章的讨论思路，一旦历史的内容被清除时，人与物之间的关系就变成物直接满足需要的关系，这时人的欲望也就随之成为自然的预设。也正是在这个维度上，斯密的经济学与其伦理学构成了不可分割的统一体。虽然在理论起点上，斯密在经济学中是从自私出发的，而《道德情操论》则从同情心入手，但如果我们看到《道德情操论》整篇都是在讨论"合宜性"，即激情的合宜性问题，那么这种合宜性与"经济人"的设定实际上是匹配的。从经济的视角来说，追求利益最大化而又不致使一切都崩溃，这恰恰是合乎时宜的行为。这些从人与物的自然关系出发而来的讨论，与人相对应的对象是物，而不是商品，或者说关注的只是商品的有用性，而不是其他的东西。

任何一种物（商品）都可以从质和量两个角度来考察。根据黑格尔的理念，作为一种既定物（定在），物的质是与定在同一的规定性，"定在返回到它自己本身的这种规定性里就是在那里存在着的东西，或某物"③。正是质的规定性保证了某物存在的实在性，使之与他物区别开来。这种质就是物的有用性的本体，这种有用性使物（商品）成为使用价值，没有这种有用性，物（商品）就不存在。具有不同质的物，即商品，有其不同的使用价值，它们之间是无法比较的。这是我们从马克思的分析出发暂时做出的结论。除了质的规定性之

---

① ［英］斯密：《国民财富的性质和原因的研究》上卷，郭大力、王亚南译，商务印书馆 1972 年版，第 15 页。

② 同上书，第 14 页。

③ ［德］黑格尔：《小逻辑》，贺麟译，商务印书馆 1980 年版，第 202 页。

外，物（商品）还有量的规定性。在黑格尔看来，量虽然也是存在的规定性，但它与存在不是直接同一的关系，而是外在于存在的规定性的。表面看来，质非常重要，但实际上质并不重要，重要的是量，因为只有在量的规定中，物与物之间的关系才得到直观的表现，特别是当物成为商品时，这一点就非常明显地表现出来。作为质的商品是无法比较的，这种无法比较性决定了物与物之间无法交换，物与物之所以能够交换，恰恰是因为它们以各自的量的规定性为基础并发生关系，只有量是可以比较的。在商品交换还局限于某些区域时，量的支配性地位还不具有普遍的意义，人们的交换也还是为了直接获得物的有用性；在量的支配地位普遍化的时代，人们的交换只是为了获得更多的价值，即一种量的增长，这时质只是量的载体，物质的内容被量的多少所取代，用马克思的政治经济学批判的话语来说，虽然不论财富的社会的形式如何，使用价值总是构成财富的物质的内容，但"在我们所要考察的社会形式中，使用价值同时又是交换价值的物质承担者"。① 交换价值指一种使用价值与另一种使用价值相交换的量的关系或比例。② 虽然在物的规定性中，量是外在于物的存在的，但在商品普遍化的社会中，交换价值却是商品所固有的、内在的"本质"规定，这是一个重要的翻转，外在的东西（交换价值）变成了内在的东西，内在的东西（使用价值）反而变成了外在的东西。这不只是物的本质或者说其属性的变化，而是由于物的社会存在方式发生了变化，即前资本主义社会的物（虽然那时也有商品）变成了资本主义社会的商品。社会生活中重要的是形式化的量。在商品社会如果拘泥于商品的质，我们反而无法接近商品了。所以黑格尔说："在精神领域里，质便只占一次要的地位，并不是好像通过精神的质可以穷尽精神的某一特定形态。"③从这个讨论里可以看出，黑格尔在《逻辑学》（包括《小逻辑》）里，其论述"定在"时，先从质开始，

① 《马克思恩格斯全集》第 44 卷，人民出版社 2001 年版，第 49 页。

② 根据马克思自己的注释，使用价值与交换价值中的"价值"一词，在英语中有不同的表达，与前者对应的是"worth"，与后者对应的是"value"。前一种价值意味着物直接拥有的东西，后一种价值则表示被反映的东西。根据恩格斯的注释，创造使用价值与在质上得到规定性的劳动叫作"work"，创造价值并且只在量上被计算的劳动叫作"labour"。参见《马克思恩格斯全集》第 44 卷，人民出版社 2001 年版，第 48、61 页。

③ ［德］黑格尔：《小逻辑》，贺麟译，商务印书馆 1980 年版，第 202 页。

然后转向量，这非常合乎资本主义社会中商品的存在方式。我有时甚至想问，黑格尔是否真的就是按照商品交换的逻辑来建构自己的哲学的？

在质与量的这种翻转中，我们需要追问的是：在商品的存在中，为什么交换价值反而是内在的呢？在哲学上又该如何解释这一点呢？为了更好地理解这一点，我们先不讨论作为量的交换价值，而从使用价值或者说商品的质的规定来分析，我们将会看到，作为商品，如果不将交换价值作为内在的规定，商品就无法存在。

我们还是回到黑格尔的《逻辑学》和《小逻辑》，以之作为分析的指引。从事物的质的规定来看，这种直接性的规定同时也是一个否定，即将某物与他物区别开来，某物也只在对他物的否定中才是自身（如果在哲学中人们将他物与某物都看作是质的规定性，这意味着交换价值还没有取得统治性的地位）。在这种否定中，某物与他物处于外在的关系中，比如小麦和金刚石，在质的规定性上它们之间就是一种外在的否定关系，没有什么内在的联系。在这个意义上，某物成为一个他物，他物又成为一个他物，物与物之间处于无限的递推关系中，比如小麦、金刚石、铁、金……黑格尔称这种无限性是坏的无限性，也就是我们常说的恶的无限性，这时无限就变成了纯粹的否定。当人们认为无限应该是一种肯定时，这种"应该"的软弱性就体现出来了。在黑格尔的论述中，虽然某物与他物处于外在的关系中，但某物在这种关系中又扬弃自身的外在规定性回到自身，这就是某物的自为的存在状态。但在这种状态中，某物与他物的关系并没有摆脱外在的特征，只不过就其自身而言又回到了内在的同一性，这种同一性就是"一"，他物就表现为与之对立的"多"中之一。某物与他物的外在否定关系变成了量的关系。这是对质的扬弃，或者说正是在这种"一"与"多"的外在的量的关系中，某物与他物才能建立联系。这是从质到量的过渡。

回到商品的规定性，上述的讨论有什么意义呢？商品之所以能够交换，是因为它们之间的数量关系，即是对质的规定性进行抽离之后所剩下的形式关系，如果拘泥于商品的质的规定性，交换是无法进行的。我们不能说小麦＝绸缎，但我们可以说 1 夸脱小麦＝X 量绸缎。这时，我们就从质进入到量，从使用价值转向交换价值，而交换价值成为新的物与物之间关系的内核，而物的有用性反而成为这种内核的载体，它在这个新的过程中分享着交换价值的理念。"作为使用价值，商品首先有质的差别；作为交换价值，商品只能有量的差别，因而不包含任何一个使用价值的原子。"①这正是马克思说使用价值是交换价值的载体的原因。这也表明，使商品交换得以进行的媒介和纽带是作为量的关系的交换价值，而不是作为质的规定性的物的有用性。

当商品从质规定转向量时，我们才能说 1 夸脱小麦＝X 量绸缎。在这个等式中，有一种等量的共同的东西。"因此，不论商品的自然存在的样式怎样，不管商品作为使用价值所满足的需要的特定性质怎样，商品总以一定的数量彼此相等，在交换时相互替代，当作等价物，因而尽管它们的样子形形色色，却代表着同一个统一物。"②"因而这二者都等于第三种东西，后者本身既不是第一种物，也不是第二种物。这样，二者中的每一个只要是交换价值，就必定能化为这第三种东西。"③这第三种东西是什么？如果商品的使用价值不是这第三种东西，那么商品就只剩下一个属性，即劳动产品。

> 使用价值直接是生活资料。但是，这些生活资料本身又是社会生活的产物，是人的生命力消耗的结果，是对象化劳动。一切商品，作为社会劳动的化身，都是同一个统一物的结晶。这个统一物即表现在交换价值中的劳动的特定性质。④

当我们抽去商品中的使用价值时，这时商品也就不再表现为小麦、绸缎或别的有用物，其一切可感觉的属性都消失了。随着劳动产品的有用性质的消失，那么体现在劳动产品中各种劳动的有用性也就消失了，各种劳动不再有什么差别，全都化为相同的东西，这就是"抽象人类劳动"，也就是生产交换价值的劳动。这种抽象的人类劳动具有两个基本的特征：第一，"生产交换价值的劳动，同使用价值的特殊物质无关，因此也同劳动本身的特殊形式无关"。第二，"不同的使用价值是不同个人的活动的产物，也就是个性不同的劳动的结

---

① 《马克思恩格斯全集》第 44 卷，人民出版社 2001 年版，第 50 页。
② 《马克思恩格斯全集》第 31 卷，人民出版社 1998 年版，第 421 页。
③ 《马克思恩格斯全集》第 44 卷，人民出版社 2001 年版，第 50 页。
④ 《马克思恩格斯全集》第 31 卷，人民出版社 1998 年版，第 421 页。

果。但是，作为交换价值，它们代表相同的、无差别的劳动，也就是没有劳动者个性的劳动"。① 这就是抽象一般的劳动。"它们剩下的只是同一的幽灵般的对象性，只是无差别的人类劳动的单纯凝结。这些物现在只是表示，在它们的生产上耗费了人类劳动力，积累了人类劳动。这些物，作为它们共有的这个社会实体的结晶，就是价值——商品价值。"②因此，商品从质到量的转变，也不是直接完成的。当我们说 1 夸脱小麦＝X 量绸缎时，两个物（商品）之间的量的关系并不是自明的，而是经过了中介，即抽象人类劳动这个中介。

物（商品）从质到量的转变，体现了物本身存在方式的转变。按照哲学的思考，事物的质本该是事物存在的根据，但在商品普遍化的社会，事物的质让位于事物的量，这恰恰是物（商品）本身存在方式的倒置。原来是本质的东西，现在变成了现象。这种倒置并不源于物本身的规定，而是根源于社会存在的历史性变迁，正是在这种变迁中，劳动被抽象化为无差别的人类劳动。这种抽象的人类劳动体现了人类劳动的一般形式，它使商品从质到量的转变成为可能。商品的普遍化与抽象劳动的普遍化是同一个过程。可以说，抽象的人类劳动构成了商品世界的基础。

从商品到抽象的一般劳动，马克思从市民社会生活的感性经验层面进入了本质层面，即现代社会存在在本质上是由抽象的人类劳动所建构的，因此社会存在的本质是抽象人类劳动的功能性建构。这种功能性的建构可以通过具体化的劳动形式体现或固定下来，即有用性的商品。也正是在这样的意义上，现代社会生活分解为两个不同的层面：一是感性直观层面的商品积聚，二是抽象的、看不见的劳动建构过程。由于这种劳动过程是看不见的，一旦固定下来，或者成为与具体材料相关的有用性劳动，或者成为幽灵化的存在。近代以来的哲学中关于本质与现象的区分，有其社会存在论上的根源。

如果说抽象的人类劳动是人的生命力的对象化，那么这种抽象的一般劳动就是社会存在的本质规定。在《德意志意识形态》中，马克思在讨论社会存在时曾指出：物质生活资料的生产与再生产构成社会存在的本质。这两种关

---

① 《马克思恩格斯全集》第 31 卷，人民出版社 1998 年版，第 421 页。
② 《马克思恩格斯全集》第 44 卷，人民出版社 2001 年版，第 51 页。

于社会存在的讨论是否表达了同一种含义？有过去的研究中，人们认为这种抽象的人类劳动，就是生产劳动的具体化，因而将这两种讨论看作具有同一种含义。我曾在第三章，区分了人类学意义上的物质生产逻辑与资本主义社会的资本逻辑，从这种区分出发，《德意志意识形态》中的社会存在论具有人类学的意义，而从商品的本质规定即抽象的一般劳动出发时，这种社会存在论主要针对的是资本主义。在其一般的意义上，它体现了人的生命力的对象化，当这种对象化的劳动构成社会存在的本质时，近代社会才从根本上确立了自己存在的根据，上帝才彻底从社会生活中被放逐。

第三节 抽象劳动与商品世界的形式化

抽象的一般劳动是抽离了质的劳动，劳动的具体形式不见了，只有劳动本身。这种抽象的劳动如何表现自己的存在呢？马克思认为："正如运动的量的存在是时间一样，劳动的量的存在是劳动时间。假定劳动的质已定，劳动本身的持续时间的长短就是劳动所能具有的唯一差别。"当劳动的质被抽离时，劳动的量获得了统摄性的地位，劳动本身的持续时间的长短就成为衡量劳动的唯一标准，劳动间的差别也就成为时间长短上的差别，劳动用时、日、周就成为劳动的尺度。"劳动时间是劳动的活的存在，与劳动的形式、内容和个性无关；它是作为量的存在的劳动的活的存在，同时带有这种存在的内在尺度。"①劳动被简化为质相同但有量的差异的劳动。

马克思指出，这种简化是一种抽象，"然而这是社会生产过程中每天都在进行的抽象。把一切商品化为劳动时间同把一切有机体化为气体相比，并不是更大的抽象，同时也不是更不现实的现象"②。当人们的生产只是为了满足自己的需要时，这种抽象并不会发生，"谁用自己的产品来满足自己的需要，他生产的虽然是使用价值，但不是商品"③。只有当他不仅为自己生产使用价值，而且为别人生产使用价值时，才是生产商品。当商品生产普遍化时，整

---

① 《马克思恩格斯全集》第 31 卷，人民出版社 1998 年版，第 422 页。
② 同上书，第 423 页。
③ 《马克思恩格斯全集》第 44 卷，人民出版社 2001 年版，第 54 页。

个社会的劳动都被抽象为同质化的劳动。这时，劳动与主体的关系发生了倒转。在生产满足自己需要的产品时，主体支配劳动，劳动也有其特定的形式。当劳动被抽象化为同质的并被劳动时间所规定的劳动时，它不再表现为不同主体的劳动，而是人的筋肉、神经、脑等的一定的生产消耗，主体成为劳动的简单器官。只有在这种抽象与简化中，不同劳动之间才能够比较，才能够按照劳动时间的长短来进行交换。这种交换的标准就是生产该商品所需要的必要劳动时间。个体的劳动时间直接表现为一般劳动时间，个别劳动的这种一般性，就直接表现为个别劳动的社会性。因此，规定劳动的，不是其特定的劳动形式，而是其抽象的形式，这种抽象的形式是由社会规定的。这种社会并不是一般的社会，

> 这是一种特有的社会性。首先，劳动的无差别的简单性是不同于个人的劳动的相同性，是他们的劳动彼此作为相同的劳动的相互关系，当然，这是通过事实上把一切劳动化为同种劳动。每一个个人的劳动，只要表现为交换价值，就有相同性这种社会性，而且也只有作为相同的劳动同所有其他个人的劳动发生关系，才表现为交换价值。①

因此，在生产商品的劳动中，存在着劳动的二重性：一是生产使用价值的具体劳动。比如生产上衣，就是进行特定种类的生产活动，有其特殊的目的、操作方法、对象、手段和结果，生产出来的是满足特殊需要的有用物。这是一种有用劳动。这种劳动"是不以一切社会形式为转移的人类生存条件，是人和自然之间物质变换即人类生活得以实现的永恒的自然必然性"②。马克思的这个讨论，是对《德意志意识形态》中人类学意义上的生产逻辑的进一步表述。在《德意志意识形态》中，马克思指出，人类历史存在的第一个前提就是物质生活资料的生产与再生产。马克思当时就是以此为基础来建构自己关于历史的学说的。但这种劳动只有在能够被抽象为一般的人类劳动时，才能成为生产商品的劳动。当商品生产普遍化时，上述的具体劳动虽然还有其人

---

① 《马克思恩格斯全集》第 31 卷，人民出版社 1998 年版，第 424 页。
② 《马克思恩格斯全集》第 44 卷，人民出版社 2001 年版，第 56 页。

类学的意义，但在商品普遍化的社会，这种劳动并不处于主导性的地位。人类需要的满足并不是通过自身的劳动来直接实现的，而是通过商品之间的交换来实现的，有用性的劳动必须要转化为抽象的劳动。这时，具有质性规定的具体劳动，被量所规定的抽象劳动所取代。问题不再是生产什么、怎样生产的问题，而是生产多少、劳动时间多长的问题。这种无差别的抽象劳动成为具有不同使用价值的商品的实体，劳动的时间则成为这种实体现实化的尺度。生产棉纱的工人的劳动与生产棉布的工人的劳动的现实性，并不在于其具体劳动过程，而在于他们的劳动能够转换为抽象的社会劳动，这正是劳动二重性的第二个方面：抽象劳动。在商品生产社会，只有抽象劳动才具有社会性的意义。抽象劳动统摄具体劳动。具体劳动只有采用与自身相对立的形式，即抽象一般性的形式时，才能变成社会劳动。

> 一切劳动，一方面是人类劳动力在生理学意义上的耗费；就相同的或抽象的人类劳动这个属性来说，它形成商品价值。一切劳动，另一方面是人类劳动力在特殊的有一定目的的形式上的耗费；就具体的有用的劳动这个属性来说，它生产使用价值。①

如果说生产使用价值的具体劳动是"多"的话，那么生产交换价值的抽象劳动则是"一"。"一"规制了"多"，但"多"表现了"一"。"一"成为"多"的本质规定，成为"多"的真理。当"多"被"一"所规定时，作为"多"的直接性被扬弃了，商品的有用性被其抽象的价值所取代，这正是从质向量的过渡。正是社会生活的这种全面过渡，商品才能将自己确立为社会的细胞，而劳动的这种从质向量的过渡，构成了商品社会的存在基础。

具体劳动与抽象劳动的这种颠倒，不仅是劳动属性上的颠倒，而且也是社会存在论上的颠倒。从人类生存的基本条件来说，具体劳动才是社会存在的本质规定，但对商品生产的社会来说，抽象劳动才是社会存在的关键。抽象劳动有其社会性规定，体现了人与人的社会关系。但这种关系只有在商品与商品的交换中才能体现出来，而商品在其直接的形式上，则体现为一种有

---

① 《马克思恩格斯全集》第 44 卷，人民出版社 2001 年版，第 60 页。

用物。对于这一格局，马克思这样描述道："人和人之间的社会关系可以说是颠倒地表现出来的，就是说，表现为物与物之间的社会关系。只有在一个使用价值作为交换价值同别的使用价值发生关系时，不同个人的劳动才作为相同的一般的劳动相互发生关系。"①这正是商品生产所构建的物化存在。这种物化发生于社会存在的自身抽象过程中：在个体的意义上，作为主体的劳动被抽象为人类的劳动，主体成为抽象劳动的器官；在社会的意义上，由于抽象劳动的普遍化，社会被抽象还原为物的关系结构。社会存在的物化在商品生产的二重性中得到揭示。

在《资本论》中，马克思曾说："商品中包含的劳动的这种二重性……是理解政治经济学的枢纽……"②在 1867 年 8 月 24 日致恩格斯的信中，马克思又说："我的书最好的地方是：（1）在第一章就着重指出了按不同情况表现为使用价值或交换价值的劳动的二重性（这是对事实的全部理解的基础）。"③对于马克思的这一指认，传统的研究不能不说很关注，但主要还是停留在如何理解经济学意义上的"价值"概念这个层面，没有理解这个表述的哲学意义。实际上，如果将《资本论》看作是生产逻辑意义上的历史唯物主义的运用，的确无法理解劳动二重性的社会历史意义。

马克思从商品进展到劳动，这是从资本主义社会存在的现象界进入本质界；从商品的二重性到劳动的二重性，这是从历史唯物主义双重逻辑的人类学意义上的生产逻辑进入资本逻辑，虽然此时的资本逻辑还隐而不现，但它时刻在发生着作用。商品的二重性，最终表现为商品的交换价值支配使用价值，劳动的二重性最终表现抽象劳动支配具体劳动，这表明：在历史唯物主义的双重逻辑上，资本逻辑支配了生产逻辑，这正是资本主义社会存在的本质规定。当我们停留于生产逻辑时，商品的使用价值才是社会生产的目的，而在资本主义社会，商品的有用性被价值所取代，交换价值才是生产的目的。因此，价值不是具体的"物"，也不能简化为"物"。把价值理解为物，在斯密、李嘉图那里仍然存在。在 1868 年 1 月 8 日致恩格斯的信中，马克思指出：

① 《马克思恩格斯全集》第 31 卷，人民出版社 1998 年版，第 426 页。

② 《马克思恩格斯全集》第 44 卷，人民出版社 2001 年版，第 54—55 页。

③ 马克思、恩格斯：《〈资本论〉书信集》，人民出版社 1976 年版，第 225 页。

"经济学家们毫无例外地都忽略了这样一个简单的事实：既然商品有二重性——使用价值和交换价值，那末，体现在商品中的劳动也必然具有二重性，而像斯密、李嘉图等人那样只是单纯分析劳动，就必然处处都碰到不能解释的现象。实际上，这就是批判地理解问题的全部秘密。"①因为只是单纯的分析劳动，就易将劳动还原为具体劳动，在这种视野中，商品就会被还原为物。到这个层面时，作为古典政治经济学基础的需要的设定也就顺理成章了。

通过对劳动二重性的讨论，我们可以看到，在商品从质到量的转变中，存在着一个抽象的形式化过程，这种形式化构成了质到量的中介，这种形式化就是抽象的人类劳动及其普遍化，这种普遍化成为商品存在以及商品交换关系的根据。这样，商品之间的关系，首先表现为交换价值间的数量关系，其次体现了人与人之间的抽象劳动关系，商品的世界实际上是一个形式化的世界，在这个形式化的世界中，物的有用性这一"质"的规定，只是商品世界的一个借口，一种多余的存在。商品交换的过程，就意味着进入形式化的世界中，不管是商品持有者还是购买者，都成为形式化世界的表演者。这表明，资本主义的社会存在，是一种形式化的存在。这个形式化的社会存在如何展开，根据马克思后来的讨论，实际上表现为一个结构化的过程。

商品的形式化在两个层面产生了直接的影响：一是直接推动了货币的产生；二是在社会行动层面催生与建构出拜物教实践和拜物教思想。这些过程的展开又内含于商品的本性之中，但对其展开环节的讨论，又需要借助于政治经济学批判。这也表明，对商品的分析，需要在哲学—经济学的层面才能得到真正理解。可以说，对《资本论》的研究，重要的是如何揭示其内在的哲学理念以及由这种理念出发所批判的现代社会及其意识形态。这些主题需要一点点地展开。

---

① 马克思、恩格斯：《〈资本论〉书信集》，人民出版社 1976 年版，第 250 页。

第 八 章

使用价值的哲学反思

在对《资本论》的研究中，"使用价值"不论是在政治经济学层面还是在哲学层面，都没有引起足够的重视，它就像空气一样，为我们所熟悉但又无意识地被遗忘。形成这一现象的原因，似乎可以追踪到马克思本人的表述上："成为使用价值，对商品来说，看来是必要的前提，而成为商品，对使用价值来说，看来却是无关紧要的规定。同经济上的形式规定像这样的无关的使用价值，就是说，作为使用价值的使用价值，不属于政治经济学的研究范围。"①政治经济学研究层面的忽视，更易让人无视使用价值的哲学内涵。传统研究中的这一思路，曾受到鲍德里亚的激烈批评。鲍德里亚认为：商品拜物教是由交换价值拜物教与使用价值拜物教构成的，如果说前者受到了马克思及后来者的强烈批判，那么使用价值层面的拜物教则从未受到质疑，使用价值的拜物教加深了交换价值的拜物教，使用价值是整个现代资本主义社会意识形态的形而上学，当马克思不反思使用价值时，这意味着他并没有真正超越他所批判的政治经济学的意识形态。②鲍德里亚的这个批评，正是建立在马克思遗忘了使用价值这一印象上。

---

① 《马克思恩格斯全集》第 13 卷，人民出版社 1962 年版，第 16 页。

② cf. Jean Baudrillard, "Beyond Use Value", in *For a Critique of the Political Economy of the Sign*, trans. by Charles Levin, Telos Press Ltd. 1981. Chapter 7. 中译本参见［法］鲍德里亚：《符号政治经济学批判》（夏莹译，南京大学出版社 2009 年版）。

按照我的理解，如果马克思哲学的起点是商品，那么作为商品二重性之一的使用价值，本身就应处于马克思哲学的问题域中，这需要我们在新的理论构架中，将使用价值的哲学意义呈现出来。

第一节 使用价值的遗忘与理论无意识

在《资本论的哲学》中，广松涉在讨论马克思的价值理论时这样写道：

> 在马克思经济学中，虽说研究了使用价值和价值这"商品的二因素"，但两者并非处于同等位置的考察对象。"使用价值虽然是社会需要的对象，因而处在社会联系之中，但是并不反映任何社会生产关系"，"作为使用价值的使用价值，不属于政治经济学的研究范围。"那么，在何种意义上使用价值属于政治经济学的研究范围？"只有当使用价值本身是形式规定的时候"，认为"它直接是表现在一定的经济关系即交换价值的物质基础。"①

广松涉的这个评说，以马克思的《政治经济学批判》一书中关于商品的讨论为文本基础。由于广松涉主要关注的是价值的社会形式，因此具有自然特性的使用价值并不是他要讨论的对象。在这样的研究视野中，广松涉虽然意识到当使用价值作为形式规定的时候，它是表现在一定的经济关系即交换价值的物质基础这一重要思想，但他并没对这一问题做任何进一步的讨论。他提及使用价值，是为了更好地说明价值和交换价值，一旦进入交换价值的哲学探讨后，使用价值也就被放弃了。

实际上，这种对使用价值的放弃在马克思主义研究史上并不罕见。罗曼·罗斯多尔斯基就说："在马克思主义的经济学家中，忽视使用价值并把它置于'商品知识'的范围中已成为传统。"②他以希法亭与斯威齐为例加以佐证。

---

① ［日］广松涉：《资本论的哲学》，南京大学出版社 2013 年版，第 38 页。
② ［德］罗斯多尔斯基：《马克思〈资本论〉的形成》，魏埙等译，山东人民出版社 1992 年版，第 80—81 页。

希法亭在与庞巴维克的论战中，针对庞巴维克的效用价值论，指出："商品是使用价值和价值的统一，而我们可以从两个不同方面看待这个统一体，作为自然的物，它是自然科学的对象，作为社会的物，它是社会科学（政治经济学）的研究对象。经济学的对象是商品的社会方面，在这个范围内，它是社会的内在联系的象征；另一方面，商品的自然方面，它的使用价值，在经济学领域之外。"希法亭的这个表述，与我们上文引用的马克思本人的表述似乎一致。后来者斯威齐在《资本主义发展论》中重复了这一结论："马克思把使用价值排除在政治经济学的研究领域之外，理由是，它并不直接体现一种社会关系。他坚持一个严格的要求，即经济学范畴必须是社会范畴，也就是代表人与人之间的关系的范畴。看出这一点同现代经济理论的态度针锋相对，是有其重要的意义的。"①斯威齐强调这一点，是想将马克思主义的经济学与非马克思主义的经济学对立起来，尤其是与效用论的观点对立起来，因为在当时的经济学中，使用价值或效用"居于中心地位"。

希法亭的另一个意思则更加明确，即在资本主义社会，使用价值受到了交换价值的束缚，在未来的社会主义社会，"当使用价值作为社会的自觉的目的时……在社会主义社会它会变成这样，社会主义社会的自觉的管理以使用价值为生产的目的，这与资本主义社会根本不同"。② 这样，使用价值成为社会生产的目的，将使用价值从交换价值中解放出来，这是未来社会的重要特征。实际上，这两个结论之间具有内在的逻辑联系。如果把使用价值置于政治经济学的领域之外，那么当把未来社会主义社会看作是废除商品、废除资本的社会时，受到交换价值束缚的使用价值，理所当然地随之获得了解放的意义。

对使用价值的忽视加重了这样一种印象：商品的有用性与交换价值无关，因此，使用价值并没有陷入到交换价值的同质化逻辑中。马克思将使用价值看作有用性，是满足人的需要的物，使用价值并不表征人与人之间的关系，

---

① ［美］斯威齐：《资本主义发展论》，陈观烈、秦亚男译，商务印书馆1997年版，第43页。

② 转引自［德］罗斯多尔斯基：《马克思〈资本论〉的形成》，魏埙等译，山东人民出版社1992年版，第81页。

只是体现了人与物之间的原初需要的满足关系。不仅在政治经济学中无须对此多加追问，其哲学意义更是无须探讨了。

鲍德里亚的批评正是针对上述的理解展开的，并将这一理解的根源指向马克思。在他看来，马克思在使用价值的看法上存在着以下问题：第一，马克思指出商品存在着使用价值与交换价值，使用价值是交换价值的前提。鲍德里亚由此指出："由于将要进行经济的交换与交换价值，所以有用性原则成为物或产品的现实原则是非常必要的。"①这就将具体的有用性上升为抽象的一般有用性。第二，由于使用价值与交换价值存在着如此密切的关系，等价的逻辑已经进入到有用性之中，一般有用性就是这种等价逻辑的体现，这与马克思将使用价值视为不可比较的特性的看法完全相反。第三，使用价值涉及物的一般形式，它的一般等价物就是有用性。"每一个物都被纳入到普遍的抽象的等价符码之中，这一符码是物的理性、物的法则、物的意义……物的功能性使其成为符码。这种符码奠基于物满足于其（有用的）目的的基础之上，让所有真实的或者潜在的物都归属于它，而不考虑任何其他要素。"第四，把使用价值看作是满足人的需要的物的有用性，这是一种人类学的幻象。"在人类学幻象中，它仅仅关注于人类的需要与物所包含的能够满足需要的有用的特质之间的关系，与此相反，使用价值本身就是一种社会关系。"②在这种人类学幻象中，主体被设定为有需要的人，客体被设定为满足主体需要的物，而在现实中，主体并不是作为需要的满足者而存在，主体的需要是经济活动中的抽象的消费力。这种被设定的个体只是经济学反思中的个体，同样，与之相应的物及其有用性，实际上也是被经济学反思设定的使用价值。由于商品交换过程与物的使用价值看似毫无关系，这种被设定的有用性也随之为人所忽略。政治经济学批判如果不能对使用价值本身展开批判，其整个论述也就没有真正触及政治经济学的根本设定，即主体及其需要满足的设定。这才是支撑着政治经济学行而上学的基础，它保证着政治经济学的合法性。

---

① ［法］鲍德里亚：《符号政治经济学批判》，夏莹译，南京大学出版社 2009 年版，第125 页。Cf. Jean Baudrillard，*For a Critique of the Political Economy of the Sign*，p. 131.

② ［法］鲍德里亚：《符号政治经济学批判》，夏莹译，南京大学出版社 2009 年版，第126 页。Cf. Jean Baudrillard，*For a Critique of the Political Economy of the Sign*，p. 132.

鲍德里亚的批评，进一步展现了传统研究中忽视使用价值的理论后果，即一种理论无意识层面的意识形态结构。这种无意识结构在斯密关于需要的设定中就已经存在，并一直支配着政治经济学的内在逻辑。这个批评也再次表明，对于使用价值需要重新加以思考，以确定其在马克思政治经济学批判中的理论地位。

第二节　作为政治经济学范畴的使用价值

在马克思主义思想史上，虽然不少学者都忽视了使用价值的经济学意义，但还是有人看到了这种忽视带来的问题。在《马克思〈资本论〉的形成》中，罗斯多尔斯基就明确指出：需要重新讨论"使用价值在马克思的经济理论中的作用"①。正是不能正确对待这一问题，才导致了希法亭、斯威齐等人对马克思思想的错误理解。

罗斯多尔斯基从以下几个方面论证了应重新将使用价值纳入马克思政治经济学范畴：第一，从马克思研究问题的方法论来看，罗斯多尔斯基从"内容"与"形式"的区分出发，强调使用价值是一个经济学范畴。他认为，在马克思关于商品的思考中，主要关注的是其形式层面，这正是特定社会历史下产品得以成为商品的原因。虽然在一般层面，使用价值涉及商品的内容，这种物质性与社会形式无关，但在特定的历史条件下，这种物质性被社会生产形式所改变，这时就必须将使用价值纳入政治经济学的范畴中。"换句话说，使用价值究竟该不该被认为有经济意义，只能根据它与社会生产关系是否有关来决定。就它影响这些关系或它受这些关系影响来说，它当然是一个经济范畴，而除此之外——就它的纯粹的自然属性来说——它不属于政治经济学范围。"②罗斯多尔斯基认为，这才是马克思所说的，不去研究使用价值的具体自然属性的原因。

第二，罗斯多尔斯基认为，当马克思说使用价值处于经济学之外时，他

---

① ［德］罗斯多尔斯基：《马克思〈资本论〉的形成》，魏埙等译，山东人民出版社 1992 年版，第 80 页。

② 同上书，第 88 页。

有特定的限制：只有在简单商品流通的情况下才是正确的。在简单的商品流通中，商品之间的交换表现为商品与商品间，或者商品与货币间的形式变换过程，这种交换的目的是为了使用价值，而不是价值。这时可以不考虑使用价值。但"用来交换的商品究竟是怎样生产出来的（即商品是产生在资本主义经济条件下还是产生在前资本主义经济条件下），并且在交换后商品怎样被消费的，都属于商业经济的研究内容"。① 但在马克思那里，简单交换并不是其理论所要说明的东西，这从反面说明使用价值具有经济学的含义。

第三，使用价值不仅被资产阶级经济关系所改变，也参与改变了这种经济关系。罗斯多尔斯基以几个例子说明了使用价值对经济生活的影响。首先，使用价值直接影响到货币及其发展。作为一般等价物的商品即货币，具有双重的使用价值，一是作为商品本身的使用价值，二是作为货币的使用价值，"它的这种使用价值本身是形式规定性，就是说，是从它在交换过程中由于其它商品对它的全面行动所起的特殊作用产生的"②。这正是马克思所说的下面这段话所要表达的意思："在商品同货币交换时，物质变化和形式变化是同时发生的，因为在货币上，内容本身恰好属于经济的形式规定。而在这里，货币再转化为商品，同时就是资本再转化为物质生产条件。所发生的既是一定使用价值的再生产，也是价值本身的再生产。"③其次，从资本与劳动之间的交换来看，使用价值正是资本主义生产的奥秘所在。资本与劳动力的交换，付出的是劳动力再生产所需要的最低限度的工资，购买的却是能够创造高于工资的劳动力的使用价值。罗斯多尔斯基说：

> 因此，如果作为资本的价值增殖的剩余价值的创造是从劳动力商品的特殊的使用价值产生的，那末，政治经济学就必须转和维持劳动力生存所必须的消费品的等价之外增殖的那部分价值产品，并且从而必须使这个份额最终由使用价值决定。这样，使用价值范畴对资本主义生产方

---

① ［德］罗斯多尔斯基：《马克思〈资本论〉的形成》，魏埙等译，山东人民出版社 1992 年版，第 89 页。

② 同上书，第 92 页。

③ 《马克思恩格斯全集》第 31 卷，人民出版社 1998 年版，第 61—62 页。

式下的经济关系也是有影响的。①

同样，在流通过程中，使用价值也产生着影响。比如固定资本由于其耐久的程度不同，其资本转移的速度会影响到资本的总运动。最后，在社会总资本的生产过程中，使用价值的作用就更为明显。因为在社会总资本的生产过程中，不仅存在着价值补偿，而且存在着物质补偿。在剩余价值的生产中，尤其如此。他引用了马克思的许多论述来佐证将使用价值当作经济学范畴的正确性。

第四，从需求与供给的关系来看，使用价值同样内含于经济关系中。使用价值不仅体现为个人需要的满足，而且体现为社会需要的满足，马克思以社会必要劳动时间为准绳，从而对社会需求进行了正确的说明。社会必要劳动时间决定了商品的价值量，从而直接影响到商品的总量，马克思正是根据这一点来说明社会需求与商品量之间的价值关系的。他认为，社会需求正是使用价值这个因素。

罗斯多尔斯基的这些讨论，将使用价值重新拉回到马克思政治经济学的理论构架中，并成为解释资本逻辑的一个重要因素，这在马克思主义研究中，是一次重要的理论反转。从政治经济学研究的方法论视角来看，罗斯多尔斯基对使用价值在何种意义上是一个经济学范畴做了限定，即在特殊的社会生产方式和分配方式的作用下，使用价值才进入经济学研究的领域，在这个意义上，可以说使用价值成为经济学范畴是有用性的一种特殊存在形式。如果单纯从有用性本身来说，使用价值存在于经济学领域之外。他认为这是马克思所要表达的本意。罗斯多尔斯基的这些讨论，不自觉地触及马克思思想的内在逻辑，即人类学意义上的生产逻辑与资本主义社会生产中的资本逻辑，但这种区别对于罗斯多尔斯基来说是不自觉的，这种不自觉使得他在面对使用价值问题时，在哲学前提上与传统研究并没有太大的差异，即一般与特殊、内容与形式的区别，仍是他讨论这一问题的前提，这种区别正是传统研究模式中遇到问题时常用的方法。正是囿于这一传统思路，罗斯多尔斯基无法对

---

① ［德］罗斯多尔斯基：《马克思〈资本论〉的形成》，魏埙等译，山东人民出版社 1992 年版，第 93—94 页。

使用价值本身的哲学意义提出新的探讨。

第三节　哲学视域中的使用价值

忽视使用价值的经济学—哲学意义，源于马克思在《政治经济学批判》中有这样的表述："成为使用价值，对商品来说，看来是必要的前提，而成为商品，对使用价值来说，看来却是无关紧要的规定。同经济的形式规定像这样无关的使用价值，就是说，作为使用价值的使用价值，不属于政治经济学的研究范围。"罗斯多尔斯基对忽视使用价值这种倾向的批评以及重新重视使用价值，在研究纲领上依据的是紧接着上述引文的马克思的表述："只有当使用价值本身是形式规定的时候，它才属于后者的研究范围。它直接是表现一定的经济关系即交换价值的物质基础。"①从马克思哲学的逻辑来看，使用价值到底意味着什么？或者说，政治经济学批判为什么要批判地反思使用价值？

使用价值，是靠自己的属性来满足人们的某种需要的物，根本的特性在于其有用性。从有用性入手，马克思在《资本论》中区分了有用性的三种不同含义：一是自然物的有用性，如空气、天然草地、野生林等，这些物的有用性与人的劳动无关；二是用来直接满足自身需要的劳动产品的有用性，包括用来贡俸的劳动产品，恩格斯特别强调了像中世纪农民为封建主生产作为代役租的粮食等；三是用来交换的劳动产品，即商品的使用价值。"要生产商品，他不仅要生产使用价值，而且要为别人生产使用价值，即生产社会的使用价值。"②当马克思说使用价值处于政治经济学的范围之外时，主要指的是前两种使用价值，对于后一种使用价值来说，它恰恰是政治经济学批判所要讨论的问题。第三种意义上的使用价值与交换价值一起，构成了商品的二重性，并成为交换价值的物质载体。这正是在一定的经济关系中使用价值的特殊地位。

按照我的理解，马克思思想中存在着《德意志意识形态》中确立的生产逻辑与以《资本论》为标志的资本逻辑，前者更注重人类学意义上的物质生产以

---

① 《马克思恩格斯全集》第 31 卷，人民出版社 1998 年版，第 420 页。
② 《马克思恩格斯文集》第 5 卷，人民出版社 2009 年版，第 54 页。

及主体需要的满足,后者强调资本逻辑在社会生产中的统治性地位,并对生产逻辑形成了统摄性的地位与作用。在《德意志意识形态》中,马克思强调生产逻辑的一般性、普遍性,这时就会将与之相应的使用价值,即物的有用性作为人类社会存在的物质前提,强调其作为人类历史的物质生活资料的基础性作用。这正如马克思自己所说的:"我们开始要谈的前提不是任意提出的,不是教条,而是一些只有在臆想中才能撇开的现实前提。这是一些现实的个人,是他们的活动和他们的物质生活条件,包括他们已有的和由他们自己的活动创造出来的物质生活条件。"① 如果从人类生活的前提入手,那么,物的有用性的确不能纳入政治经济学的范围,我们能够讨论的是这种有用性所表现出来的具体属性,这会涉及构成有用物的材料本身的特性,这些构成了自然科学的内容。但当生产逻辑被资本逻辑所统摄时,生产的直接目的并不是使用价值,而是交换价值,这时使用价值变成了以交换价值为中介的满足需要的物,被打上了社会形式的规定性,它虽然是交换价值的物质载体,但也是被交换价值所统摄的对象,从而进入到商品交换的形式系统中。正是在这个维度上,使用价值成为政治经济学所要考察的内容。

在这一新的视域中,使用价值首先具有"历史性"的规定。从上述使用价值的讨论中可以看出,前两种使用价值实际上并不是指商品的使用价值,商品的使用价值并不具有人类学的规定性,而是特定历史阶段的产物。马克思将商品的产生追溯到原始公社之间的最初交换,但这种意义上的商品实际上并不是马克思所要考察的,因为在这个时代,商品生产存在于原始经济的夹缝中。马克思所要考察的使用价值,存在于商品生产普遍化的时代,这正是他在《资本论》开篇就要表达的思想,即"资本主义生产方式占统治地位的社会的财富,表现为'庞大的商品堆积',单个的商品表现为这种财富的元素形式"。② 这从一开始就界定他所要考察的使用价值的"历史性"规定。在《评阿·瓦格纳的"政治经济学教科书"》一文中,针对瓦格纳所说的马克思忽视使用价值的说法,马克思批评说:与瓦格纳从"价值"概念出发得出"使用价值"的做法不同,自己是从资本主义生产的商品出发的,"因此,使用价值——作

---

① 《马克思恩格斯文集》第 1 卷,人民出版社 2009 年版,第 518—519 页。
② 《马克思恩格斯文集》第 5 卷,人民出版社 2009 年版,第 47 页。

为'商品'的使用价值——本身具有特殊的历史性质"。① 这种"历史性"的界定，指的是特定的社会经济时期下的经济结构，商品的使用价值的考察只有置于这样的历史结构中，才能得到清晰的说明。这种历史性的界划，就将使用价值的讨论从人类学意义上的生产逻辑转向了具有历史性规定的资本逻辑中。也正是在这样的维度中，才能说使用价值的具体属性并不重要，因为生产的根本目的并不是为了使用价值，而是为了价值。

其次，使用价值与资本主义生产的劳动二重性相关联。要想进一步讨论使用价值在商品生产中的位置，必须将之与劳动二重性联系起来，这也是罗斯多尔斯基未能进一步讨论的问题。在批评瓦格纳时，马克思详细表达了这一联系的必要性与意义。

> 这个 vir obscurus 忽略了，就在分析商品的时候，我并不限于考察商品所表现的二重形式，而是立即进一步论证了商品的这种二重存在体现着生产商品的劳动的二重性：有用劳动，即创造使用价值的劳动的具体形式，和抽象劳动，作为劳动力消耗的劳动，不管它用何种"有用的"方式消耗(这是以后说明生产过程的基础)；论证了在商品的价值形式的发展、归根到底是货币形式即货币的发展中，一种商品的价值通过另一种商品的使用价值，即另一种商品的自然形式表现出来；论证了剩余价值本身是从劳动力特有的"特殊的"使用价值中产生的，如此等等，所以在我看来，使用价值起着一种与在以往的政治经济学中完全不同的重要作用，但是——这是必须指出的——使用价值始终只是在这样一种场合才予以注意，即这种研究是从分析一定的经济结构得出的，而不是从空谈"使用价值"和"价值"这些概念和词得出的。②

马克思的这个分析指出了讨论使用价值的两个层面：一是在交换层面使用价值与交换价值的不同规定性，以及使用价值在交换过程中的作用，因此，对使用价值的讨论必须与特定的经济结构联系起来，而不是陷入纯粹概念的

---

① 《马克思恩格斯全集》第 19 卷，人民出版社 1963 年版，第 413 页。

② 同上书，第 414 页。

论争中；二是剩余价值生产层面商品的使用价值对于价值增殖的作用，这种使用价值即是特殊商品，即劳动力的使用价值。使用价值之所以能发生这些作用，这与资本主义社会的劳动相关联。

> 按照劳动过程的性质，生产资料首先分为劳动对象和劳动资料；或者更进一步地加以规定，它一方面是原料；另一方面是工具，辅助材料等。这是从劳动过程本身的性质上中产生出来的使用价值的形式规定，因此——就生产资料来说——使用价值有了进一步的规定。在这里，使用价值的形式规定本身，对于经济关系的发展，经济范畴的发展，成为本质的事情。①

在这里，马克思进一步区分了使用价值的内容与形式，即使在内容不重要的情况下，使用价值的历史性形式仍然对价值生产与价值增殖过程产生着影响。

如果对资本生产过程做进一步的考察，更能看清使用价值在生产过程中的影响。马克思指出，加入生产过程中的使用价值可以划分为两个在概念上有严格区别的要素和对立物："一方面是物的生产资料，客观的生产条件，另一方面是活动着的劳动能力，有目的地表现出来的劳动力，主观的生产条件。从资本在直接生产过程中表现为使用价值而言，这种划分是资本的进一步的形式规定性。"②在这里，使用价值的形式规定性直接建构出资本主义生产过程在物的层面的形式规定性，这既是使用价值本身的生产过程，更是价值增殖过程。在这个意义上，说使用价值处于政治经济学的考察之外，主要是在商品的属性以及商品交换层面来界定的，而且是就使用价值的内容来说的。一旦进入到资本生产领域，使用价值的形式规定性就至关重要。对使用价值的内容与形式这种区分，是考察使用价值在资本主义社会存在中的作用与地位的前提。

第三，使用价值的抽象化与"有用性"的想象。马克思之所以在《资本论》中没有对使用价值的自然形式做过多的讨论（货币部分除外），是因为在商品

---

① 《马克思恩格斯全集》第49卷，人民出版社1982年版，第37—38页。
② 同上书，第37—38页。

交换过程中，使用价值的物质内容实际上并不重要。商品交换过程就是要将使用价值从其质的规定中抽象出来，形成双重结果：一是这种抽象才能使不同质的商品能够在价值层面进行量的比较；二是将具体的"有用性"抽象为想象中的"有用性"。"商品的物体属性只是就它们使商品有用，从而使商品成为使用价值来说，才加以考虑。另一方面，商品交换关系的明显特点，正在于抽去商品的使用价值。"①具体的有用性成为想象中的有用性，质的差别变成了量的差别，这是抽去商品的使用价值的前提。与之相应，体现具体有用性的具体劳动也被化约为抽象劳动，这时劳动产品所能剩下的东西，就是"同一的幽灵般的对象性"，这种"幽灵般的对象性"与想象的"有用性"成为商品交换中的真实存在。马克思的这些讨论，已经将使用价值纳入了交换过程及其心理效应层面，以阐明使用价值在交换过程中的存在方式以及这种存在方式在人的心理层面的影响。这也表明，这种想象的有用性成为商品交换的心理学承诺。

第四，使用价值与经验论。在《资本论》的具体展开中，马克思讨论了商品的使用价值在价值增殖过程中的参与方式，比如劳动对象与劳动资料在生产过程中的价值转移。在这个过程中，由于在直接层面价值增殖过程表现为不同物质材料与劳动共同形成的过程，这使得产品的价值表象为作为资本的物的参与结果，以致形成了这样的印象，即如果没有资本，那么生产是无法进行的，因为资本被看作是具体的物质存在。对资本的这种看法，在古典政治经济学以及当时一些从经济学出发的社会主义者那里表现为非常明显。比如詹姆斯·穆勒就认为："由这些工具组成的供应品称作资本。"②对于李嘉图社会主义者来说，正是因为资本表现为劳动工具与劳动资料，因此在未来的社会主义，资本仍然构成了生产物质生活资料的重要要素。比如勃雷就认为：在未来社会必须有三个条件，即劳动、资本与交换。这里的资本指的就是"房屋，机器，船舶，以及其他任何有用的东西，……一切这些东西都是资

① 《马克思恩格斯文集》第5卷，人民出版社2009年版，第50页。
② ［德］穆勒：《政治经济学要义》，吴良健译，商务印书馆2010年版，第10页。

本"①。在这里，他们正是从商品的使用价值层面来考察资本的，这正是面对商品时的经验论。如果从马克思思想的双重逻辑来看，这是从资本逻辑返回到了生产逻辑，是传统推广论的再现。马克思在批评瓦格纳将使用价值与价值的混淆时就指出：瓦格纳赋予使用价值以财物的属性，并从中推导出价值概念，"给一定的外界物打上'财物'的印记同样可以叫做：'赋予'这些物以'价值'"②，从而将使用价值与价值一般等同起来。按照我的理解，这正是从生产逻辑推广到资本逻辑的做法，从而以人类学意义上的使用价值来说明资本主义商品生产条件下的使用价值。在这一方法的背后，实际上就是将特定历史阶段的生产方式变成了人类存在的一般生产方式，正如马克思反讽地指出："瓦格纳能说的只是：关于资本家阶级对工人阶级的剥削，简言之，关于资本主义生产的性质，马克思的说明是正确的，但是他的错误在于，把这种经济看做是暂时的，而相反地，亚里士多德的错误在于把奴隶制看做不是暂时的。"③

关于使用价值上的这种经验论，说到底是不能区分使用价值的内容与形式在资本主义生产过程中的不同作用。根据历史唯物主义双重逻辑（生产逻辑与资本逻辑）的内在关系来说，资本主义的生产过程在表象层面直接表现为实际的物质生产过程，资本的物质性形态成为生产过程的物质基础，即资本表现为客观的劳动条件，即生产资料或劳动工具，它们的具体存在方式体现为原料、辅助材料、工具、建筑物、机器等，这些物质存在就成为实际的资本。在这种情况下，就易将资本逻辑还原为人类学意义上的生产逻辑，将资本的历史性形式还原为人类生产过程中永恒存在的具体物质内容，"于是，资本就被看成这样一种物，它在生产过程中起着某种物的作用，起着它作为物应有的作用"④。在流通过程中，由于货币或者是一种中介，或者是一种观念性的价值尺度，或者甚至可以作为支付手段，这时商品流通同样表现为一个物质流转的过程。正是在这种情况下，才可能产生上述社会主义者所有的经验论，

---

① ［英］勃雷：《对劳动的迫害及其救治方案或强权时代与公理时代》，袁贤能译，商务印书馆1959年版，第49页。
② 《马克思恩格斯全集》第19卷，人民出版社1963年版，第409页。
③ 同上书，第401页。
④ 《马克思恩格斯全集》第49卷，人民出版社1982年版，第40页。

这种经验论恰恰没能穿透使用价值在政治经济学中的地位和作用，没能区分生产逻辑与资本逻辑的内在区别和联系，从而陷入对使用价值的错误理解中，并进一步错误理解了资本的本性。

通过这些论述可以看出，使用价值不只是一个经济学的范畴，而且有其哲学的意义。对使用价值的历史性讨论是将马克思的经济学与古典政治经济学区别开来的一个重要方面的内容，它体现了马克思面对资本主义社会的理论方法，即一种历史性的批判性方法。只有在这一视野中，才能将马克思关于使用价值的讨论与商品交换、资本生产等问题的讨论有机地联系为一个整体。

第四节　人的需要：一般设定及其反思

瓦格纳在讨论从使用价值到价值的过渡时说："人的自然愿望，是要清楚地认识和了解内部和外部的财物对他的需要的关系。这是通过估价（价值的估价）来进行的，通过这种估价，财物或外界物被赋予价值，而价值是计量的。"①在瓦格纳的这一表述中，有个前提性的设定，人的需要，他正是从人的需要出发来论证使用价值通过估价推导出价值的。

在古典政治经济学中，人的需要是其理论的前提。詹姆斯·穆勒在界定政治经济学的目的时认为："政治经济学……有两个重大目的，即社会的消费和满足消费的供给。"②消费是为了满足人们的需要，因此，"需要是生产的原因，是生产的主人和指导者"③。斯密以分工作为理论的起点时，指向的正是为了最大可能地满足人们的需要，并认为交换就源自于人的原始需要。"在一个政治修明的社会里，造成普及到最下层人民的那种普遍富裕情况的，是各行各业的产量由于分工而大增。……别人所需的物品，他能予以充分供给；

---

① ［德］瓦格纳：《政治经济学教科书》，转引自《马克思恩格斯全集》第19卷，人民出版社1963年版，第404页。

② ［德］穆勒：《政治经济学要义》，吴良健译，商务印书馆2010年版，第3页。

③ ［英］格雷：《格雷文集》，陈太先、眭竹松译，商务印书馆1986年版，第229页。

他自身所需的，别人亦能予以充分供给。于是，社会各阶级普遍富裕。"①需要以及满足需要的物质生产的最大化，这是古典政治经济学的起点。

在《德意志意识形态》中，马克思实际上深受上述设定的影响，并将之上升到人类学意义上的生产逻辑的高度。针对青年黑格尔派从观念出发的历史观，马克思指出："我们首先应当确定一切人类生存的第一个前提，也就是一切历史的第一个前提，这个前提是：人们为了能够'创造历史'，必须能够生活。但是为了生活，首先就需要吃喝住穿以及其他一切东西。因此第一个历史活动就是生产满足这些需要的资料，即生产物质生活本身，而且，这是人们从几千年前直到今天单是为了维持生活就必须每日每时从事的历史活动，是一切历史的基本条件。"②马克思的这一界定，强调人的需要及其满足是推动物质生产的动力，这种设定与古典政治经济学的前提非常相似。但如果仅停留于这个层面，马克思与古典政治经济学家就无法区别开来。

马克思在确定人类历史前提时，实际上意识到了一般意义上的人及其需要的设定在理论上的局限性，他在批评费尔巴哈时就指出：费尔巴哈所设定的人，是抽象的人，而不是"现实的历史的人"，作为现实的人，他总是处于一定的社会关系之中，是"以一定的方式进行生产活动的一定的个人"③，而不是像鲁滨孙一样的孤立的个体，并像卢梭、李嘉图等人一样，将这种个体想象为人类个体应该具有的模样。在《评阿·瓦格纳的"政治经济学教科书"》中，针对瓦格纳关于人的需要的设定，马克思反问道：这里的问题是："'人'？如果这里指的是'一般的人'这个范畴，那末他根本没有'任何'需要；如果指的是孤立地站在自然面前的人，那末他应该被看做是一种非群居的动物。"④如果不存在一般的人，也就不存在一般意义上的需要，只有特定社会中的人的具体需要，"那末出发点是，应该具有社会人的一定性质，即他所生活的那个社会的一定性质，因为在这里，生产，即他获取生活资料的过程，

———————

① ［英］斯密：《国民财富的性质和原因的研究》上卷，郭大力、王亚南译，商务印书馆 1974 年版，第 11 页。

② 《马克思恩格斯文集》第 1 卷，人民出版社 2009 年版，第 531 页。

③ 同上书，第 523—524 页。

④ 《马克思恩格斯全集》第 19 卷，人民出版社 1963 年版，第 404 页。

已经具有这样或那样的社会性质"①。在一定的社会性质下，特别是在商品生产普遍化的资本主义社会中，需要的满足与经济学意义上的消费直接联系起来，这时需要变成了消费的内在动机，消费本身又会创造出新的需要，商品的使用价值变成了消费时所关注的对象。这才是资本逻辑全面统摄下使用价值满足需要的形式规定性。"人并不是拥有着他所有的需要，先在地存在于那里，并在自然的驱使下来完满和诠释人之为人的特性。这种假设，回击了唯心主义的目的论，但却界定了我们社会中个体的功能，即生产社会之中所存在的功能神话。个人的价值体系，诸如宗教的自发性、自由、独创性等等都要在生产的维度上才能显现出来。甚至最为基本的功能也都立即成为体系的'功能'。任何时候，人都不曾拥有基本的需要。"②鲍德里亚的这一说法，倒是延续了马克思的思路。

因此，如果说在《德意志意识形态》中，马克思还想设定一个人类学意义上的人的需要的话，随着资本逻辑对生产逻辑的统摄地位的确立，人类学意义上的人的需要让位于特定历史情境下的人的需要，特别是资本主义社会条件下的人的需要。这既是对一般的、抽象的人的观念的抛弃，也是对一般意义上的需要范畴的抛弃。在资本主义社会，任何个体的需要，都有赖于他人的产品，获得这一产品的过程，则是以整个社会生产方式为中介的过程，这决定了每个人只有作为另一个人的手段才能达到实现自身需要的目的，同样，每个人也只有在为了自身的过程中才能成为他人的手段。因此，个人首先并不是作为需要的主体发生关系，而是作为个体发生关系，只有当每个人都超出了自身的特殊需要时，他才能进入社会的关系结构之中，才能真正满足自身的需要。

在政治经济学的视野中，需要的满足变成了消费过程，主体的需要变成了消费力，并被纳入政治经济学的框架之中。消费的过程在直接层面是将独立的物质形式消耗掉，但这种物质形式正是生产创造出来的。资本主义生产不仅创造出消费的对象，而且把消费能力当作需要创造出来，因此，需要本

---

① 《马克思恩格斯全集》第 19 卷，人民出版社 1963 年版，第 404—405 页。
② ［法］鲍德里亚：《符号政治经济学批判》，夏莹译，南京大学出版社 2009 年版，第 71 页。

身就成为生产活动的一个内在要素。"培养社会的人的一切属性，并且把他作为具有尽可能丰富的属性和联系的人，因而具有尽可能广泛需要的人生产出来——把他作为尽可能完整的和全面的社会产品生产出来（因为要多方面享受，他就必须有享受的能力，因此他必须是具有高度文明的人）——，这同样是以资本为基础的生产的一个条件。"①不仅如此，生产本身也是一个消费的过程，比如在剩余价值的生产过程中，劳动资料、劳动对象以及劳动力的使用价值，都成为生产过程中被消费的对象。这就进一步表明，人的需要并不是固定不变的，它本身受到了社会形式的规定。古典政治经济学家关于抽象人的需要的设定，抽象掉的恰恰是需要的社会历史规定性，从而将资本主义社会的需要还原为一般需要，这种做法本身就是一种意识形态意义上的无意识，这种无意识的设定与将使用价值完全排除在政治经济学范围之外的设定是一致的。

这也表明，当鲍德里亚批评马克思没有反思使用价值，从而陷入使用价值与需求问题的意识形态陷阱时，他抓住的是马克思在生产逻辑层面的设定，而没有看到马克思在资本逻辑层面对使用价值以及需求问题的重新理解。在资本逻辑中，使用价值的生产过程同样是价值增殖过程，对使用价值与人的需要的一般人类学设定，正是论证资本主义社会合法性的重要前提。重新将使用价值纳入政治经济学批判的视野中，才能真正地透视资本逻辑的统摄性作用，揭示人的需要被资本逻辑的建构过程。实际上，也正是对使用价值批判的放弃，才使人陷入对资本主义社会的全面拜物教中。

---

① 《马克思恩格斯全集》第 30 卷，人民出版社 1995 年版，第 389 页。

第 九 章

商品拜物教

"商品拜物教"是《资本论》第一卷第一章第四节的主题。《资本论》第二版将这一主题独立出来作为商品章的结尾，除了凸显《资本论》的政治经济学批判旨外外，更为重要的是，通过这一章，马克思对前面的论述进行了哲学提炼，以明显的形式将政治经济学批判上升为哲学批判。这也意味着，《资本论》并不只是一部经济学的论著，同时也是面对资本逻辑的哲学批判，"商品拜物教"则将这一旨趣鲜明地呈现出来。

商品拜物教，简单地说就是人跪倒在自己的劳动产品——商品面前，使人与人的关系变成物与物的关系并受之制约。这当然只是商品拜物教的结果。问题在于：人与人的关系是如何变成物与物的关系的？这是由个人的幻觉还是由社会过程造成的？商品拜物教是如何由日常生活中的无意识上升为一种意识形态的？这是面对商品拜物教时，需要深入探讨的问题。只有解决了上述问题，人们才能在日常生活中摆脱拜物教意识，达到理性自觉，这是超越拜物教的理性基础。

第一节 商品—物的世界的形成

要理解人与人的关系如何变成物与物的关系，人如何沉沦于物的世界，首先要了解物的世界是如何形成的。当然，这里的物指的是作为商品的物，只有当商品—物形成一个自洽的世界时，人与人的关系以及人的意识，才可能被这个物的世界所捕获。

商品包含两个因素，即使用价值与交换价值，使用价值指的是商品的有用性，但商品存在的依据并不在于其使用价值，而在于其交换价值，即一种使用价值与另一种使用价值相交换的量的关系或比例。在商品社会中，商品的使用价值只是交换价值的载体，人们生产商品的目的并不是直接为了满足自己的需要，而是为了通过交换获得更多的价值。在商品的交换中，形成了商品交换的最简单的等式：

$$X 量商品 A＝Y 量商品 B$$

商品 B 是商品 A 的价值形式，商品 A 是反映商品 B 的价值的镜子，这也是最简单的、个别的或偶然的价值形式。当商品交换逐渐扩大并普遍化时，就会形成总和的或扩大的价值形式，这是一个可以无限延伸的公式：

$$X 量商品 A＝Y 量商品 B，或＝Z 量商品 C，$$
$$或＝W 量商品 D，或＝U 量商品 E，……$$

这个无限相等的公式表明，在商品交换普遍化的时代，商品之间相互指涉，形成了一个相互依存、相互表现的商品—物的世界，一个自洽的系统。

在具体的交换过程中，最简单的交换是物物交换，这也是最为低级的商品交换关系。当商品的种类和交换范围扩大之后，就会形成扩大的等价形式，比如：

$$20 码麻布＝1 件上衣，$$
$$20 码麻布＝10 磅茶叶，等等，$$

在这种价值形式中，还没有形成统一的表现形式，商品交换也就受到限制。随着交换的发展，在商品的价值表现上，获得了一般价值形式，比如：

$$\left.\begin{array}{l} 1 件上衣＝ \\ 10 磅茶叶＝ \\ 1 夸脱小麦＝ \\ X 量商品 A＝ \\ …… \end{array}\right\} 20 码麻布$$

这时，商品的价值表现在唯一的商品上，这个商品成为商品交换中的等价物。这种等价形式的发展就产生了货币。金银由于其独特的自然形式，成为商品交换中的一般等价物。

通过上面的描述，我们可以看到商品—物的世界的结构：第一，商品—物之间形成无限链结的世界，商品与商品之间形成了相互指涉的关系。索绪尔后来曾把这种关系看作一种语言结构性的关系。在这个商品—物的关系世界中，生产者与消费者都无关紧要，这是商品想要表现自己的价值时必然形成的物的世界。第二，在这个物的世界之上，有一个特殊的商品获得了至高无上的地位，即作为货币的商品。虽然货币天然不是金银，但金银天然地就是货币。金银本身是商品—物的世界的一部分，但当其成为一般等价物之后，却又超越于具体的商品世界之上，成为商品世界的直接主人。人们在超越了简单的商品交换之后，在市场上必须先将自己所生产的商品变换为货币，然后才能购买其他的商品。货币获得了至高无上的魔力。第三，商品—物的世界外在于人并按照自身的规律运行，这种规律就像自然规律一样发生着作用。这也容易形成一种错觉，即将商品社会的运行规律等同于自然规律。

虽然商品交换在原始社会后期就已经存在，但商品形成一个普遍化的、自洽性的物的世界，却是资本主义社会产生之后的事。在前资本主义社会，人与物的关系主要是一种直接的使用关系，即使存在着商品交换和为了交换而交换的商人，但从总体上来看，生产是为了满足人们的需要；与之相应，人与人的关系直接体现为依附关系，"物质生产的社会关系以及建立在这种生产的基础上的生活领域，都是以人身依附为特征的"①。在这样的历史情境中，不可能产生普遍化的商品交换与商品—物的世界，更不可能产生现代意义上的商品拜物教。到了资本主义社会，当商品成为生产的直接目的时，商品拜物教才可能产生出来。这时，人与物的关系以及人与人的关系都发生了变化，这种变化与商品—物的世界的完成相对应。在人与物关系上，人与物的直接关系被新的社会关系所中介，并通过以货币为中介的商品关系表现出来，这是人进入物的世界之中的关系。在人与人的关系上，由于人是通过物来表现自身的，而这种物又是在物的世界中相互指涉，这决定了人与人的关系直接体现为物与物的关系。"人和人之间的社会关系可以说是颠倒地表现出来的，就是说，表现为物和物之间的社会关系。"②人的世界和物的世界的关

---

① 《马克思恩格斯全集》第 44 卷，人民出版社 2001 年版，第 95 页。
② 《马克思恩格斯全集》第 31 卷，人民出版社 1998 年版，第 426 页。

系颠倒了，人进入了物的世界之中，成为物的世界的载体。商品世界成为现代人的日常生活世界。

第二节　商品—物的世界的"幽灵"

商品构成了一个自律的、相互指涉的世界，这个世界何以具有如此的魔力，让人沉沦其中而难以自拔？为什么人们好像被这个世界中看不见、摸不着的"幽灵"所牵引，不自觉地膜拜于商品—物之前？或者说，什么是商品—物的世界中的"幽灵"？

在这一节的开始，马克思就指出："最初一看，商品好像是一种简单而平凡的东西。对商品的分析表明，它却是一种很古怪的东西，充满形而上学的微妙和神学的怪诞。"①马克思以桌子这种商品为例指出，这种怪诞性在于：当桌子还是木头时，还是一个普通的可感觉的物，但是当桌子一旦作为商品出现，就转化为一个可感觉而又超感觉的物。可感觉指的是商品的有用性，即桌子作为可用的家具，是能够被看得见、摸得着的；超感觉指的是商品的价值规定性，商品的价值以及由商品的交换所带来的价值关系，是看不见、摸不着的，而在资本主义社会，正是这种看不见、摸不着，但又化身为物的"幽灵"决定了一切。正是这个看不见、摸不着的"幽灵"，改变了作为商品的物的存在方式，它表征着商品的神秘性质。

商品的这种神秘性如果与商品的有用性无关，那就只能与商品的价值规定有关。根据马克思之前的讨论，商品的价值是由劳动决定的。在人们创造价值的劳动中，存在着劳动的二重性：一是与商品的有用性相关的具体劳动，二是体现为劳动力耗费的抽象劳动。具体劳动即生产特定使用价值的劳动之间存在着差别，比如织布工的劳动与咖啡工人制作咖啡的劳动就不相同。抽象劳动创造价值，商品的神秘性质不是来源于价值规定的内容：第一，任何劳动都是人体机能的耗费，虽然具体劳动有着质的差异；第二，决定价值量的东西，即劳动时间，本身也可以度量的，没有什么神秘性。那么，商品的神秘性、商品的"幽灵"源自何处？马克思指出：是商品形式本身。"人类劳动

---

① 《马克思恩格斯全集》第 44 卷，人民出版社 2001 年版，第 88 页。

的等同性，取得了劳动产品的等同的价值对象性这种物的形式；用劳动的持续时间来计量的人类劳动力的耗费，取得了劳动产品的价值量的形式；最后，生产者的劳动的那些社会规定借以实现的生产者关系，取得了劳动产品的社会关系的形式。"①人类劳动的等同性，就是抽离了劳动的各种不同的特征，使之同质化；只有劳动实现了同质化，才可能以机械劳动时间来度量各种不同的劳动，以确定价值量；人们根据价值量来交换劳动产品，人与物的关系、人与人的关系随之表现为物与物的关系，这种关系获得了"社会关系的形式"。上述这些环节的实现，一个根本的前提就是商品生产的普遍化，即资本主义社会关系的确立。商品交换的抽象化过程，实际上是社会关系的抽象化过程，因此，商品的"幽灵"源自于社会关系的抽象化与形式化，而这种抽象化与形式化同样是每个人的日常生活的过程。只有在这样的契合中，人才能无意识地成为商品的膜拜者。

这个无意识的膜拜过程，与人在日常生活中所发生的抽象化与形式化有关。随着商品交换的普遍化，人的需要的满足都是通过商品交换来实现的。在商品交换的过程中，人与物都经历了多重的抽象化与形式化过程，这个过程构成了资本主义社会生产关系与社会关系的特点。从物的存在方式来看：首先，物成为商品，就意味着物的具体特质被抽象，这个空洞的物成为价值的载体；其次，当物成为价值的载体时，价值之间的关系就可以通过价值量来表现，被抽象了的物与物的关系变成了数与数之间的关系，这不仅是抽象化的过程，而且成为形式化的过程；最后，物的这种数量关系体现了人与人的社会关系，因此，它既以形式化的社会关系为前提，又体现了形式化的社会关系。从人的存在方式来说：首先，人变成了可交换的商品，这就与商品具有了相同的特质；其次，在市场交换过程中，不管是作为生产者还是消费者，人都是按照等价交换的原则进入到商品的世界中，抽象化与形式化构成了人在交换行为中的行动原则；最后，人实际上成为按照商品世界的规则来行事的行为者，人与人的关系需要按照物与物的关系来确定。人们按照等价原则来规划自己的劳动，按照等价原则来交换自己的产品，这种计算化的观念渐渐深入人心，变成了人们的行为准则，这种准则正是商品世界的通行法

① 《马克思恩格斯全集》第 44 卷，人民出版社 2001 年版，第 89 页。

则。"他们没有意识到这一点，但是他们这样做了。"①人实现了与商品—物的世界的匹配。

在人与物的存在方式的改变过程中，最为根本的是社会关系的变化。在中世纪，人与人是相互依赖的，"物质生产的社会关系以及建立在这种生产的基础上的生活领域，都是以人身依附为特征的"。② 正是人身依附关系构成了这一社会的基础：第一，劳动和产品就无须采取与它们的实际存在不同的形式，它们作为劳役和实物贡赋直接进入社会体系之中，人与物的关系是需要的满足关系，人们关心的是物的有用性，而不是其价值；第二，劳动的自然形式和特殊性就是劳动的社会形式，而在商品生产社会，劳动的自然性与特殊性让位于劳动的一般性，只有这种一般性才是社会形式；第三，人们在劳动中的社会关系就是他们之间的个人关系，这使他们之间的关系不需要披上物的外衣。在资本主义社会，社会关系的存在方式发生了变化：首先，劳动的自然形式和特殊性与劳动的社会形式分离开来，后者成为商品存在的根据；其次，劳动产品成为商品，使用价值成为交换价值的载体，商品只有作为交换价值才能进入社会结构之中，人与物的需要关系变成了由商品中介的关系；最后，在人与物、人与人的关系改变中，最为根本的是，个人劳动要采用与自身相对立的形式，即一般的抽象劳动形式，也就是简化为质上相同而量上有差别的劳动，才能成为社会劳动。"这种简化表现为一种抽象，然而这是社会生产过程中每天都在进行的抽象。把一切商品化为劳动时间同把一切有机体化为气体相比，并不是更大的抽象，同时也不是更不现实的抽象。"③这种抽象的、形式化的社会关系使得抽象成为统治社会存在的原则。这种现象在日常生活中天天发生，人们习以为常，但对这种抽象化、形式化的过程并不理解，商品的魔力就在这种不知不觉中产生了。

从这种比较中可以看出，商品的魔力主要发生于商品交换普遍化的时代，有其历史性规定。只有在商品生产者的社会里，"生产者把他们的产品当作商品，从而当作价值来对待，而且通过这种物的形式，把他们的私人劳动当作

---

① 《马克思恩格斯全集》第 44 卷，人民出版社 2001 年版，第 91 页。

② 同上书，第 95 页。

③ 《马克思恩格斯全集》第 31 卷，人民出版社 1998 年版，第 423 页。

等同的人类劳动来互相发生关系".① 只有在这样的社会中，商品的形式——其完成形式，即货币，才能获得统治和支配地位。可以说，资本主义社会关系的抽象化、形式化带来了商品的形式化，这就是商品世界的"幽灵"产生的根源。

第三节　商品拜物教：从无意识到形而上学

商品拜物教，从根本上来说，不只是对商品的简单跪拜，而是对商品社会的跪拜。在资本主义社会，这种拜物教构成了一种普遍化的意识形态，它从日常生活中的无意识层面一直上升到思想观念中的形而上层面，这才是商品拜物教的可怕之处。

商品拜物教之所以构成人的无意识，是因为人们的日常生活一直处于商品交换的座架中，不管是将自己当作商品卖出去，还是在市场上购买自己所需要的商品，都遵循着前面所讨论的商品交换的抽象化、形式化原则，使得社会关系的抽象化、物化的形式成为人们无须思考但又天天践行的方式。"一种社会关系采取了一种物的形式，以致人和人在他们的劳动中的关系倒表现为物与物彼此之间的和物与人的关系，这种现象只是由于在日常生活中看惯了，才认为是平凡的、不言自明的事情。"②在商品交换过程中，人们每天都将具体的生产物化约为商品，再将商品化约为抽象的劳动时间，然后用货币来体现商品的价值，这是一个每天都在实践，并不断将这一实践内化为无意识的过程。作为无意识的拜物教观念就是在这样的历史情境中形成的。在这种无意识中，被遮蔽的是社会的抽象化与形式化过程，被呈现的则是对商品与货币的直接认同。

在商品拜物教的无意识中，人们的生活在经验上是二重化的：一方面，人们强调人的自由、独立与平等，把人与人的关系看作是自由而平等的，并以此建构作为主体的人的想象；另一方面，在人与人的关系中，人直接将之表征为物化的、受物所支配的关系，这里的物当然是商品。这种二重性更深

① 《马克思恩格斯全集》第 44 卷，人民出版社 2001 年版，第 97 页。
② 《马克思恩格斯全集》第 31 卷，人民出版社 1998 年版，第 427 页。

地遮蔽了拜物教意识。因为在感性经验层面，人们在可以直接谈论人的尊严与自主的同时，将自己交给商品世界，在不感到受商品—物的支配的同时，反而能够心安理得地享受商品世界的乐趣。大约正是看到这点，齐泽克在讨论马克思的商品拜物教理论时，提出需要做出一定的区分："商品拜物教出现在资本主义社会中，但在资本主义社会里，人与人之间的关系还绝没有'拜物教化'；我们这里所拥有的是'自由'人与'自由'人之间的关系，他们追逐恰如其分的自我利益。""在商品拜物教占统治地位的社会中，'人与人之间的关系'完全是拜物教化的；而在拜物教寄身于'人与人之间的关系'的社会中，即在前资本主义社会中，商品拜物教还没有取得进展，因为在那里，占统治地位的是'自然生产'而非以市场为导向的生产。"①实际上这种区别并不特别重要，人与人的主体间关系只是物与物的关系的幻象，这种主体间的关系从根本上来说是从属于物与物的关系的。

在感性经验层面，人们同样受制于拜物教意识，马克思举了鲁滨孙的例子对此进行了描述。对于当时的经济学家来说，他们喜欢以鲁滨孙式的人来强调自由市场上的个人主体性。在《政治经济学批判大纲》中，马克思就指出：被斯密和李嘉图当作出发点的单个的孤立的猎人和渔夫，属于18世纪的想象力的虚构。这是想建立一种天生的独立的主体的关系，而没有意识到"这是假象，只是大大小小的鲁滨逊一类故事所造成的美学上的假象"。② 实际上，鲁滨孙在日常生活的经验层面，已经受制于商品交换的内在原则，这个原则就是一切都按照劳动时间来衡量。"经验告诉他这些，而我们这位从破船上抢救出表、账簿、墨水和笔的鲁滨逊，马上就作为一个道地的英国人开始记起账来。他的账本记载着他所有的各种使用物品，生产这些物品所必需的各种活动，最后还记载着他制造这种种一定量的产品平均耗费的劳动时间。……价值的一切本质上的规定都包含在这里了。"③这种经验，是经过不断的商品交换形成的经验。实际上，在这种经验中，一切质性的东西都变成了量的东西，

① ［斯洛文尼亚］齐泽克：《意识形态的崇高客体》，季广茂译，中央编译出版社2002年版，第35页。

② 《马克思恩格斯全集》第30卷，人民出版社1995年版，第22页。

③ 《马克思恩格斯全集》第44卷，人民出版社2001年版，第94页。

经验的抽象化与形式化与商品交换的过程相适应，这构成了形而上层面拜物教意识的基础。

第四节　经验论、观念论与拜物教

当日常生活中的拜物教意识上升到一种理论层面时，就形成了理性思维层面的拜物教，并使之合乎资本逻辑的运行要求，哲学上所讲的经验论与观念论，就是资本逻辑的观念表现。这里所说的经验论，指的是以外部物质对象为根据的观念与意识。这里所说的观念论，主要指强调人的思想观念是外部世界的根据。这种经验论与观念论何以与资本逻辑有关？资本逻辑的现实运行过程中何以产生经验论与观念论？

按照资本逻辑，经验论是一种商品拜物教意义上的日常观念。商品拜物教使商品获得了一种神秘的性质。按照马克思的分析，这种神秘性质的获得并不是产生于商品的使用价值，也不是产生于商品的价值，而是来自于商品的形式规定性，即商品的社会关系的历史性规定。这种形式规定性，从根本上来说就是随着商品生产与交换的普遍化，人类的劳动获得了一种形式上的同一性，劳动的形式化的持续时间成为衡量劳动产品的价值量的尺度，而规定这种劳动形式特征的生产者之间的关系成为社会关系的最终形式。但对于日常生活来说，这种形式是看不见、摸不着的，商品的形式规定性反映在具体的物身上，使商品成为可感觉而又超感觉的物或社会的物。虽然商品拜物教这个概念在《资本论》第一卷中才提出来，但在《政治经济学批判》中，马克思已经提出了商品拜物教的基本思想。"一种社会关系表现为一个存在于个人之外的物，这些个人的社会生活的生产过程中所发生的一定关系表现为一个物品的特有属性，这种颠倒，这种不是想象的而是平凡实在的神秘化，是生产关系价值的劳动的一切社会形式的特点。"需要注意的是，这种拜物教的直接对象虽然是商品，但却不是一般的商品，而是充当一切商品等价物的商品，即货币。因此，商品拜物教在其根本的意义上，指的是货币拜物教。所以马克思接着说，商品拜物教在货币上，"比在商品上表现得更为夺目而已"。[①]

---

① 《马克思恩格斯全集》第 31 卷，人民出版社 1998 年版，第 442 页。

围绕着货币拜物教，有两种对立的观念。一种观念是货币膜拜，另一种观念则强调取消货币。前者认为货币是财富的直接形式。这种观念当然产生于商品的交换过程。在商品交换中，产生了作为一切商品交换等价物的商品，即货币，这使得货币具有了一种"超商品"的财富规定性，当货币成为一切商品的价值尺度，而这种价值尺度又通过铸币表现出来时，似乎一切商品都只有通过实在的货币才能得到本质的规定性。"既然一切商品都只是想象中的货币，货币就成了唯一实在的商品。商品只是代表交换价值、一般社会劳动、抽象财富的独立存在，而金与商品相反，是抽象财富的物质存在。"①在日常生活的直接层面，金成为财富的直接物质代表。这种金当然不再是与其他商品并列的商品，而是独立出来的货币。"作为货币，金又恢复了它那金光灿灿的尊严。它从奴仆变成了主人。它从商品的区区帮手变成了商品的上帝。"②这正是重商主义的根源。这种拜物教，就是当时人文主义者所批判的"粗俗"的经验论唯物主义的日常意识根据，也是费尔巴哈所谓的唯物主义的观念。其实，货币拜物教的根本不在于粗俗的利益观念，而是它创造了一种物神，这种物神从外部决定了市民生活的方方面面，它使一切都根据对这种物神的估价而存在。在这种意义上，它与机械唯物主义的经验论具有相同的理论特性。

把货币的物质存在作为财富的规定性，这是日常生活中的经验论，这是一种直接意义上的"物"的拜物教。在日常的商品交换中，这种物质化的"货币"是购买一切商品的前提，货币似乎构成了现代社会一切罪恶的根源，莎士比亚在《雅典的泰门》中就用了大量的篇幅来批判货币的罪恶特性。正是在这样的维度上，可以产生货币拜物教的另一种经验意识。这种意识与货币膜拜不同，甚至是相互对立的。持这种观念的人认为可以通过取消货币的方式来消除现代社会的罪恶，这正是蒲鲁东主义者所提供的解决社会问题的药方。这种观念只看到了作为实物形式存在的货币，同样是一种经验论意义上的拜物教。

这种经验论拜物教的第三种形式体现在对实物资本的崇拜中。在一些从

① 《马克思恩格斯全集》第 31 卷，人民出版社 1998 年版，第 518 页。

② 同上书，第 519 页。

李嘉图出发的社会主义者看来，资本体现为劳动工具与劳动材料，这些物化的工具与材料是制造人类社会生活必需品的前提与条件，在这种意义上，没有资本就没有生活资料，所以社会变革在根本上来说在于如何合理地管理与利用资本，使之平等地为劳动者服务。勃雷在讨论社会变革时指出：他所提出的变革"必须有它的先决条件；就是除了个人的动产以外，一个国家所有的一切实在资本，包括土地，房屋，机器，船舶，以及其他任何可以再生产的财富，都须是整个社会所有和管理的；现在的资本家和雇主的职务及其权力，是相从此立即停止的；社会好像是一个大合股公司一样，由无数的较小的合股公司构成，个个都进行劳动，生产，并且在最平等的条件上互相交换"。①为了平等的交换，勃雷也提出要以劳动券取代货币。在勃雷的这个讨论中，既具有货币拜物教意义上的经验论特征，同时又具有资本拜物教意义上的经验论特征。这也是同时代的其他社会主义者如格雷、汤普逊等人所具有的理念。这种资本拜物教的经验论，当然受到了马克思的批评。②

　　上面描述的是经验论意义上的拜物教，它体现在对商品、货币与资本的崇拜中。但这种拜物教还停留于表象层面，观念论才是这种拜物教的深层依据。按照我个人对马克思的政治经济学批判的理解，拜物教意义上的观念论体现在商品交换与生产两个不同的层面。在商品交换层面，这种观念拜物教以货币在流通中的观念存在方式表现出来，而在生产层面，则是以人本学意义上的劳动为核心概念的哲学意识形态。

　　商品交换必然发展出作为衡量不同商品间价值的货币，即作为价值尺度的货币。这一过程体现为双重的抽象化和观念化。第一层抽象体现为抽离出商品的物质规定性，使之成为数量意义上的交换价值，这是从质向量的转变，这种转变也是从内容向形式的一种转变。在前资本主义社会，商品交换还具有地域性的特性，但资本逻辑的全面扩张使商品交换成为日常生活的根本逻辑，也只有在这时，才能出现抽象化商品交换过程。但由于这种抽象化是隐

　　① ［英］约翰·勃雷：《对劳动的迫害及其救治方案或强权时代与公理时代》，袁贤能译，商务印书馆 1959 年版，第 181 页。

　　② 参见《马克思恩格斯全集》第 31 卷，"B. 关于货币计量单位的学说"，人民出版社 1998 年版，第 470—481 页。

匿不见的，所以商品交换的原因被归结为互通有无的人类本性。比如斯密就认为，正是人类互通有无的天性促进了分工与物物交换。看起来是从人的本性出发来说明商品交换，但实际上却是现代资本逻辑自我隐匿的特性使人性成为问题的核心。当人性成为说明商品交换的根据时，从经验论出发的古典经济学在理论深层上被打上了观念论的痕迹，这时从政治学的意义上寻找一种"契约论"来规范、限制人们的意志，也就成为"理性"的核心问题。马克思通过讨论 G—W 与 W—G 这两种形式指出了这一点："这两种形式的共同点是，在这两种形式中，等价物之一只存在于买卖双方的共同意志中，这种共同意志约束着双方，并且取得一定的法律形式。"①经济学的问题变成了政治学、伦理学的问题，理解了这一点，也就理解了写过《国富论》的斯密为什么要写《道德情操论》了。第二层抽象是货币的观念化存在构成了交换过程的先决条件。在具体的分析中，我们当然可以先讨论商品的交换价值，但在实际的交换过程中，交换价值的实现是一个过程，在交换的过程中，货币作为一种价值尺度是一种观念性的存在，我们都是根据观念化的货币来计算交换中的"合理性"，现实的铸币是观念化货币的表现形式，作为表现形式，贵金属可以以一种符号的方式来表现。观念论的重要代表贝克莱就指出："这些记号本身不代表任何东西，只代表抽象的价值概念。"②在流通过程中，铸币只是观念货币的影子。在经验论的意义上，当把货币当作一切罪恶的根源时，采取的方式是直接废除货币，而在观念论的意义上，借助于一种理性原则也就顺理成章。

在生产层面，观念论意义上的拜物教体现在对劳动的人本学理解上。相比于重商主义理论而言，劳动价值论的提出是古典经济学理论的一次重要提升。从斯密开始的劳动价值论，抽离了劳动的任何特殊规定，将普遍化的工业劳动看作价值的源泉，这是对资本逻辑普遍化的一种理念反映。对劳动价值论的一种抽象哲学解读，就可以得出扩大的人的主体性观念，使主体变成一种不受社会物质条件限制的主体，这种观念构成了物化资本意义上的拜物教的对立面，它本身仍然没有脱离资本拜物教。

---

①　《马克思恩格斯全集》第 31 卷，人民出版社 1998 年版，第 535 页。

②　同上书，第 473 页。

从劳动的创造性中可以引申出人的主体性，这种主体性在哲学的意义上可以成为对"物"的拜物教的消解力量，使主体意义上的人与人的关系呈现为一切关系的根本规定。这种哲学理论在哈贝马斯那里得到了最为根本的表达。但对于马克思来说，他从来没有把这种意义上的劳动看作社会存在的本质规定，这就是他在批判拉萨尔主义时所说的："劳动不是一切财富的源泉。自然界同劳动一样也是使用价值（而物质财富就是由使用价值构成的！）的源泉，劳动本身不过是一种自然力即人的劳动力的表现。"[①]任何主体之间的关系都具有社会历史的规定性，在资本逻辑起作用的时代，这种关系更加受到物质关系的制约，这时只从主体间关系出发来面对资本逻辑，就只是一种空谈。在我看来，这是马克思批判社会主义浪漫派包括费尔巴哈"爱"的哲学的重要理念。这就正如恩格斯后来在《费尔巴哈论》中所说的，当你怀抱"爱"的哲学进入证券交易所时，如果你亏本了，那是活该。这种"爱"的哲学正是一种证券交易所需要的理念，它合乎资本逻辑的要求。这些观念，从根本上来说都没有超越资本拜物教。

第五节　资本逻辑与认知型

按照我的理解，资本逻辑不只是对资本现实进程的一种描述，更是对特定历史时段的认知型的一种概括。所谓的认知型是指在特定历史时段中总存在着一种认识问题的主导图式，这是一种复杂结构的认识模式，它从日常生活中产生，并抽象、变形出思想观念与意识形态。这种认知型构成了特定时代看待问题、思考问题的主要模式，具有结构的特征。比如福柯在讨论 16 世纪的思维方式时指出，"直到 16 世纪末，相似性在西方文化知识中一直起着创建者的作用。"[②]自 17 世纪开始，随着语言的表象作用日益显著，表象的观念开始取代相似性，成为那个时代的思想图式。到李嘉图的劳动价值论之后，以劳动为核心的生命理念构成了新的思想图式，与之相对应的是另一种经验。福柯的这一分析揭示了特定时代的思维方式的家族特征，但他所讨论的不同

---

① 《马克思恩格斯全集》第 25 卷，人民出版社 2001 年版，第 8 页。
② ［法］福柯：《词与物》，莫伟民译，上海三联书店 2001 年版，第 23 页。

知识型之间的转变关系，仍然具有结构化的特征。在这一问题上，黑格尔在《精神现象学》中的描述对于我们而言，具有另外一种启发意义。在黑格尔那里，即同样的思想在不同的阶段具有不同的展开方式，这是一种在更高阶段的呈现，比如斯多葛意识、怀疑意识与苦恼意识，在奴隶时代出现过，在后来同样也出现过，这就揭示出在同一结构层面认知型的复杂性，两种对立的思想仍然可能处于同一种认知型之中。比如他在讨论启蒙时就指出：

> 一派的启蒙，把当初以之为出发点的、处于现实意识的彼岸、而存在于思维之中的那个无宾词的绝对，称之为绝对本质；——而另一种，则称之为物质。……两者，诚如我们已经看到的那样，完全是同一个概念；它们的区别并不在于事情本身，而纯粹只在于，两派思想形成的出发点不同，并且两派在思维运动中各自停留于自己的一个定点上原地不动。假如它们越出它们的定点，它们就会走到一起，并且认识到，那在一派看来据说是一种可恶的而在另一派看来是一种愚蠢的东西者，乃是同一个东西。①

抽象的"物质"正是"精神"抽象的结果。黑格尔揭示出了认知型的动态发展过程以及在这种动态发展中相似意识在不同层面的回归与共存特征。这些都构成了我们从资本逻辑出发来探讨认知型的理念参照系。

从资本逻辑的历史发展来说，从重商主义的货币拜物教到劳动价值论意义上的资本拜物教，这是从一种认知型到另一种认知型的转换，这种转型与资本的历史发展过程相一致，也与人们的思想历程相一致。在资本逻辑的现实运行过程中，交换是日常生活的核心内容，生产则是被遮蔽的，从交换到生产既是社会生活逻辑的递进，也是思想观念从表象到本质的剥离。在商品交换层面会产生相应的认知型，正如我们在前面所讨论的商品与货币拜物教就是这一认知型的母体。进入到劳动价值论之后，我们才能真正地理解资本的自我增殖与螺旋式发展及其世界历史扩张的特征，只有这时我们才能进入

---

① ［德］黑格尔：《精神现象学》下卷，贺麟、王玖兴译，商务印书馆 1979 年版，第 109 页。

对人的生命的关注、对人的主体性的重视的哲学理念，或者说黑格尔意义上的绝对观念，在社会历史的意义上就是对资本逻辑的拜物教。

在哲学形而上的层面，资本拜物教体现为对资本主义社会的永恒化与自然化。关于这个问题，马克思在《哲学的贫困》中就做出了深入的讨论，并成为他批判资本主义社会意识形态的前提。在讨论蒲鲁东的思想方法，揭示政治经济学的形而上学的错误时，马克思在"第七个即最后一个说明"中指出：

> 经济学家们在论断中采用的方式是非常奇怪的。他们认为只有两种制度：一种是人为的，一种是天然的。封建制度是人为的，资产阶级制度是天然的。……经济学家所以说现存的关系（资产阶级生产关系）是天然的，是想以此说明，这些关系正是使生产财富和发展生产力得以按照自然规律进行的那些关系。因此，这些关系是不受时间影响的自然规律。这是应当永远支配社会的永恒规律。于是，以前是有历史的，现在再也没有历史了。①

正是在将资本主义社会关系永恒化与自然化的过程中，作为特定历史阶段的资本主义生产关系获得了永恒存在、无须变更的合法性地位，这正是哲学观念上将资本主义社会形而上学化的地方。当将资本主义社会关系永恒化时，哲学运思的无意识平台就是当前社会，哲学所运用的范畴就是当前社会中的形式化的抽象，马克思以价值形式对此进行了说明：

> 如果我说，上衣、皮靴等等把麻布当作抽象的人类劳动的一般化身而同它发生关系，这种说法的荒谬是一目了然的。但是当上衣、皮靴等等的生产者使这些商品同作为一般等价物的麻布（或者金银，这丝毫不改变问题的性质）发生关系时，他们的私人劳动同社会总劳动的关系正是通过这种荒谬形式呈现在他们面前。这种种形式恰好形成了资产阶级经济学的各种范畴。②

① 《马克思恩格斯全集》第 4 卷，人民出版社 1965 年版，第 153—154 页。
② 《马克思恩格斯全集》第 44 卷，人民出版社 2001 年版，第 93 页。

在《哲学的贫困》中，马克思以蒲鲁东和经济学家为例，一方面批判他们将资产阶级生产中普遍化的范畴如分工、价值、机器、竞争等永恒化的形而上学错误，另一方面批判不同的经济学流派思想上的形而上学错误。这些流派包括宿命论的经济学家、浪漫派的经济学家、人道主义学派，以及各种以批判资本主义社会为目的的社会主义流派。这些都是拜物教意识在哲学形而上层面的表现。由于这种形而上已经内化为无意识，因此也就难以被这些思想家所觉察。

正是这种形而上学，这种在理性思辨层面经过逻辑论证，却又陷入无意识层面的不自知的形而上学，造成了近代以来的哲学思想中的悖论。卢卡奇在《历史与阶级意识》中关于"资产阶级思想的二律背反"的讨论，以总体性与碎片化的二元悖论来揭示资产阶级哲学的物化意识，虽然有些简单，但却在逻辑深层上揭示了拜物教意识在哲学形而上层面的具体表现。

从《资本论》及相关手稿的整体思路来看，马克思的工作主要体现在两个方面：一是分析资本逻辑的运行过程及其内在矛盾，为无产阶级提供认识资本主义社会的科学理论，推动无产阶级阶级意识的形成；二是马克思批判了资产阶级社会的拜物教意识，这种拜物教体现为商品拜物教、货币拜物教与资本拜物教（由于篇幅关系，后两种拜物教这里没有论述）以及这种拜物教意识的思想观念上的表现。在《剩余价值学说史》部分，通过对剩余价值学说史的论述与批判，马克思揭示了这种拜物教意识在观念层面的表现。不管是李嘉图从物的角度对于流动资本与固定资本的讨论，还是李嘉图社会主义者关于生产过程不能缺少资本的分析，实际上都是从资本主义生产关系永恒性与超历史性出发得出的结论。这种形而上学的思维如果不能打破，就不可能真正地破解拜物教之谜。而要破除拜物教的神话，就要真正地展现辩证法的力量。因为"辩证法对每一种现成的形式都是从不断的运动中，因而也是从它的暂时性方面去理解；辩证法不崇拜任何东西，按其本质来说，它是批判的和革命的"。[①] 对于将拜物教意识形而上的思想及其范畴来说，"一旦我们逃到其他的生产形式中去，商品世界的全部神秘性，在商品生产的基础上笼罩着

---

① 《马克思恩格斯全集》第 44 卷，人民出版社 2001 年版，第 22 页。

劳动产品的一切魔法妖术，就立刻消失了"。① 这种其他的生产形式，作为摆脱拜物教世界的生产形式，就是马克思所说的"自由人联合体"。在马克思看来，只有在"自由人联合体"中，才能从根本上摆脱拜物教。

---

① 《马克思恩格斯全集》第 44 卷，人民出版社 2001 年版，第 93 页。

第 十 章

劳动力成为商品意味着什么

在《资本论》第一卷的安排上，商品拜物教构成了商品章的终篇。在经过交换章的讨论后，马克思指出，资本的增殖并不来自于交换过程，从而将视野转向了资本生产领域。正是在这个转向中，劳动力问题开始引人瞩目。劳动力成为商品，成为资本增殖的关键。

第一节 问题的由来

在 1891 年的《雇佣劳动与资本》单行本"导言"中，恩格斯特别强调自己所做的重大改动，并认为，这些改动归结到一点就是："在原稿上是，工人为取得工资向资本家出卖自己的劳动，在现在这一版本中，则是出卖自己的劳动力。"①恩格斯指出，这一改动合乎马克思的政治经济学批判的内在要求。

《雇佣劳动与资本》是马克思在布鲁塞尔德意志工人协会上所做的几次演讲稿，时间是 1847 年。此时的马克思初步完成了对蒲鲁东主义的批判，指出资本主义社会制度的经济基础是私有制与雇佣劳动。在批判蒲鲁东的《哲学的贫困》以及之前的《致安年柯夫的信》中，马克思确立了政治经济学批判的一些重要原则：资本体现为一种社会关系；资本主义社会是一个历史性的存在；必须从历史辩证法出发来批判资本主义而不是简单地运用"好""坏"辩证法，

---

① 《马克思恩格斯选集》第 1 卷，人民出版社 1995 年版，第 322 页。

等等。《雇佣劳动与资本》是在这个基础上完成的，对于揭示资本主义剩余价值的来源有着非常重要的意义。

从马克思思想的总体发展进程来看，无论在用语上，还是在思想的精确性、深刻性上，此时的马克思都还处于思想发展过程中，或者说，马克思还未完成政治经济学批判，直到 19 世纪 50 年代末《政治经济学批判》的出版，这一任务才算初步完成。但即使到 50 年代末，马克思也还没有真正区分"劳动"与"劳动力"，还没有将工资与劳动力对应起来。在《政治经济学批判大纲》中，当马克思谈到工人与资本家的交换获得工资时，他指的是工人出卖自己的劳动能力。

> 只要工人能够劳动，劳动总是工人进行交换的新的源泉，——不是一般交换，而是同资本交换，——这是包含在概念规定本身中的，就是说，工人出卖的只是对自己劳动能力的定时的支配权，因此，只要工人得到相当数量的物质，能够再生产他的生命表现，他就可以不断重新开始交换。……工人同资本进行交换的，是他例如在二十年内可以耗尽的全部劳动能力。①

在《1861—1863 年经济学手稿》中，马克思在谈到工资时，依然意指工人的劳动能力与资本之间的交换。"工资，即资本家为劳动能力而支付的价格。"②劳动能力体现的是人的潜能，是人所具有的内在特性，体现了劳动的主体性特征。

这种与工资相对应的"劳动能力"的概念，在《资本论》中让位于"劳动力"了。在《资本论》第一卷第一篇中，马克思主要讨论了商品与货币，交换构成了从商品向货币转化的中介，这是对资本主义社会日常生活层面的描述，这种描述构建出一个商品的自我指涉世界，它构成了整个资本逻辑的第一重世界，或者说商品交换的现象界。在第三篇中，马克思开始分析剩余价值的生产过程，进入资本主义社会的本质界。从第一篇到第三篇，从思想逻辑上来

---

① 《马克思恩格斯全集》第 30 卷，人民出版社 1995 年版，第 250—251 页。
② 《马克思恩格斯全集》第 32 卷，人民出版社 1998 年版，第 159 页。

说，可以看作从资本主义社会的现象界向本质界的跳跃，即从商品交换、货币流通进入到了商品的生产，尤其是剩余价值的生产。资本的生产界是一个新的层级结构，只有在资本生产的基础上，才可能形成《资本论》第一卷第一篇所讨论的普遍化的商品的现象界。这两个不同层级之间的转变是通过什么中介实现的？在《资本论》第一卷第二篇中，马克思以"货币转化为资本"为题来加以讨论。在关于货币转化为资本的研究中，马克思得出这样的结论："有了商品流通和货币流通，决不是就具备了资本存在的历史条件。只有当生产资料和生活资料的占有者在市场上找到出卖自己劳动力的自由工人的时候，资本才产生；而单是这一历史条件就包含着一部世界史。因此，资本一出现，就标志着社会生产过程的一个新时代。"①可以说，第二篇构成了讨论资本生产的基础，而第三篇则开始揭示资本主义生产的秘密，这两章对于《资本论》来说，无疑是非常重要的篇章，也是体现马克思的哲学与经济学思想的重要篇目，怪不得恩格斯在看了《资本论》第一卷的最初版时，在 1867 年 6 月 24 日致信马克思："关于货币转化为资本的一章和剩余价值的产生的一章，就叙述和内容来说，是迄今为止最光辉的两章。"②将"劳动"与"劳动力"区别开来，正是《货币转化为资本》这一篇的内核。

以"劳动力"取代"劳动能力"，看起来只是一个术语的变化，但实际上却是政治经济学批判思路的更为清晰的界定。如果说劳动能力侧重于人的内在规定性的话，那么劳动力则更多意味着体力的付出，人的劳动过程更具机械性的意味，这更合乎机器化生产对人在劳动过程中存在方式的要求。③ 恩格斯正是依据马克思后来的观点，才把《雇佣劳动与资本》中工人为取得工资出卖的"劳动"改为"劳动力"的。

---

① 《马克思恩格斯全集》第 44 卷，人民出版社 2001 年版，第 198 页。

② 马克思、恩格斯：《〈资本论〉书信集》，人民出版社 1976 年版，第 217 页。

③ 在《评弗里德里希·李斯特的著作〈政治经济学的国民体系〉》中，马克思在批评李斯特的"生产力"理论时曾嘲讽地说："为了破除美化'生产力'的神秘灵光，只要翻一下任何一本统计材料也就够了。那里谈到水力、蒸汽力、人力、马力。所有这些都是'生产力'。人同马、蒸汽、水全都充当'力量'的角色，这难道是对人的高度赞扬吗？"（参见《马克思恩格斯全集》第 42 卷，人民出版社 1979 年版，第 261 页），此时的马克思还受到人本主义思想的影响，反对将人的劳动付出看作一种简单的"力"。

对于这一改动，恩格斯说了两个理由：第一，从马克思较晚的思想来看，完成于 1847 年的《雇佣劳动与资本》还不成熟，有些用语是不准确的，如果马克思在世，也会像自己一样，修改那些不准确的用语和表述，因此，这个改动合乎马克思的心愿。第二，这才是最重要的理由，即劳动与劳动力的区分，才能从根本上解决古典政治经济学在劳动价值论上的难题。古典政治经济学认识到商品的价值是由生产该商品所必需的劳动决定的，可是当把这一思想运用到所购买的"劳动"这个商品时，这就陷入一个循环论证，即这个"劳动"的价值又是由什么决定的呢？说劳动决定劳动的价值，这等于什么也没说。于是，古典的政治经济学家们就不得不另觅出路，即认为商品的价值等于生产费用。但是他们无法考察生产劳动的费用，就不得不转而考察生产工人的费用。比如说工人的生产费用是每天 3 马克，资本家让工人工作 12 小时，这时工资正好等于工人劳动 12 小时的"劳动"，假定资本家花费的各种其他费用为 24 马克，这样资本家总共花费的是 27 马克，但他最后的收入却是 30 马克。这个多余的 3 马克从哪里来呢？当然不是生产资料与劳动材料所带来的，因为这些都相应地转移了，那么这多余的 3 马克只能来自于劳动。这样，劳动就创造出两个不同的价值，即 3 和 6，这是理论上的悖论。"只要我们还是讲劳动的买卖和劳动的价值，我们就不能够摆脱这种矛盾。"①更重要的是，停留在劳动与资本相交换的层面，就无法发现剩余价值的来源，而劳动与劳动力的区分，则能很好地说明这一点：资本家购买的是工人的劳动力，这个劳动力的工资可能只要半天就可以生产出来，但工人却为资本家生产了一天，剩下的半天就成为剩余劳动，这是剩余价值的来源。没有劳动与劳动力的区分，就没有清晰明白的剩余价值学说。

可以说，恩格斯的这个解释，是过去研究中理解这一区分的意义的全部核心观念。这一理解当然是非常重要的，他将我们直接引到了马克思的劳动价值论与剩余价值学说的内在联系，这是马克思政治经济学批判的内核。但如果仅仅停留在这个层面，仅从经济学的层面来理解这一问题，那么，我们恰恰错过了劳动力成为商品的更为丰富的社会历史意义。在《资本论》的总体结构中，劳动力成为商品，是从商品交换的现象界进入资本生产的本质界的

①《马克思恩格斯选集》第 1 卷，人民出版社 1995 年版，第 326 页。

转折点。从社会历史的层面来说，正是在这个转折中，资本逻辑在现象界的意识形态被揭示出来，即自由与平等的意识形态被揭示出来。在哲学的意义上，作为人的本质规定的"劳动"，或者说"劳动"作为人的本质的界说失去了其原来的意义与价值。可以说，当劳动与劳动力得以区分时，马克思才将自己的观点同过去以劳动作为人的本质的观点区别开来，同时，也就与以黑格尔为代表的传统哲学人类学区别开来。因此，在《资本论》的篇章结构中，"货币转化为资本"这一部分似乎并不突出，但却是资本逻辑批判中极为重要的一环。要真正理解这一问题，就需要我们跳出这一文本本身，进入更为广阔的思想史与历史语境。

第二节　劳动：从经济学的范畴到哲学人类学的设定

要理解劳动的哲学人类学意义，还得先从古典政治经济学的劳动价值论谈起。哲学意义上的劳动概念，只有在劳动价值论之后，才能走上理论的前台。

劳动价值论的提出，与当时的人们对财富的观念的变化相关联。在货币主义者看来，财富是完全客观的东西，即人自身之外的物，也就是货币。这是近代以来最初的财富观念，《威尼斯商人》中的夏洛克可以说是这种观念的代表。后来的重商主义与重工主义，把财富的源泉从对象转到主体的活动，即商业劳动和工业劳动。但他们并不是从这种劳动本身的意义来理解财富，而是把这种特殊的劳动看作获得货币的途径，这是一种目的与手段的关系，可以说，货币仍然是财富的根本规定。到了重农学派，不再把财富看作裹在货币的外衣之中，而是把特定形式的劳动，即农业劳动看作财富的来源。在重农学派看来，只有农业劳动才能创造多于生产该产品时所消耗的价值，才能创造出比原来更多的物质产品，而工业生产只不过改变了物质的形态，因而并不具有生产性。重农学派的这一理论，反映了农业加工在法国的财富创造中的地位和作用，同时也表明，真正的现代工业生产还没有在法国展开。虽然在历史发展的时间段上，重农学派对应的法国还没有达到重视商业和航海的英国的水平，但当重农学派将农业劳动看作创造价值的生产性劳动时，马克思认为从理论抽象上来说，这是重要的逻辑进展。从剩余价值来源的探讨上来说，"重农学派不是说：劳动者是超过再生产他的劳动能力所必需的劳动时间进行劳动的，所以他创造的价值高于他的劳动能力的价值，换句话说，他付出的劳动大于他以工资形式得到的劳动量。但是他们说：劳动者在生产时消费的使用价值的总和小于他所生产的使用价值的总和，因而剩下一个使用价值的余额。"①这是从具体的物质形式层面来说明剩余价值的起源，虽然理论上还没有摆脱直观唯物主义的特点，但这是剩余价值理论的重要一步。

随着工业革命的完成，以机器为基础的现代工业开始在英国发展起来，并成为现代经济发展的主导力量。正是看到了工业的这种历史地位和作用，斯密以工业劳动为原型，并将之抽象为一般劳动，作为现代劳动的典型形态。商品的生产与交换只有在这种一般劳动层面，才能得到比较，以便相互交换，因此，劳动是财富的源泉和价值的尺度。"只有劳动才是价值的普遍尺度和正确尺度，换言之，只有用劳动作标准，才能在一切时代和一切地方比较各种商品的价值。"②这是对工业劳动的抽象。对于斯密的这一抽象，马克思曾指出：

> 他抛开了创造财富的活动的一切规定性，——干脆就是劳动，既不是工业劳动，又不是商业劳动，也不是农业劳动，而既是这种劳动，又是那种劳动，有了创造财富的活动的抽象一般性，也就有了被规定为财富的对象的一般性，也就是产品一般，或者说又是劳动一般，然而是作为过去的、对象化的劳动。③

这表明，工业生产已经取得了支配性的地位，工业劳动成为创造财富的一般性劳动。斯密的劳动价值学说，不仅体现了思想逻辑的递进，而且体现了资本主义社会发展的自我抽象性，即工业劳动统治一切，一切生产都按照商品生产与交换的原则来展开。这时，"劳动"、"劳动一般"等抽象范畴，"这个现代经济学的起点，才成为实际上真实的东西。所以，这个被现代经济学

---

① 马克思：《剩余价值理论》第一册，人民出版社1975年版，第25页。

② ［英］斯密：《国民财富的性质和原因的研究》（上卷），郭大力、王亚南等译，商务印书馆1972年版，第32页。

③ 《马克思恩格斯全集》第30卷，人民出版社1995年版，第45页。

提到首位的、表现出一种古老而适用于一切社会形式的关系的最简单的抽象，只有作为最现代的社会的范畴，才在这种抽象中表现为实际上真实的东西"①。可以说，劳动价值论中的"劳动"是现代社会的本质特性。如果人的抽象的、一般的劳动是创造价值的源泉，那么，支撑社会的根本在于人的劳动，社会存在的根本也在于人的劳动。劳动不再是低下的活动，劳动构成了人的本质，同样劳动也构成了社会存在的本质。现代意义上的"人"的本质与劳动的关系，通过政治经济学的论证，开始勾连起来。

关于劳动的这种哲学—人类学意义，黑格尔从理性发展的层面做了非常重要的论证。黑格尔把自我意识看作理性发展过程的重要节点。在自我意识之前，理性主要面对的是外部世界，主要关注人与外部世界的关系，进入自我意识之后，理性才进入人与人的关系，人与外部世界的关系也以人与人的关系为中介。这种自我意识是如何产生的？黑格尔从欲望的满足出发，论证了劳动作为人的类本质的规定。在他看来，与动物相比，人的欲望的满足具有延迟的特征。人们在满足欲望的过程中，面对同一欲望对象时，就易产生争执与战争，在这个过程中，形成了主人—奴隶的关系。主人因敢于冒生命的危险，成为主人；奴隶因害怕失去生命，成为主人满足自己需要的工具。对于主人来说，他与自然的关系以他与奴隶的关系为中介。奴隶对主人怀有恐惧意识，必须承认主人的意识，并通过自己面对自然的劳作（黑格尔称为"陶冶"）来满足主人的要求。一开始，主人只承认自己的意识，不尊重甚至不承认奴隶的意识；奴隶则相反，只承认他人（即主人）的意识，看不到自身的意识的独立性。但在劳动过程中，奴隶逐渐认识到自己的地位和价值，在承认主人意识的同时，也承认了自己的意识，他看到，如果自己不劳作，主人就无法生存下去。这时，奴隶的自我意识产生了，"正是在劳动里（虽说在劳动里似乎仅仅体现异己者的意向），奴隶通过自己再重新发现自己的过程，才意识到他自己固有的意向"②。这种自我意识，既是对自身意识的承认，也是对他人意识的承认，这才是真正的自我意识。正是在劳动过程中，人才能形

---

① 《马克思恩格斯全集》第 30 卷，人民出版社 1995 年版，第 46 页。
② ［德］黑格尔：《精神现象学》（上卷），贺麟、王玖兴译，商务印书馆 1979 年版，第131 页。

成自己的自我意识，这是黑格尔哲学的一个重要内容。

黑格尔关于自我意识的论述，无疑有着当时的政治经济学的背景，他的哲学思辨也是将哲学与经济学融为一体的重要尝试。在《法哲学原理》中，黑格尔关于市民社会与国家关系的论述，就是对政治经济学的哲学批判的理论成果。黑格尔认为，当下的市民社会是以劳动与分工体系为基础的、以私人利益为指向的市民社会，这种社会在发展人的能力、满足人的需要的同时，扩展了社会关系的普遍联系，这对于巩固社会是非常重要的。但市民社会本身并不能实现个人与社会共同发展的目标，以契约论为基础的传统理论也无法为市民社会的发展指明新的方向。正是在这一反思的基础上，他才以国家理性来规制市民社会，以实现社会的理性发展。青年马克思在初遇黑格尔时，并没有理解黑格尔哲学的这一深层历史寓意，特别是由于青年马克思没有经历经济学的研究，无法将哲学思辨与对社会生活的经济学批判结合起来。在1844年经济学研究之后，马克思才开始深入到黑格尔哲学的内在逻辑中，体会到黑格尔哲学的政治经济学寓意。比如在传统哲学中，人被看作是一种理性的动物，自由、平等被看作是人的理性的现实体现。这意味着，自由与平等的理性人是一种现成的存在。黑格尔认为：传统的理性实际上只是知性意义上的理性，而真正的理性是在劳动中生成的，是人的劳动的结果。如果没有现代意义上的劳动，就不可能形成"自我意识"。在《1844年经济学哲学手稿》中，马克思理解了黑格尔哲学的这一重要节点。"他抓住了劳动的本质，把对象性的人、现实的因而是真正的人理解为他自己的劳动的结果"，"黑格尔站在现代国民经济学家的立场上。他把劳动看作人的本质，看作人的自我确证的本质"。① 把劳动看作人的本质规定，这是对劳动的哲学人类学提升。人也不再是一个孤立的个体，而是一种关系中的存在，这种关系以劳动为纽带。

从这里也可以看出，《1844年经济学哲学手稿》第一手稿的"异化劳动"理论，实际上是一个矛盾的结合体。从总体构架上来说，这种异化理论是费尔巴哈的人本异化史观—卢格的政治异化史观—赫斯的货币异化史观影响马克思的结果；但从这一理论的内核来说，马克思并不是简单地认同费尔巴哈，

---

① 《马克思恩格斯全集》第3卷，人民出版社2002年版，第320页。

真正看重的反而是黑格尔的"劳动"哲学，而这种哲学理念正是对斯密以来政治经济学中的劳动观念的哲学提炼，以便直达资本主义社会的存在基础。在这一结构中，从经济学的哲学基础来说，马克思已经超越了斯密等人，因为斯密的哲学基础并不是人与人的相互关系，而是作为孤立存在的个人，这种个人正是黑格尔哲学所批判与超越的，黑格尔所讲的自我意识，实际上是人与人关系建构中的自我意识，这是从个体向关系的逻辑转变，这是哲学基础的重要变更。在哲学基础层面，在这本书中，马克思实际上是在完成一种双重批判：一方面是以费尔巴哈的人本异化史观批判黑格尔与古典政治经济学，另一方面是以黑格尔那深具历史感的哲学批判费尔巴哈，而且从这一手稿的最后思路来说，马克思更多地吸收了黑格尔哲学。第三手稿中插入的"对黑格尔的辩证法和整个哲学的批判"就是对此的证明。①

也正是在这一手稿中，马克思在面对黑格尔的劳动理论时，提出了一个重要的批评："黑格尔站在现代国民经济学家的立场上。他把劳动看作人的本质，看作人的自我确证的本质；他只看到劳动的积极的方面，没有看到它的消极的方向。"②这种消极的方面就是劳动的异化方面。马克思想说，黑格尔没有区分对象化与异化，而这种区分正是他此时要强调的。这种对象化与异化的区分，被很多学者看作是马克思超越黑格尔的地方。这恰恰是没有理解后来的马克思，也没有理解黑格尔。马克思此时的这一区分，更多带有理论乌托邦的色彩，而不是来自于对历史的哲学抽象。从历史生活层面来说，黑格尔所说的"劳动"指的是资本主义社会中的劳动，而这一劳动过程既是对象化过程，也是外化、异化过程，这是黑格尔在《法哲学原理》"市民社会"章已经讨论过的问题，这种对象化与异化的统一，是对资本主义商品生产与交换过程的真实写照。当商品交换普遍化时，生产商品的过程既是对象化过程，也是异化过程。马克思后来在《政治经济学批判大纲》中，才明确指出资本主义社会劳动过程是对象化与异化的统一，这种统一并不是通过两者的区分就可以解决的。比如资本从其物质形态说，它就是"作为手段被用于新生产（生

---

① 关于这一部分的解读，参见仰海峰：《形而上学批判——马克思哲学的理论前提及当代效应》（江苏人民出版社 2006 年版）第一章第四节。

② 《马克思恩格斯全集》第 3 卷，人民出版社 2002 年版，第 320 页。

产)的那种积累的(已实现的)劳动(确切地说，对象化劳动)"。① 但这种理解抽掉了资本存在的形式规定，即资本作为工人的异己力量的规定，看不到这一点，就会形成保留对象化、消除异化的结论，但这恰恰是一种理论上的错误。"要求保存雇佣劳动，同时又扬弃资本，这是自相矛盾和自相取消的要求。"②但此时马克思还没有区分劳动与劳动力，劳动依然成为他批判资本主义社会、确证共产主义社会人的发展的重要概念。

> "从资本和雇佣劳动的角度来看，活动的这种物的身体的创造是在同直接的劳动能力的对立中实现的，这个对象化过程实际上从劳动方面来说表现为劳动的外化过程，从资本方面来说表现为对他人劳动的占有过程，——就这一点来说，这种扭曲和颠倒是真实的，而不是单纯想象的，不是单纯存在于工人和资本家的观念中的。但是很明显，这种颠倒的过程不过是历史的必然性，不过是从一定的历史出发点或基础出发的生产力发展的必然性，但绝不是生产的一种绝对的必然性，倒是一种暂时的必然性，而这一过程的结果和目的(内在的)是扬弃这个基础本身以及扬弃过程的这种形式。"③

在这个论证中，劳动与主体性的关联非常明显。劳动体现了主体的创造能力，只不过这种能力在当下的历史中被扭曲与颠倒了，或者说被异化了，但这一过程本身又为主体的解放创造了条件。因此，不再是对象化与异化的简单区分，而是从历史的进程中消除劳动过程中对象化与异化相同一的形式。在这个论证中，劳动理论构成了马克思思想的重要基础。

劳动与劳动力的区分，改变了这种劳动本体论的哲学论证，主体的解放过程也变得更为复杂了。

---

① 《马克思恩格斯全集》第30卷，人民出版社1995年版，第213页。
② 同上书，第268页。
③ 《马克思恩格斯全集》第31卷，人民出版社1998年版，第244页。

第三节 劳动力与主体问题

除了经济学与哲学意义之外，劳动还是一个人类学意义上的概念，是将人与动物区别开来的重要标志。劳动推动了人的形成与发展，丰富了人的心灵和思维。不仅如此，劳动也推动着人类的社会分工，促进了人类技艺的发展，这正是劳动的魅力所在。在前资本主义社会，虽然从总体上来说，人类的劳动受制于自然条件，但从具体的劳动过程来说，这是一个依赖于主体意识与灵性、体现主体精神的过程。越是熟练的劳动者，其劳动的技艺水平越高，其主体性也就展现得越明显。

在资本主义发展初期，这种技艺工人在生产中所起的作用非常重要。马克思在论述工场手工业时就指出：工场手工业的一个重要方式就是将"不同种的独立手工业的工人在同一个资本家的指挥下联合在一个工场里，产品必须经过这些工人之手才能最后制成"。马克思以马车业为例指出："马车过去是许多独立手工业者，如马车匠、马具匠、裁缝、铜匠、旋工、饰绦匠、玻璃匠、彩画匠、油漆匠、描金匠等劳动的总产品。马车工场手工业把所有这些不同的手工业者联合在一个工场内，他们在那里同时协力地进行工作。"①这是对过去技艺工人的组合，它将不同地点的技艺工人的劳动变成了同一地点下的共同劳动。虽然马车的制造过程中存在着不同工种的分工，但每一种工种就是一个技术活，需要工人投入自己的情感与智慧。

虽然早期资本主义的劳动过程与劳动技艺不可分离，但工场手工业的发展就是要将依附于个人情感与智慧的劳动变成纯粹体力的劳动，从而将工人的思想与情感从劳动中剥离出来，使人成为与"马力"一样的劳动力。可以说，劳动与劳动力的区分，正是抓住了劳动发展过程中的这一特征。这也意味着，随着资本主义生产的发展，主体越来越与劳动过程相分离，劳动过程越来越发展为不依赖于劳动者的情感与理性的过程，将劳动者的情感与理性从劳动过程中分离出来成为资本主义劳动技术与管理发展的重要特点。在马克思时代，通过机器的发明与运用，这一过程正在逐渐展开。在《1844年经济学哲

---

① 《马克思恩格斯全集》第44卷，人民出版社2001年版，第390页。

学手稿》中，马克思曾以"异化劳动"理论来批判劳动与工人主体性的分离，这一批判更多是一种哲学的观察。在《资本论》第一卷的"相对剩余价值的生产"部分，马克思则从工艺学的视角对此进行了充分的讨论（这个过程非常重要，涉及技术与资本的关系，我将在第十五章加以讨论），指出劳动过程的机器化是相对剩余价值的主要来源。

机器的应用与发展，使劳动分工日益精细，人的技能越来越不重要，人越来越成为机器的附庸。劳动的过程在分解中变得日益合理化，主体的观念和情感日益成为机械化生产的障碍，作为体现主体性状态的"劳动"，或者说马克思在《政治经济学批判大纲》中所发挥的"劳动"，已经消失于机器化生产中，资本主义生产过程越来越成为一个不受劳动者控制的过程。20世纪初的泰罗制，抓住的正是现代劳动过程的这一特点。在《历史与阶级意识》，卢卡奇结合泰罗制的现状，以"物化"概念来揭示劳动的这种分离化与碎片化。"随着对劳动过程的现代'心理'分析（泰罗制），这种合理的机械化一直推行到工人的'灵魂'里：甚至他的心理特性也同他的整个人格相分离，同这种人格相对立地被客体化，以便能够被结合到合理的专门系统里去，并在这里归入计算的概念。"[1]在卢卡奇之后，海德格尔结合技术发展对人的生存境遇的讨论，并将"操持"作为人在日常沉沦状态面对外部世界时的主要模式，可以说抓住了现代劳动的本质（当然，他将这一状态延伸为人类学意义上的人的生存状态，这是有问题的）。美国学者布雷弗曼结合现代科技发展过程指出："劳动本来是这种过程的主观要素，如今降到了从属地位，成为管理部门所指挥的生产过程的一种客观要素。劳动地位的这种改变，是由资本来实现的一种理想，但也只在一定的限度以内得到实现，在不同工业部门中实现的情况也不平衡。"[2]劳动者不再是劳动过程的主体，他面对的是一架机器结构。这一结构有自己的动力系统，有自己的操作体系，劳动者越来越成为这个体系的指令的完成者。

将人变成劳动力，虽然在直接层面体现为技术发展的产物，但从根本上来说是社会关系变迁的结果。根据马克思关于商品交换与劳动二重性的讨论，

---

① ［匈］卢卡奇：《历史与阶级意识》，杜章智译，商务印书馆1992年版，第149页。

② ［美］哈里·布雷弗曼：《劳动与垄断资本》，方生等译，商务印书馆1979年版，第152页。

商品交换使得个人的劳动抽象为社会劳动，个体劳动中体现个人特性的东西被抽象了，劳动变成了按照体力来标尺的过程，以便为商品交换确立准则。商品交换的普遍化推动着劳动的社会化进程，个体的劳动突破了自身的界限，成为社会劳动的一分子，越来越多的个体被卷入到这一新的社会结构中，推动着社会结构的转型与社会关系的整体变迁。因此，劳动者不仅成为劳动过程中的分子，也越来越成为社会关系中的分子，当马克思说人的本质是社会关系的总和时，正是对这一新型社会的洞察。马克思并不是想给人下定义，而是指出考察现代社会中的人的方法，即要从现代社会关系结构中去理解人、认识人。在资本主义社会，这一新型社会关系的抽象化与形式化，才产生了合乎资本所需要的"劳动力"。在这个意义上，劳动力是一个社会范畴，它体现了社会关系的变迁与现代生产关系的特点。

现代社会关系，从根本上来说，以资本逻辑为本质规定。马克思与古典政治经济学以及李嘉图社会主义者的根本差异在于：后两者都将资本看作一种物，只看到资本的物质存在，忽视了这种物质存在的历史形式规定，没有将资本看作关系。

> 如果这样抽掉资本的一定形式，只强调内容，而资本作为这种内容是一切劳动的一种必要要素，那么，要证明资本是一切人类生产的必要条件，自然就是再容易不过的事情了。抽掉了使资本成为人类生产某一特殊发展的历史阶段的要素的那些特殊规定，恰好就得出这一证明。要害在于：如果说一切资本都是作为手段被用于新生产的对象化劳动，那么，并非所有作为手段被用于新生产的对象化劳动都是资本。资本被理解为物，而没有被理解为关系。①

这是一种特定历史条件下的关系，在这种关系中，死劳动支配活劳动，并将一切创生性的因素置于这一关系模型中。资本以追求剩余价值为目的，这决定了资本主义生产是一种扩大再生产，其运转模型体现为螺旋式上升结构，这是将一切都吸纳其中的动态结构，人与物、劳动者与劳动资料、劳动

---

① 《马克思恩格斯全集》第 31 卷，人民出版社 1998 年版，第 214 页。

力与机器，都只有在这个运转的结构中才能找到自己的位置。现代科学与技术的发展，同样无法脱离资本逻辑的规制。

在资本逻辑的结构化运转中，商品交换层面的主体幻象破灭了。商品经济的发展，使人从传统中解放出来，变成了独立、自由、平等的主体。商品交换过程必须是自愿的，任何一方都不得使用暴力，他们在承认自己是独立而自由的主体的同时，也必须承认对方是一个独立而自由的主体，黑格尔在《精神现象学》中所说的"相互承认"，是对商品交换模型中主体相互间关系的哲学描述。"可见，平等和自由不仅在以交换价值为基础的交换中受到尊重，而且交换价值的交换是一切平等和自由的生产的、现实的基础。"①当然，在商品交换过程中，这种相互承认只是一种前提，在现实生活中，处于商品交换中的个体恰恰是互相漠视的，他们只是在表象生活中成为主体，现代社会所主张的自由与平等只是掩盖了这一问题。

首先，在马克思资本逻辑的总体结构中，商品交换处于现象界，资本生产才是本质界。从商品交换的现象界进入资本生产的本质界，一个重要的条件就是劳动力成为商品。劳动力成为商品的前提在于：商品交换的普遍化，工人可以自由地买卖自己。只有当劳动力成为商品之后，资本的生产过程才能全面展开。只有进入到生产界，才能揭示剩余价值的来源，揭示剩余价值的生产方式。也正是在劳动力的买卖过程中，一般意义上的人作为主体的神话才被打破：工人不得不出卖自己的劳动力，或者说，工人不得不成为主体。成为主体，是为了更好地自由买卖，并将主体所具有的一切都变成可以买卖的商品，正如马克思在《哲学的贫困》中所说的：过去人们认为不能出卖的东西，如德行、爱情、信仰、良心和知识，都成为出卖的对象。② 当主体与劳动产品都置于商品这一水平面时，人作为"主体"消隐了，或者说"主体"只是生活的表象，受商品指涉世界的约定与指派。

其次，资本生产有其自身的目的，即追求剩余价值。在追求剩余价值的过程中，资本按照其内在的要求组织生产过程，并形成相应的社会机制，力图使资本主义社会成为剩余价值最大化的社会。人只有作为劳动力、作为生

---

① 《马克思恩格斯全集》第 30 卷，人民出版社 1995 年版，第 199 页。
② 参见《马克思恩格斯全集》第 4 卷，人民出版社 1958 年版，第 79—80 页。

产过程的附属物，才能进入生产过程，并成为资本生产与增殖的工具。用哲学的语言来说，如果我们将资本逻辑理解为一种结构化的存在，那么，主体只有在这个结构化存在中才具有意义，个体主体根本就是一个假象。应该说，黑格尔理解了这一过程，他看到了每个个体只是历史过程的工具，过去哲学所说的主体，在螺旋状的历史发展中，丧失了其主体的地位，拿破仑也只是马背上的绝对精神。阿尔都塞在另一个层面，再现了黑格尔式的问题。可以说，劳动力概念的提出，不仅有助于揭示剩余价值的来源，更为重要的是，这个概念有助于打破传统哲学所建构的主体性神话。

第四节　马克思的劳动理论：肯定与否定

在过去的研究中，人们没有注意到区分劳动与劳动力的意义，或者只是在谈论剩余价值时，才将这种区别提出来，这就无法从哲学的意义上去理解这种区分。当讨论剩余价值的来源时，学界会将"劳动力"成为商品看作一个重要的因素，而一旦回到马克思的哲学层面，就会从"劳动力"退回到"劳动"，并从"劳动"出发来讨论马克思的哲学思想，形成了围绕着"劳动"概念的肯定马克思与否定马克思的思路。从劳动与劳动力的区分出发，需要我们重新反思过去的研究，并做出新的理论辨识。

在马克思之后，给予劳动理论充分的地位并以之作为重新解释马克思哲学的基础的，首推卢卡奇。在《关于社会存在的本体论》一书中，卢卡奇以劳动为本体，建构出一套体系较为完整的社会存在本体论。

我们为什么恰恰把劳动从这个整体中提取出来并且让它在这一过程中以及对人类形成过程的飞跃具有如此特殊的地位，这是因为就社会存在本体论而言，劳动在本质上是人（社会）与自然之间的相互关系，而且这里的自然既包括无机界（工具、原料、劳动对象等等）也包括有机界，当然，到了一定的发展高度，这种相互关系同样能以上述顺序表现出来，尤其能够标志出发生在劳动着的人的身上的从纯生物性的存在到社会性的存在的过渡。①

在卢卡奇的讨论中，围绕劳动来建构社会存在本体论，形成了几个重要的理论环节：第一，劳动推动着社会存在的形成与建构。从社会存在发展的角度来说，"劳动过程乃是在人与自然之间发生的过程，乃是人与自然进行物质变换的本体论基础"。② 在劳动过程中，不仅实现了人与自然之间的物质变换，而且实现了人与人之间的协作与联系，形成了劳动的社会性规定。没有劳动，就没有社会的存在；没有劳动，也没有社会的发展。第二，劳动是社会存在的本体。本体体现了存在的根据与本质规定，社会存在的根据是劳动，正是在劳动过程中，人与动物区别开来，并将自然纳入自己的劳动过程中，因此劳动过程既展现了人的主体性，又体现了自然存在的基础性作用，是主体与客体的历史统一过程。因此，劳动是社会实践的模型。第三，正是在劳动中产生了历史规定性的思想观念与意识形态。人们在劳动过程中结成社会关系，并将自然作为自己的观察与实践对象，在这个过程中，形成了对自然的认识和对社会生活的意识。第四，只有在劳动中，人才能实现自由。劳动有其客观的物质基础，但劳动从根本上来说是一个目的设定过程，以人对当下社会的超越性为指引，以超越当下社会的"异化"状态为目的，并在再生产过程中创造超越当下社会的物质基础及相应的思想观念。卢卡奇的这些讨论，形成了一个完整的以劳动为基础的社会存在本体论，是对马克思思想的重新阐释与发挥。从马克思的文献基础来说，《德意志意识形态》和《政治经济学批判大纲》构成了卢卡奇论述的基础，《资本论》是在上述的基础上得到讨论的。虽然在具体论述中，卢卡奇也引用马克思关于劳动力的论述，但从哲学思想的建构上来说，他并没有重视劳动与劳动力的区分所带来的意义，沿袭是仍然是他一贯强调的主体性思路。

马尔库塞是以劳动为基础来解释马克思思想另一位重要代表。马尔库塞的劳动理论有其内在思想转变。由于受到《1844年经济学哲学手稿》的影响，

---

① ［匈］卢卡奇：《关于社会存在的本体论》下卷，白锡堃等译，重庆出版社1993年版，第4页。

② 同上书，第76页。

早期的马尔库塞认为现实的劳动都是异化的劳动，人的潜能在这种劳动过程中被遮蔽了，因此马克思强调要从劳动中解放出来，也就是将人的潜能与本质力量解放出来，这正是共产主义革命的目标。

> 革命所推翻的现存的社会关系是无处不在的否定。因为它们无论在哪儿，都是使社会关系永恒存在的劳动过程的一个否定的秩序。劳动过程的本身就是无产阶级革命的生命。劳动否定秩序的废除，因为马克思命名为异化劳动，因此同时也是无产阶级的废除。①

在新社会，将劳动解放出来说到底是要废除劳动以及与之相关的秩序，以个体的自由否定异化的劳动。由于深受海德格尔存在论与席勒审美思想的影响，马尔库塞认为要真正实现自由，就必须使人的活动具有席勒所谓的"游戏"特征，使人能够自由地超越自身。

> 在游戏中，对象的"客观性"和它的效应、对象世界的现实性（这种现实性不断地迫使人承认它）等都一下子失效了：游戏者完全按照自己的爱好对待对象，它变得"自由于"对象，他根本不理睬对象。这便具有决定性的意义：人在不理睬对象的同时就达到了自身，就进入了他的自由领域，这种自由正是劳动中尚付阙如的。②

在其后期著作中，马尔库塞不再将审美活动与劳动对立起来，而是从两者统一出发来重新讨论劳动本体论。在他看来，如果将马克思的哲学本体论定义为劳动本体论，那么就必须使经济学意义上的劳动转化为本体论意义上的自由创造的劳动，使"劳动服务于人和自然发展的潜能"。③ 这意味着，只

---

① ［美］马尔库塞：《理性与革命——黑格尔与社会理论的兴起》，程志民等译，重庆出版社 1993 年版，第 265 页。
② ［美］马尔库塞：《现代文明与人的困境》，李小兵译，生活·读书·新知三联书店 1989 年版，第 216—217 页。
③ ［美］马尔库塞：《爱欲与文明》，黄勇、薛明译，上海译文出版社 1987 年版，第 143 页。

有将劳动变成"游戏",人才能真正获得自由。这种审美意义上的劳动,与卢卡奇的劳动理论,虽然存在着一定的差异,但他们都将劳动看作是马克思哲学的内核,看作是走向自由历史的关键。

对于劳动的这一肯定性解读,引起了一些学者的批评,鲍德里亚是其中的代表。在《生产之镜》第一章,鲍德里亚以劳动概念为题批评马克思的思想,这些批评可以归结为以下几点:第一,在劳动二重性的区分中,马克思看重的是将使用价值从交换价值中解放出来,这意味着将劳动力的使用价值从其交换价值中解放出来,但马克思没有看到,在资本主义社会,使用价值恰恰是由交换价值所中介的,将使用价值看作纯洁与无辜的,这恰恰是一种形而上学。"为了在具体的质性的劳动和抽象的理化的劳动间保持辩证的平衡,马克思赋予交换价值(既定的经济公式)以逻辑的优先性。但在这样做时,马克思也保持着政治经济学的某些明显倾向:使用价值的具体确定性是政治经济学结构的具体前提。马克思没有将这一图式激进化以颠覆这种表象,并揭示出使用价值是被交换价值生产出来的。"①解放使用价值并没有超越政治经济学的视野,而是对政治经济学的认同,是对交换价值的认同。第二,在劳动与劳动力的区分中,强调劳动的本体论意义或质的意义,也就意味着,劳动力在出卖过程中是可能被异化的,劳动则体现了人的类本质。鲍德里亚认为,这是一种人类学的偏见,这种偏见与西方的理性观念是一致的,就像将劳动看作人的本质,正是近代以来西方思想的底色一样。"在这种理解中,马克思主义有助于资本的诡计。"②这意味着,从劳动出发重新论证马克思的社会本体论,并以此建构马克思的哲学,恰恰陷入资本主义的意识形态之中。第三,至于马尔库塞从"游戏"视角来理解劳动,把劳动看作人的本质力量的展现与对当下世界的超越,鲍德里亚认为:这种审美式的见解,"适用于所有资产阶级意识形态的含蓄意指。虽然马克思的思想清算了资产阶级伦理学,但在资产阶级的美学面前,马克思的思想仍然无能为力"。③ 这种游戏观以物质生产

---

① [法]鲍德里亚:《生产之镜》,仰海峰译,中央编译出版社 2005 年版,第 5 页。在之前的《符号政治经济学批判》中,鲍德里亚专门批判了"使用价值"的形而上学底蕴。

② 同上书,第 12 页。

③ 同上书,第 20 页。

的发展为前提，仍然遵循着资本主义的现实原则，让人在审美的想象中认同了现实的劳动过程。因此，从劳动出发的马克思哲学并没有超越现代社会的根本原则，马克思在批判现代社会的过程中，实现了对现代社会的认同。

从上述对劳动的肯定与批评中，虽然在理论取向上不同，但在对劳动的理解上，都存在着相同点，即都把劳动看作人的类本质的体现，并认为这是马克思哲学的根本思想。对劳动的这一看法，主要依据的是《政治经济学批判大纲》中关于劳动的论述，并将之与《1844 年经济学哲学手稿》进行了链接。在这些文本中，马克思一方面将劳动看作人的本质力量的对象化，一方面从资本主义劳动过程入手，将劳动看作人的本质力量的异化。虽然在《政治经济学批判大纲》中，马克思不再像《1844 年经济学哲学手稿》那样强调将劳动的异化与对象化分离开来，但从劳动出发来论证人的自由的实现与未来共产主义的合理性，依然是此时马克思的理论基点。

从马克思思想中的双重逻辑，即生产逻辑与资本逻辑的视角来看，《政治经济学批判大纲》中的马克思，一方面在导言中论证了生产逻辑的合法性，但另一方面也看到了这种生产逻辑只有从资本主义出发才能提炼出来。可以说，在这个文本中，生产逻辑与资本逻辑交互存在并相互说明，马克思还没有像在《资本论》第一卷中那样，明确指出一般的生产逻辑并不能说明资本主义生产过程，这一过程需要用资本逻辑，即资本的自我增殖带来的社会总体化才能说清楚。在关于"劳动过程和价值增殖过程"的讨论中，马克思在说明了生产劳动的一般要素后指出："这个从简单劳动过程的观点得出的生产劳动的定义，对于资本主义生产过程是绝对不够的。"①相比于传统的简单再生产来说，资本主义生产过程是扩大再生产，扩大再生产的动力是由资本的本性决定的，即追求剩余价值最大化。要从理论上完整而逻辑一致地说明剩余价值的产生，就需要区分劳动与劳动力。资本主义社会生产离不开劳动力的使用，但这种劳动力是资本增殖的活工具，他与机器、生产资料等死工具一起，共同构成了资本增殖的工具，并形成了资本逻辑的自组织系统，人只是这个系统的要素，只是资本自组织系统中的一个因子。这时，劳动与劳动力的关系反过来了，不是从劳动来说明劳动力，而是从劳动力来说明劳动。这意味着卢卡奇

① 《马克思恩格斯全集》第 44 卷，人民出版社 2001 年版，第 211 页注释 7。

与马尔库塞的劳动本体论思路，并没有真正地进到这一新的理论层面；同样，鲍德里亚的批评，针对的还是一种劳动本体论的思路。

综上所述，将劳动与劳动力区别开来，指出资本主义社会中劳动力成为商品的事实，不只在于说明剩余价值的来源，更在于一种解释思路的界划：对资本主义社会的批判，要建立在劳动力成为商品这一事实基础上，而不是劳动本体论意义上的哲学论证。劳动力成为商品，不只是一个经济学的命题，更是一个哲学—政治学的命题。这一事实揭穿了自由、平等的意识形态，揭穿了劳动的人类学与伦理学的幻象，真实地表现了人在资本逻辑的统治中所处的地位。实际上，人的解放并不是劳动力的解放，而是对整个资本逻辑的全面超越，劳动力只不过是与资本逻辑同构的概念。所以，这一区分，不仅在《资本论》的篇章结构中非常重要，而且是我们进入马克思资本逻辑批判的重要环节，即从资本的现象界进入资本的本质界。

第 十 一 章

《政治经济学批判大纲》与《资本论》的逻辑对立

劳动力成为商品，体现了劳动对传统劳动观的变革，这种变革也推动我们对《资本论》与其手稿关系的再思考，特别是《资本论》与《政治经济学批判大纲》关系的思考。

在对《资本论》及其手稿的研究中，《政治经济学批判大纲》（以下简称《大纲》）与《资本论》之间的连续性，是被学界广泛接受的结论。认可这种连续性的研究，一般都聚焦于马克思的经济学理论，强调马克思这两个文本在重要经济学理念上的连续性，如商品、货币、剩余价值生产、资本流通等方面的理论关联。虽然《大纲》中所说的写作规划在《资本论》中发生诸多变化，但从基本理论上来说，学界都认可《大纲》是《资本论》的草稿，《资本论》的许多内容都可以在《大纲》中找到论述，只是在系统性和用语的精确性上，《大纲》还存在着不足。从哲学方法论的意义上来说，学界一般都认为自1845年创立历史唯物主义之后，马克思所做的就是将这一科学的历史理论运用于资本主义社会，得出了资本主义社会的运行规律，发现了剩余价值理论。这意味着在《德意志意识形态》中，马克思已经创立了科学的历史唯物主义理论，后面的工作就是如何将这一理论运用于实际问题。这也表明，在哲学构架上，《大纲》与《资本论》也是一致的。如果说在《1844年经济学哲学手稿》与《资本论》的关系问题上，不少学者还强调二者的重大差异，那么在《大纲》与《资本论》的关系问题上，学者们几乎毫无例外地坚持两者的同质性。但如果深入到这两个文本的哲学逻辑，我们就可以发现，支撑这两个文本的是两种不同的认知型，或者说是两种不同的哲学构架，正是这两种不同的构架，决定了这两个文本的根本差异。这里所说的对立，也正是在这样的意义上提出来的。

第一节 认知型：制约文本的深层结构

当我们说一个思想家在两个不同文本间存在着思想上的对立时，究竟以什么为依据呢？对于同一个思想家而言，在其不同的文本中总会存在着相似的理论内容及其表述方式，这种思想的连续性常常可以直接看出来。但在这种相似性的背后，可能存在着重大的差异甚至对立，要理解这一点，就需要透过表层的相似性，去呈现制约着思想家思考问题的认知型。正是认知型的变更，才能从根本上改变思想的方式。

在《保卫马克思》中，阿尔都塞提出，在马克思思想发展过程中存在着"认识论断裂"，即从早期的人本学意识形态转向了 1845 年之后的科学的历史理论。在确认这一断裂时，阿尔都塞提出了一个重要的概念——总问题（problématique），即确认一个思想家思想的根据在于其内在的逻辑构架，这是一个看不见但可以通过症候阅读来获得的、制约着知识生产及其表现方式的思维模式。"总问题的概念与唯心主义地解释思想发展的各种主观主义概念的不同之处，正是总问题的概念在思想的内部揭示了由该思想对问题作何答复的问题体系。因此，为了从一种思想的内部去理解它的答复的含义，必须首先向思想提出包括各种问题的总问题。"①阿尔都塞认为，总问题有几个重要的特征：第一，每一种思想都是一个整体，它由思想自身的总问题所决定，抽出思想中的一个成分，思想整体就可能发生意义变化。第二，思想家所能提出的问题，是由总问题决定的，一个思想家与另一个思想家的不同，往往不在于一个比另一个看得多一些，而在于他们的总问题存在着差异。阿尔都塞以劳动力的价值问题进行了说明。"劳动的价值等于维持和再生产劳动所必需的物质生活资料的价值。"②古典经济学家没有看到劳动与劳动力的差别，将工资看作劳动的价值，从而无法说明剩余价值来源。在这里，并不是马克

① ［法］阿尔都塞：《保卫马克思》，顾良译，商务印书馆 1984 年版，第 47 页，注 2。
② Althusser, *Reading Capital*, NLB, London, 1970, p. 22.

思看到了斯密、李嘉图没有看到的东西，而是两种不同的总问题生产出了不同的问题及其答案。当一个思想家的思想发生这种"场所变换"时，认知主体才能看到他以前看不到的东西。第三，思想之间的差别在于总问题之间的差别。马克思思想发展过程中的断裂在于总问题的断裂，即从早期的意识形态转向了历史科学。在意识形态时期，马克思强调人的主体性，并没有摆脱费尔巴哈的人本主义，在科学的历史理论时期，马克思强调历史是一个无主体的、多元决定的过程。这是两种完全不同的总问题。

阿尔都塞的这一思想直接影响了福柯。在《词与物》中，福柯提出了一个重要的概念，即认知型（I'épistémè），并从这个概念出发，对16世纪以来西方思想的总体进程做了另一种讨论。与过去强调思想连续性不同，福柯关注的是这一思想史进程中由于认知型的变化而产生的巨大间断性。"我设法阐明的是认识论领域，是认知型（I'épistémè），在其中，撇开所有参照了其理性价值或客观形式的标准而被思考的知识，奠基了自己的确实性，并因此宣明了一种历史，这并不是它愈来愈完善的历史，而是它的可能性状况的历史；照此叙述，应该显现的是知识空间内的那些构型，它们产生了各种各样的经验知识。"①这里的认知型，就是制约着思想史的总问题，思想史研究重要的就是揭示在不同历史时期支配着思想的认知型，揭示不同认知型的内在差别。福柯称这种研究为"考古学"。这种考古学并不是要研究人类的形成，也不是要研究人类历史的连续性进程，而是揭示特定历史时段知识形成的规则及其理论空间，以及在历史变迁中认知型的变更。考古学"这个词并不促使人们去寻找起始；也不把分析同挖掘或者地质探测相联系。它确指一种在已说出的东西存在的层次上的探究描述的一般主题，即实施于它的陈述功能的层次，它隶属的话语的形成层次和档案的一般系统的层次"②。

阿尔都塞与福柯都关注制约人们认知方式的认知型，这是一种思想构型，表象与理性都是在这一构型中获得自己的空间位置，人的语言、无意识、想象与理性话语都服从于这一构型的规则。当一种认知型被另一种认识型所取

---

① ［法］福柯：《词与物》，莫伟民译，上海三联书店2001年版，第10页。
② ［法］福柯：《知识考古学》，谢强、马月译，生活·读书·新知三联书店1998年版，第170页。

代时，就会发生思想史上的间断性，或者称之为"断裂"。福柯就认为，16 世纪以来的西方思想史就发生了两次重大的间断："第一个间断性开创了古典时代（大致在 17 世纪中叶），而第二个间断性则在 19 世纪初标志着我们的现代性的开始。"①斯密的劳动理论，就处于第二个间断性发展的开始。福柯认为，斯密并没有发明作为经济学概念的劳动，因为在斯密之前的许多经济学家如魁奈的学说中就可以找到劳动范畴，斯密与许多前人一样，将劳动看作是交换价值的度量。但这些看法只是表象。在斯密之前，财富最终所表象的是欲望的对象，而在斯密那里，则是抽象性的劳动，正是劳动生产出财富。

> 相比于其先驱者的分析，亚当·斯密的分析代表着一个根本的中断：亚当·斯密的分析区分了交换的理由与可交换物的度量，被交换物的性质与使得它能被分解的单元。人们进行交换，是因为人们需要，人们恰恰交换自己需要的对象，但是，交换的秩序，交换的等级和体现在该等级中的差异则是由沉淀在所需对象中的劳动单元所确立的。……不再是需求对象相互表象，而是时间和辛劳被转化、隐藏和遗忘。②

这是对表象原则的中断，这种中断开启了 19 世纪的人本主义。这是从一种认知型转向另一种认知型，正是认知型的改变，思想史的常规发展链条被中断，建构出一个新的理论平台。

这种认知型的变化，还可以从库恩的"范式"理论中得到佐证。库恩从科学发展的视角讨论了范式变化与科学革命的关系。库恩认为：科学发展可分为常规科学与科学革命这两个时期。所谓常规科学指"坚实地建立在一种或多种过去科学成就基础上的研究，这些科学成就为某个科学共同体在一段时间内公认为是进一步实践的基础"。支撑着常规科学发展的是制约着这一段时期间科学研究的合理问题和方法，并通过经典著作沉淀下来，如亚里士多德的《物理学》、托勒密的《天文学大全》、牛顿的《原理》等，"这些著作之所以能起到这样的作用，就在于它们共同具有两个基本的特征。它们的成就空前地吸

① ［法］福柯：《词与物》，莫伟民译，上海三联书店 2001 年版，第 11 页。
② 同上书，第 293 页。

引着一批坚定的拥挤者，使他们脱离科学活动的其他竞争模式。同时，这些成就又足以无限制地为重新组成的一批实践者留下有待解决的种种问题"。具有这两个特征并制约着科学研究活动的理论构架，就是"范式"①，因此，范式是一个公认的模型，它一方面将科学发现的新现象放入自身所体现的模型之中，另一方面范式也生产出解释各种科学事实的话语与理论。在常规科学中，人们按照既定的范式去解释科学现象。当新的科学现象出现时，人们一般会按照传统的范式加以解释，只有当这种解释完全行不通时，科学家才会将这些现象当作公认的反常现象，它的特征无法被现有的范式所同化，这时才会促成新理论的发明，推动新范式的产生，从而产生科学革命。因此，科学革命是两个范式之间的变更，是整个科学解释构架的变更，也是世界图景的改变，"范式一改变，这世界本身也随之改变了"。②

实际上，不论在个人的思想发展还是整个思想史的历史变迁上，都存在着认知型的转变，当一种认知型发生变化时，人们对世界与事物的看法，也随之不同。对于思想家的研究，我们在理解其思想逻辑的连续性的同时，更需要去抓住其思想发展过程中的根本性转变，这就需要深入到制约着思想家的认知型中，通过展现其认知型的变化来揭示其思想的变化。本章在强调《资本论》与《大纲》的对立时，正是在这个意义上入手的，我们关注的是在这两个文本中马克思的认知型的对立。

第二节 《大纲》的哲学基础

《大纲》自发表以来，就一直是马克思思想研究的热点文献。对于《大纲》的解读，有着经济学与哲学两条线索。从经济学的视角来看，学者们大多强调《大纲》与《资本论》在经济学理论上的连续性。在维戈茨基看来，《大纲》体现了马克思剩余价值理论的重要节点，并在《资本论》中得到了清晰的表述。③

---

① 参见[美]库恩：《科学革命的结构》，金吾伦、胡新和译，北京大学出版社 2003 年版，第 9 页。

② 同上书，第 101 页。

③ 参见[苏]维戈茨基：《卡尔·马克思的一个伟大发现的历史》，马健行译，中国人民大学出版社 1979 年版。

罗斯多尔斯基在《马克思〈资本论〉的形成》中，将《大纲》与《资本论》进行了比较后认为：虽然《大纲》中的拟定的写作方案并没有得到完全实现，但许多重要的主题都在《资本论》中得到展现。他从货币理论、资本的生产过程、资本流通过程、资本的利润与利息等方面，强调从《大纲》到《资本论》的连续性。在哲学层面同样如此。比如卢卡奇在《关于社会存在的本体论》中，就以《大纲》中的劳动理论为基础，以《大纲》与《资本论》为重要文献依据，形成了从劳动本体论出发的马克思哲学解释构架。这一思路在古尔德的《马克思的社会本体论》一书中，得到了更为充分的体现。在经济学与哲学这两条思路中，《大纲》与《资本论》的连续性，都得到了学者们的认可，即使是强调马克思思想发展过程中存在着"认识论断裂"的阿尔都塞，也认为在 1845 年之后，马克思的思想发展具有连续性，其成熟思想则体现在《大纲》到《资本论》这一时期。在这些讨论中，经济学中以劳动价值论为基础的构架，在哲学中则表现为劳动本体论，制约着《大纲》的哲学逻辑的，正是以劳动本体论为基础的哲学构架。

在《大纲》中，这种以劳动本体论为基础的哲学构架体现为以下主要内容：第一，劳动是社会存在的本体，是社会得以存在与发展的纽带。在《德意志意识形态》中，马克思确立了物质生产在社会历史中的人类学意义，指出人类历史的存在，首先就需要通过物质生产来解决吃穿住行等问题，这是人类历史的前提。在政治经济学批判中，上述思想表现为对劳动的社会本体论地位的确立。在《大纲》的导言中，马克思的第一句话就是"摆在面前的对象，首先是物质生产"。① 也就是说，物质生产构成了社会存在的本体，对社会历史的考察，首先就要考察其物质生产的方式。在资本主义社会，人类学意义上的物质生产即是"劳动一般"，这构成了政治经济学的起点。

劳动不仅生产出人类需要的物质生活资料，而且生产出人类社会的形式结构，从而形成人与自然、人与人的交互关系。在人与自然的关系中，人类通过劳动实现对自然条件的占有，占有的形式则由于人与人关系的不同而不同。比如在日耳曼的公社中，人们把自然作为生产的前提，当作自身的无机存在，当作自身的生产与再生产的条件，或者说，把自然当作自身的财产，但这种占有是以共同体的天然成员为中介的，这种共同体就体现了特定历史

---

① 《马克思恩格斯全集》第 30 卷，人民出版社 1995 年版，第 22 页。

时期人们在劳动过程中面对自然时的社会形式。人类正是在不同的社会形式中生产出满足自身需要的物质产品，在资本主义社会，即商品。

第二，劳动的对象化确证了人的主体性。在《1844年经济学哲学手稿》中，马克思第一次将黑格尔的《精神现象学》与政治经济学的劳动理论联系起来，将劳动的对象化理解为人的本质力量的对象化，是人的类本质的实现。劳动成为人的主体性与人的自由状态的本体论基础。这一思想在《大纲》中再次得到了充分的体现。在生产过程中，通过使用劳动工具，原材料被劳动所改变，被塑形。"劳动……从活动形式被固定为，被物化为对象形式，静止形式；劳动在改变对象时，也改变自己的形态，从活动变为存在。"①这个过程的终点是生产出满足人类需要的产品。在资本主义社会，马克思指出：一方面，这种劳动与所有现实性的要素相分离，成为单纯的活劳动，这是缺乏任何客体的、纯粹主体的存在；另一方面，劳动的上述存在方式恰恰表明，劳动是一种人的主体性活动，是财富的一般可能性。因此，虽然劳动受到资本的控制，但"劳动是酵母，它被投入资本，使资本发酵。……资本（按其内容来说）对劳动的关系，对象化劳动对活劳动的关系——在这种关系中，资本在劳动面前表现为被动的东西，资本的被动存在作为特殊实体同作为造成形活动的劳动发生关系——只能是劳动对它的对象性的关系，劳动对它的物质的关系"。正是人的创造性活动赋予产品以价值，这正是人的活动的对象化。

这种创造性的活动，体现了目的性与手段性的统一。在劳动过程中，物质对象或者作为原料，即"作为劳动的创造形式的、有目的的活动的单纯材料"，或者作为"主体活动用来把某个对象作为自己的传导体置于自己和对象之间的那种对象手段"②。主体通过物质对象，按照自己的目的改变外部世界，使之成为为我的存在，并将自身重新生产出来，这不仅是目的性与手段性的统一，更是主体性与客观性的统一。

为了进一步说明劳动的对象化与人的主体性的关系，马克思再次引进了异化的概念。在《1844年经济学哲学手稿》中，马克思将异化与对象化对立起来，强调通过对象化来扬弃异化。在《大纲》中，马克思意识到，在资本主义

---

① 《马克思恩格斯全集》第30卷，人民出版社1995年版，第258页。
② 同上书，第256页。

社会，对象化与异化是同一个过程，因为对象化的过程既是人的本质力量的实现，也是人的主体性的丧失。在资本统治下，劳动成为资本的一个要素，资本把"劳动本身的力量变成对工人来说的异己的力量"①。当资本主义的发展推动技术进步时，机器越来越成为劳动的主导力量，工人也就越来越作为孤立的活的个体依附于机器体系，从而越来越依附于资本。与《1844年经济学哲学手稿》中简单地批判异化劳动不同，马克思认为，劳动的这种异化是走向更高社会阶段的基础和条件。在劳动的对象化和异化的统一过程中，资本一方面创造出普遍的产业劳动和奴役人的经济体系，另一方面也创造出普遍利用自然属性和人的属性的普遍有用性体系，"并创造出社会成员对自然界和社会关系本身的普遍占有"。② 这就为劳动的社会化和科学化创造了条件。只有在这个新的维度上，劳动才可能"不是作为用一定方式刻板训练出来的自然力的人的紧张活动，而是作为一个主体的人的紧张活动，这个主体不是以单纯自然的，自然形成的形式出现在生产过程中，而是作为支配一切自然力的活动出现在生产过程中"。③ 因此，劳动确认了人的主体性，但这种主体性只有在消除了劳动与资本的对立关系后，才可能真正实现。

第三，劳动创造出自由时间，这是人的自由发展的境域。作为社会存在的本体，劳动不仅确证了人的主体性，而且引入了人的主体性和自由发展的境域，即时间。"劳动是活的、造形的火；是物的易逝性，物的暂时性，这种易逝性和暂时性表现为这些物通过活的时间而被赋予形式。"④由于资本的介入，这种创造性的时间相应地分解为两个不同层面：一是客观的劳动时间，这是与价值生产与创造相联系的时间，这是活的劳动时间生产出对象化劳动时间（即资本），生产出补偿对象化在劳动能力中的劳动时间，另外带要创造出新的价值，"这是新的劳动时间在一个使用价值中的对象化"⑤。这种客观化的劳动时间，可以通过量化来加以计时，是商品交换的基础，也是剩余劳动时间的计量基础。二是体现人的创造性力量的自由时间。这种自由时间表

---

① 《马克思恩格斯全集》第30卷，人民出版社1995年版，第268页。
② 同上书，第390页。
③ 同上书，第616页。
④ 同上书，第329页。
⑤ 同上书，第327页。

现为与必要劳动时间相对的时间，这是"满足绝对需要所必需要的劳动时间留下了自由时间"①，资本主义生产力越发展，留给人们的自由时间也就越多，从而为人的自由发展提供了条件。当资本占有人们的剩余劳动时间非常成功时，"资本就违背自己的意志，成了为社会可以自由支配的时间创造条件的工具，使整个社会的劳动时间缩减到不断下降的最低限度，从而为全体[社会成员]本身的发展腾出时间"。② 这是对外在的劳动时间的克服，也是对劳动异己性力量的克服，是自由的实现。这种情况下的劳动才被看作是自我实现，是主体的对象化，这才是实在的自由，正如马克思所说的，"这种自由见之于活动恰恰就是劳动"。③

在时间境域中，从自由时间出发，马克思将资本主义社会看作一个历史性的存在，以此反对将客观时间永恒化的思维方式。将资本主义社会的客观时间永恒化，这是一种超历史的思维，是将现有社会永恒合法化的思维，这种观念正是马克思所要批判与解构的。比如在"导言"中，在讨论近代以来西方思想家将个人作为历史的起点时，马克思就指出：这是以 18 世纪以来市民社会的直观认识为基础的，并将这一历史性的社会存在当作人类社会历史的永恒存在。他在关于前资本主义社会的人身依赖关系、资本主义社会的物的依赖关系以及未来社会的人的全面发展的区分中，更为明确地指出了资本主义社会的历史性。正是这种历史性的社会存在，才形成了以物化的劳动时间为尺度的计量模式。扬弃这个历史性社会，就是以自由时间扬弃体现在商品交换中的物化劳动时间，真正进入以人的自由全面发展为取向的自由时间。"劳动时间本身只是作为主体存在着，只是以活动的形式存在着。……作为主体的劳动时间同决定交换价值的一般劳动时间不相符合，正像特殊的商品和产品同作为客体的劳动时间不相符合一样。"④在这一时间维度中，人们将重新建构社会空间，即一种新的社会存在。马克思称之为自由人联合体的时代。这时，时间的节约以及劳动时间在不同部分的分配，将成为在"共同生产的基

---

① 《马克思恩格斯全集》第 30 卷，人民出版社 1995 年版，第 617 页。
② 《马克思恩格斯全集》第 31 卷，人民出版社 1998 年版，第 103 页。
③ 《马克思恩格斯全集》第 30 卷，人民出版社 1995 年版，第 615 页。
④ 同上书，第 121 页。

础上仍然是首要的经济规律。……然而，这同用劳动时间计量交换价值(劳动或劳动产品)有本质区别"①。这种劳动时间分配不再以人的劳动在质上的同一性为根本，而是人的劳动的多样性基础，是对人的自由发展的确认。

我们从这些维度可以看出，《大纲》的基础是人类学意义上的生产逻辑，这种逻辑具体化为劳动本体论，强调人的主体性与自由。这构成了全篇的深层逻辑。从马克思思想发展的连续性来看，这种劳动本体论是对人类学意义上的生产逻辑的完成与实现，也是这一逻辑在其思想中的顶点。

实际上，大纲还存在着另一条思路，即资本逻辑的思路。这是与劳动本体论完全不同的思路。如果说在劳动本体论中，确证的是人的主体性及其自由，那么在资本逻辑中，这种主体恰恰是资本，这是资本的主体性及其自由。

从劳动本体论到资本逻辑的转变，源自于劳动的对象化转化为异化，即体现人的本质力量的活动转变为受资本奴役的劳动，这是对象化劳动，"即在空间上存在的劳动，也可以作为过去的劳动而同在时间上存在的劳动相对立"。②"劳动(活的、合乎目的的活动)转化为资本，从自在的意义上说，是资本与劳动交换的结果，因为这种交换给资本家提供了对劳动产品的所有权(以及对劳动的支配权)。"③在这种转换中，资本表面看来是既定的物质材料，是受活劳动支配的对象，但实际上资本是新的自主的主体。活劳动只是为死劳动增殖，是资本增殖的手段。劳动生产能力的提高，体现为资本生产能力的提高。"一切社会生产能力都是资本的生产力，因此，资本本身表现为一切社会生产能力的主体。"④

在确认劳动本体论时，马克思强调劳动的创造性，强调劳动的塑形的作用，强调劳动是社会存在的基础。当他进入资本逻辑的视野时，他意识到资本才是社会的主体，劳动不过是资本这一主体实现自身的手段，因此，资本作为主体是从自身出发的。

---

① 《马克思恩格斯全集》第 30 卷，人民出版社 1995 年版，第 123 页。
② 同上书，第 230 页。
③ 同上书，第 267 页。
④ 同上书，第 587 页。

资本从作为能动的主体，作为过程的主体的自身出发，——而在周转中，直接生产过程实际上表现为不以资本同劳动的关系为转换而由资本作为资本的运动所决定的过程，——同作为自行增大的价值的自身发生关系，也就是说，资本同由它设定并以它为根据的剩余价值发生关系；作为生产的源泉同作为产品的自身发生关系；作为进行生产的价值同作为已经生产出来的价值的自身发生关系。①

这里，资本就像绝对观念一样，它与自身发生关系，并在自身中分解出各种不同的关系，在这个框架中，劳动与资本的关系只是资本自身关系中的一种。劳动与资本的关系被颠倒了，资本成为资本主义社会存在的本质规定。

资本作为主体，在生产中通过占有剩余劳动向外扩张，并通过流动过程来实现这种扩张。"资本作为主体，作为凌驾于这一运动各个阶段之上的、在运动中自行保存和自行倍增的那种价值，作为在循环中（在螺旋形式中即不断扩大的圆圈中）发生的这些转化的主体"②，正是在这个过程中，资本成为一个自组织的循环，这是与劳动本体论完全不同的结构，资本作为主体，相对于人这个主体而言，则是一种绝对客体，这是绝对客体的逻辑。

因此，人类学的生产逻辑意义上的劳动本体论与资本作为主体的绝对客体的本体论，这是两个不同的逻辑构架，这也是隐藏在《大纲》中的逻辑对立。但这种对立并没有完全展现出来，而是体现为以劳动本体论为基础的二元构架。但这种二元对立的构架，在《资本论》中让位于资本逻辑的构架，从而将《大纲》中的内在对立展现为《资本论》与《大纲》的对立。

第三节 《资本论》的哲学逻辑

对于《资本论》的哲学逻辑，在过去研究中有着不同看法：传统的研究是从生产力与生产关系的矛盾运动规律去理解的，强调社会发展的自然历史过程，从而把资本主义社会的经济规律当作所有社会的经济规律。这种研究在

---

① 《马克思恩格斯全集》第 31 卷，人民出版社 1998 年版，第 145 页。
② 同上书，第 7 页。

方法论上就不同于马克思的历史性思想，即将资本主义社会当作一个特定的历史时期来理解的观念。随着《1844年经济学手稿》与《大纲》的发表，在《资本论》的哲学逻辑上又形成了两种对立的看法：或者强调从人的本质与人的解放维度，把《资本论》看作青年马克思人本主义思想的继续与发展；或者强调《资本论》是对人本主义思想的抛弃，体现了马克思的历史无主体的观念，比如阿尔都塞就是在这个维度上来讨论的。但在阿尔都塞的讨论中，他将《资本论》看作是《德意志意识形态》之后，马克思科学历史理论的高峰，与《大纲》处于同一维度。

在前面关于《大纲》的讨论中，我们已经讨论到，《大纲》以劳动本体论作为自己的哲学基础，强调人的主体性与自由，这是《德意志意识形态》之后人类学意义上的生产逻辑的继续。但在《大纲》中，也存在着另一条线索，即资本逻辑的自组织运动，在资本逻辑中，主体的劳动是被资本控制下的创造性活动，它是资本增殖的手段。这是对主体的倒置，是与劳动本体论完全不同的哲学逻辑。在这里，资本是自身运动的主体，是资本主义社会存在的本质，这一思路构成了《资本论》的总体逻辑。相比于《大纲》中从劳动本体论出发来论证人的主体性、自由与解放的思路，《资本论》关注的是资本的形式化发展过程，呈现给我们的是一个组织化的形式体系。

为了更好地与《大纲》的逻辑加以对照，我们按照《大纲》中的劳动本体论思路来看看《资本论》是如何回应相关问题的。

第一，关于劳动在资本逻辑中的地位与作用问题。在《资本论》中，马克思不再像在《大纲》中那样，将劳动当作社会存在的本体，而是从资本优先性的视角出发来讨论现实中的劳动，即具有特定社会形式的功能性活动，而不再是人类学意义上的生产劳动。在《资本论》中，马克思从四个层面谈到非本体论意义上的劳动问题。

首先，关于劳动二重性的讨论。在劳动二重性的讨论中，马克思指出：在商品交换普遍化的社会，体现产品特质的具体劳动已经让位于体现商品价值的抽象劳动，即人类劳动力的耗费。"正是由于缝与织具有不同的质，它们才是形成作为使用价值的上衣和麻布的要素；而只是由于它们的特殊的质被抽去，由于它们具有相同的质，即人类劳动的质，它们才是上衣的价值和麻布的价值的实体。"①具体劳动与使用价值相关联，使用价值以其有用性满足人的需要，这正是人类学意义上的物质生产资料生产的目的。但在资本主义，这种意义上的劳动并不是最为重要的，重要的是抽象劳动，这是一个重要的转变。这一转变的意义在于如下这一点，即劳动力成为商品。

其次，劳动力成为商品，在我看来也是最能体现马克思与劳动本体论分离的观点。劳动力成为商品是《资本论》第一卷第二篇的重要内容，这也是从资本逻辑的现象界即商品交换领域转向资本逻辑的本质界即剩余价值生产领域的重要过渡点。在讨论货币转化为资本时，马克思指出，实现这一转化的一个重要的条件就是资本家能够购买自由的劳动力。将劳动与劳动力区分开来，在过去的研究中，主要是从剩余价值的生产这一视角进行解读。按照我的理解，仅停留于这一层面是远远不够的。从西方思想史的建构过程来看，劳动是所有权的理论基础，是自我意识与人的理性的确证，更是清教伦理的核心内容之一。因此，劳动与劳动力的区分，更是一种思想史上的逻辑区分，这是马克思的哲学与近代西方哲学的重要界划，也是马克思与劳动本体论相分离的重要标志。在资本主义社会，重要的根本不是劳动，而是劳动力。

再次，在绝对剩余价值生产部分，马克思指出人类学意义上的劳动不能说明资本主义社会的劳动。在讨论绝对剩余价值的生产时，马克思先从一般人类学的立场指出："劳动首先是人和自然之间的过程，是人以自身的活动来中介、调整和控制人和自然之间的物质变换的过程。"②劳动过程有一些简单的要素，这包括劳动者、劳动资料与劳动对象，在劳动过程中，劳动者借助于劳动资料使劳动对象发生变化，形成产品。"它的产品是使用价值，是经过形式变化而适合于人的需要的自然物质。"③但这种劳动是不足以说明资本主义社会劳动过程的，因为在资本主义社会，这种一般的劳动过程只有置于价值增殖过程中，才有其存在的意义。马克思指出，为了价值增殖而劳动的过程，体现出一些特殊现象：（1）"工人在资本家的监督下劳动，他的劳动属于

① 《马克思恩格斯文集》第 5 卷，人民出版社 2009 年版，第 58—59 页。
② 同上书，第 207—208 页。
③ 同上书，第 211 页。

资本家。"(2)"产品是资本家的所有物，而不是直接生产者工人的所有物。"①
(3)使用价值让位于交换价值。这些都决定了资本主义社会的劳动是资本统治
下的劳动，其目的并不是为了产品的使用价值，而是价值。劳动中的决定性
因素也不是体现人的本质的活动，而是由量化的劳动时间所决定的本质同一
性的劳动。这是资本主义社会的劳动与前资本主义的劳动的根本差别。

最后，在批评资本—利息、土地—地租、劳动—工资三位一体公式时，
马克思更为明确地认为人类学意义上的劳动只是资本逻辑统治下的劳动。马
克思指出，在资本、土地与劳动这三个同盟者中，

> 只有一个幽灵——劳动，这只不过是一个抽象，就它本身来说，是
> 根本不存在的；或者，如果我们就……（这里字迹不清）来说，只是指人
> 借以实现人和自然之间的物质变换的人类一般的生产活动，它不仅已经
> 脱掉一切社会形式和性质规定，而且甚至在它的单纯的自然存在上，不
> 以社会为转移，超越一切社会之上，并且作为生命的表现和证实，是尚
> 属非社会的人和已经有某种社会规定的人所共同具有的。②

脱离社会形式规定的人类学意义上的劳动，实际上只是一种理想状态，
只是一种抽象，严格说来这种抽象是不存在的。在资本主义社会，劳动是价
值形成要素，这不是就劳动的具体形式来考察的，而是就其作为雇佣劳动所
体现的社会形式来考察的。劳动与土地都是资本运行中的要素，但由于在现
实运行中，资本表现为物质实体，土地表现为劳动的自然条件，人的劳动表
现为具体的劳动样态，这才使得资本主义的劳动过程表现为人类学意义上的
劳动过程，从而将资本主义劳动等同于一般劳动，陷入对劳动的拜物教意
识中。

第二，劳动本体论所确认的主体，在资本逻辑中或者表现为资本的人格
化，或者成为资本增殖的活工具。自《资本论》第一章开始，马克思就为我们
描绘出一个形式化结构的图景。商品交换在表面看来是为了人满足自己的需

---

① 《马克思恩格斯文集》第 5 卷，人民出版社 2009 年版，第 211 页。
② 《马克思恩格斯文集》第 7 卷，人民出版社 2009 年版，第 923 页。

要，但在商品交换普遍化的时代，交换的根本目的并不是获得商品的使用价值，而是获得交换价值，即将商品的价值实现出来。这决定了商品交换是在一个由商品组成的、可以无限扩张的形式结构内进行的，主体、主体的需要、满足主体需要的使用价值只有在这个形式化结构中才有其存在的位置。因此，劳动力的买卖，在形式上是自由的，但实际上这是被抛弃的自由。工人只有出卖自己的劳动力，才能获得生存所需要的物质资料。在这里，主体性只是资本逻辑在商品交换中的表象。

在生产层面，资本逻辑的结构化特征就更为明显，主体日益成为结构化形式的载体。资本主义生产表现为自资本本身出发，将劳动者与劳动资料变成资本生产过程中的人与物，即作为可变资本与不变资本，从而获取剩余价值。为了不断创造更多的剩余价值，资本家在获取绝对剩余价值受限制的情况下，只能通过不断提高生产率、实现扩大再生产来实现。商品量的增多，需要有相应的流通方式和商品市场，推动着历史向世界历史转变。在这个过程中，表面看来是资本家的动机推动着资本主义的发展，这正是古典政治经济学家以当事人的自由意志来解释资本主义生产过程及其内在问题的原因。马克思认为，这种从资产阶级生产关系当事人的观念出发的解释方式，只是表现了"各种经济关系的异化的表现形式"。在真实的资本主义生产过程中，"这种生产的承担者同自然的关系以及他们互相之间的关系，他们借以进行生产的各种关系的总体，就是从社会经济结构方面来看的总体"。因此，主体只是总体化的资本逻辑的承担者。正是在这个意义上，马克思才说"资本家只是人格化的资本，他在生产过程中只是作为资本的承担者执行职能"。① 主体消失了，代之而起的是结构化的资本逻辑。

第三，资本是一种绝对客体。主体与客体的区分及其相互关系，构成了近代以来哲学的核心问题，卢卡奇更是以此为核心点来解读德国古典哲学中的二律背反问题。在这个区分中，主体即是近代社会中的人，客体即为人所面对的对象。当黑格尔将绝对观念作为主体提出来时，这个主体已不再是上述主体客体二分中的主体，而是以自身为起点、以自身外化为外物，并回到自身的绝对主体，可以说这是超越了主体与客体二元对立的主体，这种超越

① 《马克思恩格斯文集》第 7 卷，人民出版社 2009 年版，第 927 页。

只有在绝对主体的历史性进程中才真正得以实现。

与黑格尔绝对主体概念相应的实际上是资本概念。在资本主义社会，资本才是绝对主体，而这种绝对主体相比于劳动本体论所强调的主体，则是一种绝对客体。作为社会总资本，其本身的存在样态表现为一个螺旋形上升的循环，这个循环具有内在自足性，以致从任何一个点开始都可以实现资本的内在自足性。在讨论社会总资本的循环时，马克思通过讨论货币资本、生产资本与商品资本的循环，认为：

> 资本作为整体是同时地、在空间上并列地处于它的各个不同阶段上。但是，每一个部分都不断地依次由一个阶段过渡到另一个阶段，由一种职能形式过渡到另一种职能形式，从而依次在一切阶段和一切职能形式中执行职能。因此，这些形式都是流动的形式，它们的同时性是以它们的相继进行为中介的。……每一个部分都不断进行着它自己的循环，然而处在这种形式中的总是资本的另一部分，而这些特殊的循环只是形成总过程的各个同时存在而又依次进行的要素。①

社会总资本的这种自我循环，使得资本在每一个点都同时是出发点和复归点，这正如黑格尔认为哲学的起点所具有的特性一样。作为主体的人与作为客体的自然，以及物质载体都只是这个循环过程中的要素，资本的这种绝对主体性，相对于作为主体的人来说，正是其绝对的客体性，这种客体性在具体的运行中，表现为不断解构，同时又不断结构自身的形式化体系，这正是资本逻辑所展现的形态。

第四节　简要的结语

《资本论》与《大纲》，在政治经济学的维度来说，其理论的连续性似乎远超其逻辑的异质性，在哲学理论层面来说，两者的连续性也是过去研究中似乎已成定论的观点。实际上，在这样的研究维度中，学者更为关注的是马克

---

① 《马克思恩格斯文集》第 6 卷，人民出版社 2009 年版，第 121 页。

思说了什么，然后通过表层话语的连接来找到两者的同质性。在我看来，对这两个文本的研究，不仅要关注马克思说了什么，或者马克思在《资本论》中比在《大纲》中多说了什么，而是在这两个文本背后，什么是马克思没有说的，是什么制约着马克思思想的深层构架。正是在这样的思考中，本章才尝试探讨马克思理论话语的深层结构，去理解其理论深层结构的差异，从而提出了劳动本体论与资本逻辑的对立，或者是一种主体性哲学与绝对客体性哲学的对立，以打开马克思哲学研究的另一种空间。

当然，当我们将这两个文本对立起来时，并没有将问题简单化，反而将问题复杂化了，因为在这个新的理论空间中，许多问题需要重新讨论，尤其是如何打破资本这一绝对客体的统治问题，相比于传统的研究，将更难回答。当这样的问题被呈现出来时，将推动我们去利用更多的理论资源，在新的理论空间中加以探索。

第　十　二　章

资本逻辑与时间规划

随着劳动力作为商品的买卖，货币转化为资本，马克思的分析视角转向了资本主义生产领域，这是从资本的现象界向资本的本质界的视角转变。在讨论资本的生产时，马克思首先讨论的是绝对剩余价值的生产，从而进入到资本生产的时间境域中，进而展现了资本生产与时间规划之间的关系。

在 1991 年第 10 期的《哲学研究》上，刘奔先生发表了《时间是人类发展的空间》一文，率先提出了时间与人类社会发展的关系，揭示时间范畴的历史唯物主义意义。之后，俞吾金先生从实践概念出发，并结合资本的运行过程，进一步讨论了时间范畴的哲学意义及其在马克思哲学中的理论地位。[①] 这些研究打破了传统思路的束缚，形成了探讨时间问题的新的理论指向。在此基础上，按照笔者近年的研究思路，我更愿意将马克思的时间概念与资本逻辑联系起来，从两者的关系出发来揭示时间范畴的一般哲学意义。

在过去的研究中，学界已经形成了一个共识，即在马克思思想中存在着从人本主义向历史唯物主义的逻辑转变，形成了以生产逻辑为基础的理论构架，《资本论》是将历史唯物主义运用于资本主义社会分析的结果。在这一思

---

① 参见俞吾金：《物、价值、时间和自由——马克思哲学体系核心概念探析》，载《哲学研究》2004 年第 11 期。张雄先生在《时间维度与资本逻辑的勾连》(载《学术月刊》2006 年第 10 期)将时间与资本逻辑联系起来讨论，主要是从现代思想出发对马克思的时间与资本的关系进行讨论。

考中，从《关于费尔巴哈的提纲》、《德意志意识形态》到《资本论》，马克思的思想发展中并不存在逻辑的转变。这也意味着从生产逻辑出发可以合乎逻辑地得出资本逻辑批判的结论。根据前面的讨论，这种逻辑恰恰是成问题的，从一般的生产逻辑出发，并不能得出马克思批判资本主义社会的资本逻辑，反而有可能陷入李嘉图社会主义者的思路，即在面对资本主义社会时，提出了不要资本家，但必须接受资本的结论。这意味着，对马克思思想的深度解释，必须以资本逻辑为核心来展开。同样，对马克思哲学中的时间范畴，也只有在资本逻辑的基础上，才能得到清晰的阐明。

在《共产党宣言》中，马克思恩格斯以一段充满激情的文字描述了资本主义社会的剧烈变化，揭示出现代社会的时间境域：

> 资产阶级除非对生产工具，从而对生产关系，从而对全部社会关系不断地进行革命，否则就不能生存下去。……生产的不断变革，一切社会状况不停的动荡，永远的不安定和变动，这就是资产阶级时代不同于过去一切时代的地方。一切固定的僵化的关系以及与之相适应的素被尊崇的观念和见解都被消除了，一切新形成的关系等不到固定下来就陈旧了。一切等级的和固定的东西都烟消云散了，一切神圣的东西都被亵渎了。①

传统社会中凝固化的时间，被资本搅动起来，变成了吸纳一切的旋涡。这也意味着，时间已经从先验的存在状态转变为可控制的存在状态。这个过程是如何被资本主义社会存在的本质规定的？在《共产党宣言》中，马克思恩格斯并没有做出具体的分析。到了《资本论》，马克思以商品生产为例，具体分析了资本逻辑与时间规划的内在关系，揭示出资本逻辑的时间境域。

第一节 商品的普遍化：物化时间的社会存在基础

在《存在与时间》中，海德格尔论证了日常的此在处于一种计算性的时间

---

① 《马克思恩格斯选集》第 1 卷，人民出版社 1995 年版，第 275 页。

境域中，这正是此在遗忘存在、沉沦于日常性的流俗时间。"流俗领悟所通过的'时间'的种种特性之一恰恰就在于：时间被当作一种纯粹的、无始无终的现在序列，而在这种作为现在序列的时间中，源始时间性的绽出性质被敉平了。"①时间变成了一种线性化的、可以即时计算的物，存在就在这种可计算性的即时中到场，成为存在者。在这个意义上，时间规定了沉沦的此在。这种可计算的时间，从技术层面来说，有赖于时钟的产生。"时钟如此造成的基本确定性即不在于指示时间的持续，也不在于指示时间现在的流量，而是在在于持久地固定当即（即当下——笔者注）。""当即是什么意思？比如，'我当即看手表'。……我是否就是这个当即？其他人是否都是这个当即？如是，那时间就是我自己，所有其他人都是时间。"②由时钟度量的时间成为工业化时代人们的存在境域。"'人们'的手表以及一切钟表都指示与他人共同在世的存在。"③

从海德格尔的整个论述来看，时钟成为时间的尺度当然是技术作用的后果，这种流俗意义上的时间，实际上早就被确定了，即早在人们面对太阳确定时间节气的时候，体现存在境域的源始时间就开始了向平均化的时间的滑落。海德格尔的批评是一种思想史与文化史的反省。在这种反思中，技术的"座架"让所有的人都成为无差别时间中的"人们"或"常人"。但这里的问题在于，如果从社会历史的意义上来说，时钟何以能够成为日常生活的时间度量器？因为在以循环时间为主要境域的农业文明中，即使时钟所度量的时间存在着，对人而言也并无根本的意义，农业生产也无须精细到每小时、每分钟，只有到了工业文明之后，时钟才获得了社会存在的意义。对于海德格尔来说，这种农业文明的时间与工业文明的时间或许只有量的差异，但如果从马克思的论述出发，这种差异恰恰是根本性的。从社会存在或者说社会结构的变迁来说，商品的普遍化才是时钟所衡量的时间得以流行的基础。只有在这个新

①　［德］海德格尔：《存在与时间》，陈嘉映、王庆节译，生活·读书·新知三联书店1987年版，第390页。

②　［德］海德格尔：《时间的概念》，Cahiers de l'Herne，1983，第37页。转引自［法］贝尔纳·斯蒂格勒：《技术与时间》，裴程译，译林出版社2000年版，第252页。

③　［德］海德格尔：《时间的概念》，Cahiers de l'Herne，1983，第48页。转引自［法］斯蒂格勒：《技术与时间》，裴程译，译林出版社2000年版，第271页。

的社会存在基础上，物化的时间才可能成为一切存在的境域。对马克思时间理论的这一新解读，将构成重新阅读《资本论》，并以资本逻辑为基础重新建构历史唯物主义的重要内容。

在《政治经济学批判》以及《资本论》第一卷中，马克思的开篇之句几乎没有什么差别："资本主义生产方式占统治地位的社会的财富，表现为'庞大的商品堆积'，单个的商品表现为这种财富的元素形式。"①早在氏族公社时期，商品就已经存在，因此，以商品作为分析资本主义社会的起点，似乎不太合适。但正如马克思所分析的，在前资本主义社会，商品的存在并不具有普遍性，在整个社会生活中，商品交换只具有从属的意义，只有到了资本主义社会，商品生产与商品交换才得以普遍化。

> 直接的物物交换这个交换过程的原始形式，与其说表示商品开始转化为货币，不如说表示使用价值开始转化为商品。交换价值还没有取得自由的形态，它还直接和使用价值结合在一起。这表现在两方面。生产本身，就它的整个结构来说，是为了使用价值，而不是为了交换价值，因此，在这里，只有当使用价值超过消费的需要量时，它才不再是使用价值而变成交换手段，变成商品。另一方面，使用价值尽管两极分化了，但只是在直接使用价值的界限之内变成商品，因此，商品所有者交换的商品必须对双方是使用价值，而每一商品必须对它的非所有者是使用价值。②

也就是说，在前资本主义社会，商品并不构成社会财富的本质内容，它并不规定人们之间的社会关系。到了资本主义社会，商品才成为普遍化的存在，这种普遍化的存在，按照马克思在《政治经济学批判大纲》"导言"中的说法，即"具体的总体"。这是从量到质的根本性变化，而不是量的积累。商品的普遍化，在社会存在的境域中形成了现代时间观念，即不同于前资本主义社会的时间观念。在这个意义上，当海德格尔将商品社会的时间观念与前商

---

① 《马克思恩格斯全集》第 44 卷，人民出版社 2001 年版，第 47 页。

② 《马克思恩格斯全集》第 31 卷，人民出版社 1998 年版，第 443 页。

品社会的时间观念相等同时，从马克思的哲学来看，这恰恰是成问题的。量的变化带来的质的变化，导致了社会存在的重建。

根据马克思在《资本论》第一卷中关于商品的分析，商品本身具有二重性，即使用价值与交换价值，前者构成财富的物质内容，是交换价值的物质承担者。使用价值具有质的差别，交换则体现为一种使用价值与另一种使用价值相交换的量的关系或比例。商品交换的普遍化就是要将使用价值撇开，使不同的商品成为可以交换的对象，这时：

> 它们不再是桌子、房屋、纱或别的什么有用物。它们的一切可以感觉到的属性都消失了。它们也不再是木匠劳动、瓦匠劳动、纺纱劳动或其他某种一定的生产劳动的产品了。随着劳动产品的有用性质的消失，体现在劳动产品中的各种劳动的有用性质也消失了，因而这些劳动的各种具体形式也消失了。各种劳动不再有什么差别，全都化为相同的人类劳动，抽象人类劳动。①

抽象劳动就成为商品共有的社会实体的结晶，即价值。只有当一切都归结为抽象的人类劳动时，商品之间才可能按照比例关系加以比较。从这个论述中可以看出，商品的普遍化是一个质性被抽离、质性的物变成了由量所规定的物的过程。在这种抽离中，不同质性的商品有了一个共同的内核，即抽象人类劳动，正是这种抽象的劳动决定着商品的价值，交换价值不过是价值的表现形式。当商品之间进行交换时，它们的价值量根据商品所包含的形成价值实体的劳动者的量来计算，"劳动本身的量是用劳动的持续时间来计量，而劳动时间又是用一定的时间单位如小时、日等作尺度"。②

商品交换的过程，就是将一切商品的质性都抽离出来、将商品变成可以由物化时间来衡量的过程。按照马克思的分析，商品交换首先表现为物物交换，然后表现为以特定物为中介的物物交换，从这个过程中，逐渐发展出由一个特定的商品来衡量所有商品的商品，即货币。这时，货币本身的商品特

---

① 《马克思恩格斯全集》第 44 卷，人民出版社 2001 年版，第 51 页。
② 同上书，第 51 页。

性已经不再重要了，重要的是作为衡量价值的符号，而这个符号的本质是由一般意义上的抽象人类劳动时间规定的。商品交换的发展过程正是将一切都归结为可以由物化时间来衡量的过程。在这个意义上，资本主义社会的社会存在从本质上来说是由物化的劳动时间来规定的。商品交换的普遍化使物化时间的意义得以呈现在历史的地平线上。

如果说在传统社会中，劳动是根据自然循环中的节气来规定的话，那么在资本主义商品生产时代，劳动已经是按照可以量化的时间来衡量的。商品生产的过程固然可以划分为创造使用价值的、具有质性规定的劳动，以及创造交换价值的、可以被量化的抽象劳动，但在资本主义社会，前者是以后者为根据的，这决定了劳动完全是在物化时间的境域中展开的。当人们都被纳入抽象劳动的过程中时，人们就从日常生活层面接受了物化时间的合理性，并通过商品交换强化着这种物化时间观念。

从上面的论述中可以看出，到了商品社会，其社会存在的本质规定是在物化时间的境域中得以实现的。从马克思的理论构架来看，以商品交换的普遍化为基础的社会，其内核是资本逻辑，这也意味着，资本逻辑与物化时间具有同构性。资本逻辑在其根本的规定上，决定了社会存在的自我抽象过程，这种自我抽象将物的质性抽离掉，使之成为可以比较的商品，这才是物化时间的社会存在基础。这也意味着，海德格尔所说的量化的时间，只是到了资本逻辑的境域中才可能普遍化的存在。商品生产与商品交换的普遍化，为物化与量化的时间提供了历史条件。这就正如海德格尔在《关于人道主义的书信》中评论马克思时所说的，马克思进入历史的一度之中了。

那么，在时间问题上，海德格尔与马克思有什么不同吗？他们有相同的地方，都意识到时间的物化与量化，但他们对这一问题的理解视角却存在着巨大的差异。按照我的理解，在马克思的思想中存在着人类学意义上的物质生产逻辑与面对资本主义社会的资本逻辑，在资本主义社会，资本逻辑具有统摄地位。只有在资本逻辑的基础上，我们才能理解生产逻辑，但如果从生产逻辑出发来类推或界定资本逻辑，恰恰无法把握资本主义社会的本质。从马克思的双重逻辑的视角来看，海德格尔考察时间的起点是人类学意义上的生产逻辑，海德格尔关于时间的量化的论述，是以此在的沉沦状态——"烦"来着手的，"寻视估算的烦忙首先揭示时间并形成计时，估算时间对在世起组建作用。寻视以烦忙的方式进行揭示；凭借计算时间，寻视的揭示让被揭示的上手事物与现成在手事物到时间来照面。世内存在者于是作为'在时间中存在着东西'得以通达。我们把世内存在者的时间规定性称为时间内性质或时间内状态"①。用马克思式的话语来说，这里的烦忙就是指向对象的一种劳作，它是此在在世状态的基点，在一定的意义上，可以用生产逻辑来指称海德格尔关于烦忙的论述。从马克思的视角来说，海德格尔并不关注资本逻辑，他关注的是生产逻辑，然后以生产逻辑来统摄他所生活的技术化社会。在海德格尔的这一思考中，作为马克思意义上的商品社会或资本逻辑所统摄的资本主义社会，与前资本主义社会并无根本的区别；而在马克思的视域中，这两个社会存在着根本的区别，以致无法以适用于前资本主义社会的生产逻辑来说明资本逻辑，只有以资本逻辑来说明前者，才能达到问题的根基处。从马克思的逻辑出发，海德格尔关于时间的讨论，只有置于资本逻辑的基础上，才能得到历史性的说明。

第二节　绝对剩余价值的生产与物化时间的计量

前面我们从社会存在论的视角讨论了量化时间的社会前提，这是通过分析商品及商品交换得到的理念。在资本主义社会，商品与商品交换只是资本逻辑的现象界，资本生产的过程才是资本主义社会的本质所在。根据马克思的论述，在商品生产中，资本家关心的是以下两点：第一，生产出具有交换价值的使用价值，即生产出用来出售的商品；第二，要使生产出来的商品的价值，大于生产该商品所需要预付的价值总和，即生产出剩余价值。② 在剩余价值的生产中，存在着两种形式，即绝对剩余价值的生产与相对剩余价值的生产，这两种方式都涉及对量化时间的规划与榨取，也正是在剩余价值的生产中，可计算的时间对资本主义社会的意义才充分显现出来。我们主要以绝对剩余价值的生产过程来加以分析。

---

① ［德］海德格尔：《存在与时间》，陈嘉映等译，生活·读书·新知三联书店 1987 年版，第 394—395 页。

② 参见《马克思恩格斯全集》第 44 卷，人民出版社 2001 年版，第 217—218 页。

根据上面的论述，生产劳动的过程实际上包含着两个层面：一是生产出每件商品特有的使用价值，二是生产出所有商品都共有的价值，前者只是后者的载体，后者才是目的。在后一种生产劳动中，劳动的质，即劳动的性质与内容不再重要，重要的是劳动的量，即由劳动时间所标示的价值量。根据社会必要劳动时间决定价值量的原则，价值增殖就可以通过劳动时间的分析而展现出来。

我们以马克思所举的棉纱生产为例来加以分析。假定劳动力出卖时的日价值为 3 先令，体现了 6 个劳动小时，这也是生产出工人每天平均的生活资料量所需要的劳动量。纺织工人 1 个劳动小时内把 $1\frac{2}{3}$ 磅棉花转化为 $1\frac{2}{3}$ 磅棉纱，即 6 小时把 10 磅棉花转化为 10 磅棉纱，这个劳动时间的价值量为 3 先令。假定 10 磅棉纱中对象化了 $2\frac{1}{2}$ 个工作日，其中 2 日包含在棉花与纱锭中，$\frac{1}{2}$ 日是在纺纱过程中被吸收的。这样，整个 10 磅棉纱的价值是 15 先令。这时，产品的价值等于预付资本的价值，永远也不可能生产出剩余价值。如果是这样的结果，资本家真不如将这些钱挥霍掉。马克思接着指出，劳动力的日价值是 3 先令，但这只需要半个工作日就可以生产出来，而工人的劳动时间实际上是一天，按 12 小时计算，那么，有半个工作日是免费劳动的。根据上面的同样比例，那么工人劳动一天，除了生产出付给自己的工资 3 先令外，还有 3 先令被资本家拿走了。这个 3 先令就是剩余价值。

> 因此，劳动力的价值和劳动力在劳动过程中的价值增殖，是两个不同的量。资本家购买劳动力时，正是看中了这个价值差额。劳动力能制造棉纱或皮靴的有用属性，只是一个必要条件，因为劳动必须以有用的形式耗费，才能形成价值。但是，具有决定意义的，是这个商品独特的使用价值，即它是价值的源泉，并且是大于它自身的价值的源泉。这就是资本家希望劳动力提供的独特的服务。①

---

① 《马克思恩格斯全集》第 44 卷，人民出版社 2001 年版，第 225—226 页。

　　这个 3 先令的剩余价值，正是通过延长劳动时间，即延长了半个工作日得来的。

　　剩余价值的形成过程，体现了劳动过程和价值增殖过程的统一。在这个统一中，劳动过程的实质在于生产出使用价值的有用劳动，而价值增殖过程，则体现出劳动的量的方面，"所涉及的只是劳动操作所需要的时间，或者说，只是劳动力被有用地消耗的时间长度"。这里，我们再一次遭遇马克思思想中的双重逻辑问题，即生产逻辑与资本逻辑问题。只有当资本逻辑统摄生产逻辑时，劳动的量的规定性才成为劳动过程的主导因素。这时，生产过程变成了资本主义生产过程，这是商品生产的资本主义形式。只有当劳动的量成为主要因素时，劳动过程才可能按照量化的时间来计算、来比较。"它们只是作为一定量的对象化劳动来计算。无论是包含在生产资料中的劳动，或者是由劳动力加进去的劳动，都只按时间尺度来计算。它等于若干小时、若干日等等。"①

　　复杂的劳动需要更多的生产费用，因此具有较高的价值。但复杂的劳动也可以换算成简单的劳动，因此珠宝细工的劳动与简单的纺纱劳动在质上没有完全的区别。"在这两种场合，剩余价值都只是来源于劳动在量上的剩余，来源于同一个劳动过程……的持续时间的延长。"②

　　在上述的讨论中，虽然揭示了绝对剩余价值的生产源自于劳动时间的延长，即超出了补偿工资的劳动时间的延长，但在具体论述中，商品生产过程中的具体要素都被看作是量化的存在来分析的，类似于本篇一开始讨论劳动过程时讨论其构成要素一样。比如在棉纱的生产中，我们关注的是物化在棉花中的具体劳动时间，支付劳动工资的具体劳动时间，然后计算出未付工资的劳动时间。按照这个思路下去，要想取消剩余价值，最好的方法就是以等量劳动来交换等量劳动。这是蒲鲁东在《贫困的哲学》中想出来的解决问题的方法，他的构成价值的基础，就是等量劳动的相互交换，也就是以等量的劳动时间来交换。

　　实际上，在上述的分析中，存在着一个巨大的盲区。正如在资本主义社

---

① 《马克思恩格斯全集》第 44 卷，人民出版社 2001 年版，第 228 页。
② 同上书，第 230 页。

会，生产逻辑需要在资本逻辑的统摄下才能得到理解一样，上述量化意义上的分析也有其存在的前提，那就是需要以资本这一社会关系为基础。在《哲学的贫困》中，马克思在批判蒲鲁东时就曾指出，蒲鲁东想以等量劳动换取等量劳动，以同等劳动时间来对等同等劳动时间，"时间就是一切，人不算什么的；人至多不过是时间的体现。现在已经不用再谈质量了。只有数量决定一切：时对时，天对天；但是这种劳动的平均化并不是蒲鲁东先生的永恒的公平；这不过是现代工业的一个事实。"①也就是说，如果只看到剩余价值的生产是一种时间的延长，只是从时间等量的角度来解决问题，而没有理解造成这种延长的背后原因，依然没有击中问题的要害。从价值增殖的视角来看，这种物化的时间，是以商品普遍化为前提的，商品的普遍化实际上就是资本的普遍化。根据马克思的讨论，资本是一种社会关系，能够以时对时、天对天作为衡量劳动的标准，在其具体表现上就是以钟表时间为计量标准，这是以社会关系的全面资本化为基础的，在此基础上，才有时间的全面物化。因此，如果不能从社会关系的资本化视角来分析剩余价值的形成，而只是单纯的时间比较，并不能通达问题的本质。所以，马克思完成了从劳动过程与价值增殖过程相统一的视角来分析剩余价值的时间性后，接着就从资本的视角展开了分析。这不只是一种问题的进一步细化，而是一种新的分析路径，就像以资本逻辑来分析生产逻辑一样。

在分析一般劳动过程时，马克思曾指出其有三个简单要素："有目的的活动或劳动本身，劳动对象和劳动资料。"②购买这些要素需要预付货币，从资本和价值增殖的视角来看，购买劳动力的货币即为可变资本，购买劳动对象和劳动资料的货币即为不变资本。这样，适用于一切劳动的要素，在资本主义社会变成了价值增殖过程中的资本，因此，关于"不变资本与可变资本"的讨论，是一种视角的转换，而不是问题的细化。在剩余价值的生产过程中，劳动一方面创造新价值，另一方面将不变资本的价值转移到产品中。虽然这个过程有赖于追加劳动的特殊的有用性，即"劳动作为这种有目的的生产活动，纺纱、织布、打铁，只要同生产资料接触，就使它们复活，赋予它们活

① 《马克思恩格斯全集》第 4 卷，人民出版社 1958 年版，第 97 页。
② 《马克思恩格斯全集》第 44 卷，人民出版社 2001 年版，第 208 页。

力，使它们成为劳动过程的因素，并且同它们结合为产品"。但"他通过自己的劳动加进价值，并不是由于他的劳动是纺纱劳动或木匠劳动，而是由于他的劳动是一般的抽象的社会劳动；他加进一定的价值量，并不是因为他的劳动具有特殊的有用的内容，而是因为他的劳动持续了一定的时间"。[①] 在这个过程中，劳动在同一时间内产生出双重结果："新价值的加进，是由于劳动的单纯的量的追加；生产资料的旧价值在产品中的保存，是由于所追加的劳动的质。同一劳动由于它的二重性造成的这种二重作用，清楚地表现在不同的现象上。"[②]正是资本主义社会的劳动二重性，从根本上保证了从计量时间去计算剩余价值的可能性。反之，如果工人不能保存旧价值，也就不可能加进新劳动。

从价值增殖的过程看，劳动时间改变了事物的存在方式。对于劳动力而言，在现代社会，只有价值增殖意义上的劳动才能使劳动力得以保存与延续，人类最初的自我保存的本能变成了资本自我保存的工具。在这个意义上，我们就可以理解尼采对人类自我保存观念的批判。对这种自我保存观念的反思，也是《启蒙辩证法》的一个重要主题。从不变资本的构成来看，原材料与附料随着劳动时间而消失，其原来的价值也随之消失，但这种消失是为了重生，并以新的使用价值的形式表现出来，原材料与附料的价值以及新加进的价值，都通过新的使用价值的载体而呈现自己。这是一种否定，但这种否定并不是全部抛弃，而是变形与重生。劳动资料如机器、厂房等，则在一定的周期内实现自身价值的转移。不能重新进入价值生产过程中的上述排泄物，则成为废物。这种废物不仅包括劳动资料与劳动对象，而且包括不能重新进入劳动过程的劳动力，所以马尔萨斯把不能劳动的工人作为废物一样的东西来处理，从资本逻辑的视角来看，这是可以理解的。在《1844年经济学哲学手稿》中，马克思曾以此批评资产阶级经济学是非人的学说。这当然是一种价值层面的批评。在现实层面，这种把人非人化，合乎现代社会的原则。在《政治经济学批判大纲》中，马克思意识到这两个层面的区别，从而不再以价值层面的批评替代历史层面的科学分析。在这个层面上，阿尔都塞的"断裂说"有一定的道

---

① 《马克思恩格斯全集》第44卷，人民出版社2001年版，第233页。
② 同上书，第234页。

理。从根本上说，与剩余价值生产相关的这种计量时间，是最合乎物的时间。这种物不是有其自身物性的物，而是处于剩余价值生产图景中的物，是可以按照计量时间来计算其价值的物，是实现剩余价值的载体。

根据上面的论述，一定时间内的劳动的凝结成为价值的来源，新产品的价值可以用如下的公式来表述：产品价值＝C＋V＋m。C即不变资本，V即可变资本，m为剩余价值。如果我们以12小时为一个工作日，其中6小时为支付工人工资的必要劳动时间，那么，m就为6小时劳动的凝结物的价值，而C的价值，则在劳动过程中转移到新产品了。结合前面所举的例子，我们可以用具体的数字来表述上述公式：

$$30 \text{ 先令的棉纱价值} = 24 \text{ 先令}(C) + 3 \text{ 先令}(V) + 3 \text{ 先令}(m)$$

这里的时间还是从计量的、可直接分解的意义上来理解的。按照这种解释，就会产生一种假象：只有在后面的6小时里，才存在着剩余价值的生产问题，而在前6小时里，工人则在生产出自己的必要生活资料所体现的价值。正是根据这种计算方式，西尼尔在经过一番计算之后认为，英国棉纺业工厂主的纯利润及其在世界市场中的地位，取决于"最后一小时"。如果以12小时为一个工作日，假如前11小时都用以抵消已经消耗的不变资本与可变资本，那么这最后一小时才是创造利润的劳动时间，如果将这一小时取消了，那么棉纺业就不可能获得发展。"最后一小时"的论证当然有其特定的背景，即与当时工人争取缩短劳动工作日的时间有关，但如果从计量时间的角度来看，这种算法似乎又是合情合理的。

我们知道，这种算法当然是错误的。根据前面的讨论，在每一个单位的劳动时间内，都存在着旧价值的转移与新价值的创造，这也意味着，在每一个单位的劳动时间内，都存在着剩余价值的生产问题，价值转移与新价值的生产是同时进行的。这就提出了一个问题：计量时间合乎资本逻辑的内在要求，但计量时间在一定的意义上又可能成为遮蔽资本逻辑的烟幕。

第三节　工作日与物化时间的制度化

绝对剩余价值的多少，从时间的维度来看，主要取决于劳动时间的长短，因此，延长或缩短劳动时间，就成为绝对剩余价值生产中的关键问题。对于资本家来说，作为资本的人格化的载体，"他的灵魂就是资本的灵魂。而资本只有一种生活本能，这就是增殖自身，创造剩余价值，用自己的不变部分即生产资料吮吸尽可能多的剩余劳动"。① 也就是尽可能地延长劳动时间。尽管商品交换的性质并没有给劳动日规定任何界限，但正如马克思所说的，这种延长还是有其自身的界限：一是劳动力的身体界限，即工人需要一定的时间恢复体力；二是道德界限，即工人必须有时间满足精神需要和社会需要。这决定了工作日是在这两个界限之内变动的，或长或短。假定工人为购买生活资料需要劳动 6 小时，而工作日的长度是 10 小时，这意味着有 4 小时是剩余劳动时间。对于资本家来说，或者将劳动时间再延长 2 小时；或者在工人的斗争下，将劳动时间压缩到 8 小时，这都没有改变剩余价值的生产的本质；但如果将劳动时间缩短到 6 小时，剩余价值就无法生产出来了。在这个意义上，6 小时就是缩短工作日的下限。即使是无限地延长工作日的时间，也不可能超过 24 小时，否则工人就无法恢复劳动力。延长与缩短工作日的斗争，实际上就是在这个限度内展开的。

从历史上来看，在前资本主义社会曾存在过通过追加超额的劳动时间来生产生活资料的情况，那么这种追加劳动时间与资本主义生产的延长剩余劳动时间有什么区别呢？马克思做了如下解释：第一，除了在谋取独立的货币形式的交换价值的地方，有骇人听闻的过度劳动外，在追求使用价值的社会中，剩余劳动受需求范围的限制，这种生产本身的性质不会造成对剩余价值的无限制的需求。在某些地方，比如在美国南部各州，"当生产的目的主要是直接满足本地需要时，黑人劳动还带有一种温和的家长制的性质"。② 非资本主义生产中的追求超额劳动时间与资本主义生产中的延长剩余劳动时间存在

---

① 《马克思恩格斯全集》第 44 卷，人民出版社 2001 年版，第 269 页。
② 同上书，第 273 页。

着质的差异，这种差异的根源在于资本主义生产以商品交换的普遍化为基础，以资本追求剩余价值为目的，只有这时，才会导致对剩余劳动的无限制的需求。第二，从剩余劳动时间的表现形式来看，也存在着差别。比如在封建徭役劳动盛行的地方，农奴为自己的劳动与为农奴主的劳动，在时间上、空间上都是分开进行的。从时间上来说，农奴在每周内有3天为自己劳动，还剩3天为农奴主劳动，这个时间是可以清晰划分的；而在资本主义剩余价值的生产过程中，虽然我们在上面的讨论中将必要劳动时间与剩余劳动时间也做了分离意义上的区分，但在实际劳动过程中，这两种时间是无法分割的。从时间流失的空间境域来说，农奴为自己的劳动与为农奴主的劳动在空间上同样是分开的；而在剩余价值的生产过程，农奴劳动中的两个空间被整合在一起，这更便于提高一定时间内的生产效率。虽然这两种劳动形式存在着质的差异，但即使在农奴制时代，为了将追求剩余劳动合法化，统治者就曾以立法的形式将剩余劳动时间固定下来。马克思曾以多瑙河流域的摩尔多瓦和瓦拉几亚公国的"组织规程"为例说明农奴为自己劳动与为农奴主劳动的时间比例。实际上，这种宪法性的强制规定，是农奴时代将剩余劳动时间合法化的途径。当然从另一个层面来说，当农奴的这两种劳动的时间比例被法律规定下来时，农奴也就无须提供更多的剩余劳动时间。

在资本主义生产过程中，商品交换规律本身并没有规定剩余劳动时间的长短，在这个意义上，资本家可以在劳动力的身体界限和道德界限的范围内无限制地延长劳动时间，于是，延长或缩短工作日的斗争就成为工人与资本家斗争的一个主题，不管是在生产繁荣时期还是在生产危机时期，都是如此。对于资本家通过延长劳动时间来榨取剩余价值的做法，不仅工人斗争激烈，而且其危害也引起了政府的重视，并派出工厂视察员进行调查和监督。根据工厂视察员提供的报告以及政府的调查报告，延长劳动时间给工人带来了一系列的后果：第一，由于无限延长剩余劳动时间，对工人特别是童工的身体造成了极大的伤害。根据1860年1月17日伦敦的《每日电讯》报道："他们四肢瘦弱，身躯萎缩，神态呆痴，麻木得像石头人一样，使人看一眼都感到不寒而栗。"①长期的过量劳动使工人疾病缠身，甚至饱受折磨而死，这是早期

---

① 《马克思恩格斯全集》第44卷，人民出版社2001年版，第282页。

工人未老先衰、过早死亡的一个重要原因。死亡在这个意义上，才成为资本主义生产的最终限度。第二，为了突破工人身体的界限，工厂主通过换班制度来保证机器生产的连续性，使工人日益成为机器生产的附件。比如桑德森兄弟钢铁公司在解释为什么要进行夜班生产时就指出："凡是只在白天开工的工厂，都会遭受到这种由于机器停着不用而造成的损失。但是我们使用熔炉，损失就更大。"①这意味着工人晚上的睡眠时间正是保证机器运转的时间，这个时间不利用就是机器运转时间的损失，机器、厂房、原料等也随之丧失了资本的性质。第三，长期的过量劳动，使人精力难以集中，带来生产安全问题。马克思就曾以火车司机、列车长、信号员的过量劳动造成的事故为例对此进行了说明。第四，由于过量劳动造成了工人身体素质的下降和死亡概率的增加，人口过剩就成为维持资本主义生产的重要一环。当工人人口的衰退无法在城市得到补充时，就只能从农村中吸取新鲜血液。在这个意义上，农村的城市化，是资本主义社会发展中必须解决的问题。

正是这些影响，加上工人的斗争，由政府颁布的劳工法、工厂法等相继出台，对工人的工作时间进行限定。值得注意的是，是资本主义初期，劳工法的主要目的是为了延长工作日，而不是像 18 世纪之后，劳工法的目的是为了缩短工作日。这个区别反映了另一个问题，即在资本主义早期，并不像后来的学者所说的那样，以一种自然交换的方式来实现资本主义发展，而是靠国家政权的帮助才可能推动资本主义的发展。比如在 1349 年爱德华三世颁布的第一个劳工法，就以当时鼠疫猖獗、雇不到劳动力为由，强制规定工作日的长度，并强制规定了"合理的"工资。只是过了几个世纪之后，"自由"工人才由于资本主义生产方式的发展，按照日常生活的价格出卖自己的劳动力，这时，缩短工作日才成为劳工法的一项内容。马克思指出："如果说通过一项项条文使剩余劳动的贪欲合法化的多瑙河两公国'组织规程'是这种贪欲的积极表现，那么，英国的工厂法是这种贪欲的消极表现。"②这种方法并不是为了消除资本榨取劳动力的自由，而只是对之进行限制，一方面防止出现令人发指的后果，另一方面也是为了更好地实现对劳动力的反复使用。

---

① 《马克思恩格斯全集》第 44 卷，人民出版社 2001 年版，第 304 页。
② 同上书，第 276 页。

当工作日的长度以法律的方式规定下来时，意味着工人的斗争在一定程度上的妥协，这时与剩余价值生产相关联的时间也随之获得了法律的保证，剩余时间被合法化、体制化了。比如英国 1850 年的工厂法，就把受它约束的工业部门的全体工人的工作日都纳入法律的限制之中。当工作日的长度被限制之后，工人体力与精神的恢复更快了，实际上也就意味着工人在较短的时间内更能生产出更多的产品，限制工作日的长度获得了道德说教的意义。另外，对工厂法的服从也表明：工人是无法反抗资本的力量的。这就正如尤尔所咒骂的，"英国工人阶级洗不掉的耻辱就是，他们面对勇敢地为'劳动的完全自由'而奋斗的资本，竟把'工厂法的奴隶制'写在自己的旗帜上"。① 其实，工厂法的实施也进一步表明，只有在现代时间的境域中，自由才获得自己的真实内容。工人在自由地出卖自己的劳动力后才发现："他不是'自由的当事人'，他自由出卖自己劳动力的时间，是他被迫出卖劳动力的时间……从法律上限制工作日的朴素的大宪章，代替了'不可剥夺的人权'这种冠冕堂皇的条目，这个大宪章'终于明确地规定了，工人出卖的时间何时结束，属于工人自己的时间何时开始'。"②实际上，也只有在时间被钟表尺度化之后，才可能将之固定下来。应该说，从商品交换中对物化时间的度量，到劳动力交换中物化时间的量化再到物化时间的制度化，形成了现代社会的时间建构过程。这也是前面所讨论的现代时间观念的社会基础。

第四节　资本逻辑与自然时间

上面的讨论主要就劳动时间展开的。在《资本论》第二卷中，马克思区分了劳动时间与生产时间③，正是在这个区分中，自然时间成为资本生产的内在时间，这是资本逻辑对时间的全面规划。

"劳动时间始终是生产时间，即资本束缚在生产领域的时间。但是反过

---

① 《马克思恩格斯全集》第 44 卷，人民出版社 2001 年版，第 346 页。
② 同上书，第 349—350 页。
③ 在第二卷中，马克思对资本生产过程的时间进行了更为细致的区分，如劳动时间与生产时间的区分、劳动时间与劳动期间的区分，另外还论述了流通时间、周转时间等。

来，资本处于生产过程的全部时间，并不因此也必然是劳动时间。"①两种时间不一致的原因在于：由于受到产品本身的性质的制约，一些商品的生产时间超过了劳动时间，迫使劳动时间中断。在这个中断期间，劳动对象受到自然过程的支配，以自然时间中经历的变化来补充劳动时间对产品造成的变化，生产出最后的商品。

马克思举例说，葡萄酒的生产，在经过必要的劳动过程后，就需要发酵，使之发生化学反应，这个过程就是在自然时间中完成的。这就是生产时间与劳动时间的不一致，这种不一致在农业生产中更为突出。在这些场合，预付资本的生产时间就由两部分构成："第一个期间，资本处于劳动过程中；第二个期间，资本的存在形式——未完成的产品的形式——不是处于劳动过程中，而是受自然支配。"②这样的区分，当然也会影响资本投资的周转时间，更影响到产品的实现时间。在劳动时间与产品生产时间一致的情况下，劳动结束后，产品就可以进入流通过程，而在两者不一致的情况下，生产时间延长，就需要投入更多的预付资本。这种预付资本的差异既体现在对流动资本的量的变化上，也体现在固定资本的量的变化上。在一定意义上，可以说，这种变化会超出人的控制能力，受自然条件本身的制约，从而增加了无法掌控的风险。

对于资本家来说，当生产时间多于劳动时间时，如何控制造成这一差异的自然时间，就成为资本生产过程需要解决的问题。对于资本家来说，只要生产时间内的产品不是像谷物生长那样，依赖于永恒的自然时间而无法改变，他就会想办法人为缩短生产时间，从而控制自然时间，技术的发展有时就是服务于这一目的的。比如用化学漂白取代自然性的草场漂白、用烘干机取代自然晾干等，就是通过对自然的干预，而达到控制生产过程的自然时间的目的，使之合乎资本逻辑的内在要求。在这个过程中，将自然时间机械化、精确化，是控制自然时间的必要环节。海德格尔所说的时间的流俗化，在这个意义上更好理解。

---

① 《马克思恩格斯全集》第45卷，人民出版社2003年版，第266页。
② 同上书，第267页。

第五节　必要劳动时间的缩短与自由时间的解放意义

实际上，随着资本主义的发展，缩短工作日是不可避免的，在这种情况下，要想获得更多的剩余价值，就只能增加劳动强度，缩短社会必要劳动时间，在马克思的论述中，这就是相对剩余价值的生产，这时空间规划就显得非常重要。当必要劳动时间随着劳动生产率的发展而日益缩短时，就会增加工作之外的自由时间，正如马克思恩格斯在《德意志意识形态》中所说的，生产力的发展与自由时间的增加，为人的自由发展提供了可能性，可以说，自由时间是人的自由发展的境域。

但这并不意味着缩短社会必要劳动时间就必然地会带来自由时间的增加，这个过程仍然是内在充满矛盾的辩证过程。劳动生产率的提高会带来劳动强度的提高，这意味着机器在现代生产中的地位与作用日益突出，这是马克思在论述相对剩余价值的生产时，将分工、机器、大工业纳入进来的原因。劳动生产率的提高，在劳动时间的意义具有双重效果：一是有延长劳动时间的要求。机器的运转具有不需休息的特征，因此依附于机器的劳动者最好也不用休息，才能最大限度地发挥机器的生产职能。工人之间的轮流倒班解决了这一问题，迫使工人在同样的时间内增加劳动消耗，提高劳动力的紧张程度，更紧密地填满劳动时间的空隙。虽然社会必要劳动时间减少了，空闲时间增加了，但这是以劳动力的高度紧张为前提的。这一点到了19世纪末20世纪初更为明显。

随着泰勒制的发明与福特主义的推广，劳动强度的加大和劳动力的紧张，工人的空闲时间也增加了很多，但这种空闲时间并不意味着工人有了发展自由个性的"自由"时间。正如卢卡奇在《历史与阶级意识》中所讨论的，机械化的生产使人越来越成为机器的附庸，从肉体到心灵都被物化了。葛兰西同样意识到这一问题。他在论述泰罗制与福特主义时就指出："泰罗的确极端恬不知耻地表达了美国社会的目的：在劳动者中间发展机器的和自动的技能至于最大程度，打破要求一定程度地发挥劳动者智力、幻想和主动精神的熟练和专业劳动的旧的心理生理关系，把一切生产作业都归结到它们的体力和机器的一面。"①为了缓解这种物化的肉体与精神，空闲时间成为工人的自我放纵时间，酗酒与性放纵成为工人缓解压力的方式。而对于福特主义的生产过程来说，工人这种自我放纵是不利于生产的顺利进行的。"美国的工业家所关心的是保持工作者经常的体力效能，保持他的肌肉的和神经的作用；他的利益是有一个稳定的集体"，"需要工作者'合理地'花费更多的钱来维持和更新自己，并且尽可能地加强自己肌肉和神经的工作能力，而不是为了破坏和损毁它。于是反对酗酒这种破坏劳动力的最危险的原因就成了国家的职责"。② 因此，机械劳动的强化，很可能会导致一种极端的情况，这就是马尔库塞所说的，导致人的单向度发展。与这种单向度发展相一致的，就是在休闲时间里，人沉迷于物化社会的各种消费与休闲规划中，这是福特主义之后、消费社会兴起时的一个重要问题，鲍德里亚关于消费社会的批判，在这方面做了有益的探讨。当然，这些问题已经超过了《资本论》第一卷的直接问题域，我已在其他地方进行了探讨，这里不再论述。

因此，必要劳动时间的缩短并不必然地意味着自由时间的延长，这是当代西方马克思主义已经论述过的问题。但从另一个层面也可以设想，当工人可支配的时间增多时，即使这些时间已经被消费社会所规划，但还是为人的个性的自由发展提供了一种可能性的境域，即使是量的积累，也很难说就不会造成质的变化，就像商品交换从量的积累导致了其质的变化一样。但当这种变化降临时，它必须是社会存在层面的结构性转变，就像马克思在《政治经济学批判大纲》中关于三大社会形态的论述一样，这是一种结构性的关系转型。应该说，只有在这种结构性的关系转型中，必要劳动时间的缩短才会带来自由时间的增加，与此同时，必要劳动的性质也发生了变化，这就是马克思在论述共产主义社会时所说的，劳动成为一种需要，即成为体现人的个性与本质力量的需要。这种时间转变的节点，马克思设置了两个内在的条件：一是资本逻辑达到了自己的极限；二是无产阶级能够意识到自己就是改变这个社会的主导力量。这两个条件合而为一时，才可能导致根本性的社会变革，必要劳动时间的缩短才能真正成为人的个性发展的时间之维。这当然是一种文明样式的转变，只有在这一新的文明样态中，自由才会现实地体现出来。

---

① ［意］葛兰西：《狱中札记》，葆煦译，人民出版社1983年版，第403页。
② 同上书，第404页。

第 十 三 章

资本逻辑与空间规划

如果说绝对剩余价值的生产更多体现了时间的规划的话，那么相对剩余价值的生产就直接与空间规划相关联。按照马克思在《资本论》中的讨论，资本逻辑的实现过程，不仅是时间的规划过程，同时也是空间的重新规划过程。就时间方面来说，资本逻辑不仅改变了日常生活中工作时间与非工作时间、必要劳动时间与剩余劳动时间的结构性关系，而且改变了人们面对社会历史时的时间意识。就空间方面来说，资本逻辑的展开不仅改变了人们的劳动空间，而且改变了人们的生活空间与心理空间。资本逻辑对空间的这种重新规划，改变了人们的生活方式。

第一节 资本逻辑与劳动空间的重构

资本逻辑的轴心是追求剩余价值，这一看不见摸不着的逻辑需要通过一些物质性的环节来实现自己。根据马克思的讨论，获取最大限度的剩余价值主要通过两种方式：一是获取绝对剩余价值，这是通过延长工作日实现的，也就是前面说过的时间维度的重新规划；二是获取相对剩余价值，这是通过提高劳动生产率来实现的，这是《资本论》第四篇"相对剩余价值的生产"的主题。也正是在这一部分，马克思通过"协作"、"分工与工场手工业"、"机器大工业"等章节，指出劳动生产率的提高与空间的压缩联系在一起。我们以"协作"为例来进行具体说明这一点。

　　从劳动的视角来看，在资本主义产生之后，空间的意蕴发生了重要改变。在前资本主义社会，劳动的空间是第一自然，人们与自然融为一体，这是第一自然中的劳动空间。资本主义产生之后，劳动创造出了"第二自然"，空间变成了第二自然意义上的空间，资本主义劳动生产的过程就是对这种空间进行重新规划的过程，即将分散在不同空间的个体聚集在同一空间下，形成一个独特的劳动空间。"人数较多的工人在同一时间、同一空间（或者说同一劳动场所），为了生产同种商品，在同一资本家的指挥下工作，这在历史上和概念上都是资本主义生产的起点。"①虽然"劳动场所"开始还只是作坊的扩大，是一种量的增加，但当劳动人数增加，规模扩大到一定程度时，就会形成社会平均劳动，发生质的变化。根据马克思的论述，工场中的"协作"通过空间的凝聚而降低了生产费用、提高了劳动效率。空间在资本逻辑展开过程中的这种作用体现为以下几点：第一，人数较多的工人在同一场所中的聚集，会使每个人的工作日成为总工作日的一部分，就更容易使每个工人的劳动时间接近平均劳动时间，只有当工人一开始就推动社会平均劳动的时候，价值增殖规律才能实现。第二，这种空间的聚集提高了一些劳动资料的共同消费。"容纳许多人做工的厂房、储藏原料等的仓库、供许多人同时使用或交替使用的容器、工具、器具等，总之，一部分生产资料，现在是在劳动过程中共同消费的。"这导致的结果是："一方面，商品的交换价值，从而生产资料的交换价值，丝毫不会因为它们的使用价值得到某种更有效的利用而有所增加。另一方面，共同使用的生产资料的规模会增大。"②这时，共同使用的资料转移到商品中的总价值分配到较大量的商品上，每个商品所负载的不变资本的价值组成部分就降低了。生产资料的节约一方面使商品便宜，从而使劳动力的价值下降；另一方面，它改变了剩余价值同全部预付资本的比例关系。第三，当许多工人在同一个空间中聚集时，他们不仅相互联系，而且能够有计划地一起协同劳动，这种协作不仅创造了生产力，而且也形成了一种新的社会关系。"且不说许多力量融合为一个总的力量而产生的新力量。在大多数生产劳动中，单是社会接触就会引起竞争心和特有的精力振奋，从而提高每个人的

---

① 《马克思恩格斯全集》第 44 卷，人民出版社 2001 年版，第 374 页。

② 同上书，第 377 页。

个人工作效率。"①除了通过空间的压缩而提高劳动生产率之外，协作还可以扩大劳动的空间范围。正如马克思所指出的，有些劳动过程由于劳动对象空间上的联系就需要协作，比如筑堤、灌溉、修路等活动。这种空间压缩与空间扩大并不矛盾，正是因为数量众多的人在空间上聚集在一起，才能更好地提高劳动的机械力，并在短时间内动员大量的劳动力，以激发个人的竞争心，发挥个人社会种属能力。

协作促进了空间的规划，这是对第二自然的空间的重新设置，使之更合乎资本逻辑的要求，或者说正是资本逻辑的展开创造了合乎自己需要的空间。这种空间的变化同样引起了时间的变化。聚集在一起的人数众多的工人，他们在劳动过程中或者还像过去一样，每个人都做同样的事情，或者通过分工形成总体的合作关系，在这两种情况下都会导致劳动时间的相应变化。对于同种工人来说，聚集在同一个空间下使个人之间有了竞争力，这是推动平均劳动时间形成的重要条件，并有助于通过激发个人的能力，以减少社会必要劳动时间。对于不同种工人来说，这种分工式的协作更能降低平均必要劳动时间，这是斯密在《国富论》第一章讨论分工时就已经说明的问题。马克思在《资本论》第一卷的"分工与工场手工业"部分对此进行了更为系统的论述。

空间的压缩不仅带来了劳动组合方式的变化，而且也带来了劳动管理方式的变化。协作的规模取决于资本家的购买力，而协作在促进劳动生产力的发展后，又能进一步提高资本家的购买力，这使得协作越来越有助于资本的积累，单个资本家也就越来越能积聚较大量的生产资料，购买更多的雇佣工人。可以说，协作进一步推动着单个人的劳动转变为社会劳动。这时，对特定空间中的劳动管理的重要性就显现出来。"起初资本指挥劳动只是表现为这样一个事实的形式上的结果：工人不是为自己劳动，而是为资本家，因而是在资本家的支配下劳动。随着许多雇佣工人的协作，资本的指挥发展成为劳动过程本身的进行所必要的条件，成为实际的生产条件。"②在资本的监督下，聚集在特定空间中的工人的劳动形成一个生产总体，劳动管理与监督似乎成为这一总体的保证。在这一总体中：第一，资本主义生产过程的动机和目的

---

① 《马克思恩格斯全集》第 44 卷，人民出版社 2001 年版，第 377 页。
② 同上书，第 383—384 页。

得到了进一步的体现。劳动生产率的提高使得相对剩余价值更大。第二，工人之间的联系处于工人的主体意识之外，他们在劳动中的联系，是资本家观念的现实展现，工人的活动成为他人意志的体现。这使得资本主义的管理体现出二重性：一方面它体现为制造作品的社会劳动过程，另一方面则体现为资本增殖过程。就前者来说，这种管理具有社会性，就后者来说，这种管理具有专制的特征。也只有在这种协作以及其进一步的发展中，工人才能在特定的空间中将自己的工作固定下来，社会越发展，这种固定性也就越明显，工人的能力也就越聚焦于劳动过程的某个环节，其工作也就越来越具有物化的特征。到了 20 世纪初的流水线生产时代，这种物化开始渗透到社会生活的整体结构中，这正是卢卡奇《历史与阶级意识》中讨论"物化"现象的社会历史基础。

在本书第三章中，我曾经论证：在马克思的思想中，存在着生产逻辑与资本逻辑，前者强调物质生产的人类学意义，后者则是对以剩余价值为目的的资本逻辑的批判。协作所导致的空间压缩以及由这种压缩所带来的空间扩大，在这双重逻辑层面都存在，但在不同的逻辑基础上，这种空间压缩具有不同的历史性规定。在马克思看来，在古代世界、中世纪都存在着偶然采用的大规模协作，但这是以直接的统治关系和奴役关系为基础的，这与资本主义的协作具有不同的性质。他甚至认为，相对于农民经济和独立的手工业生产来说，资本主义的协作并不表现为协作的一个特殊的历史形式，而协作倒是表现为资本主义生产过程所固有的特征。按照本文的论述逻辑，前一种协作是对第一自然的顺应，而资本主义的协作则是对新创空间的重新安排，这种安排是以资本逻辑为内在灵魂的。这时的空间就不再表现一种先验的存在，而是表现为一种创造性的存在，它与资本逻辑同体而生，这是一种新空间的生成。马克思说协作作为起点是与资本本身结合在一起的，同样，这种空间也是与资本本身结合在一起的。资本主义社会有其特定的空间，由这种空间的扩张形成的第二自然逐渐覆盖第一自然，从而重新建构了一个新的世界。

一个新的世界就会有一个相应的新的权力结构。如果说在前资本主义社会，这种权力体现为直接的统治关系和奴役关系，那么在新世界中，权力一开始就是一种隐性的统治力量，在权力的表层，恰恰表现为一种个体之间的自由与平等状态。这就是资本的权力。在资本权力的作用下，特定空间中处于协作关系的个人，成为一个工作有机体的肢体，他们本身成为资本的一种特殊存在方式，工人在协作中发挥出来的生产力仿佛成为资本天生就具有的生产力。当工人在新空间中的位置越来越固定时，资本的权力就越来越大，工人也就越来越成为资本的附属物。到了韦伯所讨论的科层制时代，这种权力也就越来越隐性地发生作用，资本的统治也就越来越匿名化。资本、空间、权力，成为新空间结构的重要元件。

第二节　生活空间与城市空间；国内市场与世界市场

随着劳动空间从第一自然中分离出来并组成新的空间后，资本逻辑在生产劳动中的统治地位就会逐渐扩散到其他空间，并导致了人们生活空间的重组，在此基础上推动着城市空间的重构。

当劳动生产形成了新的空间结构之后，对人们生活空间的重构就必然会被提出来，当劳动成为第二自然中的劳动时，人们的生活空间也必然被置于第二自然中，将人从第一自然中剥离出来。按照我的理解，圈地运动就是这种剥离的一个重要方式。通过圈地运动，将人从第一自然中独立出来，并将第一自然变成受资本统治的第二自然。这是马克思在资本的原始积累部分所讨论的问题。从土地上被赶出来的人，或者进入工场成为城市居民，重新安置自己的居所，或者进入大农场，成为租地农场主的工人，这同样需要重新寻找自己的栖身之地。这是生活空间重组的原因，而导致这一原因的同样是资本逻辑的力量。

在资本主义社会，生活空间的重组是与劳动空间的分离相一致的，这使得生活空间成为劳动空间的附庸，并往往隐藏在劳动空间的背后，而不为人们注意。我们先看农业工人的生活空间。马克思以不列颠农业工人为例指出：随着农业的工业化，一方面，耕地面积不断扩大，生产越来越集约化，农业资本有了空前的积累，农产品也快速增长，地租大大增加；另一方面，农业工人人口则大大减少，农业工人的状况也越来越恶化，就连政府的《卫生报告》也认为，农业工人是食宿都很坏的农奴。根据马克思援引医务调查委员会的报告以及12个郡的情况，我们可以看出农业工人居住空间的一些特征：第一，随着土地的集约化，农业工人的居住越来越集中在一些农场主新盖的房屋里，这些房屋的总体条件很差。在《公共卫生。第 7 号报告。1864 年》中，汉特医生就描述过："农民在风吹雨打中劳动了好几个小时以后回到自己的小屋里，坐下来烤烤火，烧的是泥炭或用粘土和煤末做的煤球，碳酸气和硫酸气烟雾腾腾。小屋的墙是用粘土和石块砌成的，地是光秃秃的泥地，跟没盖房子以前一样，屋顶是一堆蓬松的湿秸秆。为了保暖，所有的裂缝都堵死了。工人就是在这种充满恶臭的空气里，在泥泞的地上同他的老婆孩子一起吃晚饭，往往披着仅有的一套湿衣服让它在身上暖干。"[①]第二，随着居住房屋的数量的减少，农业工人居住得非常拥挤。比如在贝德福德郡，在调查过的 17 户人家中，只有 4 户有一间以上的卧室。在只有一间卧室（长 3 米、宽 2.5 米）的小屋里，住着 3 个大人和 3 个孩子，这还不算很差。第三，居住的环境很差，没有可开关的窗户，除了水沟之外没有任何供水设备和排水设施。这种生活空间只是为了让农业工人有个临时性的睡觉场所，是为了让农民能够更好地劳动而设立的休息之地。也就是说，在农业资本家的意识中，为了追求利润，其他的都不再重要。工人的空间主要在工作场所，其他的空间是无所谓的。这是资本积累的内在要求。

能生活在祖辈相传的土地上，就还不算最糟糕的。在讨论爱尔兰的农业工人居住空间时，马克思指出："农业革命的第一个行动，就是以极大的规模，像奉天之命一样，拆除耕地上的那些小屋。因此，许多工人不得不到城市里去寻找栖身之所。在那里，他们就像废物一样被抛进阁楼，洞窟，地下室和最糟糕的街区的屋角里。"[②]这些人或者要到乡下成为农业工人，或者成为工业的后备军，过着一种摇摆于城市与乡村的生活，相比于有固定居住地的农业工人而言，这些人的生活空间更不稳定。

资本主义社会的发展有赖于工业的进步，工业的进步推动着城市的发展，城市空间的建构与规划无不体现了资本逻辑的内在要求。对于从远古时代到工业资本主义时代城市空间的发展，苏贾将之划分为三个阶段：第一次发展产生了村镇联合，"通过农业发明（农事和畜牧业）、手工业生产专门化形式的

---

① 《马克思恩格斯全集》第 44 卷，人民出版社 2001 年版，第 785 页。
② 同上书，第 813—814 页。

创造和商业贸易网络的发展而有的革命性社会生产领域中运作"①。虽然这时已有了各种手工业者与商人的分工，城市的经济生活是形成村镇联系的一个动力，但城市中通过空间的集聚而创造出来的相互依赖与文化习俗，是许多事件的动力。在第二阶段，随着农业技术的革新，城市与乡村的分离，产生了围绕着地理统治方面的政治革新，使人口规模和领土范围都空前巨大的复杂社会和文化的维持与管理成为可能。这形成了帝国的都市化以及以城市为中心的帝国统治向社会的更大范围的扩张。资本主义社会城市的兴起是城市发展的第三个阶段。马克思在《德意志意识形态》中曾指出，随着一些工人逃出行会组织并在某些特定区域集聚在一起，不同于传统城市的新城市就处于形成之中。这是工业化催生的城市，如曼彻斯特就是这种城市的代表。马克思关注的是工业资本主义时代的城市。随着工业的发展与商业的繁荣，传统的城市或者被重建，或者按照工业生产与商业交换而改造。"随着财富的增长而实行的城市'改良'是通过下列方法进行的：拆除建筑低劣地区的房屋，建造供银行和百货商店等等用的高楼大厦，为交易往来和豪华马车而加宽的街道，修建铁轨马车路等；这种改良明目张胆地把贫民赶到越来越坏、越来越挤的角落里去。"②这种重建带来的结果就是工业与商业占据着城市的中心，围绕着这些中心的是密不透风的房子，住着城市工工人与无产者，原来住在中心的富有者不再满意这种环境，搬到风景秀丽的郊区了。工人的居住区成为城市空间中的贫民窟。恩格斯在《英国工人阶级的状况》中以伦敦为例来对这种贫民窟进行了描述：

> 每一个大城市都有一个或几个挤满了工人阶级的贫民窟。的确，穷人常常是住在紧靠着富人府邸的狭小的小胡同里。可是通常总给他们划定一块完全孤立的地区，他们必须在比较幸福的阶级所看不到的这个地方尽力挣扎着活下去。英国一切城市中的这些贫民窟大体上都是一样的；这是城市中最糟糕的地区的最糟糕的房屋，最常见的是一排排的两层或一

---

① ［美］苏贾（Edward Soja）：《后大都市》，李钧等译，上海教育出版社 2006 年版，第 73 页。

② 《马克思恩格斯全集》第 44 卷，人民出版社 2001 年版，第 757—758 页。

层的砖房，几乎总是排列得乱七八糟，有许多还有住人的地下室。……这里的街道通常是没有铺砌过的，肮脏的，坑坑洼洼的，到处是垃圾，没有排水沟，也没有污水沟，有的只是臭气熏天的死水洼。城市中这些地区的不合理的杂乱无章的建筑形式妨碍了空气的流通，由于很多人住在这一个不大的空间里，所以这些工人区的空气如何，是容易想象的。此外，在天气好的时候街道还用来晒衣服：从一幢房子到另一幢房子，横过街心，拉上绳子，挂满了湿漉漉的破衣服。①

这还只是一个简单的总体勾画，实际上工人的生活区比这里描述的还要恶劣。

这种以工业、商业为中心，以贫民窟围绕着工业与商业中心，以中产阶级围绕着贫民窟，以最富有阶级为外围的城市规划在曼彻斯特更为明显。根据恩格斯的描述，曼彻斯特的中心有一个相当广阔的商业区，全都是营业所与货栈，这里不住人。在商业区的外围，形成了一个纯粹的工人区，像一条平均一英里半宽的带子把商业区围绕起来。在工人区的外面，住着高等的和中等的资产阶级。中等的资产阶级住在离工人区不远的整齐的街道上，高等的资产阶级则住得更远，往往是在郊区的别墅里。"最妙的是这些富有的金钱贵族为了走近路到城市中心的营业所去，竟可以通过整个工人区而看不到左右两旁极其肮脏贫困的地方。因为从交易所向四面八方通往城郊的大街都是由两排几乎毫无间断的商店所组成的，而那里住的都是中产资产阶级，他们为了自己的利益，是愿意而且也能够保持街道的整洁的。"②以上说的是商业区，那么工业区的情况呢？恩格斯以曼彻斯特旧城为例进行了分析。这些老城区的原住户都已搬走了，剩下的房屋已经破烂不堪，但只要有空地，人们就会在这里补盖起房子，成为附近工厂中工人的栖居地。在艾尔克河附近，这种杂乱无章且拥挤不堪的房屋更为典型。在这条河的附近，有制革厂、染坊、骨粉厂、瓦斯厂等，这些厂的脏水和废弃物都抛到河里，人们的生活污水也排放到河里，我们就可以想象在资本积累的推动下，自由资本主义早期

① 《马克思恩格斯全集》第 2 卷，人民出版社 1957 年版，第 306—307 页。
② 同上书，第 327 页。

的城市空间是一种什么样的状态。但这种空间与工业生产所需要的资源、能源以及工人人口数量等相一致，正如恩格斯在描述了曼彻斯特旧城之后说："所有这些都只是工业造成的，而如果没有这些工人，没有工人的贫困和被奴役，工业是不可能存在的。"①工业资本所形成的新的城市空间，与传统城市空间显然是不一样的。传统的城市空间以政治权力为中心而建构，新的城市空间以资本权力为中心而展开。

资本主义的发展不仅需要进行生活空间与城市空间的规划，而且还需要对国内市场与世界市场进行规划。首先，我们简要讨论国内市场的空间规划。比如在英国，这种国内市场的重新规划首先体现为城市与乡村的重新建构。通过圈地运动，传统的乡镇被推向了市场，这既解构了传统的乡村生产与统治秩序，同时又通过建立新的工厂而建立了不同于传统城市的新城市，特别是在交通发达、资源丰富的地区，新城市空间的重构更为迅速。对农民土地的剥夺当然是与工业的发展相一致的，也体现了工业发展的内在要求。其次，通过区域的工业功能规划，不同的地区具备了不同的功能。在传统的农业文明中，虽然也存在着一些劳动分工，但相对而言，每一个区域都是一个相对自给自足的整体，而在资本主义社会，随着工业的发展，不同的区域有其不同的功能，而这种功能的划分往往体现了资本的内在要求。比如就英国来说，英格兰是一个资本主义生产发达、工业占优势的国家，而隔海相望的爱尔兰，则是一个农业区，它为英格兰提供谷物、羊毛、牲畜、工业人口等资源。这种区域空间的安排，体现了资本生产的总体性特征。

与国内市场的重新规划相一致的，就是世界市场的规划。在《德意志意识形态》中，马克思就曾指出，现代工业资本主义的发展推动着历史向世界历史转变。但这种转变是资本逻辑对世界空间的规划，并不意味着各民族的历史能够得到平等发展。随着机器大工业的发展和工厂制度达到一定的广度和成熟程度，资本主义生产能力获得了长足发展，产品价格的低廉和丰富、交通运输业的变革，使得资本有能力在世界范围内实现自己的目的。这种规划首先表现为将落后的农业生产国变成工业国的原料产地。"机器生产摧毁国外市场的手工业产品，迫使这些市场变成它的原料产地。例如东印度就被迫为大

---

① 《马克思恩格斯全集》第 2 卷，人民出版社 1957 年版，第 335 页。

不列颠生产棉花、羊毛、大麻、黄麻、靛青等。"①其次，随着工业生产人口的过剩，促进了先发资本主义国家的移民和将外国的殖民地化。这在美国和澳大利亚表现为较为明显。当资本进入这些国家时，实际上也引起了这些国家的空间重组，比如在美国，印第安人的生活空间就被新的生活空间所取代，而这种新的生活空间又与英国工业生产的空间规划相适应。实际上，这是一种新的国际分工，地球上一些地区变成了主要从事农业生产的地区，另一些地区则变成了工业生产地区。落实的农业国和殖民地则成为工业国的附庸。沃勒斯坦在论及美洲的殖民地时就指出，美洲的殖民地服务于两个目的："第一，它们是所谓热带产品的来源——糖、棉花、烟叶——这些产品需要一种气候，欧洲大部分地区不具备那种气候条件，扩大的加勒比海地区(包括巴西和北美洲的南部地区)在生态环境方面比较适宜，为此，英国和法国在这一地区获取了殖民地。……第二点而且也是殖民地相当不同的功能是，它是工业产品和转手出口商品的市场。"②关于这种世界市场的空间规划特征，沃勒斯坦的中心—边缘模式做出了很多的论述。而全球化更加体现了资本逻辑在世界空间的重新规划。

第三节　全球化与资本的空间布展

从马克思的资本逻辑出发，全球化是资本在世界范围内的全面展开，这是继自由资本主义、垄断资本主义之后出现的跨国资本主义时代③，有的学者甚至将之看作是一种新"帝国"的形成④。全球资本主义的发展，对于马克思历史唯物主义的传统模式提出许多挑战，并开启了传统研究中许多被忽视的领域，特别是全球资本主义运行中资本的空间布展问题，使得空间的生产

①　《马克思恩格斯全集》第 44 卷，人民出版社 2001 年版，第 519 页。

②　[美]沃勒斯坦：《现代世界体系》第二卷，吕丹等译，高等教育出版社 1998 年版，第 118—119 页。

③　跨国资本主义，这是后马克思主义讨论中对全球化的一种称谓，它体现了当代新左派面对全球化时的批判立场，这在詹姆逊、哈维等人的著作中体现得较为充分。

④　参见[美]麦克尔·哈特、[意]安东尼奥·奈格里：《帝国——全球化的政治秩序》，杨建国、范一亭译，江苏人民出版社 2003 年版。

与规划与资本的权力结构关系日益凸显出来。如果说在自由资本主义与垄断资本主义时期，时间以其绝对的优势支配着空间的话，而在全球资本主义时代，随着时间的极限化，空间取得了主导性的支配地位，全球化就是资本逻辑在空间的布展，正是在这一布展中，才可能产生后殖民主义所谓的区域性抵抗问题，这当然是资本逻辑的另一面。

正如列斐伏尔所说"任何一个社会，以及任何一种生产方式，都会生产出自身的空间"①，被社会实践生产出来的空间与时间，与社会的展开过程具有同构性，但在不同的时期，社会时间与社会空间在特定历史情境中所起的作用是不同的。从资本逻辑在历史时空境域中的运行方式来看，自由资本主义与垄断资本主义体现的是时间支配空间的过程，与空间相比，时间起着主导性作用。这种征服体现在两个方面：第一是资本生产过程中的时间空间化。资本的本性在于追求剩余价值，而要获得剩余价值，一方面依赖于绝对剩余价值的生产，这主要通过延长绝对劳动时间实现；另一方面依赖于相对剩余价值的生产，这主要依赖于劳动生产率的提高，资本主义社会中时间对空间的征服尤其发生于这个过程中。协作、分工带来劳动空间的缩小、生产费用的节约，同时也就意味着生产市场的不断扩张。

但由于原料市场与生产场所本身并不是直接聚集在一起的，加上消费品也不可能在同一地方销售，因此，如何突破空间的距离，缩短原料、商品的流通时间以有效地实现资本的再生产过程，这构成了时间征服空间的第二个维度。正如马克思所说的："流通时间本身不是资本的生产力，而是对资本生产力的限制……由于加速或减少流通时间——流通过程——而可能发生的一切，都归结为由资本本性所造成的限制的减少。"②"因此，资本一方面要力求摧毁交往即交换的一切地方限制，征服整个地球作为它的市场，另一方面，它又力求用时间去消灭空间，就是说，把商品从一个地方转移到另一个地方所花费的时间减到最低限度。"③现代交通方式的产生，不仅解决了原料与商

---

① Henri Lefebvre, *The Production of Space*, Cambridge, Massachusetts, 1991, p. 31.
② 《马克思恩格斯全集》第 30 卷，人民出版社 1995 年版，第 544 页。
③ 同上书，第 538 页。

品运输的问题，而且更有助于吸引资金，促进工业发展。现代交通工具使空间具有了可被资本规划的特征，这种规划不仅体现在资本主义国家内部，而且促生了资本主义生产方式征服非资本主义生产方式的力量，这实际上是以资本主义生产中的时间优势征服了小农生产中空间的无组织生产状态，凡是资本主义所到的地方，小农生产都将遭到根本性的打击。可以说，自由资本主义的产生及其发展，实际上是以时间为境域实现着资本扩张，正是在这个扩张中，实现着对空间的规划，现代意义上的同质化空间，正是在这个过程中才能形成。

这种时间对空间的优势作用，在福特主义的生产体系中达到了最充分的表现。福特主义首先是一种生产体系，它不仅力图实现生产过程与资料、运输过程的结合，而且在生产内部，通过流水线将空间的结合过程所需要时间大大降低，使工人成为机器的配件。其次，福特主义还是一种消费体系，这是将消费纳入标准化生产体系的过程，在这个意义上，它解除了商品从生产到消费的一跳过程中的"风险"性，这是生产与消费之间的距离的预先操控。

> 管理、构想、控制与实施之间的分离（所有这一切都意味着在劳动过程之中要从等级制的社会关系和非技术化着眼），在很多企业中也已经在积极进行之中。福特的独特之处（以及最终使福特主义与泰勒主义分别开来的东西）就是他的眼光，是他对此的明确认识：大规模生产意味着大众消费、劳动力再生产的新体制、劳动控制和管理的新策略、新的美学和心理学，简言之，意味着一种新的理性化的、现代主义的和平民主义的民主社会。①

特别是在战后，由于国家干预作用与福特主义的契合，福特主义对于发达国家的社会化进程起到了非常重要的作用。福特主义的发展，实现的是一种纵深化的总体性空间建构，但这也是以一个总公司为核心的分散化空间建构，中心与边缘的模式可以说是这种空间模式的主要特征。

但这种福特主义的体制，在 20 世纪 70 年代遇到了自身发展的极限。按

---

① ［美］哈维：《后现代状况》，阎嘉译，商务印书馆 2003 年版，第 167 页。

照当代学者的分析，1973 年有两个重要情况影响着福特主义的发展：第一，通货膨胀暴露出西方经济中存在过量的生产力，引发了世界范围的资产市场的崩溃；第二，石油输出国组织提高油价，以及 1973 年阿以战争中阿拉伯国家决定禁止向西方出口石油。这导致了所有经济部门必须通过技术和体制变革来寻找节约能源的出路，这就导致了资本空间布局的改变，即由福特主义的大规模集中生产转向世界各地的分散生产。由于剩余石油美元的再循环问题与世界金融市场的不稳定，导致了资本投资空间布局的转变和世界金融市场自主化的加强，而福特主义的"刻板"特征，无法实现这一转变。在这些动荡和非确定性所建构的社会空间中，工业结构领域和政治及社会生活领域产生了一系列新奇的实验，形成了一种全然不同的政治和社会调节系统，这是与福特主义完全不同的阶段，"它依靠同劳动过程、劳动力市场、产品和消费模式有关的灵活性"。① 这就是学者们所谓的"弹性生产"时代，"灵活积累"构成了跨国资本主义时代的资本积累机制。

根据哈维的描述，弹性生产具有以下特征。第一，劳动力市场的变化，即从过去的全日制劳动为主转向了以非全日的、不定期的、固定条件的合同工作人员，临时的、转包合同的和公共津贴资助的受训人员。第二，劳动力市场的结构性转变，伴随着工业结构中的变化，最根本的是已经增加了的转包的转变，这个转变使传统的家庭劳动、手工业劳动得以生长起来，这也导致了第三世界国家的发展与发达资本主义社会的发展相趋同的倾向。这种变化直接侵入到阶级意识的形成，阶级意识再也不是超源于劳资之间直接的阶级关系，并朝着更加混乱的家族间冲突的范围、在家族中或在有等级秩序之社会关系的类似帮派的体制中争夺权力的方向发展。而家庭劳动体制的恢复使妇女劳动力代替其他劳动力的机会更多。第三，上述转变导致了经济空间的变化，即区域经济已经开始压倒规模经济，这是小批量生产的结果。小批量生产和转包具有绕过福特主义体制的刻板、满足更大范围的市场需求包括快速变化的需求的优点。第四，在文化上，灵活积累在消费方面更加密切地关注快速变化的时尚，调动一切引诱需求的技巧和它们所包含的文化转变。福特主义的现代主义相对稳定的美学，已经让位于后现代主义美学的一切骚

---

① ［美］哈维：《后现代状况》，阎嘉译，商务印书馆 2003 年版，第 191 页。

动、不稳定和短暂的特质，这种美学赞美差异、短暂、表演、时尚和各种文化形式的商品化。弹性生产是一次全面的社会转型，正是这时，对全球空间的规划构成了资本逻辑的内在对象，全球化也正是在这个全球的空间规划中才得以展开。

这种全新的全球空间规划，空间对时间的优先地位的倒转，是以现代电子技术为基础的。现代电子技术给时间的"0"度化规划全球空间提供了前提条件，"数字化的生活将越来越不需要依赖特定的时间和地点，现在甚至连传送'地点'都开始有了实现的可能"①。正如卡斯特所说的，只有以新信息与通信技术为基础，才可能产生经济的全球化。先进的电脑系统支持全新而强大的数学模型，能够掌握复杂的金融商品，并且以高速执行交易。复杂的电信系统即时连接全球的金融中心。线上管理让公司得以跨越国界，横越世界而运作。以微电子为基础的生产促成零件的标准化，以及最终产品能够以量产、弹性生产的方式定制，而以国际组装组织起来。② 这造成了一种流动的空间。以电子通信为基础的流动空间具有三个层次：第一个层次是由电子交换的回路所构成，在这种网络中，任何地方的逻辑都已被吸纳进网络中；第二个层次是由其节点与核心所构成，正是这些节点与核心，保证着一切元素的顺利流动，形成了支配性的逻辑，并分配每个地方独特的角色与权力；第三是占支配地位的管理精英的空间组织，正是这些精英体现了资本的全球特征，而民众在一定意义上则是地方的代表。正是这种流动的空间，刺激着地方空间的发展，它们共同构成了新工业空间。

　　新工业空间的特征是其技术与组织能力，可以将生产过程分散到不同区位，同时通过电子通信的联系来重新整合为一体，以及在零组件的制作上具有以微电子为基础的精确性和弹性。再者，生产过程中每个阶段的地理特殊性，都适当地搭配了每个阶段所需要的独特劳动力特性，

---

① ［美］尼葛洛庞蒂：《数字化生存》，胡泳等译，海南出版社1996年版，第194页。
② ［美］卡斯特：《网络社会的崛起》，夏铸九等译，社会科学文献出版社2001年版，第159页。

以及这种劳动力里相当特殊的部分，其生活条件的不同社会与环境特色。①

全球化渗透到世界的不同角落，使得每一特定场所的特色与资本在全球的布展联为一体，这造成了全球与本土之间复杂的关系。

面对全球化的全面渗透，后现代与后殖民理论在否定资本的总体化逻辑时，强调差异与本土的解放作用。如果从资本的全球布展来看，这一批判资本全球化的方式，在深层上恰恰合乎资本全球布展的内在逻辑要求。全球化不仅是一种具象化的资本布展，而且是一种抽象化的逻辑，资本在全球布展中的异质性与本土性的存在方式，一方面体现了这种抽象总体性的内在要求，另一方面使任何本土都被纳入到全球之中，没有经过全球洗礼的本土已不再存在，这时将本土与全球分离开来，已经是一种怀旧式的幻想。当然这并不是说本土没有任何存在的价值，而是必须放到资本逻辑的全球空间布展中进行分析，这是历史唯物主义在面对全球化时，需要深入分析的问题。

第四节　心理空间与意识空间的重新建构

从上面的论述中可以看出，现代资本主义的产生是一次全面的社会重组，这是旧世界的消失与新世界的形成。在《共产党宣言》中，马克思恩格斯以散文诗般的笔调描写道：

> 资产阶级在它已经取得了统治的地方把一切封建的、宗法的和田园诗般的关系都破坏了。它无情地斩断了把人们束缚于天然尊长的形形色色的封建羁绊，它使人和人之间除了赤裸裸的利害关系，除了冷酷无情的"现金交易"，就再也没有任何别的联系了。它把宗教虔诚、骑士热忱、小市民伤感这些情感的神圣发作，淹没在利己主义打算的冰水之中。它把人的尊严变成交换价值，用一种没有良心的贸易自由代替了无数特许

---

① ［美］卡斯特：《网络社会的崛起》，夏铸九等译，社会科学文献出版社 2001 年版，第 477—478 页。

和自力挣得的自由。①

传统的固定的东西烟消云散之后，与传统相一致的思想意识也随之让位于与新世界相应的心理意识。这是心理空间与意识空间的重构，它从深层上推动着人们对资本逻辑的认同。

人们的心理空间总是与人们的日常生活相关联。在传统的认识论研究中，人们将空间当作一个先验的存在，在康德那里就是如此。根据本书的讨论构架，如果真的存在这种先验的空间，那么它对应的是第一自然。人与动物的区别在于，人能够通过自己的活动创造第二自然，这种第二自然的典型形式出现在资本主义社会。在第二自然中，人与自然对象的关系让位于人与人之间的关系，这是黑格尔哲学的重要成就。黑格尔通过对"承认"问题的讨论，将人与人的关系变成了哲学的主题，所以在《精神现象学》中我们可以看到，只是到了"自我意识"部分，理性才真正地产生。这也就意味着人们的心理意识是与人们的日常行为模式紧密相关的，而这种日常行为模式又受到社会生活总体结构的影响，在资本主义社会，实际就是受到了资本逻辑的影响。资本逻辑的实现过程不仅体现为历史空间的重新规划，也体现为心理空间的重构。这种心理空间不仅是一个认识论的问题，更是一个道德—伦理学的问题，因为一旦进入到社会生活领域，纯粹的认识论问题就会与道德—伦理问题交织在一起。

我们前面讨论到了工人的生活空间，如果进一步分析，我们就可以看出这种生活空间直接影响到工人的心理空间。在马克思时代，当时英国的一些城市卫生报告就指出，工人居住空间的狭小，使得已婚的和未婚的成年男女挤在一起，"这必定使人相信，在这种情况下羞耻心和庄重感被最粗暴地伤害了，道德的败坏几乎是必然的……"②当这种居住条件连为一片，构成了工人的生活区时，街区内的道德败坏就成为一种正常现象。对于那些没有固定的居住区而在小旅馆中停留的人，附近地区常常有流氓在进进出出，虽然有些村民能够保持纯朴的品质，但这种环境也易使人堕落。我们的确也很难想象，

---

① 马克思、恩格斯：《共产党宣言（纪念版）》，中央编译出版社 1998 年版，第 59 页。
② 《马克思恩格斯全集》第 44 卷，人民出版社 2001 年版，第 789 页。

这种生活条件能够给人的心理以多少健康的空间。

资本主义社会建构的是一个以资本逻辑为核心的现实空间,这种空间成为人的思想意识空间的原型。如果说现实的资本主义社会是一次结构性的转型,那么人们的思想意识也同样需要一次结构性转型。比如在《堂吉诃德》中,我们就能看到这一点。实际上,堂吉诃德的思想空间对应于中世纪的文明,但他生活的空间已经是资本主义文明,这意味着他的意识空间存在着一种错位。他思想中的图景是想象的中世纪,而现实的世界则是新的社会。这种空间的错位才是他不断地陷入荒谬境地的原因。思想空间的转换这一主题虽然在马克思那里没有得到很深入的讨论,但他为我们提供了一种讨论的方式,其社会存在决定社会意识的思想就是我们讨论这一问题的基础。这并不是简单的机械决定问题,而是社会存在与社会意识之间的同构问题。在资本主义社会空间的建构中,资本逻辑构成了其隐蔽的力量,而在现实的层面则体现为有意识的自由个体的实践。人们在现实空间中的交往过程体现为一种商品交易的过程,而这种交易空间又为个体主体的存在提供了现实的保证。这使得在人们的意识结构中,自立的"自我"成为近代以来全部意识建构的核心,独立自我间的契约关系成为人们讨论政治空间的原型。对于这种意识空间结构,马克思在《政治经济学批判大纲》"导言"一开始就进行了批判。马克思揭示出这种意识形式对应于现代市民社会的形式。"只有到 18 世纪,在'市民社会'中,社会联系的各种形式,对个人说来,才表现为只是达到他人私人目的的手段,才表现为外在必然性。"①如果我们将这种意识结构与弗洛伊德的讨论结合起来,社会空间与意识空间的关系似乎就更为清晰。在弗洛伊德关于意识空间的讨论中,早年的他将之划分为无意识、前意识与意识,后来在讨论自我时又将之划分为自我、本我与超我。在后一种划分中,我们就可以看到社会空间与超我的内在关系,这种关系在资本主义社会取得了支配一切的地位,从而成为意识建构的原型。也只有在这种理性意识主导的情境中,无意识才会受到压抑。卢卡奇关于"物化"的讨论则揭示了生产劳动空间与人的意识空间的关系。卢卡奇讨论的是以"泰勒制"为原型的现代生产模式,这是与马克思面对的自由竞争的资本主义时代不同的生产方式,也正是在这种生

---

① 《马克思恩格斯全集》第 30 卷,人民出版社 1995 年版,第 25 页。

产方式中，才可能产生"物化"的心灵结构，并将这种物化深入到人的无意识深处。

如果从资本的世界市场规划来看，这种空间规划与现代人的宇宙意识是同构的。实际上如果没有哥白尼的"太阳中心说"，人类就缺少全球航行的地理学基础。同样，哈维所说的"时空压缩"观念对应的是资本的全球规划，没有这种规划，人们既无须将全球联为一个整体，也无须在这个整体上进行资本生产意义上的分工与整合。同样，正是资本的世界布展，培养与激发了人们的世界视野。

回到《资本论》，马克思在讨论剩余价值的生产时指出，随着资本主义的发展，相对剩余价值的生产占据着日益重要的地位。如果从时间与空间的视角来看，这就是以空间的压缩取代时间作为获取剩余价值的境域的问题。资本主义的发展说到底是以空间的规划使生产与流通中所耗费的时间"0"度化。在这个意义上，现代资本主义社会是一个空间布展的社会。如果说在前资本主义社会，天堂的降临体现为千禧年这种时间意识的话，那么现代乌托邦则体现为一种空间的重新构想，这正是"乌托邦"一词的初始意味。这更能有助于我们去理解资本逻辑与空间意识的内在关系。

第 十 四 章

分工问题的哲学思考

　　虽然在相对剩余价值的生产中，协作构成了历史的起点，但分工仍然是资本逻辑得以展开的一个重要节点。在马克思哲学思想的研究中，分工是一个尚未深入讨论的问题。过去的研究将马克思的哲学变革定位于1845—1846年的《关于费尔巴哈的提纲》与《德意志意识形态》，认为通过哲学变革，马克思创立了历史唯物主义的一般理论，《资本论》只是这一理论在资本主义社会运用的结果，因此，《资本论》从根本上来说是经济学的著作，是历史唯物主义的运用与科学证明。按照这样的逻辑，分工只是马克思在讨论剩余价值，主要是相对剩余价值的获取方式时加以论述的问题，经济学构成了这一问题的基本语境。在我看来，这是就分工来谈分工，没有看到对分工的讨论实际上与马克思哲学总体构架的变迁直接相关联。按照我的理解，对于分工，传统的研究建立在生产逻辑的基础上，关注的是分工与生产力的发展、分工与异化之间的关系，而没有顾及马克思哲学思想发展过程中从生产逻辑到资本逻辑的转变，以及分工问题的视角变换所呈现出来的哲学意义。在《资本论》中，随着资本逻辑对生产逻辑的统摄，分工的形式化意义以及分工与资本微观权力建构的关系才得以呈现出来。重新回到思想史的语境中，特别是通过重新理解资本逻辑视野中的分工理论，对于理解《资本论》的哲学，是非常重要的。

第一节 分工理论：从古代思想到政治经济学的视角变迁

在《理想国》中，柏拉图在讨论城邦的建立时指出：粮食、住房、衣物等是城邦得以存在的物质前提。① 怎样供应这些东西呢？是每个人都生产这几种东西好呢，还是每个人都各司其职，只生产一种东西并与其他人交换好呢？柏拉图认为第二种方法更为合适，从而进一步认为分工是城邦存在的重要条件。分工之所以重要，是因为：第一，每个个体都不能单靠自己实现自给自足；第二，各人性格不同，能力不同，适合于做不同的工作；第三，只有在分工的基础上，才能生产出数量更多、质量更好的必需品；第四，分工使人更易受到技术的陶冶，有助于提高技能。基于这些考虑，柏拉图说：一个城邦起码要有四到五个人，即一个农夫、一个瓦匠、一个纺织工人、一个鞋匠或者别的照料身体需要的人。考虑到农夫种地需要铁犁，增加一个铁匠就非常必要。如果一个城邦还不足以实现自给，就需要与外邦进行商品交换，这时，就需要有能够生产适合外邦所需产品的专门人士，以及保护城邦安全的人员，从而进一步扩大分工的范围，如专门生产商品的雇工、进行运输的商人以及专门保卫城邦安全的军人等。分工的发展会催生不同的等级。

在马克思看来，柏拉图把分工作为城邦经济的基础，并从需要的多面性和才能的片面性来强调分工的必要性："不同的个人有不同的才能，因而每个个人从事某种职业会比从事其他职业发挥更大的作用。……如果一个人把某种手艺当作自己唯一的终身职业，他就能更好地完成这项工作。"②在每个个人专注于某一事情时，产品的质量会更好。因此，分工的落脚点是为了更好地满足城邦的日常生活需要："柏拉图到处强调的最重要之点是：每个物品[由于分工]做得更好了。质即使用价值，是柏拉图以及一切古代思想家的具有决定意义的唯一观点。"③关注于使用价值，这是古希腊时代研究分工问题

---

① 参见[古希腊]柏拉图：《理想国》，郭斌和、张竹明译，商务印书馆1986年版，第58—59页。

② 《马克思恩格斯全集》第32卷，人民出版社1998年版，第325页。

③ 同上书，第324页。

的重要目的，这意味着，即使在当时商品交换已经有了很大的发展，但这种交换还不具有普遍性，交换的根本目的在于使用价值，而不是价值。虽然色诺芬对分工问题有了进一步的讨论，如他认为分工有助于把劳动简化为尽可能简单的活动，分工的水平的取决于市场的扩大等，但这些并没有改变分工的古典观念。这也表明，商品经济在当时还只是对以奴隶劳动为基础的经济的补充（关于这个问题，马克思在讨论价值概念时曾指出，亚里士多德曾对简单价值形式进行了探讨，但他没能从简单价值形式中得出价值概念，一个重要的原因于"古希腊社会是建立在奴隶劳动的基础上，因而是以人们之间以及他们的劳动力之间的不平等为自然基础的。价值表现的秘密，即一切劳动由于而且只是由于都是一般人类劳动而具有的等同性和同等意义，只有在人类平等概念已经成为国民的牢固的成见的时候，才能揭示出来"。① 这也表明，价值这个概念只有在商品生产普遍化的资本主义社会才能提出来）。

柏拉图等人关于分工的论述，对斯密等政治经济学家讨论分工问题产生了较大的影响。在斯密的老师弗格森看来，分工源自于生存的需要，是由人的本性所决定的，"人类的社会制度和每一种动物的社会制度一样，都受到大自然的启发，是本性的产物"。② 分工的发展使产品的质量更好，数量更多。这些观点重现了柏拉图的思想。但相对于古希腊思想家关注的分工与产品质量之间的关系，站在现代社会入口处的弗格森则转向了分工与利润的联系。"制造商发现如果工人分工越细，个件上雇的工人越多，花销就越少，获利就越多。消费者同样也要求每一种商品的做工会比那些雇来要一心多用的工人生产的商品完美。商品的进步只不过是手工艺术的继续分工。"③弗格森看到了分工的发展对利润的影响，"艺术和专业分工之后，财源大开"。因此，分工不仅关乎使用价值，更关乎产品的价值。在关注分工能够推进财富的同时，弗格森对分工造成的负面效果也进行了深入的讨论。在他看来，分工的负面效应在于：第一，分工使人的技能走向片面化，在使人专业于某一职业和技

---

① 参见《马克思恩格斯文集》第 5 卷，人民出版社 2009 年版，第 75 页。
② ［英］弗格森：《文明社会史论》，林本椿、王绍祥译，浙江大学出版社 2010 年版，第 204 页。
③ 同上书，第 203 页。

能时，也会造成人对社会总体存在的无知。"许多手工艺术根本不需要能力。在情感和理智完全受到压制时，手工艺术会取得最大成效。无知不仅是迷信之母，也是勤劳之母。思考和想象容易出错。但举手投足之习惯可免受两者之患。同样，制造业最繁荣昌盛地方的人们最不注重思考，而且不花气力去想象，只是把车间看成是一台由人做零部件的发动机。"①第二，分工的发展会形成新的等级制度。在弗格森看来，虽然人生来就是平等的，但是随着分工的发展，由于一些工作可以自由发挥，另一些工作则机械呆板，这会左右人类的尊卑观，形成不同的等级和等级观念，甚至会剥夺一些人的智力和独立发展的机会。

斯密将分工作为整个政治经济学讨论的起点。与柏拉图和弗格森一样，斯密同样将分工看作是人类本性以及满足人类需要的结果。与前辈不同的是，斯密将分工与工场手工业的发展联系起来，这种工场手工业在他那里就是资本主义生产的典型方式，这使他对分工的讨论有了一些新的内容：第一，斯密更关注工场手工业内部的具体分工，并将工人集聚在同一个工厂内部作为这一分工的重要条件，这种集聚就是马克思后来在《资本论》中所说的"协作"。斯密以制针为例指出，这一过程可分为十八种操作，这意味着过去由一人负担的全部劳作经过分工，变成了众多的人才能完成的工作，这会提升劳动者的技术。第二，分工节约了劳动时间。"由一种工作转到另一种工作，通常须损失不少时间，有了分工，就可以免除这种损失。"②第三，分工推动了机器的发明与使用。分工不仅会通过机器的发明来提高劳动生产率，而且会推动思想的发展，并会产生以思想为专职的职业。虽然在机器如何促进了劳动力发展的问题上，斯密的讨论非常薄弱，但总体上来说，斯密强调正是分工的发展，提升了社会的劳动生产力。"劳动生产力上最大的增进，以及运用劳动时所表现的更大的熟练、技巧和判断力，似乎都是分工的结果。"③对于斯密从劳动力的发展这一视角对分工目的的分析，马克思给予了充分的肯定："斯

---

① ［英］弗格森：《文明社会史论》，林本椿、王绍祥译，浙江大学出版社2010年版，第204—205页。

② ［英］斯密：《国民财富的性质和原因的研究》上卷，郭大力、王亚南等译，商务印书馆1974年版，第8页。

③ 同上书，第5页。

密考察分工的主要功绩在于，他把分工放在首位，强调分工的意义，并且直接把分工看作劳动（即资本）的生产力。"①从提高劳动生产率出发，斯密强调分工使商品变得更便宜了，因为生产某个商品的劳动时间的减少，会降低单个商品的交换价值。在马克思看来，这才是现代思想与古典思想的根本区别。"以分工为研究和考察对象的古代人都只把注意力集中在使用价值上，只看到各个个别生产部门的产品的质量由于分工变得更好了，而在现代人那里占统治地位的则是量的观点。"②也就是说，现代人更为关注商品的价值，使用价值只是作为价值的载体才得到关注。

但这并不是说斯密的分工理论已经洞察到了资本主义社会分工的本质。在关于分工的讨论中，柏拉图的研究主要讨论的是社会分工，比如他讲到农夫、铁匠、瓦匠等，就是从社会分工出发的。斯密的分工理论关注的是工场内部的分工，即制作单个商品的分工，这是将一个人可以完成的工作细分为不同的人共同完成的工作，是与社会分工不同的另一种分工，或者说，这才是资本主义社会需要关注的分工。但在斯密的讨论中，这两种分工并没有被区分开来，他将资本主义工场内部的分工与社会分工直接联系起来，从而将特定历史条件下的分工变成了与人类历史一样久远的分工，"凡能采用分工制的工艺，一经采用分工制，便相应地增进劳动的生产力。各种行业之所以各个分立，似乎也是由于分工有这种好处"。③ 这样一种观点，与将分工看成是人类本性的观点相一致，从而更加巩固了上述理念，即将分工变成了与"自然秩序"相一致的劳动方式，以分工为基础的资本主义生产方式，也就成为最合乎自然与人性的生产方式。斯密关于分工的这些看法，影响了许多后来者。比如麦克库洛赫关于分工的讨论，基本上重复了斯密的观点。④ 詹姆斯·穆勒除了强调要从哲学上讨论分工所带来的分解工作，还要讨论对分工进行的

———————————

① 《马克思恩格斯全集》第 32 卷，人民出版社 1998 年版，第 312 页。

② 同上书，第 310 页。

③ [英]斯密：《国民财富的性质和原因的研究》上卷，郭大力、王亚南等译，商务印书馆 1974 年版，第 7 页。

④ 参见[英]麦克库洛赫：《政治经济学原理》，郭家麟译，商务印书馆 1975 年版，第 55—60 页。

综合工作外，对分工本身的描述，基本上也是对斯密观点的复述。①

当然这并不是斯密能够将两种不同类型的分工混淆起来的理由。在资本主义生产方式开始的时代，工场内部的分工并不能从社会分工简单地推导出来，更不能将两者简单地从性质上等同起来，对分工的理解必须以资本主义生产作为全部立论的基础。如果说这在斯密时代还不明显的话，在19世纪40年代，对这一问题的思考就较为清晰起来。在《1861—1863年手稿》中，马克思在讨论斯密关于分工问题的局限时，认为尤尔对斯密的批评是有道理的。尤尔在《工厂哲学》中指出："当亚·斯密撰写他的政治经济学原理这一不朽著作时，工业中的自动体系还无人知道。他完全有理由把分工看作改进工场手工业的伟大原则……但是，在斯密博士时代有用的例子，在我们这个时代只会使公众在现代工业的实际原则问题上陷入歧途……按不同熟练程度进行分工这种繁琐教条，最终被我们的文明的工业家利用了。"②也就是说，斯密所讨论的工场手工业内部的分工，实际上是在资本主义生产时代才得以发展起来，并开始主导生产过程的分工，这是与资本主义生产方式相适应的"历史性"的分工。这样一种"历史性"视野的缺失，才是斯密在分工问题上产生理论混淆的一个重要原因。

结合上述的讨论，从关注分工带来的产品在使用价值上的优越性转向分工带来的交换价值上的优越性，这是从古典思想向现代思想转变的一个重要标志。产生这一转变的原因在于商品生产的普遍化，或者说商品生产成为资本主义社会生产的起点。但囿于"历史性"视野的缺失，以斯密为代表的政治经济学家极易将资本主义工场内的劳动分工与体现在人类社会中的社会分工混淆起来。当把资本主义生产方式下的劳动分工混淆于社会分工时，也就将资本主义的生产劳动还原为了一般人类学意义上的生产劳动。按照我的理解，这是从资本逻辑向生产逻辑的倒退。

---

① 参见［德］穆勒：《政治经济学要义》，吴良健译，商务印书馆2010年版，第6—10页。

② 转引自《马克思恩格斯全集》第32卷，人民出版社1998年版，第341页。

第二节 生产逻辑与分工理论

马克思对分工的理解，随着其哲学构架的转变而转变，从总体上来说，大约可以分为三个阶段：在《1844 年经济学哲学手稿》中，马克思从人的类本质出发来理解分工，关注的是直接劳动过程中的分工，对分工的批判构成了马克思私有制批判思想的重要内容。在《德意志意识形态》中，马克思对分工的理解体现为两个不同层面：一是从社会分工出发来讨论历史的进程，将分工看作生产力发展的内在要素，二是将分工作为批判资本主义社会的重要话语①，在我看来，这是马克思从生产逻辑出发对分工的讨论。自 1847 年《哲学的贫困》开始，马克思对分工的理解才真正具有了"历史性"的视野，并意识到社会分工与工场内部劳动分工的区别，这种意识在《1861—1863 年手稿》中得到了清晰的讨论，将自己关注的焦点集中于资本主义工厂内部的劳动分工，并在《资本论》中进行了系统的讨论。可以说，这是从生产逻辑到资本逻辑的重要转变。分工并不只是一个经济学的范畴，对分工的不同的理解，体现了马克思哲学逻辑的内在转变。

在《1844 年经济学哲学手稿》第三手稿以及第一手稿关于"工资"的分析中，马克思对分工理论进行了初步的探讨。从文献基础来看，马克思直接引用了斯密、萨伊、斯卡尔培克、詹·穆勒、特拉西等人的著作（这里只引出了马克思当时阅读量中的部分经济学家），在理论基础上，马克思以人的类本质异化来审视分工以及上述政治经济学家的分工理论。马克思认为，分工是人的真正类活动的异化状态，"因为劳动只是人的活动在外化范围内的表现，只是作为生命外化的生命表现，所以分工也无非是人的活动作为真正类活动或作为类存在物的人的活动的异化的、外化的设定"。② 在这个意义上，政治经济学家关于分工的话语，实际上是在异化范围内的关于劳动社会性的表达。在马克思看来，上述思想家关于分工的讨论可以概括为以下几点：第一，分工是财富生产的一个重要动力，分工给劳动以无限的能力。第二，分工同资

---

① 关于分工问题的批判意义，张一兵教授在《回到马克思》中率先进行了论述。

② 《马克思恩格斯文集》第 1 卷，人民出版社 2009 年版，第 237 页。

本的积累相互制约。"资本的积累扩大分工，而分工则增加工人的人数；反过来，工人人数的增加扩大开放分工，而分工又增加资本的积累。"①第三，交换源自于人的本性，并推动着分工的发展。第四，分工使个人活动日益贫乏。但政治经济学家还没能清晰地表达出分工作为人的类活动的活动以及这种活动的异化形式的观念。当他们从人类的本性出发来说明分工和交换，并把私有制作为分工与交换的基础时，实际上在断言劳动是私有制的本质，并从特殊利益出发论证当下社会的合法性。从人的类本质活动、这种本质活动的异化及其扬弃来说，"分工和交换是私有财产的形式，这一情况恰恰包含着双重证明：一方面人的生命为了本身的实现曾经需要私有财产；另一方面人的生命现在需要消灭私有财产"。② 这是马克思对分工问题的历史定位及其扬弃方式的说明。

在马克思的讨论中，讨论分工与人的类本质活动的表现与异化，其基础是对劳动的理解。如果从细节来看，马克思第三手稿有关分工部分所讨论的"劳动"与第一手稿"异化劳动"中的"劳动"在含义上有一定变化。在"异化劳动"部分，"劳动"体现人的本质力量的对象化，而在关于分工的讨论中，"劳动"则直接表现为私有财产的本质规定，即"异化劳动"。这种变化，在我看来，可能是受到了麦克库洛赫的影响。在《政治经济学原理》中，麦克库洛赫一方面继续了霍布斯、洛克、斯密的思路，继续强调劳动是财富的本质，并非常明确地在价值层面来理解财富，在另一方面，他在讨论财富的生产时，认为关键在于劳动生产力的发展。他从四个方面来讨论增进劳动生产力发展的方法，即财产的安全、个人之间的职业分工、资本的积累与运用、不同国家之间的分工或商品及货币等，财产的安全即财产所有权被放在第一位。财产所有权之所以必要，是因为它"是劳动能力得以成功发挥作用所不可或缺的。"③只有财产所有权才能真正地保证劳动所得的安全，这也是所有权的本质。马克思以劳动与私有制的关系为纽带来讨论分工，形成了以劳动为基础

---

① 《马克思恩格斯文集》第1卷，人民出版社2009年版，第120页。
② 同上书，第241页。
③ ［英］麦克库洛赫：《政治经济学原理》，郭家麟译，商务印书馆1975年版，第54页。

批判话语，将之看成人的类本质活动的异化。对分工的这些讨论，是建立在人的类本质的思想基础上的。

与《1844年经济学哲学手稿》中从人的类本质及其异化来讨论分工不同，在《德意志意识形态》中，马克思确立了以生产逻辑为内核的历史唯物主义框架，在这一框架中，马克思对分工的讨论展现出一种双重性：一方面他从生产力的发展，具体表现为从劳动分工的发展来分析社会历史的变迁，这就是马克思后来所说的社会分工，另一方面他着眼于资本主义劳动过程中的分工，并将之与人的自主活动对立起来，从而形成了以分工为基础的批判话语。但此时的马克思，并没有自觉地意识到二者之间的根本差别。

在《德意志意识形态》第一章的第一手稿中，马克思建立了以物质生产为基础的社会历史解释构架，强调分工与社会发展的内在关系。在这一框架中，首先进入马克思视野的是自然分工，"分工起初只是性行为方面的分工，后来是由于天赋（例如体力）、需要、偶然性等等才自发地或'自然地'形成的分工。分工只是从物质劳动和精神劳动相分离的时候起才真正成为分工"。① 当精神劳动与物质劳动相分离时，才会产生相对独立的精神活动，并产生了统治阶级的意识形态。这是从社会结构层面来讨论分工的意义。在第四手稿中，马克思从分工的发展来讨论三种所有制的变迁，即部落所有制、公社所有制和国家所有制、封建的或等级的所有制的变迁。在第三手稿中，马克思关于分工与社会结构、分工与所有制发展的讨论更加具体了。在他看来，物质劳动与精神劳动的最大的一次分工，就是城市与乡村的分离，这也是农业劳动与工商业劳动的分工与对立。"城乡之间的对立是随着野蛮向文明的过渡、部落制度向国家的过渡、地域局限性向民族的过渡而开始的，它贯穿着文明的全部历史直至现在。"②以分工为线索，马克思具体指出了城市的形成，行会的产生，以及资本在城市中的自然形成，商业的发展，最后是工场手工业的产生，工场手工业直接催生出现代资本主义社会。在这个过程中，形成了私有制，产生了特殊利益和共同利益的对立，从这种利益对立中产生了阶级对立，并形成了体现共同体利益的虚幻物，即国家。这也表明，国家并不是共同体

---

① 《马克思恩格斯文集》第1卷，人民出版社2009年版，第534页。
② 同上书，第556页。

利益的真正体现,"国家内部的一切斗争——民主政体、贵族政体和君主政体相互之间的斗争,争取选举权的斗争等等,不过是一些虚幻的形式"①。可以说,分工与生产力的发展是马克思讨论历史变迁的重要依据。一个民族的分工水平,决定了该民族的生产力发展的水平。但这种意义上的分工,按照马克思在《1861—1863年手稿》以及《资本论》中的看法,是社会分工,它以人类学意义的生产逻辑为基础。

如果按照上述思路写下去,马克思就只能认同斯密等人关于分工的讨论,《1844年经济学哲学手稿》中关于分工的哲学批判也就无从展开。因此,在确立生产逻辑的同时,马克思面临着如何批判地面对现实劳动过程中的分工问题,这形成了马克思面对分工问题的另一个理论维度,即批判维度,把分工看作自主活动的异化形式。首先,分工导致了社会的不平等。比如在家庭分工中,就会产生丈夫对妻子和儿女的统治和奴役,由分工导致的私有制更是一种不平等的统治。其次,分工使劳动成为一种分离的形式,"分工从最初起就包含着劳动条件——劳动工具和材料——的分配,也包含着积累起来的资本在各个所有者之间的劈分,从而也包含着资本和劳动之间的分裂以及所有制本身的各种不同形式。分工越发达,积累越增加,这种分裂也就发展得越尖锐。劳动本身只能在这种分裂的前提下存在"。② 这也意味着,不只是资本主义社会,凡是存在着劳动分工的社会制度,劳动本身就是一种分离的存在,在资本主义社会,更是如此。最后,分工形成的社会力量,在现有的社会制度中,对个人来说成为"某种异己的、在他们之外的强制力量"。③ 实际上,这种异己力量不仅体现为社会力量对个人来说是异化的,个人自身的力量对个人来说也是外在的、强制性的力量。这是一种更为深层的异化,正是对这种异化的痛恨,马克思提出了要消灭劳动的口号,并以未来共同体中人的自主活动来替代当前社会中的劳动分工。

在马克思的这些讨论中,他已经关注到工厂内部的分工,但他还没有将工厂内部的分工与社会分工真正地区别开来,对工厂内部的分工更多是从异

---

① 《马克思恩格斯文集》第1卷,人民出版社2009年版,第536页。
② 同上书,第579页。
③ 同上书,第538页。

化批判这个视角来讨论的，以便从中引出批判话语。从政治经济学的视角来看，马克思此时的哲学讨论，并没有真正地跳出斯密的逻辑。

马克思在分工理论上的重要进步，体现在《哲学的贫困》中。在这本书中，从方法论上来说，马克思意识到《德意志意识形态》中人类学意义上的生产逻辑的局限性，强调"历史性"视野，特别是在面对资本主义社会时，强调它与传统社会之间的"断裂"性关系，强调对资本主义社会的认识不能简单地从一般意义上的原理加以推广，这是他批判蒲鲁东思辨的经济—哲学的重要前提。正是缺失"历史性"的视野，蒲鲁东才会将资本主义社会中产生的关系以及反映这一关系的范畴，看作是适合于一切社会的关系和范畴，从而将当下的社会永恒化，陷入资本主义的意识形态之中。从"历史性"出发，马克思对分工的讨论体现为以下几个方面。

第一，与斯密以分工作为资本主义生产的起点不同，马克思强调劳动者与生产工具的积累和积聚才是工场手工业的起点。"工场手工业的特点不是将劳动分解为各个部门并使有特殊技能的工人去从事很简单的操作，而是将许多劳动者和许多种手艺集合在一起，在一所房子里面，受一个资本支配。"①这种集合的好处，一开始并不是为了分工，而是为了减少费用，因此不像斯密所说的，分工在作坊之前，相反，劳动者集合在一起的作坊是分工存在的条件。这种集合，在《1861—1863年手稿》和《资本论》中，马克思称之为"协作"，并明确指出协作才是现代资本主义生产的起点。

第二，马克思区分了社会分工与工厂内部的分工，并揭示了两者间的关系。针对斯密等人将两种分工等同起来的做法，马克思明确指出了社会分工与工厂内部分工的区别，社会分工源自于最初的物质生产条件，而工厂中的分工则是企业主按照预先想好的方案将工作分配给工厂内部的成员，是将一个人能完成的工作变成不同的人共同合作才能完成的工作。如果说在资本主义社会，社会分工体现了自由竞争的原则，那么工厂内部的分工则体现了资本的权力原则，"因此，在分工方面，作坊里的权力和社会上的权力是互成反比的"。②

第三，机器是劳动工具的结合，机器的发明和采用进一步加剧了社会分

---

① 《马克思恩格斯全集》第4卷，人民出版社1958年版，第167页。
② 同上书，第166页。

工，进一步简化了工厂工人的劳动过程。马克思批判了蒲鲁东将机器看作分工的合题的看法，指出机器的发明和采用与分工的发展相互影响，相互促进。当工厂内部的分工日益简化时，分工的发展使个人越来越丧失专业性，产生了职业的痴呆。

第四，当劳动完全丧失专业性质的时候，"个人对普遍性的要求以及全面发展的趋势就开始显露出来"。① 在这里，马克思进一步延续了《德意志意识形态》中分工与自主活动的理论关系，强调人的全面发展才是解决分工导致的人的片面性问题的出路。

从《1844 年经济学哲学手稿》到《德意识意识形态》，虽然马克思实现了哲学变革，强调从历史本身的事实出发来建构新的哲学理论，但从总体上来说，两个不同时期的理论基础都是劳动，只不过在《1844 年经济学哲学手稿》中，马克思强调劳动作为人的类本质的活动，在《德意识意识形态》中，马克思则将"劳动"看作是资本主义社会的异化活动（在《1844 年经济学哲学手稿》中关于"分工"的讨论时，马克思就有了这种理解），从而以人类学意义上的物质生产活动作为历史观的基础，强调社会生产过程中的物质条件、在生产过程中结成的客观物质关系以及由两者结合而成的生产力，从而实现了哲学逻辑的变革，生产逻辑成为马克思哲学的根本逻辑，并成为他考察相关问题的基础。这一理论逻辑，同样体现在《哲学的贫困》一书中。

但从马克思思想发展的过程来看，《哲学的贫困》又是一个重要的理论节点。相比于《德意志意识形态》中的人类学意义上的生产逻辑，马克思突出了资本主义社会的"历史性"规定，强调考察资本主义社会比考察一般社会具有优先性，这意味着马克思的历史理论首先必须针对资本主义社会而不是一般社会，这是一种理论视野和方法论上的反转。虽然马克思还没有明确地意识到要从资本逻辑去考察分工，但这一新的理论原则和方法经过《1861—1863年经济学手稿》的中介，在《资本论》中得到了清晰的论证。

---

① 《马克思恩格斯全集》第 4 卷，人民出版社 1958 年版，第 172 页。

第三节 资本逻辑与分工理论

从生产逻辑到资本逻辑的转变，是马克思思想发展中又一个重要环节。按照我的理解，从"历史性"的视角和方法出发，马克思在《政治经济学批判大纲》中，开始形成了生产逻辑与资本逻辑的双重思路。从生产逻辑出发，在面对人类社会历史的总体发展时，马克思强调劳动生产的本体论意义。但在具体分析商品、货币和资本的运行过程时，马克思意识到不能简单地将生产逻辑运用到资本主义社会，而必须从资本的本性出发来讨论商品、货币以及资本主义社会的运行过程，这才出现了他在《导言》中所强调的"资本是以太之光"、"人体解剖对于猴体解剖是一把钥匙"等论断。为了与劳动本体论一致起来，马克思重新论述了对象化与异化的关系，在强调劳动的社会存在本体论意义的同时，也分析了在资本主义社会劳动的异化以及整个社会关系的物像化。经过《1861—1863 年经济学手稿》这一中介，在《资本论》中，马克思一开始就定下了从资本逻辑出发、资本逻辑统摄生产逻辑的基调。当他将商品作为整个分析的起点时，这里的商品已经不再是前资本主义社会的商品，而是以资本主义生产为前提的商品，这决定了《资本论》关注的是资本逻辑，这一逻辑也成为马克思讨论分工的理解基础。

首先，在《1861—1863 年经济学手稿》和《资本论》中，马克思都以协作作为讨论分工问题的起点。在《1861—1863 年经济学手稿》中，马克思在讨论分工时第一句话就说："分工是一种特殊的、有专业划分的、进一步发展的协作形式"，"简单协作是完成同一工作的许多工人的协同动作。分工是生产同一种商品的各个不同部分的许多工人在一个资本的指挥下的协作"①。在《资本论》中，马克思在讨论相对剩余价值的生产时，明确说道："人数较多的工人在同一时间、同一空间(或者说同一劳动场所)，为了生产同种商品，在同一资本家的指挥下工作，就在历史上和概念上都是资本主义生产的起点。"②在

① 《马克思恩格斯全集》第 32 卷，人民出版社 1998 年版，第 301 页。
② 《马克思恩格斯文集》第 5 卷，人民出版社 2009 年版，第 374 页。

讨论了"协作"之后，马克思才讨论分工。① 这样一种安排，与斯密不同。斯密将工场内部的分工等同于社会分工，实际上是从社会分工出发来讨论资本主义生产内部分工，这与他将交换、分工归因于人的需要和本性相一致，从而将资本主义的生产变成了人类历史上早就存在的生产。当马克思将协作作为资本主义生产的起点，强调分工以协作为基础时，马克思不仅区分了社会分工与工场内部分工，而且将自己的关注点聚焦于资本主义生产方式，直接点明了分工与剩余价值生产的内在关系。分工不仅成为生产力发展的具体表现，更是剩余价值生产的内在要求。

　　第二，马克思进一步明确了社会分工与工场手工业分工的联系与区别。虽然马克思和斯密一样，认为社会分工是工场内部分工的基础和前提，但在斯密看来，社会分工与工场内部的分工的区别是主观的，只对观察者来说才存在，而对马克思来说，当工场内部的分工产生之后，两者之间就存在着本质的区别。在资本主义社会，这种区别体现为以下方面：（1）产品的性质不同。社会分工意义下的劳动者生产出来的产品都是商品，而工场手工业分工中的劳动者生产出来的并不是独立的商品，只有这些工人的共同产品才是商品。（2）生产资料集中的方式不同。在工场手工业的分工中，生产资料集中在一个资本家的手中，而社会分工"则以生产资料分散在许多互不依赖的商品生产者中间为前提。"②（3）在工人的使用与生产的规划方式上不同。在工场手工业中，工人的人数保持着一定的比例，生产也体现出一定的计划性，而在社会分工层面，工人的总体人数比以及不同生产部门之间的比例关系都体现出无计划性，即使在不同部门间力求保持平衡的情况下，这种平衡也常被打破。（4）资本家的地位不同。在工场内部分工中，资本家对他所拥有的劳动机构具有绝对权威，而在社会分工层面，资本家之间不承认相互的权威，形成的是竞争关系，每个人都以各自的利益为原则。如果考虑到社会分工在资本主义工场手工业之前就已经存在，两种分工之间的区别就更为明显。基于这些讨

----

　　① 在马克思看来，工场手工业的分工要有一定的前提：（1）工人的集结，即必须有一定的人口密度，人口可以离开土地，集中到资本存在的地方。（2）劳动工具的集中。（3）原材料的增加。参见《马克思恩格斯全集》第32卷，人民出版社1998年版，第335—337页。

　　② 《马克思恩格斯文集》第5卷，人民出版社2009年版，第412页。

论，马克思指出："亚当·斯密没有区别两种意义上的分工。因此，后一类分工在他看来不是资本主义生产所特有的东西。"①

第三，马克思进一步讨论了工场内部分工的具体形式及其性质特征。社会分工与工场内部的分工，虽然存在着本质上的区别，但在资本主义生产结构中，工场手工业的发展，也可以使社会分工变成工场内部的手工，所以马克思认为工场手工业有着双重起源：一种是将不同工种的独立的手工业者聚集起来，共同生产一件产品；一种是将从事同一类工作的劳动者聚集起来，将同一类工作划分为不同环节，使每一个工人都只从事于局部操作。这两种不同的起源形成了工场手工业的两种不同模式，马克思称之为混成的工场手工业和有机的工场手工业。这也表明，在资本主义生产方式占主导的社会，即使是先于工场手工业内部分工的社会分工，也将受到资本逻辑的统摄与重新规划，一方面将过去分散的手工业结合在一起，即将社会分工置于工场手工业之中，另一方面在生产过程中又引进新的分工，从而进一步发展了分工，提高了劳动生产率。

马克思不仅考察了工场手工业在分工问题上的全貌，而且细致讨论了工场手工业内部分工的要素。他认为，这种内部分工包括两个要素：一是局部工人，二是与局部工人相适应的工具。② 工场手工业的内部分工将局部劳动变成一个人的终身职业，从而提高了个体工人的劳动强度，与之相应的则是劳动工具的分化和劳动工具的专门化，从而为机器的产生创造了条件。正是通过这两者的分化与相互配制，才在劳动时间不变的情况下减少了生产商品所必要的劳动时间，实现剩余价值的增长。

第四，劳动分工与资本权力的微观建构。在讨论货币如何转化为资本时，马克思曾指出，工人一无所有，资本家拥有生产资料，这使得在自由交换的表象下，实质上却是资本家对工人的绝对权力。这种绝对权力更多体现为资本权力的宏面层面，而分工则体现了资本权力的微观建构，相比于绝对剩余价值生产过程中延长劳动时间而言，这种微观权力更易于在无形中对工人产生制约作用。分工与资本权力的微观建构体现为以下几个方面：

---

① 《马克思恩格斯全集》第 30 卷，人民出版社 1995 年版，第 305 页。
② 参见《马克思恩格斯文集》第 5 卷，人民出版社 2009 年版，第 396 页。

（1）分工所形成的社会生产力并不属于工人，而是资本家，这意味着资本家在社会中的总体控制力的增强。"由许多单个的局部工人组成的社会生产机构是属于资本家的。因此，由各种劳动的结合所产生的生产力也就表现为资本的生产力。"①有经济学家或社会主义者认为，分工的发展会导致产品价值的便宜，这对工人最有利，马克思指出，实际的情况是这在缩短工人的必要劳动时间的同时，反而增加了剩余劳动时间，这恰恰是资本权力的加强。

（2）分工使从前独立的工人服从于资本的指挥和纪律，使工人更加服从于资本家的权威，形成了新的等级。在工场内部，不同的操作被有计划地分配，并形成了特定的操作规则和纪律，操作的过程也是对自由工人的规训过程，劳动的统一体现为外在于工人的强力意志。这正如马克思所说的："这种规则对工人来说是一种强制性的、异己的、从外部强加于工人的法律。同样，结合劳动的联系即结合劳动的统一对个别工人来说是资本家的意志、人格的统一、支配和监督。"②这种规则和控制，通过工人的日常活动模式，日益成为人们的日常观念，工人与资本家的等级区分也就日益被人们从心理上所认可。

（3）分工不仅改变了独立工人的劳作方式，而且从根本上侵袭了个人的劳动力，把工人变成为畸形人，使之成为生产的机器。分工对人的能力发展造成的影响，自弗格森开始，就受到当时的经济学家的关注，并有过诸多的论述。在此基础上，马克思指出，分工"把工人变成畸形物，它压抑工人的多种多样的生产志趣和生产才能，人为地培植工人片面的技巧"③，使个体成为某种局部劳动的自动的工具。随着机器的发展，个体越来越成为机器体系的附庸，人与人之间越来越处于分裂状态，但人的这种存在方式，反而更加符合剩余价值生产的原则，人与人之间分裂状态的加剧，则强化了资本的统治力。

在上述的讨论中可以看出，马克思面对分工时，已经将视角转向了作为资本主义生产过程中的分工，从而实现了从一般人类学意义上的生产逻辑向资本逻辑的转变。

---

① 《马克思恩格斯文集》第5卷，人民出版社2009年版，第417页。
② 《马克思恩格斯全集》第32卷，人民出版社1998年版，第355页。
③ 《马克思恩格斯文集》第5卷，人民出版社2009年版，第417页。

工场手工业分工作为社会生产过程的特殊的资本主义形式，——它在当时的基础上只能在资本主义的形式中发展起来，——只是生产相对剩余价值即靠牺牲工人来加强资本（人们把它叫做社会财富，'国民财富'等等）自行增殖的一种特殊方法。工场手工业分工不仅只是资本家而不是为工人发展社会的劳动生产力，而且靠使各个工人畸形化来发展社会的劳动生产力。这生产了资本统治劳动的新条件。①

这是马克思在资本逻辑视野中对分工的基本定位。分工是剩余价值生产过程中的一个重要环节，分工的发展是扩大再生产的重要条件，分工的发展进一步推动着资本逻辑的结构化。

第四节　关于《1861—1863 年经济学手稿》中分工理论的一个辨析

如果把《1861—1863 年经济学手稿》与《资本论》中关于分工的章节加以比较，表面看来，两者在理论逻辑上似乎并没有太大的差异，不同的地方在于《资本论》将《1861—1863 年经济学手稿》的理论更加系统化、逻辑化了。如果深入到两个文本的基本逻辑，我认为在《1861—1863 年经济学手稿》前面的笔记中，马克思还没有真正区分劳动与劳动力，劳动本体论与资本逻辑共同构成了讨论的基础，在立论的根本上，此时的马克思是从劳动出发的："劳动本身——劳动，而不是它的产品——的交换价值，由于生产方式本身，而不仅仅是由于资本和劳动之间的契约，成了工人必须出卖的唯一东西。劳动在实际上成了工人的唯一商品，而商品本身则成了支配生产的一般范畴。"②这种从劳动本身出发来批判性地讨论分工，从其自身的理论逻辑来说，是《政治经济学批判大纲》的继续，这也是为什么我在前面强调，《1861—1863 年经济学手稿》是一个过渡性的文本的原因。

大家可能会问，从劳动出发来讨论分工有什么问题吗？如果我们换个视

---

① 《马克思恩格斯文集》第 5 卷，人民出版社 2009 年版，第 422 页。
② 《马克思恩格斯全集》第 32 卷，人民出版社 1998 年版，第 332 页。

角就可以看出这里的问题所在。李嘉图社会主义者霍吉斯金继续了斯密、李嘉图的劳动价值论。在《通俗政治经济学》中，当讨论到分工时，他基本上照抄麦克库洛赫关于斯密的讨论，而麦克库洛赫对斯密的分工理论，也基本上是全盘接受。作为社会主义者，霍吉斯金强调的是分工的积极意义，并从劳动价值论出发得出了自己的结论："必须指出，这种做法的全部利益理所当然地集中于劳动者；它属于劳动者，它理应使劳动者更为悠闲或增添劳动者的财富。"①霍吉斯金也没有看到工人出卖的是劳动力，从而想当然地认为资本主义生产过程中的劳动体现了人的自然本性，进而不言自明地认同了资本主义社会中的劳动。把劳动看作人的自然本性，这正是《政治经济学批判大纲》中劳动本体论的内核。而在《资本论》中，当马克思确认劳动力成为商品时，作为体现人的本性的劳动让位于能够被量化的劳动，后者是一种形式化的劳动，正是这种形式化的劳动才可以用工资来度量。② 因此，在《1861—1863 年经济学手稿》中，虽然在总体框架上，马克思已经转向了资本逻辑，但由于还没有自觉界划劳动与劳动力，他对分工问题的讨论还没有彻底置于这一新的逻辑中。

　　总之，通过对马克思关于分工问题的重新讨论，我们更能看清他的思想转变过程，更能看清《资本论》中的资本逻辑对所有问题的统摄性。相比于生产逻辑，资本逻辑是一次新的理论重构，它揭示的是资本的形式结构化特征。在这个结构化过程中，如果说追求剩余价值是其根本的内动力，那么以协作为起点的分工、以机器为躯体的现代工厂，则成为资本逻辑结构化的日常运行机制的重要内容。因此，分工不仅是剩余价值生产的重要环节，更是资本逻辑结构化和资本主义社会建构的重要环节。

---

① 　[英]霍吉斯金：《通俗政治经济学》，王铁生译，商务印书馆 2014 年版，第 101 页。
② 　关于劳动力成为商品这一问题的理论意义，参见本书第十章。

第 十 五 章

机器、技术与资本逻辑的结构化

本书的一个基本观点在于，马克思的哲学在《资本论》中发生了重大的变化，即从《德意志意识形态》中的生产逻辑转向了资本逻辑，并以资本逻辑统摄了生产逻辑。这种双重逻辑的并置在《政治经济学批判大纲》中得到了充分的体现：一方面是从生产劳动出发的哲学思辨，并形成了劳动本体论；另一方面是从资本逻辑出发的批判分析，为打破资本逻辑的统治提供哲学—经济学的论证。在《1861—1863 年经济学手稿》中，除了在一些重要的术语上，如劳动与劳动力的概念等还没有严格区分，以资本逻辑统摄生产逻辑的思路已经非常明显。在《资本论》中，马克思确立了资本逻辑的主导性思路，并论证了资本逻辑在形式上是结构化的，推动这一形式结构化的是资本追求剩余价值的欲望。在这一欲望的驱动下，资本主义生产体现为剩余价值不断增长的扩大再生产过程，并将一切都纳入这个扩大再生产过程中。这是资本逻辑在生产层面的宏观展现，但这个过程何以真实地展开，这就需要进入资本生产的具体过程中。在马克思的讨论中，他从绝对剩余价值与相对剩余价值的生产对此进行了微观的分析。从绝对剩余价值的生产来看，延长劳动时间是提高剩余价值的有力手段，从相对剩余价值的生产来看，马克思讨论了协作、分工与机器，在这三个要素中，协作是资本主义生产的起点，分工则是提高资本主义生产力的重要环节。现代资本主义的生产，是以工业革命为重要推力的。正是工业革命，使机器成为生产剩余价值的主要手段。从资本主义扩大再生产的视角来看，马克思对机器的讨论不仅揭示了相对剩余价值的来源，而且揭示了机器对扩大再生产的重要作用。因此，对机器的讨论是展现资本逻辑结构化的重要内容。对于这一问题，从《1861—1863 年经济学手稿》和《资本论》的写作情况来看，马克思倾注了很多的精力，充分展现了在那个时代机器的哲学意义。但是这一问题在国内还没有引起充分的讨论，或者只是将之作为生产力研究中的一个因素加以探讨，没有深入机器与资本逻辑的深层关系中，从资本逻辑结构化的微观层面来讨论机器问题，以加深对《资本论》哲学的理解。

第一节　机器的哲学分析：从生产逻辑到资本逻辑的转变

马克思开始关注机器的哲学意蕴，主要体现在《1844 年经济学哲学手稿》中，以摘录的方式表达他对机器的定位，即机器对人的类本质的背离和压抑，以及机器成为资本家获得利润的重要工具。在第一手稿关于工资、利润和地租的讨论中，马克思在工资和利润栏下都摘录了古典经济学家关于机器的讨论。

在"工资"栏，马克思主要摘录了舒尔茨的《生产运动》一书关于机器的部分讨论。舒尔茨指出了机器的社会运用所导致的二律背反：（1）人类社会的发展、一个民族在精神方面的发展，需要有能够进行精神创造的自由时间，机器的发展和应用会赢得这种时间，但在现实中，机器的运用却导致工人劳动时间的增加、自由时间的减少。（2）机器的应用，本该表现为工人使用机器，但在现实中，由于分工的发展以及机器的应用所形成的单调劳动，使人本身变成了机器的附件，甚至变成了机器，这体现出"人们借助于机器来劳动和人们作为机器来劳动"的根本对立。（3）本该为人类未来生活提供帮助的机器，在现实中却成为压迫和奴役工人，并使工人内部产生分裂的工具，导致工人处境日益恶化。[①] 当机器日益取代工人的劳动时，既加剧了对工人的剥削，也加剧了工人之间的竞争。

在"利润"栏，马克思在讨论资本家之间的竞争时指出，这种竞争的一个重要方面就是改变固定资本和流动资本之间的比例，他摘录了斯密《国民财富

---

① 参见《马克思恩格斯文集》第 1 卷，人民出版社 2009 年版，第 125—126 页。

的性质和原因的研究》中关于这个问题的讨论，即认为固定资本维持费的节约意味着纯利润的增长，而机器就属于固定资本。① 另外，斯密也指出，随着工业的发展，大资本在积累时，更易带来固定资本的积累和简化，采用新的劳动工具的组织方法，形成竞争优势。斯密没有区分固定资本、流动资本与不变资本、可变资本，马克思此时也没有这种区分，因此，这个摘录是为了说明劳动生产力的提高与利润的关系，主要重复了斯密的讨论。

马克思将工资、利润和地租并置起来讨论，主要是为了说明三个阶级之间的对立关系。这种带有实证性的分析思路，在"异化劳动"部分，则成为劳动异化的经济学例证。由于马克思此时的理论焦点在于人的类本质及其现实异化，经济学本身还只是这种异化批判的"现实"材料，这注定了马克思此时虽然已经关注到机器，但这种关注并不是自觉的，只是余光所及，机器也只是作为说明人的类本质异化的工具。

对机器的历史意义的第一次揭示，是在《德意志意识形态》关于"历史"的讨论中。在《德意志意识形态》中，马克思的"历史"理论具有双重维度：一是建立在一般物质生产基础上的人类历史，这也是我们过去在历史唯物主义的框架中所讨论的历史，它体现为生产力的发展以及人类交往范围的扩大，体现为家庭、社会关系和制度结构的变迁。在这个维度上，只要有人类存在，就有人类的历史。"历史不外是各个世代的依次交替。每一代都利用以前各代遗留下来的材料、资金和生产力；由于这个缘故，每一代一方面在完全改变了的环境下继续从事所继承的活动，另一方面又通过完全改变了的活动来变更旧的环境。"②二是与现代工业直接相关的历史，可以说是狭义的历史。虽然对狭义的历史的讨论离不开人类学意义上的历史，但它们之间存在着差异。马克思在讨论了历史的三个前提之后指出，生命的生产与再生产都离不开生产力的发展水平，在现代社会，就需要把人类的历史与工业和交换的历史联系起来加以研究。"但这样的历史在德国是写不出来的"，为什么呢？"因为对于德国人来说，要做到这一点不仅缺乏理解能力和材料，而且还缺乏'感性确定性'；而在莱茵河彼岸之所以不可能有关于这类事情的任何经验，是因为那

---

① 参见《马克思恩格斯文集》第1卷，人民出版社2009年版，第136—137页。
② 同上书，第540页。

里再没有什么历史"①。在这里，马克思强调的是现代工业所创造的历史，即一种"历史性"的历史。这种历史在当时是由英国经过工业革命而开创的，对于当时仍处于城邦割据时代的德国来说，这个狭义的历史的确缺乏"感性确定性"。这也是德国的历史学陷入历史编纂学的重要原因。

从这一历史观出发，马克思对机器的理解关注的是其在历史变迁中的意义，特别是在与工业相关的历史发展中的意义，这主要体现为以下两点：第一，以机器为代表的现代生产方式，是打破传统生产方式、开创现代生产方式的重要力量。"没有蒸汽机和珍妮走锭精纺机就不能消灭奴隶制"②，正是以上述两种机器的发明与使用为标志的工业革命，才开创了现代工业，促进了现代交往关系的形成，推动着历史向世界历史的转变。在这个转变中，机器的使用成为一个世界历史性的事件，"如果在英国发明了一种机器，它夺走了印度和中国的无数劳动者的饭碗，并引起这些国家的整个生存形式的改变，那么，这个发明便成为一个世界历史性的事实"。③第二，在资本主义社会，机器的发明与应用，在开辟世界历史的同时，也成为一种破坏性力量。马克思指出，商业和工场手工业的发展催生了大工业，"采用机器进行最广泛的分工"，成为现代工业生产的重要特征。大工业在推动社会生产力发展的同时，"不仅使工人对资本家的关系，而且使劳动本身都成为工人不堪忍受的东西。"④

马克思在《德意志意识形态》中对机器的讨论，以新创立的生产逻辑为基础，强调的是机器的社会历史意义，没有对机器与资本主义生产的内在关系进行深入地讨论。这时马克思的主要兴奋点在于如何从历史观上批判青年黑格尔派，其理论建构的经济学参照系主要是斯密，马克思与斯密一样，在讨论分工与社会发展时，也是从社会分工出发来推导出工场内部的分工的，他对机器的讨论，正是在这样的理论轨迹中展开的。机器在生产力发展中的作用，在生产逻辑的构架中，主要是作为工具出现的。

---

① 《马克思恩格斯文集》第 1 卷，人民出版社 2009 年版，第 533 页。
② 同上书，第 527 页。
③ 同上书，第 541 页。
④ 同上书，第 567 页。

对机器问题的意识转变，开始于《哲学的贫困》。与《德意志意识形态》相比，在这部著作中，马克思对机器的讨论体现出以下特点：第一，马克思不再一般地从历史进程中去理解机器的作用，而是从历史性的视角去看待以机器为基础的资本主义生产方式的社会建构意义。在这篇文献中，马克思强调社会结构的总体性与历史性特征，而这些特征都与特定的生产方式相联系，在生产方式的建构中，马克思将机器提到非常重要的位置。"手工磨产生的是封建主为首的社会，蒸汽磨产生的是工业资本家为首的社会。"[1]这里，马克思强调的是两个社会阶段的根本区别，区分的根据就在于机器对社会的构型作用，因此，两种机器之间的转换不只是技术上的连续与转变，更是社会构型意义上的根本转变，它们产生的是两个根本不同的社会。对机器的这一理解，与马克思此时强调社会分工与工场内部分工之间的差异相一致，这是逻辑思路的转变。第二，针对蒲鲁东将机器看作分工的合题，马克思指出，机器只是劳动工具的结合，而不是工人的各种操作的组合。机器与分工之间的关系在于，机器的每一次发明与应用，都会加剧分工，因此，机器并不是分工的否定。第三，机器的使用会进一步导致工人与资本家的对立。机器的应用不仅会替代工人，而且成为资本家对付工人反抗的武器。同时，机器的应用会使相应的产品的价格下降，增加资本家的利润。

马克思对机器的这些讨论，聚焦于机器在资本主义生产中的地位和作用，虽然整个讨论受制于论战对象的议题，但他对于机器的根本观点已经确立。一个重要的方面在于，马克思不再从一般的人类历史进程中去讨论机器的作用，而是从资本主义的历史性规定出发来理解机器的地位和作用。虽然马克思此时还谈不上从生产逻辑向资本逻辑的转变，但从资本主义历史性出发的讨论，是他从《政治经济学批判大纲》、《1861—1863 年经济学手稿》向《资本论》的资本逻辑转变的方法论前提。从机器这一主题来看，《1861—1863 年经济学手稿》的讨论，已经转向了资本逻辑，并在《资本论》中得到了系统的论述。

---

[1] 《马克思恩格斯全集》第 4 卷，人民出版社 1965 年版，第 144 页。

第二节 资本逻辑视域下的机器

在《1861—1863 年经济学手稿》和《资本论》中，如果不考虑在劳动与劳动力问题上的区分(实际上到第十九手稿时，马克思已经将工资看作劳动力价值了)，马克思在讨论相对剩余价值的生产时，基本的逻辑框架已经成型，即从协作出发，将之作为资本主义生产的起点，然后依次讨论分工、机器，揭示协作、分工与机器在相对剩余价值生产中的地位与作用。从资本主义生产发展的过程来看，资本主义生产经历了从工场手工业到机器大工业的转变，虽然机器是工场手工业内部分工的产物，但机器的产生标志着资本主义生产进入到新的阶段。"生产方式的变革，在工场手工业中以劳动力为起点，在大工业中以劳动资料为起点。"①把劳动资料作为大工业的起点，原因在于机器的发明与应用才是剩余价值生产的主要手段，是资本主义扩大再生产的推动力。因此，对机器的社会存在论意义，只有置于资本逻辑的视域中才能得到清晰的讨论。

第一，机器的应用与社会存在的再建构。在《德意志意识形态》中，马克思指出："意识在任何时候都只能是被意识到了的存在，而人们的存在就是他们的现实生活过程。"②这一现实的生活过程，在《共产党宣言》中被马克思称为"社会存在"。在马克思这里，社会存在并不是一个固定不变的事实结构，而是一个不断被建构、解构而又重新建构的生活过程，但在不同历史阶段中，不同的社会存在具有不同的本质规定性，这种不同的本质规定，马克思认为是由其不同的生产方式所决定的，正如他所说的，手工磨产生的是以封建主为首的社会，蒸汽磨产生的是以资本家为首的社会。

从社会存在的维度来看，资本主义社会与前资本主义社会的区别表现为商品生产的普遍化与自给自足的小农生产的区别，这种区别是由生产方式的不同决定的。随着资本主义社会的兴起，在生产层面开始了从协作、分工到机器大工业生产的转变，或者说从手工工场到现代工厂的转变。在工场手工

① 《马克思恩格斯全集》第 44 卷，人民出版社 2001 年版，第 427 页。
② 《马克思恩格斯文集》第 1 卷，人民出版社 2009 年版，第 525 页。

业中，虽然有些工场已经使用机械装置，但以工人为主体的分工协作是生产的主导形式，机械装置作为劳动工具，还居于次要地位。机器与工具不同，"所有发达的机器都由三个本质上不同的部分组成：发动机，传动机构，工具机或工作机"①，它们形成一个自动化的生产体系，即使人本身还是原动力，但作为单纯动力的人与作为真正操作的工人的人之间仍然存在着根本的区别，当人作为动力时，意味着人可以被其他的动力所代替，人也就随之成为完全自动化装置上的附件。工场手工业时代中仍然处于重要地位的工人的技能，让位于机器本身的操作过程。

在工场手工业生产和机器生产之间一开始就出现了一个本质的区别。在工场手工业中，单个的或成组的工人，必须用自己的手工工具来完成每一个特殊的局部过程。如果说工人会适应这个过程，那么这个过程也就事先适应了工人。在机器生产中，这个主观的分工原则消失了。在这里，整个过程是客观地按其本身的性质分解为各个组成阶段，每个局部过程如何完成和各个局部过程如何结合的问题，由力学、化学等等在技术上的应用来解决。②

马克思进一步指出："在工场手工业中，社会劳动过程的组织纯粹是主观的，是局部工人的结合；在机器体系中，大工业具有完全客观的生产有机体，这个有机体作为现成的物质生产条件出现在工人面前。"③这是从社会生产的主体性层面向客体性层面的转变，这种客体使自身变成一个自动化的生产系统。在这个意义上，《资本论》中对机器自动化发展过程的描述，正好对应于资本逻辑的结构化，资本的扩大再生产只有在这种自动化中才是真实可行的。资本主义生产所要求的自动化，在今天得到了更为充分的发展。因此，机器虽然是一种技术的存在，但它是资本结构化的重要工具，技术的变化，会带来社会存在的变化，以及社会存在中的人的变化。到卢卡奇时代，由于机械

---

①　《马克思恩格斯文集》第5卷，人民出版社2009年版，第429页。

②　同上书，第437页。

③　同上书，第443页。

化生产成为工业生产的主导模式，才会产生他在物化批判中所阐述的问题，特别是机械化生产对人的心理产生的问题。在这个意义上，如果简单地以马克思的异化理论批评卢卡奇的物化理论，则是一种错位的批评。

第二，机器的应用合乎资本逻辑的内在要求，并推动着资本的扩大再生产。资本的根本意图是追求最大限度的剩余价值，为了达到这一目的，在不能延长劳动时间的情况下，只能提高劳动生产率，这就有赖于机器以及科学技术的发明与应用。机器的发明与应用会降低所生产商品的价格，但也使工人的数目下降，价格优势带来竞争的优势，但当在这种竞争中所获得的剩余价值不能弥补因人数下降所损失的剩余价值时，机器应用对于资本家来说就是得不偿失。为了获得最大限度的剩余价值，在资本主义生产过程中就会出现以下几种情况：(1)机器应用本该缩短工人的生产时间，但实际上反倒成为延长工人劳动时间的原因。机器生产意味着投在机器、厂房以及生产材料上面的不变资本增大，但能够剥削的工人人数下降，如果在正常的工作日内机器生产不能弥补因工人减少、不变资本增多所造成的剩余价值的下降，这时就会延长工作日，这在机器使用初期特点尤其强烈。在这种情况下，即使是获得与使用机器前同样多的使用价值，由于机器本身使产品的必要劳动时间下降，产品数量就会比以前更多。与这种延长劳动时间相对应的，就是劳动的强化，以便在同一时间内榨取更多的劳动。"这是通过两种方法达到的：一种是提高机器的速度，另一种是扩大同一个工人看管的机器数量，即扩大他的劳动范围。"①这正是相对剩余价值生产所想要的最佳结果。

(2)在使用机器能够节约资本的情况下，可以将剩余的资本投入到再生产中，以扩大机器的数量，从而能够雇佣比过去更多的工人，推动工厂内部分工的发展，扩大生产规模。由于机器产品的价格下降，在业工人的工资降低，同一工资量就可以雇佣更多的工人，或者以较少的工资量就可以雇佣同样多的工人。在剩余价值增长的情况下，以前用于工资的资本就可以游离出来，用于扩大这些部门的生产。

(3)随着机器的应用与发展，会形成与之相应的新的生产部门，推动着社会生产的多样化。由于机器的使用首先是从与农业相关的纺织业开始的，这

---

① 《马克思恩格斯全集》第 44 卷，人民出版社 2001 年版，第 474 页。

就加剧了农业向工业的转变，使工业的再生产与农业的工业化日益相关，彻底改变了家庭劳动的模式。随着机器生产在一个工业部门的扩大，与之相应的原料或多半成品的生产与供应也要不断增加，生产和加工这些原料或半成品的生产部门的多样性也随之增加，推动着社会分工的发展。"机器生产同工场手工业相比使社会分工获得无比广阔的发展，因为它使它所占领的行业的生产力得到无比巨大的增长。"①生产领域的发展使产品日益丰富，加之工人人数的相对减少以及生产资料和生活资料的日益增加，这使得产品和生产资料等的运输问题日益突出，形成了一些全新的生产部门，如煤气厂、电报业、轮船业、铁路业等。当机器生产的产品能够在国际市场打开销路时，国内的分工与国际分工就直接联系在一起，从而真正推动历史向世界历史转变。

第三，机器的应用使得资本主义生产成为自组织化的、无法抗拒的过程，人成为机器体系的组成要素。第一次工业革命可分为两个阶段，第一阶段体现在纺织工具的变革上，马克思以脚踏式纺车为例进行了说明。脚踏式纺车以脚为动力推动轮子，以轮子推动纺车上的纱锭进行纺毛，工人的作用简化为只是推动轮子，劳动工具变成了同一个动力推动并由许多原来独立的纱锭的组合，纺车从工具变成了机器，纺纱工反而下降为机器的工具。当动力被蒸汽机所替代时，则形成了第一次工业革命的第二个重要阶段（马克思则将这两个阶段看作是两次革命）。在这个阶段，机器的自组织特性日益明显，工人也日益成为机器的附庸，成为维系机器转动过程的外部因素。只有在这时，才有真正意义上的机器大工业。

对于这种以机器自动化为指向的现代工厂，马克思在讨论到尤尔的《工厂哲学》时指出，现代工厂是一个庞大的自动机，它是从一个自行发动的中心发动机获得动力，并在此基础上形成的互相连接的生产机械体系。对于这个体系，尤尔曾给出了矛盾的表述：一方面，他认为在机器生产过程中，这个机器体系表现为工人操作的对象，在这里工人是积极行动的主体；另一方面，尤尔又认为，机器体系是由自身的动力装置引起的自动生产体系，工人只是作为有意识的器官与这个无意识的机器体系并列，因此真正的主体是机器。马克思认为，尤尔关于机器体系的第一个方面的描述，是一种理想化的辩护，

---

① 《马克思恩格斯全集》第44卷，人民出版社2001年版，第512页。

在人与机器的关系上，"这些工人本身只表现为机器的有自我意识的器官（而不是机器表现为工人的器官），他们同死器官不同的地方是有自我意识，他们和死的器官一起'协调地'和'不间断地'活动，在同样程度上受动力的支配，和死的机器完全一样"。①

从机器发展过程来看，尤尔的描述还停留在工场手工业和机器大工业的交叉点上，实际上两者之间存在着重大的差异：（1）在机器大工业中，工厂的运动不再像工场手工业那样，从工人出发，而是从机器出发，并不断地更换工人使之完全成为机器工具；（2）在工场手工业中，工人的技艺在生产过程中还在发挥作用，但在机器生产中，所需要的是半熟练的工人；（3）在工场手工业时代，工人可能是终生专门使用一种工具，而现代则是终生伺候机器。因此，这是机器对工人的全面支配和控制，这种控制是由资本主义生产所决定的。"一切资本主义生产既然不仅是劳动过程，而且同时是资本的增殖过程，就有一个共同点，即不是工人使用劳动条件，相反地，而是劳动条件使用工人，不过这种颠倒只是随着机器的采用才取得了在技术上很明显的现实性。"②随着机器带来的工人之间竞争的加剧，工厂纪律的完成以及劳动监督的实施，这种支配也随着机器的运转和资本生产的扩大化，在经过短暂的反抗之后，逐渐成为生产的"常态"。

当机器将工人完全整合到自身之后，机器的生产才达到了资本增殖的内在要求，即通过不断的技术革新以降低生产商品的必要劳动时间，并在不间断地自动生产中实现剩余价值的最大化。资本家为了获取最大限度的利润捕获了机器，而机器则捕获了资本家的欲望，并"在资本家身上获得了意识与意志"③。虽然机器与机器的资本主义使用不可混为一谈，但机器的应用推动了资本逻辑的结构化。

第四，机器的使用改变了资本的有机构成，成为推动资本积累的重要力量。资本的有机构成指由"资本的技术构成决定并反映技术构成变化的资本的价值构成"，资本的价值构成指不变资本和可变资本的比例，资本的技术构成

①　《马克思恩格斯全集》第 47 卷，人民出版社 1979 年版，第 536 页。
②　《马克思恩格斯全集》第 44 卷，人民出版社 2001 年版，第 487 页。
③　同上书，第 464 页。

指资本在生产过程中的物质作用方面分为生产资料与劳动力的比例。在任何一种构成中，都可以看到，随着机器的应用，从价值构成来看，不变资本的比例在加大，在技术构成中，则是生产资料的比例在扩大。在资本积累过程中，当不变资本保持不变时，可变资本增大，但这只是工场手工业初期的生产状态。"一旦资本主义制度的一般基础奠定下来，在积累过程中就一定会出现一个时刻，那时社会劳动生产率的发展成为积累的最强有力的杠杆。"①劳动生产率的发展有赖于机器的发明与使用，这时，不变资本将增大，可变资本相应减少。从资本的技术构成层面来说，就是生产资料的量比推动它所需要的劳动力的量将相对增长。随着劳动生产率的增长，机器生产过程中所消费的生产资料的量日益增大，不变资本与可变资本的差额增大。就前者而言，生产资料保存的价值日益增多，这要求通过积累不断地扩大再生产，就后者而言，可变资本相对减少，并不排斥绝对量的增大。这两者都推动着资本积累，推动着扩大再生产。如果说资本的根本目的是追求剩余价值，那么机器的发明与应用，则为追求这一目的提供了有力的手段。

第三节 机器与工人的生存处境

机器的运用不仅改变了社会存在，而且直接改变了工人的生存处境。这种改变体现在以下几个方面：

第一，工人的机械化与碎片化。随着机器取代人力，特别是由于发动机的发展，一台发动机可以推动许多工作机，两者之间的相互推进形成了庞大的机器装置。机器装置支配生产过程的地方，或者存在着机器的协作，或者形成一个机器体系。在前一种情况下，整个产品是由同一台工作机完成的，工作机完成的操作，或者是由原来一个手工业者自己就可以完成的，或者是由若干手工业者共同完成的。不管是哪种情况，工人的劳动过程都被分解了，每个工人的劳动都只是整体工作中的部分，处于一种碎片化的状态。工人之间的协作表现为共同作用于工作机的空间组合，这种组合是按照技术原则来展开的。在后一种情况下，劳动对象依次通过一系列相互连续的不同阶段，

---

① 《马克思恩格斯全集》第 44 卷，人民出版社 2001 年版，第 717 页。

这些过程之间相互不同但又互为补充，形成机器体系，每个个体的工作更加显得微不足道。"在这里，整个过程是客观地按其本身的性质分解为各个组成阶段，每个局部过程如何完成和各个局部过程如何结合的问题，由力学、化学等等在技术上的应用来解决"①，个体也就越来越不得不适应这个过程，并且工人的数量按照机器所需要的比例来分布，人越来越成为机器的一部分。当人越来越机械化时，整个机器就成为一个无人身的器官，机器体系越完善，这个无人身的器官也就越将人整合为自己的螺丝钉。

大工业越发展，原来具有技术的工人也就越来越少，斯密所说的工场手工业内部的分工也就越来越变成机器体系内部的分工。反过来，人越来越机械化的时代，才可能真正推动机器体系的发展。这正如马克思所说的："当大工业特有的生产资料即机器本身，还要依靠个人的力量和个人的技巧才能存在时，也就是说，还取决于手工工场内的局部工人和手工工场外的手工业者用来操纵他们的小工具的那种发达的肌肉、敏锐的视力和灵巧的手时，大工业也就得不到充分的发展。"②技术的消失，工人不得不自觉应用自然科学来代替从劳动经验中获得的技能和成规。如果说在大工业之前，劳动过程更多体现了工人的主观性，那么在大工业中，机器的客观过程支配着主体。

第二，妇女与儿童的生存状态恶化。机器的使用使得肌肉成为多余的东西，相比于成年男性，妇女与儿童更适合于机器劳动过程，"资本主义使用机器的第一个口号是妇女劳动和儿童劳动！这样一来，这种代替劳动和工人的有力手段，就立即转化为这样一种手段，它使工人家庭全体成员不分男女老少都受资本的直接统治"。③ 在《共产党宣言》中，马克思曾指出，随着资本主义社会的产生，传统的家庭关系解体了。这种解体的一个重要原因就在于妇女与儿童进入了现代生产体制中。当妇女和儿童能够找到工作而成年男子却失业在家时，传统以男性为中心的家庭结构必然逐渐解体，施加于成年男人身上的剥削，现在施加在家庭成员的身上，这不仅夺去了儿童自由发展的时间，而且也夺去了整个家庭的自由发展的时间。当妇女没有时间照顾家庭生

① 《马克思恩格斯全集》第 44 卷，人民出版社 2001 年版，第 437 页。
② 同上书，第 439 页。
③ 同上书，第 453—454 页。

活时，一个直接的后果就是儿童死亡率的增高，甚至造成妇女虐杀儿童现象的出现。

更为悲惨的是，当妇女和儿童成为劳动力时，她们也就成为自由市场的商品。当工人无法将自身作为商品出卖时，他就可能成为出卖妻子儿女的商品所有者。这是与黑奴贸易相似的奴隶制，只不过这种奴隶制被打上了"劳动自由"的标签，或者说，这种买卖合乎人的自由、平等的天赋人权。而在这种"平等"的背后，是对未成年人智力的荒废，这是人为的无知状态，这种状态无疑强化了妇女、儿童对现实的依附。

第三，劳动时间的延长与劳动强度的加大，加强了工人在身体与心灵上对机器的依附性。机器的发展使劳动资料的活动越来越离开工人而独立，为了缩短机器的使用期限，资本家既希望延长工人的劳动时间，也希望提升工人的劳动强度，"机器劳动极度地损害了神经系统，同时它又压抑肌肉的多方面运动，夺去身体上和精神上的一切自由活动"①。机器不仅没有成为解放工人的工具，反而成为折磨工人的手段。机器作为死机构独立于工人而存在，工人则被当作活的附属物并入死机构中。这种状态在科学、技术主导生产时，反而变得越来越明显。

第四节　自然力、科学与资本控制

随着机器的普遍应用，特别是随着工业革命的完成，现代工厂不仅用机器来制造可进入日常消费的产品，而且以机器来制造机器。"用机器制造机器的最重要的生产条件，是要有能供给各种强度的力量同时又完全受人控制的发动机。蒸汽机已经是这样的机器。"②蒸汽机将水转变为蒸汽，从而把单纯的自然力转变为社会力量，这种由自然力转变而来的社会力量，资本家是可以无偿使用的。

对自然力的运用，推动着科学的发展和技术的革新，并将科学与技术的革新成果应用于生产过程中，这是一个双向的推动过程。马克思以磨的改进

---

① 《马克思恩格斯全集》第 44 卷，人民出版社 2001 年版，第 486—487 页。
② 同上书，第 442 页。

史具体讨论了资本主义生产与科学技术进步之间的关系。磨在奥古斯都时代自亚洲传入欧洲，直到 11 世纪风磨的发明后才开始广泛应用，但磨的真正改进是在 17 世纪。这种改进可以简单地归结为两个方面：一是磨的运行环节上的改进。从磨的结构来说，磨的运行体现为齿轮之间的相互咬合，并通过传动装置来推动磨进行工作。在 17 世纪之前，人们关注的是磨的动力问题，从风磨到水磨，关注的都是其动力。到了 17 世纪，人们开始关注齿轮之间的摩擦问题，由此产生了摩擦学说，并在 18 世纪达到了较高的水平。二是磨的动力变革。在充分利用水力的要求下，18 世纪，水利学和水利工程学被许多发现所充实，水轮本身的研究也得到了很大的发展，并形成了专门的理论。为了更好地发挥水力的作用，18 世纪发明了专门确定水的速度的流量计，进行水准定位或水位测定的水准仪或水准器，从而极大地利用了水力，"大生产——应用机器的大规模协作——第一次使自然力，即风、水、蒸汽、电大规模地从属于直接的生产过程，使自然力变成社会劳动的因素"①。自然因素的利用，与科学的发展相一致，物理学、化学、数学也正是在 17 世纪之后才大力发展起来的，"自然因素的应用……是同科学作为生产过程的独立因素的发展相一致的。生产过程成了科学的应用，而科学反过来成了生产过程的因素即职能。每一项发现都成了新的发明或生产方法的新的改进的基础。"②科学成为资本主义生产的重要因素，特别是通过机器这一中介，成为剩余价值生产的决定性因素。

　　科学、技术与生产过程的结合，进一步强化了机器在生产中的地位和作用，同时也加剧了资本家与工人之间的斗争。在 17 世纪，反对机器的斗争几乎遍及整个欧洲，到 19 世纪初，在英国还发生了大规模破坏机器的鲁德运动。针对工人破坏机器的运动，马克思指出："工人要学会把机器和机器的资本主义应用区别开来，从而学会把自己的攻击从物质生产资料本身转向物质生产资料的社会使用形式。"③在这里，马克思将机器与机器的资本主义应用加以区分，这意味着，机器本身是纯洁的，体现了生产力的发展，但机器的

---

① 《马克思恩格斯全集》第 47 卷，人民出版社 1979 年版，第 569 页。
② 同上书，第 570 页。
③ 《马克思恩格斯文集》第 5 卷，人民出版社 2009 年版，第 493 页。

应用则是有问题的，使机器成为奴役工人的自组织系统。与之相应，科学也同样可以做出区分，即科学与科学的应用要区别开来。"资本不创造科学，但是它为了生产过程的需要，利用科学，占有科学"①，并使科学成为决定剩余价值生产的重要因素。

从马克思关于机器与机器的使用、科学与科学的使用之间的区分来看，在其思想中存在着两种不同的视角：一是来自人类学意义上的生产逻辑的视角，在这里，他强调物质生产的基础性地位、生产力的发展对社会历史所起的推动与解放作用，在这个维度上，机器以及科学、技术等，既是生产力发展水平的体现，又是生产力发展的重要推动力，如果说机器直接体现了生产工具的进步，那么科学则体现了人类理论的进步。二是源自资本逻辑的视角，在这里，马克思强调机器与科学的资本主义应用所带来的后果。一方面，机器与科学的应用是资本主义剩余价值的重要生产手段，另一方面，正是机器与科学的应用，才使得工人的生存处境日益恶化，阶级矛盾日益尖锐，但在这种斗争中，机器与科学又成为奴役和统治工人的手段，是使工人就范的重要力量。如在讨论到机器时，马克思说："过去劳动——在自动机和由自动机推动的机器上——似乎是独立的、依赖于[活]劳动的；它不受活劳动支配，而是使[活]劳动受它支配；铁人起来反对有血有肉的人。"②在讨论到科学时，马克思指出："科学对于劳动来说，表现为异己的、敌对的和统治的权力。"③这是资本逻辑视野中的机器与科学。也正是因为在马克思思想中存在着这种区分，在第二国际以来的传统马克思主义哲学研究中，将科学、技术等看作是中性的，而在卢卡奇之后的西方马克思主义者看来，科学、技术本身并不是纯洁的，而是一种意识形态。

在我看来，马克思强调的上述区分，可以说是一种逻辑上的区分，在历史进程中，随着第一次工业革命的完成，特别是科学、技术在生产中的应用，这就将机器生产机器、科学的进步、技术的更新等过程直接与剩余价值的生产过程合为一体，这正如马克思在谈到科学时指出的："只有资本主义生产方

① 《马克思恩格斯全集》第47卷，人民出版社1979年版，第570页。
② 同上书，第567页。
③ 同上书，第571页。

式才第一次使自然科学为直接的生产过程服务，同时，生产的发展反过来又为从理论上征服自然提供了手段。科学获得的使命是：成为生产财富的手段，成为致富的手段。"①在这个过程中，科学与直接劳动相分离，成为一种独立的力量，并进而使科学研究成为一种独立的职业，但科学的这种独立性同样没有摆脱资本主义的制约。

> 自然科学本身{自然科学是一切知识的基础}的发展，也象与生产过程有关的一切知识的发展一样，它本身仍然是在资本主义生产的基础上进行的，这种资本主义生产第一次在相当大的程度上为自然科学创造了进行研究、观察、实验的物质手段。由于自然科学被资本用作致富手段，从而科学本身也成为那些发展科学的人的致富手段，所以，搞科学的人为了探索科学的实际应用而互相竞争。②

科学的独立性只是外在的表象，机器也同样如此。按照这一思路，上述关于机器、科学，以及机器、科学的应用之间的区分，在现实的生产过程中是很难做到的。在资本逻辑统摄生产逻辑的地方，机器及其发展与应用、科学与技术及其发展进步与应用，两者很难区分开来。

更为重要的是，当机器、科学越来越在生产过程中占据主导地位时，这不只是生产中的技术操作问题，也不简单地表现为生产过程中机器、科学与技术对工人的奴役问题，而是工人的整个生活方式的重建问题，这种重建会直接影响到工人的心理结构及其思想观念，并逐渐沉淀为其行为习惯。在《英国工人阶级状况》中，恩格斯曾以曼彻斯特市为例，来讨论大工业生产对工人生活方式的影响。他从城市空间的重新布局，即工业区、工人生活区、商业区、资本家的住宅区的区域区分开始，以精细的文字描绘了工人生活区在街道上的布局，工人居住空间的现状，工人衣着和生活资料的获得方式和质量水平，家庭生活的空间等方面，全面展现了以机器大工业生产为特征的都市

---

① 《马克思恩格斯全集》第 47 卷，人民出版社 1979 年版，第 570 页。
② 同上书，第 572 页。

无产阶级从日常生活到日常行为以及伦理观念的变化。① 因此，一台机器的发明与应用，如珍妮纺纱机的发明与应用，不仅意味着技术操作上的进步和生产出更多的产品，而且会通过一系列的机器发明与应用、科学与技术的应用等，推动着生产方式以及社会关系的全面转型，正如马克思在评论尤尔的《工厂哲学》时所转述的："'并且归根到底'引起'工人的生活方式上'的改变。"②当这种生活方式随着资本主义的再生产而不断地再生产自身时，以资本主义生产为基础的科学、技术，也随着资本的再生产而生产出自身，或者说，正是科学与技术的再生产，才真正地推动着资本的再生产。可以说，是科学与技术的发展驱动着资本主义的再生产，而资本的再生产又进一步推动着科学与技术的创造，并通过机器的发明与使用直接成为剩余价值生产的重要基础。

在马克思关于机器与机器的应用、科学与科学的应用这一区分中，他将生产逻辑与资本逻辑同样区分开来，但在面对资本主义社会时，马克思强调的是资本逻辑对生产逻辑的统摄，这时生产逻辑并不是作为独立的逻辑发生作用，而是在资本逻辑的框架下发生作用，或者说被整合到资本逻辑之中并通过资本逻辑来表现自己，这也意味着科学、技术等在资本逻辑的支配下，丧失了自身的独立性，成为资本逻辑结构化的有力中介，正是因为自动化机器体系的形成、科学与技术的发展与应用，才从根本上改变了资本逻辑结构化的方式。机器、技术与科学的自身存在方式已经与资本逻辑的存在方式合为一体，无法简单地分割开来。资本逻辑运行中所出现的问题，首先呈现为科学革命与技术革新上的问题，而每一次技术的革新，就会形成相应的行为规则、思想观念、管理准则，带来社会关系和日常交往形式的变化，因此，每一次工业革命都会推动资本逻辑迈向新的运行空间。在这个过程中，科学、技术相应地改变了其中性的存在，成为资本主义社会存在合法性的重要基础。

这种转变在马克思写作《资本论》的时代还不是特别明显。马克思虽然看到了从工场手工业到机器大工业的转变中带来的后果，但他还确信能够将机器与机器的应用、科学与科学的应用区分开来。但随着社会再生产的不断扩

---

① 参见《马克思恩格斯全集》第 2 卷，人民出版社 1957 年版，第 326—353 页。

② 《马克思恩格斯全集》第 47 卷，人民出版社 1979 年版，第 501 页。

展，分工的日益精细化，科学与技术的再生产成为工人能够进入现代生产体系的一个重要前提条件。由于科学、技术已经依附于资本逻辑，对科学与技术的认同，也就意味着对资本逻辑的认同，科学、技术的逻辑将会成为人们日常生活的主导逻辑。因此，马克思的上述区分在今天变得越来越模糊，能够控制技术的规则日益被技术本身的规则所改变，这时就会产生韦伯所说的工具理性的合理性进程，也才会有马尔库塞在《单向度的人》中关于技术的批判。哈贝马斯对马尔库塞批判的再反思，虽然将生产力与交往活动以及相应的政治原则进行了平行化的理解，而不是将后者看作是前者的副产品，但从根本上来说，他同样看到了科学、技术的资本主义操控特性，看到了它们对资本主义社会合法性的意义。① 这也表明，我们需要走出科学、技术、机器的中性观念，要从资本逻辑结构化的视角对它们的存在方式及其历史作用进行新的探索。

第五节 简要的结语：机器与资本逻辑的结构化

在马克思看来，机器具有两个重要的功能：一是作为生产工具的功能。机器的发展体现了生产发展的水平，机器的应用推动了物质生产的发展，为人类的解放提供了重要的物质条件。作为工具，需要将机器与机器的资本主义使用区别开来，在资本主义的应用中，科学、技术与机器才成为剥削和奴役工人的工具，并成为压制工人的重要手段，机器本身带来的生产力的解放，变成了资本家获取剩余价值的重要手段。社会关系发生变革之后，才能改变当下机器在资本主义社会的应用所带来的问题。一是对社会生活的全面建构性作用，主要是对资本主义社会存在的建构性作用。当马克思强调手工磨产生的是封建主为主的社会、蒸汽机产生的是资本家为主的社会时，正是在这个意义上说的。在这里，科学、技术与机器就不仅仅是生产过程中的工具与中介，它们直接建构了人们的社会生活与交往关系。从这一维度出发，科学与技术的发展、机器的变革就成为社会生活合法性的重要前提，在这个意义

---

① 参见[美]马尔库塞：《单向度的人》，张峰等译，重庆出版社1988年版；[德]哈贝马斯：《作为"意识形态"的技术与科学》，李黎等译，学林出版社1999年版。

上，很难将科学、技术与其特定的社会存在形式剥离开来，对科学、技术与机器体系的考察，必须结合具体的社会结构来进行，从这里出发，可以推导出科学、技术与意识形态批判问题。

在资本主义社会，由于生产过程同时是扩大再生产过程，也是资本逻辑不断结构化的过程，资本逻辑对生产逻辑的统摄，推动着科学、技术、机器的工具职能与社会存在的建构职能的统一，科学、技术、机器等成为资本逻辑结构化的重要环节，成为资本权力建构的重要环节，也是将工人日益吸纳到这个结构化进程的重要力量。

第 十 六 章

资本逻辑与主体问题

现代工厂制度推动着资本的结构化运转，扩大再生产则使之不断地向外扩张，形成了一个螺旋式上升的旋涡，把一切都吸纳于自身的结构中。在这种情况下，传统哲学中赖以自豪的自律主体，实际上已经沦为这一旋涡的要素。可以说，在资本逻辑结构化的情境中，需要对主体问题进行新的讨论。

凸显主体的地位与作用，既是西方马克思主义重新理解马克思哲学的重要起点，也是国内实践唯物主义重新讨论马克思哲学的理论内核。这两种重要的理解范式，通过重新确立劳动的社会本体论意义，从主体的视角对马克思哲学进行了新的探讨，前者形成了面对西方发达资本主义社会的批判理论，为我们反思当代资本主义社会及其文化提供了重要的理论参照，后者则形成了面对中国社会发展的实践主体性哲学，为市场经济的发展提供了重要的论证。可以说，不论从理论建构还是从历史意义上来看，主体问题都是马克思哲学建构中的一个重要问题，马克思哲学的当代发展，离不开对主体在马克思哲学中的地位和作用的探讨与反思。

按照我的理解，虽然西方马克思主义与国内实践唯物主义改变了哲学传统教科书中忽视主体的问题，确立了马克思哲学建构中的主体性原则，但建立在劳动本体论基础上的主体理论，仍然是一个需要反思的问题。劳动本体论支撑的是生产逻辑，当从劳动本体论出发来确认马克思哲学中的主体性原则时，实际上就将生产逻辑看成了马克思哲学中的唯一逻辑，并认为这一逻辑贯穿了马克思哲学思想的始终。如果按照这一观念来面对《资本论》，仍然是把《资本论》看作生产逻辑在资本主义社会推广的结果。在我看来，对《资本论》哲学思想的这种理解恰恰是有问题的。在 1845 年实现哲学变革后，马克思的思想中存在着双重逻辑：一是以《关于费尔巴哈的提纲》和《德意志意识形态》为起点的生产逻辑，这一逻辑一直延伸到《1857—1858 年经济学手稿》和《资本论》；二是以《资本论》为代表的资本逻辑，它并不是生产逻辑运用于资本主义社会的结果，而是与生产逻辑完全不同，并将生产逻辑统摄其中的新的理论构架。在关于马克思哲学中主体问题的讨论中，虽然国内外学者都在运用《资本论》等著作，但其言说主体理论的哲学基础实际上是生产逻辑。如果《资本论》提供的是与生产逻辑不同的另一种思路，那么我们就需要追问，在实践唯物主义之后，我们如何理解马克思的哲学构架？在对这一问题的追问中，我们马上就遇到了如何理解马克思哲学中的主体这一问题。对主体问题的重新探讨，会直接影响到对马克思哲学的重新解释，在我看来，这是国内实践唯物主义之后我们重新理解马克思哲学文本及其哲学思想的新问题。

第一节　主体理论：从物质本体论到实践唯物主义

关于主体问题在马克思哲学中的地位和作用，在过去的研究中有两次重要的理论建构：一是肇始于第二国际时代，通过斯大林的《论辩证唯物主义和历史唯物主义》确立的物质本体论模式，这一模式直接影响到苏联与东欧的马克思主义哲学研究，也是 20 世纪 80 年代之前中国马克思主义哲学研究的主导逻辑。这构成了哲学传统教科书的主要内容。二是强调实践的社会存在本体论意义，形成了实践主体性的解释思路。这一思路在西方马克思主义创始人卢卡奇、葛兰西、柯尔施等人那里，表现为张扬人的主体性，强调马克思哲学的批判性。在 20 世纪 70 年代末 80 年代初，随着真理标准问题大讨论的展开，国内学界逐渐形成了实践唯物主义的解释思路，这是中国学者面对当时的社会发展与变迁，通过重新解读马克思的文本形成的具有中国特色的解释构架。这是从物质决定论向实践主体性的转变，这一转变改变了学界对马克思哲学的理解，不仅推动着西方学者对马克思哲学的理解，而且促使国内马克思哲学思想研究取得诸多创造性成果，甚至形成了具有学派特色的解释体系。重新探讨马克思哲学中主体的地位与作用问题，就需要对过去的研究史进行一个简要的清理，以便为新的讨论提供契机。

哲学传统教科书从三个层面对主体进行了定位。第一，在本体论上，强调物质决定意识。这种决定作用，既体现为时间意义上的物质优先性，又体现为意识内容上的物质决定性。第二，在认识论上，强调认识是主体对客体的反映。第三，在历史观上，强调客观规律的决定作用。严格说来，我们这里所讨论的主体，在哲学传统教科书中，只存在于认识论与历史观领域。由于这一思路将本体看作超于人之外并先于人而存在的物质世界，因此，主体在这个世界中实际上处于可有可无的位置，当主体进入这个世界时，也只能处于一种从属性的地位，这使得整个解释体系具有了"宿命论"的特征。

上述的这种解释模式引起了西方马克思主义者的批判。柯尔施认为，这种解释是将超越了德国古典哲学的马克思拉回到了前康德哲学的水平，从而回到了法国机械唯物主义的传统中，他的《马克思主义和哲学》就是要重新回到黑格尔的主体性理论传统，重新将马克思哲学解释为一种批判的哲学。在卢卡奇看来，物质本体论的解释模式，没有认识到马克思的哲学是以历史运动中的主体—客体为内核的革命的辩证法，因而陷入对资本主义社会的物化现实及对这一现实的拜物教意识中。如何实现阶级意识的自觉并打破资本主义社会的物化统治，构成了他的《历史与阶级意识》中的一个重要主题。身陷牢狱的葛兰西，通过反思意大利共产党的理论前提与革命实践，认为这种带有机械决定论的解释模式，与超验唯心主义两极相通："当你在斗争中不具有主动权，而斗争本身最终等同于一系列失败的时候，机械决定论就变为道德抵抗、团结一致、坚韧不拔和不屈不挠的一种巨大力量。"[1]这时在"大众的意识中，这个概念是对'如上帝的意'这一呼告的替代品"，[2] 无法改变的现实也就被披上了某种合理性的目的论外衣，机械唯物主义随之变成了一种超验的唯心主义，"在一定的历史时期，在一定的历史条件下，宗教曾经是而且还继续是一种'必然性'，一种人民群众意志所采用的必然形式，一种使世界和现

---

① Antonio Gramsci, *Selections from the Prison Notebooks*, ed. And trans. by Quintin Hoare and Geoffrey Nowell Smith, London，1971，p. 336.

② Ibid.，p. 342.

实生活合理化的特定方式"。① 在他们看来，作为德国古典哲学的继承者，马克思的哲学从根本上来说所关注的是与人相关的世界，即以实践为基础的社会历史生活。因此，这里的根本问题不在于人之前的世界是否存在，而是在人与世界的关系中，如何通过作为主体的人来改变这个世界，实现人的解放。因此，马克思的哲学从根本上来说是强调主体及其历史作用的哲学，对马克思哲学的解释需要在这一维度上来展开。

20 世纪 80 年代，随着中国的改革开放和市场经济的发展，中国的马克思哲学研究实现了解释构架的转换，即从传统教科书体系转向了实践唯物主义体系，实践、主体成为这一解释构架的核心范畴。从理论研究的视角来看，这一转换改变了对马克思哲学的理解，改变了对马克思哲学文本的阅读方式，形成了新的理论构架，并为独创性的研究奠定了一定的基础。从哲学实践的视角来看，强调主体与主体性的实践唯物主义，与市场经济的发展相呼应，解放了人们的思想，为社会发展注入了精神力量。虽然国内实践唯物主义与西方马克思主义创始人从主体出发的探索，在理论目的上存在着巨大的差异，但从马克思哲学思想研究来看，这些探索为发展和创新马克思哲学提供了一个基本的构架。

第一，将马克思的哲学聚焦于社会历史领域，把实践看作社会存在的基础，有的学者因此提出了实践本体论或劳动本体论。在卢卡奇看来，马克思通过批判改造黑格尔的辩证法，把黑格尔哲学中的历史倾向推到了它的逻辑顶点。"他把无论是社会的还是社会化了的人的一切现象都彻底地变成了历史问题，因为他具体地揭示了历史发展的真正基础，并使之全面地开花结果。"②在《关于社会存在的本体论》中，卢卡奇进一步认为"劳动过程乃是在人与自然之间发生的过程，乃是人与自然进行物质交换的本体论基础"，③ 并以此来展现马克思对社会存在特别是资本主义社会存在的批判性认识。与此相

---

① Antonio Gramsci, *Selections from the Prison Notebooks*, ed. And trans. by Quintin Hoare and Geoffrey Nowell Smith, London, 1971, p. 337.

② ［匈］卢卡奇：《历史与阶级意识——关于马克思主义辩证法的研究》，杜章智等译，商务印书馆 1992 年版，第 66 页。

③ ［匈］卢卡奇：《关于社会存在的本体论·下卷——若干最重要的综合问题》，白锡堃、张西平等译，重庆出版社 1993 年版，第 76 页。

应，柯尔施同样认为，马克思使一切科学所探讨的经验领域的一切现象，"无条件地服从于他在理论上批判的、在实践上革命的社会研究的新的唯物主义原则。从一个方面来看，他并不承认一种'更高级的'、脱离历史与社会范围的所谓'精神'生活的领域与现象。……从另一方面来看，马克思在他的唯物主义的社会研究中，还运用历史的与社会的范畴如工业、'经济'、物质生产，论述了历史与社会现象本身的整个自然基础"。① 在关于马克思社会历史理论的具体讨论中，柯尔施同样以物质生产作为实践的基本形式，并以此作为马克思社会历史理论的根基。

在国内实践唯物主义讨论中，学者们同样强调实践的社会存在论意义。虽然对实践的理解上存在着较大的差异，如有的学者强调实践超越论，有的学者强调实践本体论，还有学者试图将实践与物质本体论协调起来，但从总体上来说，强调实践在马克思哲学中的基础性地位，几乎成为学者们的共识，与此同时国内出版了不少以实践作为马克思哲学基础的理论著作。对以人类学意义的生产逻辑为原型的"实践"的社会存在论意义的强调，构成了实践主体性解释构架的基础。

第二，将主体性作为马克思哲学建构的基本原则。自近代以来，西方社会的发展过程首先体现为人与自然相分离的过程，将自然作为与人相对立的客体加以观察和研究，以便控制自然。在前资本主义社会，自然体现了人与外部世界的统一性，当这种统一体被资本主义社会打破后，人们必须重新寻找新的统一性，在哲学逻辑中，对这种统一的追求，就体现为主体—客体的辩证法。卢卡奇认为，在马克思的辩证法中，置于中心地位的就是"历史过程中的主体和客体之间的辩证法关系"。② 按照他的理解，由于物化现实以及相应的拜物教意识，德国古典哲学并没有真正解决主体与客体在历史中的统一性问题，当马克思将主体—客体的辩证法置于历史运动的过程中，凸显无产阶级的主体意识时，才可能真正解决这一哲学难题。

---

① ［德］柯尔施：《卡尔·马克思——马克思主义的理论和阶级运动》，熊子云等译，重庆出版社 1993 年版，第 111—112 页。

② ［匈］卢卡奇：《历史与阶级意识——关于马克思主义辩证法的研究》，杜章智等译，商务印书馆 1992 年版，第 50 页。

与卢卡奇的这种学院式哲学话语表述不同，葛兰西则直截了当地认为：

> 真正的马克思主义认为，历史上占统治地位的因素不是自然的经济事实，而是人，他们创造着社会，他们彼此联系、相互理解。在这种相互联系（文明化）的基础上发展出一种集体的社会意志。他们了解经济事实，对经济事实做出判断并使之适应自己的意志，直到这种意志成为经济的动力并形成客观事实，这种客观现实存在着、运动着，像火山熔岩一样，能够按照人的意志，在任何地方、以任何形式开始道路。①

正是对无产阶级主体性的强调，使得葛兰西在评论俄国十月革命时认为，相比于将《资本论》解释为一种经济决定论的"资产阶级化"的思路，十月革命是一场反对《资本论》的革命，因为正是在这一革命中，无产阶级的主体作用得到了充分的展现。

在国内关于实践唯物主义的讨论中，不管是反对实践本体论还是赞同实践本体论，对主体性的确认并将之作为马克思哲学阐释的基本原则，以强调主体的社会历史地位和作用，还是得到了大多数学者的认同。这种认同，一方面是实践唯物主义讨论的逻辑一致性的内在要求，另一方面也体现了马克思哲学对中国社会发展现实的回应，即中国社会主义市场经济的发展，对人及其主体性提出了更高的要求。实践唯物主义讨论不仅为中国社会的发展提供了重要的哲学论证，而且即使对这一问题有不同理解，也还是为后来富有个性的解释框架的形成提供了条件。②

---

① Antonio Gramsci, *Pre-prison Writings*, ed. Richard Bellamy, trans. Virginia Cox, Cambridge University Press, 1994, p. 40.

② 国内学者对于实践唯物主义及主体性问题的理解不尽相同。有些学者在坚持物质本体论的基础上去讨论实践；有些学者则强调只有在实践本体论的基础上才能真正理解社会历史生活中的物质世界；还有的学者反对实践本体论的提法，认为实践哲学是一种超越旧唯物主义与旧唯心主义的哲学，强调理性的自我意识的地位和作用。当时的一些中青年学者，则在实践唯物主义的基础上，进一步发展出富有个性的解释思路，如历史现象学、实践辩证法、日常生活批判、社会认识论、人学、存在论（生存论）、形而上学批判、重构历史唯物主义等，从而打开了马克思哲学研究的理论空间。这些讨论成为我们进一步探索马克思哲学的理论资源。

第三，强调历史与自由时间是人的主体性得以实现的境域。在卢卡奇看来，要打破资本主义物化现实及其拜物教意识，只能求助于在历史实践中形成的无产阶级的阶级意识，因为无产阶级在其历史实践中，不断感到自身被物化和被边缘化，从而才能有距离地审视自身在社会存在中的地位与作用，与物化现实和拜物教意识相脱离，并最终能够将人从这种思想与现实的双重奴役中解放出来，达到阶级意识的自觉。这是一种辩证法的逆转，这种辩证法来自于历史。在这里，历史意味着真正主体的生成，推动着无产阶级的意识上升为历史发展着的社会的自我意识，"如果资本的物化被溶化为它的生产和再生产的不停的过程，那么在这种立场上，无产阶级就能意识到自己是这一过程的真正的——尽管是被束缚的和暂且是不自觉的——主体"。① 在这里，历史是摆脱物化统治后与物化劳动时间相对立的自由时间，是真正的主体得以生成的境域。

在国内实践唯物主义讨论中，学界关于"历史"概念的重新讨论，同样体现了对主体解放境域的思考。在一些学者看来，在《德意志意识形态》中，"历史"主要指以工业生产为基础的主体活动所创造出来的过程，这同样是主体得以对象化自身的境域，这样的历史才是人的自由得以实现的可能性空间。与此相一致，在关于自由王国的讨论中，学者们除了关注必然王国与自由王国的传统讨论之外，更为关注自由王国对异化或物化世界的解放意义。

上述讨论的内容，构成了马克思哲学中主体性解释的基本构架。这种以实践为基础的主体性解释思路，实际上是对马克思文本中所展现的人类学意义上的生产逻辑的解读与延伸。从马克思思想发展历程来看，这一思路不仅不能勾画出其思想发展过程中的逻辑复杂性，更不能呈现《资本论》的逻辑构架。为了更好地探索资本逻辑构架中的主体问题，我们还需要对马克思思想发展过程中对主体问题的理解加以讨论与分析。

---

① ［匈］卢卡奇：《历史与阶级意识——关于马克思主义辩证法的研究》，杜章智等译，商务印书馆 1992 年版，第 268 页。

第二节　从类主体、生产逻辑到资本逻辑的视野转换

按照我的理解，马克思的思想发展大致可分为三个不同的阶段：青年时期的主体理论阶段，具体可分为博士论文和《莱茵报》时期理性的自我意识阶段，和以《1844 年经济学哲学手稿》为代表的人本学阶段，即"类"主体阶段；以《关于费尔巴哈的提纲》和《德意志意识形态》为起点，并在《1857—1858 年经济学手稿》中得到充分体现的生产逻辑阶段；以《资本论》为代表的资本逻辑阶段。在这三个不同时期，随着哲学总问题的变化，马克思对主体问题也有着不同的理解和定位。

（1）从自我意识到"类"主体

根据青年马克思哲学思想的主导逻辑，马克思哲学思想的发展可以区分为自我意识时期与人本主义的"类"主体时期。虽然在哲学议题上发生了很大的变化，但支撑这两个时期的理论内核是一种主体性哲学。

青年马克思的"自我意识"思想源于黑格尔。在黑格尔哲学中，根据《精神现象学》，"自我意识"具有如下特征：第一，自我意识并不是单个个体的意识，就像经验论与唯理论所指认的那样，而是指内在于个体之中并得到相互承认的意识。在《精神现象学》中，黑格尔通过主人—奴隶的关系对此进行了说明。主人在成为主人之后，他并不认为奴隶也存在独立的意识，而是将之作为实现自己的欲望和意识的工具。奴隶一开始只承认主人的意识，并在劳动过程中将主人的意识对象化，黑格尔称之为劳动"陶冶"自然的过程，正是在劳动过程中，奴隶才意识到自己的独立性，这是一种既将他人意识内化于自身，又意识到自身具有独立性的意识。这种既承认他人又承认自身的意识，才是黑格尔所说的自我意识。因此，"自我意识"不仅是个体的，而且是内在于众多个体并被众多个体所承认的意识，其理想状态是一种"类"意识，在这个意义上，黑格尔的《精神现象学》是想阐明如何达到"类"意识的澄明之境。第二，根据上述逻辑，历史的辩证法从根本上来说并不是人与物或主体与客体的辩证法，而是人与人之间相互关系的辩证法，人与物、主体与客体的关

系只在人与人的关系基础上才能得到阐明。① 虽然对奴隶来说，他直接面对着外部自然界，但制约其与自然之间关系的却是奴隶与主人之间的关系，这种关系的格局直接影响到奴隶的存在方式。第三，劳动是形成自我意识的关键。如果说战争确立了主人的地位，那么劳动则确立了自我意识。"在陶冶事物的劳动中则自为存在成为他自己固有的了，他并且开始意识到他本身是自在自为地存在着的。"②如果结合《法哲学原理》，我们就可以看出，黑格尔这里所强调的劳动，是建立在分工基础上的劳动，是古典经济学所论及的劳动，正是这种劳动创生了西方社会的自我意识。奴隶的自我意识的获得，同时也是奴隶的自我解放。真正的自我意识是一种自由的意识。

青年马克思一开始并没有完全接受黑格尔这些思想。在鲍威尔的影响下，马克思对黑格尔的自我意识进行了选择性地继承与改造。

第一，马克思非常强调"自我意识"的个体自由特征。在《博士论文》中，马克思强调原子偏斜学说贯穿于伊壁鸠鲁哲学，原子的偏斜运动恰恰表明了原子的自由个性，这种自由个性是自我意识的根本特性。在《莱茵报》时期，马克思以自由为准则批判德国的书报检查令，指出新的书报检查令关注的不是真理自身，而是探讨真理的方式；强调的不是学术能力，而是地位与品格；检查的不是人的行为，而是人的动机。这些措施并不是为了出版自由，而是为了限制自由。书报检查令的颁布，表明官方的自我意识还不是自由的自我意识。"有这样一种法律，哪里还存在新闻出版自由，它就取消这种自由，哪里应当实行新闻出版自由，它就通过书报检查使这种自由变成多余的东西。"③

第二，马克思将自由的自我意识看作"人民"的根本属性。黑格尔的"自我意识"是复数的"人"之间的内在意识，也是内在于个体之中同时又超于个体之

---

① 从这里可以看出，当卢卡奇以主体—客体的辩证法作为历史辩证法的内核时，并不是从严格意义上的黑格尔观点出发的。哈贝马斯的"主体际"思想倒更合乎黑格尔关于自我意识的思路。实际上，哈贝马斯正是通过重新讨论黑格尔耶拿时期的实证手稿，来重新确立主体际理论的。

② ［德］黑格尔：《精神现象学》上卷，贺麟、王玖兴译，商务印书馆 1979 年版，第131 页。

③ 《马克思恩格斯全集》第 1 卷，人民出版社 1995 年版，第 114 页。

上的意识。在政治批判的层面，马克思将这种自我意识理解为人民的意识，自由的精神即是人民的根本精神。从这样的视角出发，自由写作不仅体现了作者个体的自由精神，而且体现了自由精神的人民性。"自由报刊的人民性（大家知道，就连艺术家也是不用水彩来画巨大的历史画卷的），以及它所具有的那种使它成为体现它那独特的人民精神的独特报刊的历史个性——这一切对诸侯等级的辩论人说来都是不合心意的。"①以自由的自我意识作为"人民"的本质属性，这一思想在《黑格尔法哲学批判》中依然占有重要地位，并成为马克思批判当时德国封建政治的重要依据。

当然，此时的马克思在以鲍威尔为中介来改造黑格尔的自我意识思想时，黑格尔哲学中的两个重要支点并没有得到马克思的重视：一是虽然马克思将自我意识扩展到了对人民的论述中，但马克思还没有将自由的自我意识抽象为人的"类"本质，这一思想在《论犹太人问题》之后的《1844 年经济学哲学手稿》中得到了更为深入的讨论；二是马克思此时还没有认识到"劳动"的重要意义，同样是在《1844 年经济学哲学手稿》中，马克思才开始意识到劳动的哲学—经济学意义。经过费尔巴哈的人本主义中介，上述两个重要理念在《1844 年经济学哲学手稿》中得到了充分的发挥，也正是在这篇文献中，"类"主体的哲学思想得以清晰地呈现出来。

异化劳动从根本上来说是人与"类"本质、人与人的异化。在《1844 年经济学哲学手稿》中，异化劳动无疑是其中最富有理论张力的概念。在马克思的论述中，异化劳动表现为工人与劳动产品的异化、劳动本身的异化、人与自己的"类"本质的异化、人与人关系的异化，判定前两个异化的根据在于人与自己的"类"本质、人与人的关系的异化。经过费尔巴哈的"类"哲学的中介，马克思将"自我意识"上升到"类"主体，并以此作为判定现实生活中人与物、人与人关系的依据。

"类"主体的本质在于自由自觉的创造性活动。在这里，马克思理解了黑格尔的劳动概念，并将之与自我意识的自由自觉的创造活动联结起来，以与市民社会中的异化劳动相对立。正是通过这样的联结，马克思才能从政治批判走向政治经济学批判，将集中于哲学意识层面的批判转化为对市民社会的

---

① 《马克思恩格斯全集》第 1 卷，人民出版社 1995 年版，第 153 页。

批判。这是批判理论的逻辑深入。

只有在共产主义社会，才能实现"类"本质。在现实生活中，劳动的异化造成的结果是资本与劳动的对立，扬弃这种异化就是要扬弃私有财产、扬弃资本，只有在共产主义社会，才能真正做到这一点。

> 共产主义是私有财产即人的自我异化的积极的扬弃，因而是通过人并且为了人而对人的本质的真正占有；因此，它是人向自身、向社会的即合乎人性的人的复归，这种复归是完全的，自觉的和在以往发展的全部财富的范围内生成的。这种共产主义，作为完成了的自然主义＝人道主义，而作为完成了的人道主义＝自然主义，它是人和自然界之间、人和人之间的矛盾的真正解决，是存在和本质、对象化和自我确证、自由和必然、个体和类之间的斗争的真正解决。它是历史之谜的解答，而且知道自己就是这种解答。①

只有这时，人才能真正占有自己的生命与"类"本质，才能实现人与人之间的自由自主的关系。

在《1844 年经济学哲学手稿》中得到充分展现的"类"主体思想，是早年马克思思想发展的理论制高点。在这一思想中，马克思首次实现了哲学批判、政治经济学批判、社会主义思想批判的理论整合，形成了批判资本主义社会的理论话语。但从根本上来说，"类"主体的思想并没有超越近代以来的主体论。其一，"类"主体是近代以来主体论的发展。如果说在英国的经验论、法国的唯理论中以个体主体为基础，那么这种个体主体恰恰是以"类"主体的设定为根据的，个体主体只有在"类"主体中才能获得存在的根据，"类"主体也只有在个体主体中才能表现为具体的存在。这是一种以"主体"为中心的哲学言说构架。其二，从社会历史的层面来说，以"类"主体的自由自觉状态为依据来批判现实社会中人的存在状态的异化，这是将不同社会层级结构中的人还原为无差别的个人，其历史视野正是"市民社会"而不是"社会化的人类"。上述以"类"主体为基础的批判理论的缺陷，马克思在《关于费尔巴哈的提纲》

---

① 《马克思恩格斯全集》第 3 卷，人民出版社 2002 年版，第 297 页。

与《德意志意识形态》中进行了深入的检讨，以此为标志，马克思实现了哲学思想的根本性变革，形成了以生产逻辑为基础的社会历史理论，主体问题在这一新的理论平台上得到新的论述。

（2）生产逻辑中的主体性问题

在《关于费尔巴哈的提纲》和《德意志意识形态》中，马克思实现了哲学思想的根本变革，确立了与"类"主体完全不同的生产逻辑，形成了唯物主义的历史观。这种历史观的根本观念在于：以物质生产为基础的社会存在决定了人们的社会意识。这意味着传统哲学中的主体产生于人们的社会存在及其发展过程，需要在历史性的生产方式中加以阐明。在我看来，这是主体理论的一次重要视域转换，从理性出发的传统主体理论被划分为两个相关的层面：一是主体理论在逻辑层面的建构过程，二是这一理论逻辑的社会历史建构过程，唯物主义历史观不仅确立了说明这两个过程的基本原则，更为重要的是通过讨论这两个过程的内在关系，揭示传统主体理论的"意识形态"之谜，以便为新的主体思想确立理论构架。在这一新的理论平台上，马克思的主体理论体现为以下主要内容。

第一，主体是"现实中的个人"，因而是在一定的历史条件下从事生产劳动的个人。在"类"主体阶段，马克思从自由自觉的"类"本质出发来考察物质生活过程，但马克思逐渐意识到，这是一种头足倒置的追问方式。马克思强调，不能根据人的意识或宗教信仰来界定人，只有当人在既定的物质生活条件的制约下从事生产活动时，才能将人与动物区别开来。这意味着"这些个人的一定的活动方式，是他们表现自己生命的一定方式、他们的一定的生活方式。个人怎样表现自己的生命，他们自己就是怎样。因此，他们是什么样的，这同他们的生产是一致的——既和他们生产什么一致，又和他们怎样生产一致。因而，个人是什么样的，这取决于他们进行生产的物质条件"①。当通过生产方式来体现自身时，主体实际上已经置于历史的结构化进程之中，它与这一结构的关系就是一种以生产劳动为基础的内在循环关系，在生产劳动过程中，主体既是"剧中人"，又是"剧作者"。当人置于不断变化着的历史结构中时，人的主体性也随之有了历史性的变化，正是这种历史性的变化，才使得不同的时

---

① 《马克思恩格斯文集》第 1 卷，人民出版社 2009 年版，第 520 页。

代具有不同的人性。在这样的视野中，马克思扬弃了从"类"主体出发的传统哲学，走向了从生产方式的历史变迁出发的历史性哲学，这是一种新的问题构架。

第二，在历史性的结构中，为了避免主体成为结构的牺牲品，马克思提出了"自主活动"的概念，以展现生产逻辑中的主体性之维。在《德意志意识形态》中，马克思揭示了自中世纪以来现代社会的生成过程，这个过程有其内在的逻辑，即在劳动分工的基础上、随着生产方式的变革而带来的社会结构的变化，推动着历史向世界历史的转变。在这一转变过程中，虽然人的能力与过去相比，有了更为广阔的实现舞台，但个人的力量随着分工的发展也越来越转化为物的力量。马克思特别指出："如果用哲学的观点来考察这种发展，当然就很容易产生这样的臆想：在这些个人中，类或人得到了发展，或者说这些个人发展了人；这种臆想，是对历史的莫大侮辱。"①很显然，马克思此时意识到从"类"主体出发的思路，具有哲学想象的成分。那么，人是不是由此成为历史结构的奴隶呢？马克思显然不愿意接受这样的结论。为了重新论证历史结构中的主体性问题，马克思提出了"自主活动"这一概念。"自主活动"指人的能力得到充分展现、不再受到任何物质限制的活动。这一活动在当下的生产方式中，表现为物化的力量，个人的劳动过程表现为与这种"自主活动"的分离过程，体现为摧残生命的过程。但这一过程的极端化，却是工人重新获得"自主活动"的前提。

第三，"自主活动"的实现有赖于阶级革命。通过对分工与社会历史的结构性分析，早年马克思使用的"人民"、"类"本质等概念及对其的理解，在历史中具体化为"阶级"主体性思想，阶级革命是无产者实现"自主活动"的关键。在1852年3月5日致约瑟夫·魏德迈的信中，马克思以三个要素对这一问题进行了描述："（1）阶级的存在仅仅同生产发展的一定历史阶段相联系；（2）阶级斗争必然导致无产阶级专政；（3）这个专政不过是达到消灭一切阶级和进入无阶级社会的过渡……"②只有在无产阶级革命中，通过变革现代劳动的社会结构形式，阶级主体性所具有的普遍性以及无产阶级占有这种普遍性的能力才能得到实现。

第四，劳动本体论与主体性的确证。马克思确认了在历史过程中主体既

① 《马克思恩格斯文集》第 1 卷，人民出版社 2009 年版，第 570 页。
② 《马克思恩格斯文集》第 10 卷，人民出版社 2009 年版，第 106 页。

是"剧中人",也是"剧作者",但这种主体性如何在社会结构层面加以确证,这正是《1857—1858 年经济学手稿》中劳动本体论思想的意义所在。马克思对劳动的理解经过了一个"之"字形的转变。在《1844 年经济学哲学手稿》中,他区分了劳动的对象化与异化,将前者看作人的"类"本质的体现,将后者看作人的"类"本质的异化状态。在《德意志意识形态》以及《共产党宣言》中,马克思不再做出上述的区分,而是将原来的"异化劳动"等同于劳动,提出了消灭劳动的主张。在《1857—1858 年经济学手稿》中,马克思则再次从双重意义上来讨论劳动:作为体现人的主体创造性活动与体现资本统治力量的异化劳动。作为创造性的活动,"劳动会成为吸引人的劳动,成为个人的自我实现"。①当这种体现人的自我实现的劳动被对象化的劳动所占有时,就体现为资本统治下的劳动,当然,此时的生产过程已不再是人的自我实现的创造性过程了,而只能是资本力量驾驭下的异化劳动和剩余价值的实现过程。遗憾的是,卢卡奇只看到了马克思所确立的劳动本体论,并将马克思的社会存在论建立在劳动本体论的基础上,却没有看到这种劳动本体论只是问题的一方面,是即将被超越的理论逻辑。随着这一逻辑被超越,马克思哲学的理论构架发生了重大的转变,主体问题也需要在新的理论平台上重新加以思考。

(3)资本逻辑与主体性问题的视野转换

从一定意义上说,建立在生产逻辑基础上的主体,构成了早期西方马克思主义和国内实践唯物主义重新阐释马克思哲学的基本构架,这也是当前我们言说马克思哲学的基本构架。这里的深层问题在于:这种生产逻辑是否真的构成了马克思哲学的全部内容?这种生产逻辑是否会被新的理论逻辑所取代?按照我的理解,经过 1845 年的哲学变革,马克思确立了生产逻辑,并以此作为说明资本主义社会的基础。在这个过程中,马克思逐渐意识到,将生产逻辑运用于资本主义社会,并不能从根本上剖析资本主义社会,反而可能得出李嘉图社会主义者的结论。在《1857—1858 年经济学手稿》中,马克思开始意识到资本逻辑的独特性,从而形成了面对资本主义社会的双重逻辑,即生产逻辑与资本逻辑,而劳动本体论的确立则使生产逻辑仍处于主导地位。但在《资本论》中,马克思的思想发生了重大转变,他看到了在资本主义社会

---

① 《马克思恩格斯全集》第 30 卷,人民出版社 1995 年版,第 616 页。

资本逻辑对生产逻辑的统摄作用，从而他关注的焦点，从生产逻辑转向了资本逻辑。资本逻辑是一种结构化的逻辑，在资本结构化的过程中，主体变成了资本增殖的工具。这意味着，建立在生产逻辑基础上的主体理论，需要在资本逻辑的构架中重新被审视。

第三节　资本逻辑与主体问题的再思考

按照我的理解，自 1845 年哲学变革之后，马克思形成了人类学意义上的生产逻辑。生产逻辑具有双重维度：一是实现了对社会结构的地形学分析，并以生产方式的内在矛盾解释社会历史变迁。在这一维度，人类历史的发展过程实际上表现为一个经济决定论的过程，个体只是这个过程的载体。二是强调劳动的社会本体意义，以此作为主体性的本体论根据，这在《关于费尔巴哈的提纲》、《德意志意识形态》与《1857—1858 年经济学手稿》中体现得最为充分。在传统教科书的思路中，主体性的维度被经济决定论所遮蔽，实践唯物主义则将之张扬出来，从而改变了哲学面对社会历史的方式：历史不再是理性主体的外化物，而是主体寓于其中的境域，在生产劳动基础上，人在改变世界的同时，也在改变着自身，并推动着历史的发展。

在已往研究中，人们通常认为，将这种生产逻辑推广到对资本主义社会的批判分析，就可以得出《资本论》的结论。我曾经论证，人类学意义上的生产逻辑关注的是物质生产的要素及其组合方式，将它运用于资本主义社会的经济生活，最易得出李嘉图社会主义者的结论，即社会生产要想持续下去，就不能不要资本，因为资本是社会生产中不可缺少的物质要素。实质上，这一结论是马克思在《资本论》中所要否定的。如果从主体维度来看，这种带有历史哲学特性的普遍化模式，正如施密特所评论的："更多的是一种激进的人道主义冲动，这种冲动为马克思乐意接受。并且是从实质性的研究中产生的，而不是从一种抽象理念的发展图式中产生的。"[①]

实际上，随着研究的深入，马克思逐渐意识到上述问题。在《哲学的贫

---

① ［德］施密特：《历史和结构——论黑格尔马克思主义和结构主义的历史学说》，张伟译，重庆出版社 1993 年版，第 24 页。

困》中，马克思在坚持生产逻辑这个一般历史图式的同时，强调资本主义生产的"历史性"，并以此作为反思人类学意义上的生产逻辑的重要维度，这意味着马克思已经认识到不能简单地以生产逻辑作为讨论资本主义社会生产的基础。在《1857—1858 年经济学手稿》中，马克思明确指出，生产逻辑并不能说明资本主义社会的独特性，反之，生产逻辑是由资本逻辑逆向推导出来的，他关于"人体解剖对于猴体解剖是一把钥匙"的论述就是对此观念的明确表述。在《资本论》中，马克思确立了资本逻辑，认为资本逻辑对生产逻辑具有统摄性，并以此作为分析资本主义社会的根本逻辑。当资本逻辑统摄生产逻辑时，这意味着主体、客体都被纳入资本逻辑中，成为资本增殖的要素，主体—客体的历史解释模式不再是《资本论》哲学的主导模式，卢卡奇的《历史与阶级意识》以及《关于社会存在的本体论》中主体—客体的历史辩证法，已不能真正地展现《资本论》意义上的马克思哲学。

在《资本论》中，马克思展示了资本逻辑的形式化结构特征。这种形式化的结构体现在两个层面：在现象层面体现为商品的形式化结构。资本主义的细胞是商品，商品交换构成了资本主义社会日常生活的具体内容。商品交换最初表现为物物之间的直接交换，随后发展为以等价物即货币为中介的商品交换，通过货币这一中介，不同商品间形成了一个相互指涉的结构，每一个商品只有在这个商品结构中才有自己的存在位置。马克思在"总和的或扩大的价值形式"中列出的公式可以看出商品交换的这种结构化特点："z 量商品 A＝u 量商品 B，或＝v 量商品 C，或＝w 量商品 D，或＝x 量商品 E，或＝其他。"①在这个无限延伸但又可以回到任何一个起点的等式中，商品的质的规定被其量的规定所取代，交换价值成为商品交换的衡量标准，使用价值只是作为交换价值的载体才有其存在的意义。因此，上面列举的扩展的等价模式，说到底是以"数"为要素的形式化结构，这个形式化结构形成了自我扩展的世界，即商品世界，任何物质产品只有进入这个形式化的结构世界中，才能确证自身的存在，包括人本身也是如此。这也意味着，在《资本论》中，作为马克思哲学起点的并不是物，也不是人，而是商品，商品不仅是一个经济学范畴，而且是一个哲学范畴。

---

① 《马克思恩格斯文集》第 5 卷，人民出版社 2009 年版，第 78 页。

商品的世界只是资本逻辑的现象界，其本质界是以获取最大限度的剩余价值为目的的生产界。资本的总公式为 G—W—G′，从 G 到 G′ 之所以能增殖，是因为产生了由剩余劳动生产出来、在流通与交换中实现的剩余价值。在资本生产过程中，不仅劳动者成为资本增殖的工具，而且劳动资料和劳动对象都成为资本增殖的物质载体。为了从总体上考察资本逻辑的运转过程，马克思曾以货币资本的循环、生产资本的循环与商品资本的循环来展现资本形态的变化。在这些不同形态的变化中，生产过程始终是核心环节。如果把资本的这些形态变化当作一个总体过程来考察，资本的总公式 G—W—G′ 的变化过程就可以表现为 G—W⋯P⋯W′—G′ 的过程，这个公式的详细形式为 G—W＝A＋Pm⋯P⋯W′（W＋w）—G′（G＋g）①，如果考虑到资本主义生产的特征是扩大再生产，那么这个公式就表现了一个不断扩展的螺旋形上升过程。在这个螺旋式发展中，推动其发展的根本动力是资本追求剩余价值的本性，这种本性与任何个人的理性、任何个人的道德品性无关，可以说它摆脱了任何主体的规定性。劳动主体与劳动资料、劳动对象一样，都成为资本再生产的要素，都是一种存在"物"，资本家只是追求剩余价值的资本的人格化载体。

> 资本主义生产的全部性质，是由预付资本价值的增殖决定的，就是说，首先是由生产尽可能多的剩余价值决定的；其次……是由资本的生产，即由剩余价值到资本的转化决定的。积累或规模扩大的生产，是剩余价值生产不断扩大，从而资本家发财致富的手段，是资本家的个人目的，并且包含在资本主义生产的一般趋势中，但是后来……由于资本主义生产的发展，它对于任何单个资本家都成为一种必要。他的资本的不断增大，成为保存他的资本的条件。②

资本家的个人目的并不受其自身支配，而是受资本逻辑支配，这个逻辑表现为一个形式化的结构，并且不断地推动着自身的结构化，从而将主体与客体都吸纳到这个结构化过程中，结构化的资本逻辑成为统治一切的力量。

①　参见《马克思恩格斯文集》第 6 卷，人民出版社 2009 年版，第 60 页。
②　同上书，第 92 页。

在资本逻辑的结构化运行中，主体的位置发生了根本性的变化。在生产逻辑中，劳动本体论确立了主体的主导性地位，但在资本逻辑的结构化运行中，主体变成了资本实现自身价值的工具。这是理论视域的根本改变：曾被马克思反复论证的主体，在资本逻辑的运行中变成了主体无法控制的他物的工具，社会运行的过程呈现为无主体的过程，或者说资本才是真正的"主体"。资本逻辑的这种无主体性表现在以下几个方面：

第一，现代主体在历史的开端处呈现为赤裸裸的、任由资本支配的个体存在。正如阿甘本在讨论犹太人大屠杀时所指出的：犹太人大屠杀之所以被人无视，一个重要的原因就在于，纳粹将犹太人从现代公民社会中剥离出来，使犹太人成为"赤裸的生命"。作为赤裸的生命，犹太人不再受到法律的保护，成为多余的人，即使被人杀死了，杀人者也不会受到惩罚。犹太人的这一处境，就像古罗马时代的"牲人"（homo sacer），"牲人是被判定为有罪的人。这个人不准用来献祭，当人们杀死他时也不被判为杀人"。① 在这种情况下，某些人就是"赤裸的生命"，虽然是生命，但却没有任何权利和保障，这就是被排除在社会之外，但又不是人的最初的自然生命的存在状态。阿甘本的这一讨论，如果抽离其具体的讨论语境，倒是揭示了生命存在的一种悖论：看似自由，但不受任何保护并被排除在社会之外的存在状态。工人在进入自由市场时，就是这种状态。

随着传统封建社会的解体，个体从传统的人对人的依赖关系中解放出来，成为自由而平等的个体，这种自由平等在商品交换中得到了充分的表现。但对于工人来说，这种自由是除了占有自身的劳动力就一无所有的自由，因此他只能"自由"地出卖自己，使自己再次成为"自由"的奴隶。"劳动力占有者没有可能出卖有自己的劳动对象化在其中的商品，而不得不把只存在于他的活的身体中的劳动力本身当做商品出卖。"② 这正是资本主义社会个体，特别是工人最为根本的存在处境。可以说，人的自由平等正是资本主义市场的内在设定，人不得不自由平等地适应这个市场。这也意味着，近代以来哲学所讨

① Giorgio Agamben, *Homo Sacer*：*Sovereign Power and Bare Life*，Stanford University Press，1998，p. 71.

② 《马克思恩格斯文集》第5卷，人民出版社2009年版，第196页。

论的自由个体的主体，实际上是一种幻觉，是被商品交换结构出来的意象。相比于早年时期无区别的"类"主体的自由，马克思对自由的社会结构层面的分析表明，抽象的自由主体理论并不能真正地洞察社会存在的本质，同样不能从社会存在的运行中洞察主体存在的幻象。

　　第二，主体只是资本的人格化或资本自我增殖的工具。在古典经济学中，"经济人"的设定是整个理论的重要基础。"经济人"是按照理性行动、争取利益最大化的人，这一设定是哲学的理性思想在经济学中的展现。根据这个设定，经济活动是受人的理性控制的，人是利益最大化的主体。马克思关于商品及商品交换的讨论已经表明，处于交换之中、力求利益最大化的人实际上只是在商品的结构化世界中完成了自己的职能，"经济人"所设想的利益最大化只是将已经存在的剩余价值实现出来。

　　剩余价值并不产生于商品交换，而是来源于资本生产过程。资本的本性是剩余价值最大化，资本家一旦进入资本生产的过程中，这个过程就表现为不受资本家的道德意愿控制、具有自组织特性的过程，资本家成为资本的人格化，工人成为资本增殖的工具。

　　　　资本——而资本家只是人格化的资本，他在生产过程中只是作为资本的承担者执行职能——会在与它相适应的社会生产过程中，从直接生产者即工人身上榨取一定量的剩余劳动，这种剩余劳动是资本未付等价物而得到的，并且按它的本质来说，总是强制劳动，尽管它看起来非常像是自由协商议定的结果。①

这进一步表明，自由的主体只是资本逻辑的幻象，就像本雅明在讨论历史唯物主义时所说的，在历史中表现为主体的那个人，实际上是驼背老人操控的"木偶"。

　　当主体沦为资本增殖的工具时，主体就与劳动资料和劳动对象一样，并与它们共同构建出一个物的世界，物与物之间的关系支配着人与人之间的关系，这是资本逻辑中人与人关系的存在状态，也是拜物教意识的历史基础。随着资本主义的发展以及世界市场的出现，资本越来越成为吸收一切的"永动

---

① 《马克思恩格斯文集》第 7 卷，人民出版社 2009 年版，第 927 页。

机"，搅动的旋涡越来越大，使一切人与物都被不断吸到这种独立化的生产结构中，人与人之间这种物化的关系越来越独立于生产的当事人，成为无法掌控的力量。这恐怕是"经济人"的设定者所不愿看到的结果。

第三，劳动本体论的失效。在关于生产逻辑与主体问题的讨论中，我已经指出，劳动构成了主体性的本体论依据，并在《1857—1858 年经济学手稿》中得到充分的表现。但如果从近代以来西方思想史的发展过程来看，以人的主体性为取向的"劳动"概念，恰恰构成了这一思想史的基础。

劳动观念的凸显，是近代以来的重要事件。根据韦伯的讨论，劳动的天职观念构成了清教伦理的重要内容，也是人在现世中能够化解内在焦虑的唯一途径。在政治学中，这种世俗的劳动观念得到了法律的认可。在《政府论》中，洛克就提出，财产权的基础是劳动，人的劳动所得的东西才是他所有的东西。"劳动使它们同公共的东西有所区别，劳动在万物之母的自然所已完成的作业上面加上一些东西，这样它们就成为他的私有的权利了。"①受洛克的影响，斯密在经济学中提出了劳动价值论，从而肯定了主体是财富的根本内容。但在这里，劳动的地位开始有了一些变化。在洛克那里，劳动与自然共同构成了财产的内容，但在古典政治经济学家那里，劳动价值论的提出意味着人的主体性取得了至高无上的地位，自然变成了主体纯粹加工的对象。这也反映出，资本主义本身的发展进一步使人的主体性成为世界存在的依据。熟悉古典政治经济学的黑格尔，以劳动价值论为基础，指出劳动与需要构成了市民社会的基础，正是在劳动过程中，才形成了既尊重他人又承认自身的理性的自我意识。在黑格尔哲学中，如果说绝对观念构成了最终的依据的话，那么在作为绝对观念的外化的社会中，劳动构成了社会存在的本体论依据。劳动的过程，既是人陶冶自身，又是自我意识得以形成的过程，并最终会实现人与自然、人与人之间关系的和谐。这样一种劳动本体论，经过《关于费尔巴哈的提纲》和《德意志意识形态》的中介，到《1857—1858 年经济学手稿》中，得到了最为深入的论证。

在《1857—1858 年经济学手稿》中，这种劳动本体论主要表现在如下几个

---

① ［英］洛克：《政府论·下篇——论政府的真正起源、范围和目的》，叶启芳、瞿菊农译，商务印书馆 1964 年版，第 19 页。

方面：首先，劳动的对象化与异化构成了马克思论述资本主义劳动过程的立足点。与《1844 年经济学哲学手稿》不同的是，马克思在这里没有将对象化与异化完全割裂开来，而是看到了在资本主义社会生产过程中两者的统一性，即对象化就是异化，这就使得马克思对资本主义社会的看法具有了历史性的视角，而不是早期那样的浪漫主义的道德评判。其次，正是在劳动中，人创造出自身的本质。虽然在资本主义社会，劳动在对象化过程中创造出奴役自身的客体，但这一过程也使得劳动具有社会性和科学性，从而为人的自由活动奠定了物质的前提，"劳动是积极的、创造性的活动"，① 劳动最终成为吸引人的自由创造性活动，成为个人本质力量的自我实现。再次，劳动把时间引入人们的现实生活世界，形成了展现主体创造性的时间，这是人的自由得以实现的历史境域。"劳动是活的、造形的火；是物的易逝性，物的暂时性，这种易逝性和暂时性表现为这些物通过活的时间而被赋予形式。"②在赋形中劳动创生出客观化的现实时间，并使之成为财富生产的尺度。随着社会生产力的发展，最终会导致可以自由支配的时间的增加，"因为真正的财富就是所有个人的发达的生产力。那时，财富的尺度决不再是劳动时间，而是可以自由支配的时间"③。最后，在这一新的时间境域中，将会生成"全面发展的个人"，这是人的自由的充分实现。劳动的这些方面构成了劳动本体论的基本内容，也构成了马克思此时论述主体问题的基本理念。

从思想史的连续性来看，劳动本体论的根本理念并没有超出启蒙以来的理性观念，特别是黑格尔的劳动观念。如果说这种劳动本体论构成了《1857—1858 年经济学手稿》的深层理念，那么到《资本论》时，马克思则抛弃了这一本体论，并以资本逻辑取代了生产逻辑。这体现在三个层面：一是关于劳动二重性的讨论。在讨论商品二重性时，马克思将之归结到劳动二重性上，即生产使用价值的具体劳动与生产交换价值的抽象劳动。如果说在前资本主义社会，体现人的主体能力的具体劳动占据主导地位的话，那么在商品生产普遍化的资本主义社会，抽象劳动则取得了统治性的地位。这是在资本主义社

---

① 《马克思恩格斯全集》第 30 卷，人民出版社 1995 年版，第 618 页。
② 同上书，第 329 页。
③ 《马克思恩格斯全集》第 31 卷，人民出版社 1998 年版，第 104 页。

会才得以普遍存在的劳动，或者说是在资本逻辑下才表现出来的劳动。二是劳动与劳动力的区分。在《资本论》中，马克思指出资本主义生产的一个重要条件是劳动力成为商品，而不是之前所说的劳动成为商品。马克思的这一区分，使他得以清晰地意识到劳动的资本主义意识形态内涵，看到了资本生产过程中人的存在的真实处境，看到了资本逻辑对生产逻辑的统摄作用。三是把使用价值的生产同剩余价值的生产结合起来加以讨论。在讨论绝对剩余价值的生产时，马克思指出：虽然一般意义上的生产劳动构成了人类生存的基础，但这一生产逻辑并不能说明资本主义生产结构，这种意义上的劳动关注的是使用价值，而对于资本主义社会来说，劳动的目的是剩余价值，使用价值的生产只有置于剩余价值的生产中才有意义。"作为劳动过程和价值形成过程的统一，生产过程是商品生产过程；作为劳动过程和价值增殖过程的统一，生产过程是资本主义生产过程，是商品生产的资本主义形式。"①生产逻辑受到资本逻辑的统摄，如果将资本逻辑重新还原为生产逻辑，就会将资本主义生产过程还原为人类为了生产物质生活资料的物质生产过程，这正是将资本主义生产永恒化的意识形态做法。从资本逻辑出发，资本本身变成了社会存在的主体，资本逻辑的螺旋形展现，打破的正是寻求永恒不变的本体论思维。

在《哥达纲领批判》中，马克思则从一般哲学的视角进一步反思了劳动本体论的意识形态意味。这篇文献的一开始，马克思就批判了德国工人党纲领的首要的核心理念——"劳动是一切财富和一切文化的源泉"。马克思指出：这种观点是错误的，劳动只有与自然界一起，才构成使用价值的源泉。

> 只有一个人一开始就以所有者的身份来对待自然界这个一切劳动资料和劳动对象的第一源泉，把自然界当作属于他的东西来处置，他的劳动才成为使用价值的源泉，因而也成为财富的源泉。资产者有很充分的理由硬给劳动加上一种超自然的创造力，因为正是由于劳动的自然制约性产生出如下的情况：一个除自己的劳动力以外没有任何其他财产的人，在任何社会的和文化的状态中，都不得不为另一些成了劳动的物质条件的所有者的人做奴隶。他只有得到他们的允许才能劳动，因而只有得到

---

① 《马克思恩格斯文集》第5卷，人民出版社2009年版，第229—230页。

他们的允许才能生存。①

因此，一般地说劳动是一切财富和一切文化的源泉，这就将资本家占有生产资料的劳动看作不言自明的前提了，同时也确认了雇佣劳动的永恒合法性。接下来马克思在讨论按劳分配时指出：按劳分配所体现的平等原则，说到底是带有资本主义社会特征的分配原则，因为"这种平等的权利，对不同等的劳动来说是不平等的权利。它不承认任何阶级差别，因为每个人都像其他人一样只是劳动者；但是它默认，劳动者的不同等的个人天赋，从而不同等的工作能力，是天然特权"。② 可以说，劳动本体论恰恰遮蔽了这些深层的问题。

劳动本体论的再审视，意味着在劳动本体论基础上确立的主体理论受到了同样的审视，同时意味着主体问题的理论场地发生了根本转换，即从社会存在的劳动本体论转向了结构化的资本逻辑。在这个新的场地中，以个体自由、平等为表象的主体彻底消失了，作为劳动者的人，与劳动资料和劳动对象一起，彻底沦落为资本逻辑的增殖工具。

第四，资本逻辑的结构化，催生出一个不断形式化的、带有自组织特征的世界。在《资本论》第一卷，马克思从商品交换与剩余价值生产的视角，讨论了资本的自我生产与扩张问题。随着对资本的流通过程及其总过程的分析，资本逻辑的这种自组织发展的特性被马克思清晰地展现出来。由于在这个过程中，一般劳动与雇佣劳动过程结合在一起，资本逻辑的这种自组织发展过程直接表现为物与物之间的关系建构过程，从而形成了三重颠倒的景观：首先是体现在消费层面人对商品物的主体性幻象，无产阶级在消费中好像成为商品物的主体，实际上则是商品得以交换的载体；其次，在这个幻象背后，恰恰是物与物的关系主导着人与人的关系，加之物在生产过程中无法缺席，资本随之被看作生产过程无法抛弃的物质材料，随之获得了其存在的合法性；最后，资本逻辑被隐藏在人与人、物与物、物与人等多重关系背后，成为借助于劳动来现身的"幽灵"，建构出一个由人、物来表演的自组织世界。

---

① 《马克思恩格斯文集》第 3 卷，人民出版社 2009 年版，第 428 页。
② 同上书，第 435 页。

上述讨论表明，按照传统的主体理论，我们无法理解资本逻辑在马克思哲学中的地位和作用，更无法真正进入《资本论》的哲学思想。当马克思以资本逻辑统摄生产逻辑，并以此来建构对资本主义社会的批判理论时，以主体为基础的哲学批判模式被他扬弃了，这正是以劳动本体论为基础的卢卡奇的理论所无法达到的深度，同样也是以卢卡奇为基础的古尔德无法理解的深度。① 莱博维奇看到了《资本论》消解了传统主体这一问题，他想重新回到《政治经济学批判大纲》，特别是回到马克思的六卷本写作计划中的"雇佣劳动"卷，来重新论证劳动本体论意义上的主体及其解放作用，在我看来，这恰恰是从资本逻辑退回到了生产逻辑，而不是从资本逻辑出发向前探索，去探索一种可能的新主体。② 因此，留给我们的问题是：如果建立在生产逻辑基础上的主体模式已难以解释马克思的哲学，那么我们怎样去探索《资本论》的哲学？这才是在实践唯物主义之后，我们需要重新讨论马克思哲学构架的重要原因。

第四节　主体问题的理论指向：一个简要的结语

这里存在的难题是：在资本逻辑中，如果主体已经成为资本增殖的工具，那么结构化的资本逻辑就会取得统治一切的地位，这样一来，我们如何打破资本逻辑的统治？在《资本论》中，这是马克思尚未给出答案的问题。马克思关于私人占有与生产力发展的社会化的矛盾、关于平均利润率下降的规律的论述，实际上都是想回答这一问题。从目前的表述来看，马克思将最后的结论放在"阶级"一章，但这一章不足千字，没能完整地将这一难题呈现出来。这个难题后来继续困扰着第二国际时代的理论家，也困扰着西方马克思主义者。

在第二国际时代，资本主义已经从自由竞争时代转向了垄断时代，或者

---

① 参见［美］古尔德：《马克思的社会本体论：马克思社会实在理论中的个性和共同体》，王虎学译，北京师范大学出版社 2009 年版。

② 参见［加］莱博维奇：《超越〈资本论〉——马克思的工人阶级政治经济学》，崔秀红译，经济科学出版社 2007 年版。

如有的学者所说，走向了组织化的时代，社会生产越来越组织化，资本与金融的结合使资本主义越来越成为一个自我繁衍的体系，革命的可能性似乎越来越小。正是面对这样的问题，才出现了两种完全不同的理论策略：（1）第二国际的理论家认为，即使资本主义的发展已经日益组织化、日益整体化，但这一体系由于自身的原因总会走向消亡。这种结论对于主体性日益被压抑的无产阶级而言，无疑具有安慰的、保持激情的意义。（2）西方马克思主义创始人强调历史辩证法中主体的地位与作用，实际上是想在这一组织化的资本主义时代，重新寻找主体革命的策略，以便将主体从物化现实中解放出来。可见，以物质本体论为基础的经济决定论解释与以实践主体为基础的解释，实际上是对当时社会问题的不同解决方案。在这两种方案中，部分马克思哲学思想的研究者没有看到资本逻辑建构的是一个全新的场域，这也是传统的主体或客体理论没有从根本上抓住问题的原因所在。

与此相应，当实践唯物主义强调实践主体性时，仍然受制于传统的主体性哲学，同样没有看到资本逻辑对传统主体—客体理论的消解。随着市场经济的发展，学者们看到了主体在市场中被物化的生存处境，从而提出了存在论的解释维度，以重新审视实践唯物主义的问题构架。虽然同样是在讨论作为主体的人，但存在论关于人的生存处境的关注与实践唯物主义关于主体的弘扬，已经处于不同的理论话语中。但这里的问题仍然是：处于资本逻辑场域中的人，如何能够真正摆脱资本的统治？如果传统的主体理论不足以解决这一问题，与传统主体不同的解放主体何以建构？与此相关，马克思的哲学究竟表现为何种样态？

按照我的理解，资本逻辑建构的是一个全新的场域，随着资本主义的发展与这一场域的逐渐分化，我们可能需要改变提问的方式，即在这一全新场域中，如何去检视分散在各不同区间的人的状况，在资本的律动中去理解不同区间的人的相互关系及其现实表现，以便在资本逻辑的场域中去重新讨论多样性的主体的生成条件。这意味着，我们需要重新理解马克思通过资本逻辑的讨论而建构的理论场域，去探讨与传统主体不同的另一种主体。以便在资本逻辑所决定的市民社会中展现真正的解放力量。

第 十 七 章

市民社会的哲学批判

根据马克思在《政治经济学批判》"序言"中的讲述，在《莱茵报》时期遇到的利益问题，使他意识到必须考察市民社会，而要理解市民社会，就必须沉入到经济学研究中，这是他走向政治经济学研究的重要原因之一。在《1844年经济学哲学手稿》中，马克思就开始从异化劳动的视角来批判资本以及与之相应的市民社会。可以说，市民社会批判构成了马克思思想的一个重要主题。这一主题也反映在《资本论》及其手稿中。

在《政治经济学批判大纲》（以下简称《大纲》）中，有一个经常引起大家关注的话题，即三大社会形态与个人的全面发展问题。在中文第一版中，这部分内容被冠以"既不同于资本主义以前的各社会形态又不同于未来的共产主义社会的资产阶级社会的一般特征"、"资产阶级社会条件下社会关系的物化"、"价值的货币形式因交换的发展而发展。资产阶级社会中生产的社会性和共产主义制度下生产的社会性的区别"这三个标题。① 中文第一版是根据历史考证第一版编排的。这一版本于 1939 年和 1941 年在莫斯科分两册出版。编者在出版时既增加了标题《政治经济学批判大纲（草稿）》，又将笔记进行了分解，并分别加上了各节的小标题。中文第二版根据历史考证第二版翻译，去掉了原来由俄文编者所加的许多标题，上文提到的这三部分内容，标题被取消并

---

① 参见《马克思恩格斯全集》第 46 卷（上），人民出版社 1979 年版，第 112—121 页。

被重新置于笔记之中。① 对于这一部分的内容，现有的研究主要关注的是社会三大形态与个人的全面发展问题，对其他问题还缺乏更为深入的讨论，特别是对文本本身的内在对话语境缺少分析，从而难以展示马克思思想的丰富内涵。按照我的思路，在这一部分马克思再次回到了黑格尔的市民社会理论，并在新的基础上实现了对黑格尔市民社会理论的超越，也只有在这个基础上，我们才能理解个人的全面发展问题。也正是在这一回归与超越之中，我们才能更清晰地看到马克思与黑格尔的联系与区别，从而加深对马克思思想的理解。

第一节　黑格尔市民社会理论的经济学—哲学分析

黑格尔的市民社会理论主要集中于《法哲学原理》一书。这本书将法看作人的自由意志的体现，作为自由意志的直接存在即定在形式就是抽象法；当意志从外部定在出发在自身中反思并将自身规定为与普遍性对立的单一主观性时，这就是道德领域；在道德阶段，自由意志与外部世界还没能实现内在的统一，只是到了伦理领域，这个统一才得以实现。在伦理领域中，其直接性的存在是家庭，其分裂或现象界是市民社会，伦理的最终实现载体是国家。对市民社会的讨论就是在伦理部分的逻辑构架中展开的。

为了理解黑格尔的市民社会理论，我们先需要对这本书作一个总体的定位。按照我的理解，黑格尔关于法的理念的描述是以现代社会为基础的，或者说他所描述的法的理念是近代资本主义社会的法的理念。在导论中，黑格尔一开始就指出，法哲学以法的理念及其展开为对象，法的理念是自由。现代意义上的自由理念是以"人"的确立为基础，这正是现代法与过去存在的法，特别是与当时经常引证的罗马法的区别。"罗马法就不可能对人下定义，因为奴隶并不包括在人之内，奴隶等级的存在实已破坏了人的概念。"②现代人是具有自我意识的人，在法的意义上就是以自由独立的人格存在的人，这种人正是资本主义社会存在的人，这种人格是建立现代所有权的基础。在现代所

---

① 参见《马克思恩格斯全集》第 30 卷，人民出版社 1995 年版，第 105—124 页。
② ［德］黑格尔：《法哲学原理》，范扬、张企泰译，商务印书馆 1961 年版，第 2 页。

有权中,"物的真实的实体性就在这种价值中获得规定,而成为意识的对象。我作为物的完全所有者,既是价值的所有者,同时又是使用的所有者。"①这种价值占有意义上的所有权完全不同于过去的所有权,如享有采邑者的所有权,这些人仅仅是物的有用性的所有者,而不是价值的所有者。物的价值体现了对物的质性的抽象,这种抽象在货币中得到体现。"在财产方面,由质的规定性所产生的量的规定性,便是价值。在这里质的东西对量给以定量,而且在量中既被废弃同时又被保存。"②从这个意义上来理解价值,价值就体现为一种符号,这是货币的具体存在形式。这也意味着,在现代所有权中,只有能够转化为货币的物才是真实被占有的物,"我们可能一般地是物的所有人,而同时却不是物的价值所有人;不能出卖或质押其物的家庭,就不是价值的所有人。但是,由于这种所有权的形式不符合所有权的概念,所以对所有权的这些限制(采邑、信托遗赠),多半在消逝中"。③ 也就是说,现代所有权的发展,必然导致传统社会的瓦解。这个论述,有点类似于马克思在《共产党宣言》中关于资本主义与封建社会关系的描述。

正是在现代所有权中,才能产生现代意义上的雇佣劳动。当一切都以货币为中介时,人本身也必须成为能被货币中介的对象,占有表现为将自己有的东西转让出去而占有货币的东西,这正是劳动力交换的特性。"我可以把我身体和精神的特殊技能以及活动能力的个别产品让与他人,也可以把这种能力在一定时间上的使用让与他人,因为这种能力由于一定限制,对我的整体和普遍性保持一种外在关系。"④这种被转让的"力"与我相区别,并与奴隶制意义上的身体转让不同。这种转让可以形成一种契约关系,其核心是一种价值互换关系。"因为实在的契约中,当事人每一方所保持的是他用以订立契约而同时予以放弃的同一个所有权,所以,那个永恒同一的东西,作为在契约中自在地存在的所有权,与外在物是有区别的,外在物因交换而其所有人变更了。上述永恒同一的东西就是价值。"⑤黑格尔以法哲学的形式揭示了现代

---

① [德]黑格尔:《法哲学原理》,范扬、张企泰译,商务印书馆1961年版,第70页。
② 同上书,第71页。
③ 同上书,第71页。
④ 同上书,第75页。
⑤ 同上书,第83—84页。

契约的经济学内容。

上面我们所讨论的是法的前提问题，很显然这个前提具有政治经济学的底蕴。在"市民社会"部分，这种经济学—哲学的分析是整个讨论的基础。

黑格尔没有对市民社会下一个定义，但在这一章的第一节即第 182 节，他对市民社会做了一些界定。第一，在法的概念的自我展开中，市民社会处于家庭与国家之间，以国家为前提，属于抽象普遍的一个阶段；第二，在历史的意义上，市民社会是在传统社会瓦解与现代世界的发展中形成的；第三，在市民社会中，每个人都以自身为目的，其他一切在特殊的个体看来都是虚无；第四，然而个人要想实现自己的目的，就必须以他人为中介，用哲学的话说就是特殊性要以普遍性为中介从而与他人发生关系，从而构成形式上的普遍性，在满足他人福利的同时，也满足自己；第五，正是这种利己性目的的存在及其现实制约，个人的生活与权力总与他人交织在一起，这就需要一个体现真正理性的国家，将这种形式普遍性转化为真正的普遍性。

在市民社会的结构上，黑格尔认为包括三个环节："第一，通过个人的劳动以及通过其他一切人的劳动与需要的满足，使需要得到中介，个人得到满足——即需要的体系。第二，包含在上列体系中的自由这一普遍物的现实性——即通过司法对所有权的保护。第三，通过警察与同业公会，来预防遗留在上列两体系中的偶然性，并把特殊利益作为共同利益予以关怀。"①这是以政治经济学为基础的市民社会的结构分析。劳动与需要，是政治经济学的核心范畴。"政治经济学就是从上述需要和劳动的观点出发、然后按照群众关系和群众运动的质和量的规定性以及它们的复杂性来阐明这些关系和运动的一门科学。"②古典政治经济学也将现代意义上的劳动看作人类社会存在的基础，从而赋予其人类学的意蕴。黑格尔在《精神现象学》中对劳动的意义做过哲学的提升。在他看来，正是在劳动过程中，人通过陶冶自然而改变了人本身，既将自身对象化，也将对象人化，并在承认他人的同时也承认了自身，从而促进了自我意识的形成。这种自我意识的构成，其核心内容是两个独立个体之间的相互承认，这种相互承认按照《法哲学原理》的话来说，就是两个

---

① ［德］黑格尔：《法哲学原理》，范扬、张企泰译，商务印书馆 1961 年版，第 203 页。
② 同上书，第 204 页。

具有自由意志的人之间的承认。所以当黑格尔以劳动作为现代市民社会的结构环节时，这是对古典政治经济学劳动价值论的哲学论证。这一意义同样适用于需要。在政治经济学的讨论中，需要与人的自然本性相关。按照斯密的论述，分工源自于人互通有无的需要。也正是在这种互通有无中，人的需要才能得到满足。如果用哲学的话来说，也正是在这种互通有无中，特殊的个体获得了形式的普遍性规定。

当然，黑格尔并没有像政治经济学家那样，完全认同劳动与需要的肯定意义。在黑格尔看来，在需要领域中一方面包含着在事物中促进合理性的东西；另一方面这一领域又是主观目的和道德意见发泄不满的场地。劳动也是如此。一方面，以分工为基础的劳动提高了人的技能，增加了生产量，从而创造出更多的满足需要的产品；另一方面，生产的抽象化易使人越来越机械化，使人们之间的关系越来越具有一种外在的必然性。这也意味着，现代市民社会本身是一个内含悖论的体系，实际上，黑格尔关于市民社会与国家的理论就是围绕着这一悖论展开的。黑格尔关于同业公会、警察等的讨论就是想在形式普遍性到具体普遍性之间构建通道，同业公会是从下向上的中介，警察则是从上而下的中介。比如在讨论到警察的必然性时，黑格尔认为：

> 当日常需要无限地繁复起来和交叉起来的时候，无论从生产和交换满足需要的手段说——其实每个人都指望能顺利地得到满足，——或是从尽可能减省就这方面的调查和洽商工作说，都会产生属于共同利益的方面，其中一个人所做的事同时也为了大家；此外，也会产生供共同使用的手段和设施。这些普遍事务和公益设施都要求公共权力予以监督和管理。①

这时，警察就成为个人与普遍可能性之间的中介，为达成个人目的的普遍性提供了可能。当然，伦理精神的最后实现是在国家中。"国家是伦理理念的现实——是作为显示出来的、自知的实体性意志的伦理精神"，"国家是绝对自在自为的理性东西，因为它是实体性意志的现实，它在被提升到普遍性的特

---

① ［德］黑格尔：《法哲学原理》，范扬、张企泰译，商务印书馆1961年版，第239页。

殊自我意识中具有这种现实性"①。只有国家才能解决现代市民社会的难题。将国家提升到市民社会之上而不是看作个体契约的产物或者看作市民社会的守夜人，这是黑格尔哲学回到历史时的必然结论。

黑格尔的市民社会理论，体现出英国政治经济学、法国政治学和德国哲学传统的融合。根据日本学者望月清司的考察，德语中"市民"(Bürger)原指"城市"（在中世纪是"城堡"）中的居民，他们不仅有居住权，而且有市民权。但这里的市民带有"特权"的意味。这种带有特权的市民当然不是现代意义上的同权市民。黑格尔借用了德语中的"市民"概念，但对其赋予同权的含义。②从关于法的概念的讨论中，我们可以看出，当黑格尔以自由意志作为法的核心时，作为市民的"人"就是平等而自由的。这种意义上的自由正是英国的政治经济学、法国的哲学与政治中所彰显的东西。在进一步的分析中，黑格尔又从政治经济学出发来揭示市民社会的结构，而不仅仅从法的形而上学视角来讨论，这使得黑格尔的市民社会理论深入到政治经济学的语境之中，这里的市民社会是一种人人平等、崇尚现代财产所有权的市民社会(civil society)。但是当黑格尔以国家作为归结点时，又体现了黑格尔对英国政治经济学与法国自由理念的批判。法国大革命强调个体的自由，这是摆脱束缚的自由，但黑格尔认为，这种自由是摆脱一切界限的抽象自由，"如果意志的自我规定仅在于此，或观念把这一方面本身看作自由而予以坚持，那末这就是否定的自由或理智所了解的自由。"③这种狂热的自由观念只能带来破坏性。而他对劳动与需要的分析，表明斯密式的市民社会也不是理想的市民社会，劳动分工虽然能够促进财富的增长和人的能力的发展，但也会导致人的机械化，建立在劳动分工基础上的市民社会，易堕落为一切人对一切人的战争的战场，只有在伦理国家中，市民社会才能成为伦理的实现条件。这正是借助于德国理念对英国政治经济学和法国自由哲学的批判。这也表明，对黑格尔的市民社会理论，我们需要借助于经济学—哲学分析，才能真正理解。

---

① ［德］黑格尔：《法哲学原理》，范扬、张企泰译，商务印书馆1961年版，第253页。

② 参见［日］望月清司：《马克思历史理论的研究》，韩立新译，北京师范大学出版社2009年版，第10—19页。

③ ［德］黑格尔：《法哲学原理》，范扬、张企泰译，商务印书馆1961年版，第14页。

第二节　马克思的市民社会理论：从《黑格尔法哲学批判》到《政治经济学批判大纲》

马克思对黑格尔市民社会理论的关注最先表现在《黑格尔法哲学批判》中。相比于市民社会理论而言，在这一文本中，马克思更为关心的是黑格尔的国家理论及其错误。马克思的批判主要体现为以下三点：第一，马克思继承了费尔巴哈的唯物主义颠倒原则，认为黑格尔将市民社会与国家的关系倒置了。不是市民社会决定国家，而是国家决定市民社会。"家庭和市民社会都是国家的前提，它们才是真正活动着的；而在思辨的思维中这一切却是颠倒的。"①这也是传统研究中常常强调的内容。

第二，批判黑格尔在市民社会与国家问题的二元论。马克思认为，黑格尔法哲学是其逻辑学的补充，体现了思辨唯心主义的抽象神秘性。在《法哲学原理》第 262 节中，黑格尔提出："现实的观念，精神，把自身分为自己概念的两个理想性的领域：家庭和市民社会，即分为自己的有限性，以便从这两个领域的理想性中形成自为的无限的现实的精神，——现实的观念从而把自己的这种现实性的材料，把作为群体的各个人，分配于这两个领域……"在第270 节中，黑格尔进一步指出，国家的目的是普遍利益，其现实的存在方式是从这一普遍性中获得自己的必然性的。在马克思看来，黑格尔并没有真正地解决市民社会与国家之间存在的对立。比如黑格尔既想以同业公会等组织防止官僚机构的集权化，但又认为同业公会是反国家的，需要加以引导，因此"对同业公会的管理包含着下述的对立：特殊领域的私有财产和利益反对国家的最高利益——私有财产和国家之间的对立"。② 黑格尔只是实现了对这种对立的调和，而没有真正解决这种对立。产生这一问题的原因，与黑格尔哲学的神秘主义相关。在《法哲学原理》中，"真正注意的中心不是法哲学，而是逻辑学。哲学的工作不是使思维体现在政治规定中，而是使现存的政治规定消散于抽象的思想。哲学的因素不是事物本身的逻辑，而是逻辑本身的事物。

---

① 《马克思恩格斯全集》第 3 卷，人民出版社 2002 年版，第 10 页。
② 同上书，第 62—63 页。

不是用逻辑来论证国家，而是用国家来论证逻辑"。① 这种思辨的唯心主义无法解决这一难题。

第三，马克思强调人民是国家的主体。马克思认为只有以人民作为国家的主体，才能消除国家与市民社会的矛盾。马克思的整个批判关注的是黑格尔《法哲学原理》中的国家部分，而对于市民社会部分则没有论及。按照我的理解，马克思此时没有理解黑格尔。黑格尔的国家理论与其市民社会理论相关，他对市民社会的分析建立在政治经济学的基础上，当马克思不能真正地进入到政治经济学语境时，马克思就无法理解黑格尔的市民社会理论，这也决定了马克思除了在原则高度批判黑格尔的国家理论之外，无法真正地揭示这两者间的内在关系。更为重要的是，如果市民社会决定国家，那么怎样分析市民社会就是马克思所要面对的根本问题，而要做到这一点，马克思就必须进入到政治经济学的语境中，这一任务对于当时的马克思来说，还无法完成。马克思后来在《〈政治经济学批判〉序言》中所回顾的研究过程，倒是真实反映了其当时的思想状态。

到了巴黎之后，马克思开始研究政治经济学，形成了以《1844 年经济学哲学手稿》和《穆勒笔记》为核心的文本群(关于这一文本群的结构关系，学界已有很多讨论，这里不再描述)，这是马克思建构市民社会理论的起点。虽然在这些文本群中，马克思很少使用"市民社会"的概念，而是使用"社会"概念，但如果考虑到从劳动分工出发来剖析市民社会，正是斯密以来的一个重要传统的话，那么，马克思的这些讨论关注的正是此前没有得到关注，但对于马克思的思想来说又是至关重要的"市民社会"问题②。在这些文本中，马克思从经济学出发来探讨市民社会的结构与特征，而这里所讲的市民社会正是黑

---

①　《马克思恩格斯全集》第 3 卷，人民出版社 2002 年版，第 22 页。

②　望月清司对马克思在这一时期没有使用"市民社会"一词的解释是："这一奇妙的现象并不意味着马克思暂时——当时也许是永远——放弃了'市民社会'概念，正好相反，它表明了马克思那一不寻常的决心：要从一个对自己而言全新的角度，即'国家经济学'——英国政治经济学——来重新获得自己早已在批判黑格尔时习惯了的那一'市民社会'概念。……毫无疑问，留给马克思的艰巨任务是放弃沾有黑格尔体臭的'市民社会'(die bürgerliche Gesellschaft)，彻底解读英国经济学所表象的'市民社会'(civil society)。"参见[日]望月清司：《马克思历史理论的研究》，韩立新译，北京师范大学出版社 2009 年版，第 37 页。

格尔所使用的市民社会，但其内容已经是政治经济学所要讨论的市民社会。在《1844年经济学哲学手稿》的第三手稿关于"分工"的片断中，马克思一开始就指出："在国民经济学家看来，社会就是市民社会，在这里任何个人都是各种需要的整体，并且就人人互为手段而言，个人只为别人而存在，别人也只为他而存在。"①这里的"市民社会"一词，在原文中就是 bürgerliche Gesellschaft，但它已具有了斯密意义上的"市民社会"一词的内涵。对于市民社会的这一描述，我们在黑格尔《法哲学原理》中可以找到类似的表述："在市民社会中，每个人都以自身为目的，其他一切在他看来都是虚无。但是，如果他不同别人发生关系，他就不能达到他的全部目的，因此，其他人便成为特殊的人达到目的的手段。"②当然黑格尔是从批评的意义上来讨论这一特征的。这也可以看出，马克思在进入政治经济学研究之后，才真正进入黑格尔市民社会理论的语境。

在这一文本群中，马克思关于市民社会的讨论可以概括为如下几点：

第一，现代市民是以劳动分工为基础的商业社会。以劳动作为现代社会的本质特征，这是政治经济学的重要贡献，劳动价值论就是对这一问题的最好表述。马克思在《1844年经济学哲学手稿》的第一手稿中就通过异化劳动理论对此进行了批判性的表述。正是以劳动为基础，现代社会在经济学上体现为以贸易与交换为特征的社会。"国民经济学以交换和贸易的形式来探讨人们的社会联系或他们的积极实现着的人的本质，探讨他们在类生活中、在真正的人的生活中的相互补充。"③从商业出发来理解市民社会，这体现了马克思思路的重要转变。

第二，现代社会既通过劳动将人的本质力量对象化，促进了人们之间的交往，又通过劳动使人与其本质异化。从劳动出发来揭示现代社会的秘密，这是政治经济学与黑格尔市民社会理论的重要特征。虽然李嘉图无意中揭示了三大阶级之间的矛盾和对立，但政治经济学从总体上来说是在完全肯定的意义上论述劳动的。黑格尔看到了劳动的否定意义，但同时认为这种否定是

① 《马克思恩格斯全集》第3卷，人民出版社2002年版，第353页。
② [德]黑格尔：《法哲学原理》，范扬、张企泰译，商务印书馆1961年版，第197页。
③ 《马克思恩格斯全集》第42卷，人民出版社1979年版，第25页。

精神外化的必然阶段，所以他在总体上对市民社会中的劳动持肯定态度，对此马克思指出，黑格尔只看到了劳动的肯定方面，而没有看到劳动的否定方面，即劳动异化，他的劳动异化理论就是对此的描述。如果从黑格尔市民社会理论与马克思的关系来说，当马克思抓住了"劳动"这一概念时，马克思才真正地将政治经济学与黑格尔哲学联系起来，他才能真正地批判黑格尔的《法哲学原理》。当然，就"异化劳动"理论本身的建构而言，马克思又经历了许多的理论中介，在这里我们不再讨论。

第三，要进一步理解现代劳动，就必须进入分工中，分工推动着劳动体系的建构与现代社会的形成与发展。从分工出发来描述现代社会劳动结构以及这种劳动结构对市民社会的作用，这是斯密的重要思想。黑格尔的劳动体系的思想正是对斯密这一思想的哲学表述，并从德国哲学的高度对分工所导致的机械化问题进行了批判。在黑格尔看来，分工促进了生产力的提高，有利于人的能力的发展，但同时，分工也会使人越来越机械化，无法真正地促进自由意志的自在自为的实现。这一思维方式也影响到马克思对分工问题的看法。从《1844年经济学哲学手稿》笔记群开始，马克思就对分工进行了同样的批评。如在《1844年经济学哲学手稿》中，马克思这样论述分工："一方面随着分工的扩大，另一方面随着资本的积累，工人日益完全依赖于劳动，依赖于一定的、极其片面的、机器般的劳动。"①对分工的这一立场，实际上贯穿于马克思思想的始终。

第四，现代社会是不平等的社会，三大阶级构成了其基本的等级结构，它们之间处于一种对立的关系。揭示三大社会阶级的存在及其矛盾，这是李嘉图经济学的重要成果之一。在《法哲学原理》中，黑格尔讨论的是"等级"，这里的等级具有"共同体"的特性，体现了独立个人之间的外在普遍性，具有纠正市民社会自私自利特性的作用。马克思从经济学出发，关注的是三大阶级之间的对立关系，揭示的是市民社会本身无法调和的矛盾。这是马克思与黑格尔在市民社会阶级结构上的重要区别。

第五，以社会主义（共产主义）扬弃异化的现代社会，只有在新社会中，人的本质力量才能完全实现。社会主义与共产主义，是《1844年经济学哲学

① 《马克思恩格斯全集》第3卷，人民出版社2002年版，第228页。

手稿》这一文本群中马克思对未来理想社会的称谓，这种社会主义是在私有财产的运动中生成的，这一生成的社会"创造着具有人的本质的这种全部丰富性的人，创造着具有丰富的、全面而深刻的感觉的人作为这个社会的恒久的现实"。① 对于这种社会主义主义的人来说，"整个所谓世界历史不外是人通过人的劳动而诞生的过程，是自然界对人来说的生成过程"。② 因而，

> 共产主义是私有财产即人的自我异化的积极的扬弃，因而是通过人并且为了人而对人的本质的真正占有；因此，它是向人自身、向社会的即合乎人性的人的复归，这种复归是完全的，自觉的和在以往发展的全部财富的范围内的生成。这种共产主义，作为完成了的自然主义＝人道主义，而作为完成了的人道主义＝自然主义，它是人和自然界之间、人和人之间的矛盾的真正解决，是存在和本质、对象化和自我确证、自由和必然、个体和类之间的斗争的真正解决。③

如果将马克思的这些论述与黑格尔的论述加以比较，我们可以看出马克思在市民社会问题上与黑格尔的重大差别。按照黑格尔的思路，市民社会的问题不可能在市民社会内部解决，只有国家理性中才能实现存在和本质、自由与必然、个体和类之间的一致，国家必然成为市民社会的本质规定。马克思则相反。马克思一方面重申了《黑格尔法哲学批判》中的思想，强调市民社会决定国家，这也意味着市民社会问题的解决才能真正解决国家层面的问题，另一方面，马克思指出市民社会的问题需要在市民社会自身中解决。马克思在这里所谓的社会主义与共产主义社会，更具有"市民社会"的性质，但这是与"市民社会"完全不同的另一种社会结构，在《关于费尔巴哈的提纲》中，马克思以"市民社会"和"社会化的人类"来区别。而要理解这一新的社会结构，前提是要理解现有的市民社会的结构。

从上面的描述中可以看出，马克思在《1844 年经济学哲学手稿》文本群中

---

① 《马克思恩格斯全集》第 3 卷，人民出版社 2002 年版，第 306 页。
② 同上书，第 310 页。
③ 同上书，第 297 页。

才开始真正地深入黑格尔思想中。这种理解是两方面的：一是进入到黑格尔思想的语境中，二是力图超越黑格尔的思想逻辑。也正是在这一双重维度上，马克思才能理解现代市民社会。当然，在《1844 年经济学哲学手稿》文本群中，马克思虽然抓住了黑格尔市民社会理论的核心，并以政治经济学作为自己的理论基点，但此时的马克思还没有真正地理解和超越古典政治经济学，马克思也还不能真正地揭示出市民社会本身的矛盾结构。

虽然对市民社会的讨论构成了马克思思想进程的重要线索，但只是到《德意志意识形态》中，马克思才对市民社会进行了界定。

> 市民社会包括各个人在生产力发展的一定阶段上的一切物质交往。它包括该阶段的整个商业生活和工业生活，因此它超出了国家和民族的范围，尽管另一方面它对外仍必须作为民族起作用，对内仍必须组成为国家。"市民社会"这一用语是在 18 世纪产生的，当时财产关系已经摆脱了古典古代的和中世纪的共同体[Gemeinwesen]。真正的市民社会只是随同资产阶级发展起来的；但是市民社会这一名称始终标志着直接从生产和交往中发展起来的社会组织，这种社会组织在一切时代都构成国家的基础以及任何其他的观念的上层建筑的基础。①

这是马克思对市民社会理论的一次重要描述。结合《德意志意识形态》的全文，马克思对市民社会的分析可归结为以下几点：第一，从研究方法来说，必须从现代生产出发来描述和理解市民社会，而不是从观念出发将之看作是理念的现实体现；第二，市民社会是近代社会的产物，它与资本生产直接联系在一起；第三，以分工和生产为内在物质动力的市民社会具有世界历史的特性；第四，市民社会构成了现代国家的基础，生产力、生产与交往关系构成了市民社会的主要内容；第五，在现实的市民社会结构中，分工与生产建构出人的异化存在，但同时也是自主活动得以发生的现实基础，这就为超越与扬弃市民社会提供了基础；第六，未来共产主义社会是取代市民社会的另一个社会阶段；第七，共产主义社会是扬弃阶级对立的社会。

①　《马克思恩格斯选集》第 1 卷，人民出版社 1995 年版，第 130—131 页。

在《德意志意识形态》与《大纲》之间，马克思对市民社会与国家关系问题还有过论述。在我看来，核心理念存在于《路易·波拿巴的雾月十八日》，《1848—1850 年的法兰西阶级斗争》等著作中。在这些文献中，值得我们关注的一个核心理念是：虽然从总体上而言，市民社会决定国家，但在资本主义的实际发展中，存在着一个君主专制阶段，而正是在这个阶段，国家的权力对于资本的发展来说起着至关重要的作用。这个问题似乎又印证了黑格尔的理论。这再一次表明，对于国家与市民社会的关系并不能做一种机械的理解，而是要在历史性的语境中进行揭示。在这一问题上，李斯特对于斯密的批评是值得考虑的：李斯特批评斯密的自由贸易思想，他认为斯密的论证掩盖了英国曾经存在过的国家对市场的保护阶段，而这一阶段是现代经济发展过程中许多国家都曾经历的阶段。当斯密提倡自由贸易时，恰好表明英国已经走过了这一阶段，而对于德国来说，要发展自己则必须经历这一阶段。他的贸易保护理论正是在这样的语境中提出来的。这是从资本主义发展视角提出的问题。马克思在《评〈李斯特〉》以及《哲学的贫困》等文章中，都对李斯特进行了批判。这种批判体现了立场的差异：李斯特站在民族国家的立场上，同时也就站在资产阶级的立场上，这与黑格尔的哲学立场一致，所以他强调发展资本主义，同时又使德国的资本主义不受已经发展了的资本主义的制约；而在马克思那里，既要消灭资本主义，也要扬弃现代民族国家。但如果从历史分析的视角来说，君主专制阶段对资本的保护作用问题却是无法逃避的，这也是市民社会决定国家的简单推论所无法说明的。望月清司的历史理论在这一问题上也缺乏深入思考。马克思后来在关于政治经济学批判的六册写作计划中，就考虑到要讨论国家，遗憾的是，这一计划后来没有实现，他的论述也只是散见在其著作之中。

从马克思思想发展的角度来看，相比于《1844 年经济学哲学手稿》来说，《德意志意识形态》中对市民社会的讨论在总体思路上发生了重大的变化。在《1844 年经济学哲学手稿》中马克思还是从一种哲学假设出发来批判资产阶级市民社会，虽然在这一批判思路中，马克思已经讨论了工业的力量问题，但这一问题还没能上升到整个历史观的高度。在《关于费尔巴哈的提纲》和《德意志意识形态》中，马克思实现了哲学变革：一方面，他实现了对工业生产的人类学意义的提升，并以之作为历史观的基础。这是历史唯物主义生产逻辑的确立；另一方面，虽然资产阶级市民社会与物质生产不可分割，但对于马克思来说，批判这种市民社会仍然是其主导思想。这两个层面正是马克思哲学思想转变的关键。在《德意志意识形态》中，应该说马克思很好地实现了第一个理论层面的转变，而第二个理论层面则还远没有完成。因为从第二个理论层面来说，要实现对资本主义社会的批判，仅从分工出发来揭示其异化是远远不够的，这是拘泥于斯密的研究思路。① 从这个意义上来说，过去关于马克思哲学变革的讨论还需要进一步深究。按照我的理解，只要马克思还不能真正地深入到政治经济学批判之中、不能揭示资本逻辑的运行过程，马克思的哲学革命就还没有完成。而这个目标实际上是在《政治经济学批判大纲》之后才得以实现。也就是说，在《德意志意识形态》中历史唯物主义的生产逻辑已经较为清晰，而资本逻辑则还没有展现出来。这一逻辑的展现，最先是在《政治经济学批判大纲》中。

第三节　物的依赖关系与市民社会的特征

在《政治经济学批判大纲》中，如果我们撇开评达里蒙的第一部分，马克思随之讨论的就是现代市民社会中物的依赖关系问题。历史唯物主义的生产逻辑构成这一论述的前提，而资本逻辑则构成了这一论述的直接话语体系。

在进入市民社会的讨论之前，马克思评述了达里蒙银行改革的主要构想，即想在不废除现代劳动体系的情况下，通过发行劳动券而消除以货币为中介的交换体系的负面效应。马克思对此的回答是：商品二重性和交换的普遍化，是货币得以产生和发生作用的基础，只要不废除现代劳动体系，劳动券就不可能真正解决资本主义社会所产生的矛盾。这意味着达里蒙的银行改革方案是行不通的，他并没有真正地理解现代交换体系及其根源。正是在这里，马克思进入对现代交换关系与前现代关系的比较论述，也就是进入到我们所要

---

① 关于这一问题，我认为望月清司对马克思市民社会理解的分析是有问题的。望月清司从分工出发来理解马克思的市民社会理论，从《德意志意识形态》来看，这个分析是对的。但如果从《资本论》出发，我们就可以看出，马克思不再从"分工"出发，而是从"协作"出发，并认为协作是资本主义社会生产的起点，分工被置于协作之后。

讨论的主题。

马克思一开始遵循着斯密与黑格尔的思路，从分工与交换出发来分析现代市民社会，从而揭示商品交换得以产生的条件和影响。交换在原始社会就已存在，但那时的交换存在于氏族与部落的边缘，不具有普遍性。现代商品交换则是一种普遍化的关系，即一切都被纳入交换体系。这种交换体系的产生"既要以生产中人的（历史的）一切固定的依赖关系的解体为前提，又要以生产者互相间的全面的依赖为前提"。① 这正是斯密以人的本性来说明交换并以此论述分工的历史基础。

对于分工和商品交换体系的合法性，在古典经济学家和政治学家那里有两个重要的辩护：第一，分工和交换源自于人的需要，这也意味着这是一种合乎自然的体系；第二，正是在普遍化的分工与交换中，每个人在实现自身利益最大化的同时，促进了普遍利益的发展，这意味着分工与交换是合乎理性的。"经济学家是这样来表述这一点的：每个人追求自己的私人利益，而且仅仅是自己的私人利益；这样，也就不知不觉地为一切人的私人利益服务，为普遍利益服务。"②对于这一点，黑格尔在《法哲学原理》"市民社会"一章中进行了多次的概括。"在市民社会中，每个人都以自身为目的，其他一切在他看来都是虚无。但是，如果他不同别人发生关系，他就不能达到他的全部目的，因此，其他人便成为特殊的人达到目的的手段。但是特殊目的通过同他人的关系就取得了普遍性的形式，并且在满足他人福利的同时，满足自己。"③另外，他在"第187节"、"第199节"中都有类似的描述。对交换的这一理解，马克思随之进行了两点反驳：第一，"关键并不在于，当每个人追求自己私人利益的时候，也就达到私人利益的总体即普遍利益。从这种抽象的说法反而可以得出结论：每个人都互相妨碍别人利益的实现，这种一切人反对一切人的战争所造成的结果，不是普遍的肯定，而是普遍的否定"④。如果我们将这一批判与《法哲学原理》联系起来考察就可以发现，马克思的这一反驳

---

① 《马克思恩格斯全集》第 30 卷，人民出版社 1995 年版，第 105 页。
② 同上书，第 106 页。
③ ［德］黑格尔：《法哲学原理》，范扬、张企泰译，商务印书馆 1961 年版，第 197 页。
④ 《马克思恩格斯全集》第 30 卷，人民出版社 1995 年版，第 106 页。

是在重申黑格尔对斯密的批判。黑格尔通过考察劳动体系(在黑格尔那里,这一体系以分工与交换为核心内容)认为:现代劳动体系在促进人的解放和财富的增长的同时,也使人与人之间的关系发生了异化,这主要体现在:(1)个人成为他人实现自己目的的工具;(2)个体自身被抽象化、孤立化、机械化了;(3)这一过程使特殊性得以彰显,是对普遍性的否定。应该说,马克思的第一条反驳是在读懂黑格尔之后对古典政治经济学前提的反驳。马克思的第二个反驳是:"关键倒是在于:私人利益本身已经是社会所决定的利益,而且只有在社会所设定的条件下并使用社会所提供的手段,才能达到;也就是说,私人利益是与这些条件和手段的再生产相联系的。这是私人利益;但它的内容以及实现的形式和手段则是由不以任何人为转换的社会条件决定的。"①在我看来,这一反驳正是马克思超越斯密与黑格尔的地方。如果说斯密从正面肯定了分工与交换的意义的话,黑格尔则看到了分工与交换的否定方面,这是他强调从市民社会走向国家的重要理由。对于马克思来说,将私人利益置于社会之中,这就跳出了从私人利益而来的道德伦理视角,这实际上也是斯密写作《道德情操论》的重要视角。另外,将私人利益与社会条件联系起来,这是马克思与蒲鲁东主义者如达里蒙等人的重要区别,因为这里的深层问题在于:需要揭示的是这种社会条件是如何构成的,对这一问题的思考就需要从交换层面走向生产层面,这正是《大纲》即将深入的问题。资本主义社会的问题产生于生产领域而非交换领域,这是走向资本生产理论的重要转换。同样,现代市民社会的问题从根本上来说是资本生产层面的问题,是资本逻辑的问题,而不是财富分配或伦理正义的问题,这些问题虽然重要,但毕竟是第二层面的。

由现代分工与交换体系产生了现代的"社会"。在黑格尔的市民社会理论中,"社会"是从家庭解体中产生出的一个新的阶段,这是普遍性的伦理走向特殊的阶段,也就是现代劳动体系所建立的新的历史阶段,所以"社会"是一个特殊性为主导的领域,市民社会就是这一阶段。在这一阶段,作为普遍性的伦理虽然被承认,但这是一种外在的承认,"这种普遍性,作为被承认的东西,就是一个环节,它使孤立的和抽象的需要以及满足手段与方法都成为具

---

① 《马克思恩格斯全集》第30卷,人民出版社1995年版,第106页。

体的、即社会的"。① 因此"社会"中的个人是孤立的、原子式的存在，现代个人也是通过"社会"而联系在一起的，他们之间构成了一种外在的依赖关系，黑格尔认为市民社会构成了伦理性东西的现象界。从政治经济学的视角来说，"毫不相干的个人之间的互相的和全面的依赖，构成他们的社会联系"。② 由于这些互不相干的个人是通过交换联系在一起的，他们的联系就体现在交换价值上，体现在货币上，个人也是通过货币实现着对他人的支配，这是一种装在口袋中的社会权力和联系。对于这种联系，马克思称之为"物的依赖关系"。

什么是"物"的依赖关系呢？这里的"物"意味着什么？黑格尔在讨论所有权时涉及这一概念。黑格尔认为，人是一种理念的存在，必须给这种存在的自由以外部的领域，这就是所有权。因此所有权涉及"物"的外在性问题。这里的物具有双重含义：一是指实体性的东西；二是指与实体性东西相反的东西，即对自由精神来说是纯粹外在性的状态③，这体现了一种不自由的状态，一种异己的状态，即与自由的人相出离的状态。马克思也是在这双重含义上对物的依赖关系进行了描述：

第一，个人对生产、活动的关系表现为对个人来说是异己的东西，物的东西。第二，产品的社会形式即交换表现为对个人是异己的东西，物的东西；"活动和产品的普遍交换已成为每一单个人的生存条件，这种普遍交换，他们的相互联系，表现为他们本身来说是异己的、独立的东西，表现为一种物"。这种物在交换价值上表现为货币，货币成为独立于个人之外并拥有支配个人的强大力量的物。"在交换价值上，人的社会关系转化为物的社会关系；人的能力转化为物的能力。"④交换价值一方面是以个体的全面相互依赖为基础的，另一方面又以私人利益的相互隔离和社会分工为基础，这意味着交换本身以漠不关心的形式使人们相互联系，这种联系是一种外在的、异己的联系。这些正是物的双重含义的体现。在普遍化的交换中，人的社会关系转化

---

① ［德］黑格尔：《法哲学原理》，范扬、张企泰译，商务印书馆1961年版，第207页。
② 《马克思恩格斯全集》第30卷，人民出版社1995年版，第106页。
③ ［德］黑格尔：《法哲学原理》，范扬、张企泰译，商务印书馆1961年版，第50页。
④ 《马克思恩格斯全集》第30卷，人民出版社1995年版，第107页。

为物的社会关系，人的能力随之转化为物的能力，即货币的能力，作为交换手段的货币成为交换的目的，它拥有的力量越大越普遍，把个人联系起来的共同体的力量也就越小；交换越发展，也就越快地摧毁共同体。

第三，每个个体都以物的形式占有社会权力。由于交换的普遍化，人们只有通过占有交换的中介即货币才能占有支配社会与他人的权力，也才能证明自己的社会权力。这种占有表明个人只能从属于像命运一样存在于自身之外的社会生产。这里的问题在于：并不是因为货币的产生才导致了社会关系的物化，而是社会关系的物化才使货币成为统治一切的力量。马克思的这一论述既揭示了现代市民社会的重要特征，同时又表明，劳动货币理论看到的只是事物的表象。

第四，物的依赖关系是一种抽象的、内在对立的关系。物的关系使个人受到抽象统治，这种抽象是交换所具有的特征，将抽象理解为观念先行，这正是对物的关系的理论表现。"抽象或观念，无非是那些统治个人的物质关系的理论表现。"①现实的抽象成为观念先行的基础，这造成了两种后果：一是现代意识形态将现实中的抽象统治看作是一种永恒的观念统治，并通过论证来加强这一统治的信念；二是哲学家容易认为新时代的特征就是受观念统治，从而把推翻观念统治与人的解放等同起来。这正是对《德意志意识形态》中相关问题的深化。这种深化是通过对商品交换的哲学分析实现的。这种抽象的统治来自于商品交换所实现的形式化和数量化，马克思这样进行了描述：

> 产品成为商品。商品成为交换价值。商品的交换价值与商品并列获得特殊的存在，即商品采取这样一种形式，通过这种形式（1）它可以同其他一切商品相交换；（2）因而成为一般商品，它的自然特性消失了；（3）它的交换能力的尺度已经确定，即它与其他一切商品赖以相等的一定比例已经确定，它是作为货币的商品，而且不是作为货币一般，而是作为一定数量的货币的商品，因为，要表现交换价值的一切差别，货币必须是可以计数的，在量上是可分的。②

---

① 《马克思恩格斯全集》第 30 卷，人民出版社 1995 年版，第 114 页。
② 同上书，第 115 页。

除了抽象统治一切之外，物的依赖关系还具有对立的特征。从商品交换的角度来看，商品的二重性表明商品本身就是一个矛盾的存在，交换的过程就是这一矛盾展开的过程，货币则是对这一矛盾的解决，但货币本身又体现为一个矛盾的统一体。也正是这种矛盾推动着市民社会的矛盾发展并最终会导致其崩溃。"在以交换价值为基础的资产阶级社会内部，产生出一些交往关系和生产关系，它们同时又是炸毁这个社会的地雷。"①这种对立并不是通过劳动券就可以消解的。

相比于传统的人的依赖关系而言，物的依赖关系一方面虽然体现了人的异己性存在，但另一方面，物的依赖关系又为人的发展提供了条件。"人的依赖关系(起初完全是自然发生的)，是最初的社会形式，在这种形式下，人的生产能力只是在狭小的范围内和孤立的地点上发展着。以物的依赖性为基础的人的独立性，是第二大形式，在这种形式下，才形成普遍的社会物质变换、全面的关系、多方面的需要以及全面的能力的体系。"②正是在分工与交换的基础上，产生出协作与竞争，产生出世界市场。这就正如马克思在《德意志意识形态》中描述世界历史时所说的那样："在世界市场上，单个人与一切人发生联系，但同时这种联系又不以单个人为转移，这种情况甚至发展到这样的高度，以致这种联系的形成同时已经包含着超越它自身的条件。"③当然这种物的依赖关系也表明，这种普遍的联系还是以异己的方式表现出来的，现代生产也还只是为社会的生产，还不是直接的社会的生产。对这一社会形态的超越，就是马克思在此所说的第三个阶段，即人的全面发展与自由人联合体的阶段。

第四节　超越市民社会：全面发展的个人与自由人联合体

对于现代市民社会的这种异己性，人们提出了各种各样的批评与解决方

---

① 《马克思恩格斯全集》第 30 卷，人民出版社 1995 年版，第 109 页。
② 同上书，第 107 页。
③ 同上书，第 111 页。

案。在本书的语境中，马克思提到了三种：一是想回到前市民社会的生活状态。"在发展的早期阶段，单个人显得比较全面，那正是因为他还没有造成自己丰富的关系，并且还没有使这种关系作为独立于他自身之外的社会权力和社会关系同他自己相对立。留恋那种原始的丰富，是可笑的，相信必须停留在那种完全的空虚化之中，也是可笑的。"①这是一种空洞的浪漫主义。二是看不到现代市民社会的内在矛盾及其发展所造成的可能性变化空间，以蛮干的方式来炸毁它，这是一种唐·吉诃德式的荒唐行为。三是蒲鲁东主义者的解决方式，把交换从整个社会体系中分离出来，以解决交换本身的难题，这同样是一种空想。在马克思看来，能够取代现代市民社会或资产阶级社会的，将是个人的全面发展的社会，在这个新的历史阶段，以社会性为前提的自由人联合体将成为新的社会组织形式。这是不同于市民社会的新社会，是人类历史发展的第三形态。

全面发展的个人对应于市民社会中异己性存在的个人。在市民社会或资产阶级社会中，劳动分工体系使人从过去的依赖关系中解放出来，并在劳动过程中发展自己的能力和相互间的联系，这种能力和联系是在异己的、物化的意义上存在的，个人受到外在于自己的关系的制约，而这种关系又以物的形式表现出来。这时，人的生产与生活的关系都处于自己的控制之外。相反，全面发展的个人都摆脱了异己性存在的个人的特征。这种个人存在的前提是：其能力发展要达到一定的程度和全面性，这一点正是由现代市民社会得以保证的。"这正是以建立在交换价值基础上的生产为前提的，这种生产才在产生出个人同自己和同别人相异化的普遍性的同时，也产生出个人关系和个人能力的普遍性和全面性。"②这种个人的主要特征在于：他们的社会关系不再表现为外在于他们自身的关系，而是作为他们自己的共同的关系服从于他们自己的共同的控制。这种关系似乎与前资本主义社会的共同体时代的人的关系相似，但两者有着根本的差别：在共同体中，虽然个人之间的关系表现为明显的人与人的关系，但这种关系是以作为特殊规定的个人为纽带而发生关系的，正是借助于现代货币关系，才能瓦解共同体中的个人依赖关系，才可能

---

① 《马克思恩格斯全集》第 30 卷，人民出版社 1995 年版，第 112 页。
② 同上书，第 112 页。

为个人的全面发展提供可能性。在共同体中，个人是受他人限制的；在市民社会中，个人受不以他为转移并独立存在的关系的限制；在未来社会中，个人的关系受他本身控制。从生产行为来考察，在资产阶级社会，单个人的生产要想成为社会生产的一部分，他必须以交换价值或货币为中介，"在交换价值的基础上，劳动只有通过交换才能被设定为一般劳动。"而在未来社会中，当劳动转变为共同劳动时，劳动在交换以前就会被设定为一般劳动，单个人的劳动一开始就被设定为社会劳动。

> 在第一种情况下，生产的社会性，只是由于产品变成交换价值和这些交换价值的交换，才在事后成立。在第二种情况下，生产的社会性是前提，并且参与产品界，参与消费，并不是以互相独立的劳动或劳动产品之间的交换为中介。它是以个人在其中活动的社会生产条件为中介的。①

因此，在未来社会中，不是交换最先赋予单个人的劳动以一般社会劳动的性质，而是单个人的劳动预先具有的共同性决定了其对产品的参与。生产的共同性一开始就使产品成为共同的、一般的产品。这种共同性的劳动组织形式及其相应的社会，马克思称之为自由人"联合体"。在自由人的联合体中，"他们用公共的生产资料进行劳动，并且自觉地把他们许多个人劳动力当作一个社会劳动力来使用。"②"只有当社会生活过程即物质生产过程的形态，作为自由联合的人的产物，处于人的有意识有计划的控制之下的时候，它才会把自己的神秘的纱幕揭掉。"③也只有在这种联合体中，自由个性与人的全面发展才是可能的。

---

① 《马克思恩格斯全集》第 30 卷，人民出版社 1995 年版，第 122 页。
② 《马克思恩格斯全集》第 44 卷，人民出版社 2001 年版，第 96 页。
③ 同上书，第 97 页。

参考文献

1.［德］阿多尔诺：《否定的辩证法》，张峰译，重庆出版社 1993 年版。

2.［法］阿尔都塞：《保卫马克思》，杜章智译，商务印书馆 1984 年版。

3.［法］阿尔都塞：《读〈资本论〉》，李其庆译，中央编译出版社 2001 年版。

4.［法］阿尔都塞：《列宁与哲学》，杜章智译，台湾远流出版公司 1990 年版。

5.［法］阿尔都塞：《哲学与政治：阿尔都塞读本》，陈越编，吉林人民出版社 2003 年版。

6.［法］阿尔都塞：《自我批评文集》，杜章智、沈起予译，台湾远流出版公司 1990 年版。

7.［苏］阿法纳西耶夫：《马克思的伟大发现》，李元亨译，山东人民出版社 1992 年版。

8.［古希腊］柏拉图：《理想国》，郭斌和、张竹明译，商务印书馆 1986 年版。

9.［法］鲍德里亚：《符号政治经济学批判》，夏莹译，南京大学出版社 2009 年版。

10.［法］鲍德里亚：《生产之镜》，仰海峰译，中央编译出版社 2005 年版。

11.［德］伯恩施坦：《伯恩施坦言论》，生活·读书·新知三联书店 1966 年版。

12.［德］伯恩施坦：《社会主义的前提和社会民主党的任务》，殷叙彝译，生活·读书·新知三联书店 1965 年版。

13.［英］勃雷：《对劳动的迫害及其救治方案或强权时代与公理时代》，袁贤能译，商务印书馆 1959 年版。

14.［法］布雷弗曼：《劳动与垄断资本》，方生等译，商务印书馆 1979 年版。

15. 陈岱孙：《从古典经济学派到马克思》，北京大学出版社 1996 年版。

16. 陈先达：《走向历史的深处》，上海人民出版社 1987 年版。

17. 陈学明：《走近马克思》，人民出版社 2002 年版。

18.［德］费彻尔：《马克思与马克思主义：从经济学批判到世界观》，赵玉兰译，北京师范大学出版社 2009 年版。

19.［德］费尔巴哈：《费尔巴哈著作选集》（上、下卷），商务印书馆 1984 年版。

20. 丰子义：《走向现实的历史哲学》，武汉大学出版社 2010 年版。

21. 冯景源、顾海良、丰子义：《新视野〈资本论〉哲学新探》，中国人民大学出版社 1990 年版。

22.［英］弗格森：《文明社会史论》，林本椿、王绍祥译，浙江大学出版社 2010 年版。

23.［法］福柯：《词与物》，莫伟民译，生活·读书·新知三联书店 2001 年版。

24.［法］福柯：《知识考古学》，谢强、马月译，生活·读书·新知三联书店 1998 年版。

25. 高清海：《哲学与主体自我意识》，吉林大学出版社 1988 年版。

26.［英］格雷：《格雷文集》，陈太先、眭竹松译，商务印书馆 1986 年版。

27.［意］葛兰西：《狱中札记》，葆煦译，人民出版社 1983 年版。

28.［美］古尔德：《马克思的社会本体论》，王虎学译，北京师范大学出版社 2009 年版。

29.［日］广松涉：《资本论的哲学》，南京大学出版社 2013 年版。

30. 郭湛：《主体性哲学》，云南人民出版社 2002 年版。

31.［德］哈贝马斯：《合法化危机》，刘北成、曹卫东译，学林出版社 1999

年版。

32.[德]哈贝马斯：《重建历史唯物主义》，郭官义译，社会科学文献出版社 2000 年版。

33.[美]哈特、[意]奈格里：《帝国》，杨建国译，江苏人民出版社 2003 年版。

34.[美]哈维：《跟大卫·哈维读〈资本论〉》，刘英译，上海译文出版社 2003 年版。

35.[德]哈维：《希望的空间》，胡大平译，南京大学出版社 2006 年版。

36.[德]海德格尔：《存在与时间》，陈嘉映、王庆节合译，生活·读书·新知三联书店 1987 年版。

37.《海德格尔选集》，孙周兴编，生活·读书·新知三联书店 1996 年版。

38.韩庆祥、邹诗鹏：《人学》，云南人民出版社 2001 年版。

39.[德]赫斯：《赫斯精粹》，邓习议编译，南京大学出版社 2010 年版。

40.[德]黑格尔：《法哲学原理》，范扬、张企泰译，商务印书馆 1961 年版。

41.[德]黑格尔：《精神现象学》（上、下卷），贺麟、王玖兴译，商务印书馆 1979 年版。

42.[德]黑格尔：《历史哲学》，王造时译，上海书店出版社 1999 年版。

43.[德]黑格尔：《逻辑学》（上、下卷），杨一之译，商务印书馆 1966 年版。

44.[德]黑格尔：《小逻辑》，贺麟译，商务印书馆 1970 年版。

45.侯才：《青年黑格尔派与马克思早期思想的发展》，中国社会科学出版社 1994 年版。

46.[英]霍吉斯金：《通俗政治经济学》，王铁生译，商务印书馆 2014 年版。

47.[德]霍克海默：《批判理论》，李小兵译，重庆出版社 1989 年版。

48.[德]考茨基：《帝国主义》，史集译，生活·读书·新知三联书店 1964 年版。

49.[德]柯尔施：《卡尔·马克思》，熊子云等译，重庆出版社 1993 年版。

50.[德]柯尔施：《马克思主义和哲学》，王南湜译，重庆出版社 1989

年版。

51.［美］库恩：《科学革命的结构》，金吾伦、胡新和译，北京大学出版社2003年版。

52.［苏］拉宾：《马克思的青年时代》，生活·读书·新知三联书店1982年版。

54.［意］拉布里奥拉：《关于历史唯物主义》，杨启凌等译，人民出版社1984年版。

55.李德顺：《价值论》，中国人民大学出版社1987年版。

56.［英］李嘉图：《政治经济学及赋税原理》，郭大力、王亚南译，商务印书馆1962年版。

57.李淑梅：《社会转型与人的现代重塑》，山西教育出版社1998年版。

58.［德］李斯特：《政治经济学的国民体系》，陈万煦译，商务印书馆1961年版。

59.《列宁选集》（1—4卷），人民出版社1995年版。

60.列宁：《哲学笔记》，林利等译，中央党校出版社1990年版。

61.［匈］卢卡奇：《关于社会存在的本体论》，白锡堃等译，重庆出版社1993年版。

62.［匈］卢卡奇：《历史与阶级意识》，杜章智译，商务印书馆1992年版。

63.［匈］卢卡奇：《青年黑格尔》，王玖兴译，商务印书馆1963年版。

64.［德］卢森堡：《资本积累论》，彭尘舜译，生活·读书·新知三联书店1959年版。

65.鲁品越：《鲜活的资本论》，上海人民出版社2016年版。

66.［德］罗斯多尔斯基：《马克思〈资本论〉的形成》，魏埙等译，山东人民出版社1992年版。

67.［英］洛克：《政府论》（上卷）、瞿菊农、叶启芳译，商务印书馆1982年版。

68.［英］洛克：《政府论》（下卷）、叶启芳、瞿菊农译，商务印书馆1964年版。

69.［美］马尔库塞：《爱欲与文明》，黄勇、薛明译，上海译文出版社1987年版。

70. [美]马尔库塞:《单向度的人》,张峰译,重庆出版社 1989 年版。

71. [美]马尔库塞:《理性和革命》,程志民译,重庆出版社 1993 年版。

72. [美]马尔库塞:《现代文明与人的困境》,李小兵译,生活·读书·新知三联书店 1989 年版。

73. 马健行、郭继严:《〈资本论〉创作史》,山东人民出版社 1983 年版。

74. 马俊峰:《评价活动论》,中国人民大学出版社 1994 年版。

75.《马克思的〈大纲〉》,默斯托编,闫月梅等译,中国人民大学出版社 2010 年版。

76.《马克思恩格斯全集》(中文第二版)相关卷次。

77.《马克思恩格斯全集》(中文第一版)相关卷次。

78.《马克思恩格斯文集》(1—10 卷),人民出版社 2009 年版。

79.《马克思恩格斯选集》(1—4 卷),人民出版社 1995 年版。

80.《马克思恩格斯〈资本论〉书信集》,人民出版社 1975 年版。

81. 马克思:《剩余价值理论》,人民出版社 1975 年版。

82. [英]麦克库洛赫:《政治经济学原理》,郭家麟译,商务印书馆 1975 年版。

83. [比利时]曼德尔:《晚期资本主义》,马清文译,黑龙江人民出版社 1983 年版。

84. 孟氧:《〈资本论〉历史典据注释》,中国人民大学出版社 2005 年版。

85. [德]缪勒:《通往〈资本论〉的道路》,钱学敏等译,山东人民出版社 1992 年版。

86. [德]穆勒:《政治经济学要义》,吴良健译,商务印书馆 2010 年版。

87. [意]奈格里:《〈大纲〉:超越马克思的马克思》,张梧等译,北京师范大学出版社 2011 年版。

88. [日]内田弘:《新版〈政治经济学批判大纲〉的研究》,王青等译,北京师范大学出版社 2011 年版。

89. 欧阳康:《社会认识论》,中国社会科学出版社 2010 年版。

90. [法]皮凯蒂:《21 世纪资本论》,巴曙松等译,中信出版社 2014 年版。

91. [法]蒲鲁东:《贫困的哲学》,余叔通、王雪华译,商务印书馆 2000 年版。

92.［法］蒲鲁东：《什么是所有权》，孙署冰译，商务印书馆 1963 年版。

93.［斯洛文尼亚］齐泽克：《意识形态的崇高客体》，季广茂译，中央编译出版社 2002 年版。

94. 任平：《交往实践与主体际》，苏州大学出版社 1999 年版。

95.［法］萨伊：《政治经济学概论》，陈福生、陈振骅译，商务印书馆 1963 年版。

96.［德］施蒂纳：《唯一者及其所有物》，金海民译，商务印书馆 1989 年版。

97.［德］施密特：《历史和结构》，张伟译，重庆出版社 1993 年版。

98.［德］施密特：《马克思的自然概念》，欧力同、吴仲昉译，商务印书馆 1988 年版。

99.［英］斯密：《国民财富的性质和原因的研究》（上、下卷），郭大力、王亚南译，商务印书馆 1972 年版。

100.［美］斯威齐：《资本主义发展论》，陈观烈、秦亚男译，商务印书馆 1997 年版。

101. 孙伯鍨：《探索者道路的探索》，安徽人民出版社 1985 年版。

102. 孙承叔、王东：《对〈资本论〉历史观的沉思》，学林出版社 1988 年版。

103. 孙利天：《辩证法的思维方式》，吉林大学出版社 1994 年版。

104. 孙正聿：《马克思主义辩证法研究》，北京师范大学出版社 2012 年版。

105.［英］汤普逊：《最能促进人类幸福的财富分配原理的研究》，何慕李译，商务印书馆 1986 年版。

106. 汤在新：《马克思经济学手稿研究》，武汉大学出版社 1993 年版。

107.［德］滕尼斯：《共同体与社会》，林荣远译，商务印书馆 1999 年版。

108. 田光、陆立军：《〈资本论〉创作史简编》，浙江人民出版社 1992 年版。

109.［德］图赫舍雷尔：《马克思经济理论的形成和发展》，马经青译，人民出版社 1981 年版。

110. 汪信砚：《全球化、现代化与马克思主义中国化》，武汉大学出版社

2010 年版。

111. 王南湜:《后主体性哲学的视域》,中国人民大学出版社 2004 年版。

112.〔德〕韦伯:《经济与社会》,林荣远译,商务印书馆 1997 年版。

113.〔德〕韦伯:《新教伦理与资本主义精神》,于晓、陈维纲译,生活·读书·新知三联书店 1987 年版。

114.〔苏〕维戈茨基:《卡尔·马克思的一个伟大发现的历史》,马健行、郭继严译,中国人民大学出版社 1979 年版。

115.〔美〕沃勒斯坦:《现代世界体系》(1—3),罗荣渠、庞卓恒等译,高等教育出版社 1998、2000 年版。

116. 吴晓明:《历史唯物主义的主体概念》,上海人民出版社 1993 年版。

117. 吴晓明、王德峰:《马克思的哲学革命及其当代意义》,人民出版社 2005 年版。

118. 吴易风:《英国古典经济理论》,商务印书馆 1988 年版。

119.《西方学者论〈1844 年经济学—哲学手稿〉》,复旦大学出版社 1983 年版。

120.《西方哲学原著选读》(上卷),北京大学哲学系外国哲学史教研室编译,商务印书馆 1983 年版。

121. 席美尔:《货币哲学》,陈戎汝译,华夏出版社 2002 年版。

122. 肖前、李淮春、杨耕:《实践唯物主义研究》,中国人民大学出版社 1996 年版。

123.〔古希腊〕亚里士多德:《政治学》,吴寿彭译,商务印书馆 1965 年版。

124. 阎孟伟:《在马克思实践哲学的视野中》,武汉大学出版社 2011 年版。

125. 杨耕等:《马克思主义哲学基础理论研究》,北京师范大学出版社 2013 年版。

126. 杨耕:《危机中的重建》,中国人民大学出版社 1995 年版。

127. 杨耕:《为马克思辩护》,中国人民大学出版社 2010 年版。

128. 衣俊卿:《现代性与日常生活批判》,黑龙江教育出版社 1994 年版。

129. 俞吾金:《意识形态论》,人民出版社 2009 年版。

130.〔美〕詹明信（詹姆逊）：《晚期资本主义的文化逻辑》，张旭东编，读书·生活·新知三联书店 1997 年版。

131.〔美〕詹姆逊：《重读〈资本论〉》，胡志、陈清贵译，中国人民大学出版社 2013 年版。

132. 张曙光：《生存哲学》，云南人民出版社 2001 年版。

133. 张雄：《经济哲学：从历史哲学向经济哲学的跨越》，云南人民出版社 2002 年版。

134. 张一兵：《回到马克思》，江苏人民出版社 1999 年版。

135. 张一兵：《马克思辩证法的主体向度》，河南人民出版社 1995 年版。

136. 赵家祥、丰子义：《马克思东方社会理论的历史考察和当代意义》，北京大学出版社 2002 年版。

137.《资本论》第 1 卷，德文第一版，经济科学出版社 1987 年版。

138.《资本论》第 1 卷，法文修订版，中国社会科学出版社 1983 年版。

139. *The Essential Frankfurt School Reader*，Oxford University Press，1989.

140. Michel Aglietta，*A Theory of Capitalist Regulation*，London：NLB，1979.

141. Christopher John Arthur，*The New Dialectic and Marx's Capital*，Brill，2003.

142. Althsser，*Reading Capital*，Trans. by Ben Brewster，London and New York，1967.

143. Jean Baudrillard，*Forget Foucault*，New York，1987.

144. Antonio Gramsci，*Selections from the Prison Notebooks*，ed. And translated by Quintin Hoare and Geoffrey Nowell Smith，London，1971.

145. Antonio Gramsci，*Pre-prison Writings*，ed. Richard Bellamy，trans. Virginia Cox，Cambridge University Press，1994.

146. Giorgio Agamben，*Homo Sacer：Sovereign Power and Bare Life*，Stanford University Press，1998.

147. Henri Lefebvre，*Everyday Life in the Modern World*，Translated by Philip Wander，New Brunswick & London，1984.

148. Henri Lefebvre, *The Production of Space*, Translated by Donald Nicholson-Smith, Oxford: Basil Blackwell Ltd, 1991.

149. Fredric Jameson, *Representing Capital: A Commentary of Volume One*, London; New York: Verso. 2011.

150. David Harvey, *A Companion to Marx's Capital*, London; New York: Verso. 2010.

151. Jean Baudrillard, *For a Critique of the Political Economy of the Sign*, Tr., Charles Levin, Telos Press, 1981.

152. Jean Baudrillard, *The Mirror of Production*, Tr., Mark Poster, Telos Press, 1975.

153. Anthony Giddens, *A Contemporary Critique of Historical Materialism*, London and Basingstoke, 1981.

154. Richard Marsden, *The Nature of Capital*, Routledge, 1999.

索　引

后　记

　　构成本书理论基础的是生产逻辑与资本逻辑的区分、资本逻辑结构化这两个理念。

　　关于生产逻辑，传统研究关注的是其客体的层面，这也是过去历史唯物主义的主要内容。自实践唯物主义讨论之后，国内学界将生产逻辑的主体性维度展现出来，形成了对马克思主义哲学的新解读。这一新的思路，不仅推动着中国马克思主义哲学的理论研究，而且是对中国社会发展的理性自觉和哲学反思。正是在这一理论基础上，形成了当前中国马克思主义哲学研究中的丰富格局。

　　但这种人类学意义上的生产逻辑，还不足以充分展现马克思哲学的根本内容，也不能展现马克思自《德意志意识形态》到《资本论》的思想逻辑。正是基于对生产逻辑及其在马克思思想中的地位和作用的重新思考，在 2004 年左右，我提出了以资本逻辑为核心范畴来重构马克思哲学的想法。后来由于工作的变动和教学的需要，我在较长一段时间里，将主要精力放在国外马克思主义哲学研究上，完成了《实践哲学与霸权——当代语境中的葛兰西哲学》、《西方马克思主义的逻辑》。虽然主要方向转向了国外马克思主义哲学研究，但我并没有放弃对马克思哲学的研究。由于在 20 世纪 90 年代读研究生期间曾对青年马克思的思想变革过程做过探讨，这次将兴趣点放在了《资本论》研究上。2008 年，形成了历史唯物主义双重逻辑，即生产逻辑与资本逻辑的看法。就马克思思想发展过程来说，《德意志意识形态》确立了生产逻辑，《哲学的贫困》中"历史性"观念的引入，使得人类学意义上的生产逻辑受到新的审视，《1857—1858 年经济学手稿》中双重逻辑开始并存，但以劳动本体论为基础的生产逻辑占据着主导地位，两者关系的根本转变是在《资本论》中，资本逻辑取得了统摄地位，资本逻辑的结构化是资本存在的主要方式。双重逻辑及其相互关系的讨论，给我打开了新的理论空间，找到了重新切入马克思思想的理论构架。

但接下来的工作是非常困难的。如何从资本逻辑出发，真正进入到《资本论》的具体文本中，从其经济学的范畴中真正读出其哲学意蕴，特别是这些概念的社会历史意义，这需要自己一点点地去理解、去构建。好在读研究生期间从哲学—经济学内在关系出发来理解马克思的学术训练、马克思关于自己的经济学研究与黑格尔哲学关系的自述、列宁在《哲学笔记》中关于《逻辑学》与《资本论》内在关系的提示等，给了我很多的启发。对当代国外马克思主义哲学的研究，让我获得了现代历史与思想史的空间。在这些不同背景的学术对话中，《资本论》哲学思想的构架逐渐清晰起来，过去关于《资本论》与马克思哲学思想研究的成果，在资本逻辑结构化的框架下，得到了新的审视，卢卡奇、阿尔都塞、古尔德、阿瑟、海德格尔、鲍德里亚、巴迪欧等学者关于马克思哲学的解释，得到了新的定位。在双重逻辑的视野中，我不会简单地服从于哪位思想家，也不会简单地否定哪位思想家，而是有了一个更为复杂的坐标，来展现他们思想的问题，通过反思他们的认知型来展现自己的思考。

在具体的写作过程中，有一个场景让我难以忘却。2015 年的寒假，正是女儿高考前的一个寒假。女儿有其自己的目标，为了这一目标，她每天都到我办公室复习功课，我则在旁边写作书稿。我和女儿开玩笑地说，让我们以各自的努力来支持对方，希望寒假结束时，我们都能有满意的收获。可以说，这个假期，是我所有假期里做事最多的假期。本书的许多内容，都是那时完成的。今天这本小书要出版了，女儿也考上了她心仪的大学，希望女儿在自己的人生之路上，走得踏实，平安幸福！在过去的岁月里，我的家人给了我无私的支持，这是我能够前行的重要动力，祝福我的亲人们！

本书得到了国家社科基金"马克思主义哲学当代发展研究"（项目编号10BZX001）、北京市社科基金"《资本论》与历史唯物主义的新探索"（项目编号12ZXB003）的支持。在成书过程中，所有章节都已经发表，列举如下：

导论内容分别发表于《马克思主义与现实》2015 年第 4 期、《光明日报》

2011 年 4 月 6 日学术版、《贵州师范大学学报》2016 年第 6 期。

第一章内容发表于《学术月刊》2007 年第 7 期。

第二章内容发表于《中国社会科学》2010 年第 1 期。

第三章内容发表于《哲学研究》2010 年第 11 期。

第四章内容发表于《哲学研究》2011 年第 10 期。

第五章内容分别发表于《中国社会科学》2004 年第 4 期、《哲学动态》2010 年第 12 期。

第六章内容发表于《光明日报》2014 年 5 月 14 日学术版。

第七章内容发表于《哲学研究》2014 年第 7 期。

第八章内容发表于《山东社会科学》2016 年第 2 期。

第九章内容分别发表于《马克思主义与现实》2014 年第 2 期、《江海学刊》2009 年第 2 期。

第十章内容发表于《中国高校社会科学》2015 年第 2 期。

第十一章内容发表于《哲学研究》2016 年第 8 期。

第十二章部分内容发表于《哲学研究》2013 年第 2 期。

第十三章内容分别发表于《苏州大学学报》2011 年第 4 期、《北京大学学报》2005 年第 4 期。

第十四章内容发表于《马克思主义理论学科》2016 年第 2 期。

第十五章内容发表于《学习与探索》2016 年第 8 期。

第十六章内容发表于《中国社会科学》2016 年第 3 期。

第十七章内容发表于《教学与研究》2013 年第 9 期。

非常感谢这些学术刊物以及编辑老师的帮助，让本书的阶段性成果能够呈现出来！借此机会也感谢这里没有列出的其他刊物以及编辑老师为我的学术成长提供的支持与帮助！感谢国家社科基金成果文库的评审专家们！感谢北京师范大学出版社的领导和老师们，特别是本书编辑杜松石老师、赵雯婧老师付出的辛勤劳动！在我的学术之路上，得到过许多老师和朋友们的帮助，对此我将铭记在心！

今年是《资本论》第一卷出版 150 周年，希望本书能够对学界有所贡献。

仰海峰

2017 年春于五道口

图书在版编目(CIP)数据

《资本论》的哲学/仰海峰著. —北京:北京师范大学出版社,
2017.3(2024.11 重印)
(国家哲学社会科学成果文库)
ISBN 978-7-303-22211-7

Ⅰ. ①资… Ⅱ. ①仰… Ⅲ. ①《资本论》—马克思著作研究
Ⅳ. ①A811.23

中国版本图书馆 CIP 数据核字(2017)第 047928 号

营　销　中　心　电　话　010-58805385
北 京 师 范 大 学 出 版 社
主题出版与重大项目策划部

ZIBENLUNDE ZHEXUE
出版发行:北京师范大学出版社　www.bnupg.com
　　　　　北京市西城区新街口外大街 12-3 号
　　　　　邮政编码:100088
印　　刷:北京盛通印刷股份有限公司
经　　销:全国新华书店
开　　本:730 mm×980 mm　1/16
插　　页:3
印　　张:23.5
字　　数:385 千字
版　　次:2017 年 3 月第 1 版
印　　次:2024 年 11 月第 3 次印刷
定　　价:118.00 元

策划编辑:杜松石　　　　责任编辑:赵雯婧
美术编辑:王齐云　　　　装帧设计:王齐云
责任校对:陈　民　　　　责任印制:马　洁